普通高等教育“十一五”国家级规划教材
国家级精品课程
国家级精品资源共享课
国家级教学团队
省级优秀图书
经济管理类一流本科专业精品教材·金融系列

THE ECONOMICS OF MONEY AND BANKING

金融学（货币银行学）

（第三版）

艾洪德 主审
范立夫 主编
翟光宇 刘妍 副主编

东北财经大学出版社
Dongbei University of Finance & Economics Press
大连

图书在版编目（CIP）数据

金融学（货币银行学）/ 范立夫主编．—3版．—大连：东北财经大学出版社，2024.7（2025.7重印）

（经济管理类一流本科专业精品教材·金融系列）

ISBN 978-7-5654-4799-0

Ⅰ.F830

中国国家版本馆CIP数据核字第20240G77T8号

东北财经大学出版社出版

（大连市黑石礁尖山街217号　邮政编码　116025）

网　　址：http://www.dufep.cn

读者信箱：dufep@dufe.edu.cn

大连天骄彩色印刷有限公司印刷　东北财经大学出版社发行

幅面尺寸：185mm×260mm　字数：481千字　印张：21.5　插页：1

2024年7月第3版　2025年7月第3次印刷

责任编辑：时　博　孙　平　王芃南　龚小晖　责任校对：刘贤恩

封面设计：潘　凯　版式设计：原　皓

定价：52.00元

教学支持　售后服务　联系电话：（0411）84710309

如有印装质量问题，请联系营销部：（0411）84710711

“经济管理类一流本科专业精品教材·金融系列”编委会

总序

金融体系与金融稳定的竞争是当代世界各国国家竞争的重要领域，也是支持各国在政治、经济、军事、文化等方面有效竞争的重要基础。随着中国对外开放的逐步深入和社会主义市场经济体制的逐步确立，我国经济和金融日益融入全球一体化进程，特别是在共建“一带一路”倡议和亚投行建行背景下，人民币国际化进程缓步推进，我国的金融体系和金融稳定面临着前所未有的挑战与压力。如何抓住机遇、迎接挑战，加快完善我国金融体系、提升金融竞争能力和确保国家金融安全，是我国各级政府和金融界的重大课题。近些年来，金融业在金融科技的推动下发生着快速的变化，表现为金融产品和服务的日益精细化和复杂化。如何让金融成为实现共同富裕的重要帮手，是金融业乃至全社会关心的重要问题。

金融学教学与科研能否为金融发展提供有效支撑是当前中国金融学科面临的根本挑战。近年来，我国高等院校金融教育规模迅速发展，质量有了较大的提高，为经济社会发展以及高等教育自身的改革与发展作出了重要贡献。特别是2019年4月，教育部在天津大学召开“六卓越一拔尖”计划2.0启动大会，正式全面启动新工科、新医科、新农科、新文科建设。同年，教育部发布《关于深化本科教育教学改革全面提高人才培养质量的意见》，体现了加快推进新文科建设的战略意图和实践要求。新文科建设担负着提升综合国力、坚定文化自信、培养时代新人、建设高等教育强国、推动文科教育融合发展等重大使命。在此背景下，我们组织编写了这套“经济管理类一流本科专业精品教材·金融系列”。

教材建设过程是动态的、渐进的、连续的，这个过程的每一个环节都对编者提出新的要求，它既是教师教学、实践和科研成果的体现，也是学校教学改革和学科建设的反映。因此，我们在教材编写过程中力求达到三个目的：一是“理论贯通”。“形成更高水平的人才培养体系”是习近平总书记对新时代中国特色社会主义教育制度体系的基本要求之一。这个“更高水平的人才培养体系”，注重的是高校学科、专业、课程体系，要有中国特色，有时代味道，思想政治教育的功能要贯通其中。二是“知行贯通”。习近平新时代中国特色社会主义经济思想要做到“知行合一”，内化于心、外化于行。教材要体现金融类专业培养方案中对人才基本专业素养、基本专业技能和基本专业知识体系的要求。三是“实践贯通”。教材大量引用具有代表性的尤其是本土的现实案例，引发学生思考，引导学生深学笃行。为此，在教材编写中我们注重了以下五个方面：第一，教材编写应明确三个问题，即由谁编写、为谁编写和如何编写；第二，教材编写者应具备三个条件，即编写者应具有编写高水平教材的经验、具有一定的科研水平和实践经验；第三，教材编写应做到三个结合，即理论与实践相结合、定量分析与定性分析相结合、综合练习与实验实训相结合；第四，教材编写应体现三个特性，即系统性、新颖性、实用性；第五，教材编写应突出三个特色，即教材结构设计特色、体例设计特色、思政融合特色。在突出特色的同时，形成集主教材、数字化平台、辅助教材于一体的有机结合的立体化教材。

由于我们的时间和精力有限，教材中难免存在缺点和不完善之处，我们欢迎各院校师生、金融业界同仁和广大读者批评指正。

“经济管理类一流本科专业精品教材·金融系列”编委会

第三版前言

“金融学”课程是教育部指定的普通高等学校经济学类、金融学类、财政学类等本科专业的专业基础类课程之一，在我国新文科、新经管的教育教学中具有举足轻重的地位。教材是教师从事教育教学的基本依据和主要遵循，是学生获取知识的重要来源，也是师生教与学互动的载体。一流课程、一流专业，都要靠一流教材来支撑。

东北财经大学“金融学”课程教材最初始于“中国金融学科终身成就奖”的获得者、金融界北派代表林继肯先生于20世纪50年代出版的《货币流通与银行计划》，经过几代教师的接续发展，由艾洪德教授任主编的《货币银行学》教材于2006年入选普通高等教育“十一五”国家级规划教材并陆续获得一系列省部级荣誉。此次修订，按照普通高等学校本科专业类教学质量国家标准的要求，同时为了体现历史的传承，我们将教材更名为《金融学（货币银行学）》。

为体现金融理论新前沿、金融体制新改革、金融调控新实践，秉持与时俱进原则，我们对教材进行了修订。党的二十大报告明确指出：“深化金融体制改革，建设现代中央银行制度，加强和完善现代金融监管，强化金融稳定保障体系，依法将各类金融活动全部纳入监管，守住不发生系统性风险底线。健全资本市场功能，提高直接融资比重。加强反垄断和反不正当竞争，破除地方保护和行政性垄断，依法规范和引导资本健康发展。”这无疑是我们此次修订的重要指引和根本遵循。我们坚持以习近平新时代中国特色社会主义思想为指导，深入学习贯彻党的二十大精神，以实现价值塑造、知识传授和能力培养为目标，沿着知识主线，跟踪金融前沿热点，深挖课程思政元素，系统设计思政案例，在夯实知识基础的同时，以金融热点串联知识、以中国故事塑造价值、以中国实践提升能力，引领学生深入理解并有效践行中国特色金融发展之路，实现知识点、课程思政和实践案例彼此协同、有机融合。具体体现在：

第一，思政引领。此次修订，以“培根铸魂”为核心，以培养学生的政治认同、家国情怀、文化素养、宪法法治意识、道德修养为目标，围绕每一章的知识点，将习近平新时代中国特色社会主义思想有机融入教材。例如：“金融概述”部分的“牢记嘱托”专栏，我们引入习近平总书记在2023年中央金融工作会议上的重要论述：“金融是国民经济的血脉，是国家核心竞争力的重要组成部分”，组织学生就金融与经济的关系进行辩证分析，引领学生深入思考金融在强国建设、民族复兴伟业中的重要支撑作用。

第二，学思融通。此次修订，每章均使用鲜活案例，构建生动多彩、具有感染力的教学情景，将学生带入真实金融与经济情境中，有效激发学生的学习兴趣和探究欲望，充分调动学生学习的主动性、积极性。同时，设置“经世济民”“学海拾贝”“启智增慧”等专栏与之呼应，在巩固所学知识点的同时，培养学生综合运用所学知识分析与解决现实问题的能力，实现“知识性”“时代性”“实践性”“启发性”的深层次有机融合。

第三，框架优化。此次修订在原来“货币—信用—金融机构—金融市场”和“货币—货币供求—货币均衡与失衡—货币政策”两条横向、纵向知识脉络的基础上，新增“金融概述”部分，系统阐述金融与经济的辩证关系，引导学生理解我国现代金融体系运行特征及金融对国家的重要意义。新增“金融创新—金融风险—金融危机—金融安全—金融监管”知识脉络，践行“坚持把防控风险作为金融工作的永恒主题”等重要论述。

第四，立体多元。此次修订，增设了“牢记嘱托”“开篇导读”“红色金融”等专栏，同时以二维码形式开设“启智增慧”“即测即评”“综合训练参考答案”等专栏，打造“内”“外”协同的线上、线下立体化教材，方便学生进一步深入理解相关知识点、培养学生综合运用所学知识分析与解决现实问题的能力、有效拓展学生视野，同时为方便学生及时跟进学术与实践前沿，依托东北财经大学出版社、中国大学MOOC等平台与时俱进对金融理论新前沿、金融体制新改革、金融调控新实践、金融时事新热点等进行更新，形成立体多元的教学资源库。

本教材是集体劳动和团队合作的产物，由范立夫教授拟订编写大纲，由戴晓兵、范立夫、贺铟璇、李翔、刘妍和翟光宇等分工合作撰写，最后由范立夫教授总纂、艾洪德教授主审定稿。

在此次编写和修订过程中，我们参考了大量的中外文献。正是这些文献资料，为我们提供了丰富的素材和创作的源泉，在此向这些文献的作者致以深深的谢意！

本教材配有诸多教学视频、即测即评、综合训练参考答案，还配有教学PPT、单元测试、期末考试题库、案例分析等教学资源，教师可登录东北财经大学出版社网站（www.dufep.cn）免费获取。

由于水平有限，对金融学理论研究和改革进展的理解和归纳可能不够全面和准确，欠妥之处在所难免，敬请各位专家、学者和读者不吝赐教，以便我们对教材进行进一步修订和完善。

编　者

2024年7月

课程思政与专业教育融合思维导图

金融学

- **红色金融**
  - 第1章——红色货币的渊源：井冈山“工”字银元
  - 第2章——百花齐放　迈向金融大国
  - 第3章——邓小平亲自送出“新中国第一股”
  - 第4章——新中国成立初期的利率
  - 第5章——“通华商之气脉，杜洋商之挟持”——中国通商银行股份制史迹钩沉
  - 第6章——中国人民银行的诞生
  - 第7章——红色金融路
  - 第8章——创新探索农村信贷
  - 第9章——新中国如何打赢经济上的“淮海战役”
  - 第10章——中国共产党统一财经的缘起与初步实施
  - 第11章——苏区股票：中国共产党早期金融创新的生动实践
  - 第12章——土地革命时期闽西红色金融的实践与启示
  - 第13章——井冈山和中央苏区红色金融实践：废除旧债
  - 第14章——陕甘宁边区货币交易所
  - 第15章——边区的外汇管理
- **政治认同**
  - 第6章——建设现代中央银行制度
  - 第11章
    - 数字人民币赋能“五篇大文章”，助力国家发展战略
    - 深化金融供给侧结构性改革　增强金融服务实体经济能力
  - 第13章——着力推进金融高水平开放
- **大国担当**
  - 第2章——亚洲基础设施投资银行
  - 第11章
    - 纳入SDR后的人民币
    - “一带一路”倡议为共建国家经济发展提供新动能
  - 第15章——中国仍是外商投资兴业沃土
- **民族自信**
  - 第1章——纪念北宋交子诞生1 000周年兼论纸币发行约束问题
  - 第2章——全球银行1 000强我国银行包揽前四
  - 第15章
    - 我国经常账户稳健性在全球表现突出
    - 全球央行购金“主力军”显现
- **改革创新**
  - 第1章——数字人民币应用场景持续拓宽
  - 第2章——邮储银行机构类型调整为“国有大型商业银行”广受关注
  - 第3章
    - 国债影响力日益提升
    - 超长期特别国债发行启动
    - 股票市场全面注册制启动
    - 企业债发行市场化特征凸显
  - 第4章——“关键一招”开新局 | 从一个关键利率透视金融领域核心改革
  - 第5章——以金融强国建设推进经济高质量发展
  - 第6章
    - 充实货币政策工具箱
    - 我国基础货币投放渠道的变化
  - 第10章
    - “三档两优”存款准备金率新框架
    - 改革完善贷款市场报价利率（LPR）形成机制
  - 第11章——金融科技与银、保、证的数智化
  - 第13章——将差别准备金动态调整机制“升级”为宏观审慎评估体系（MPA）
  - 第14章——数字人民币试点再进一步
- **法治意识**
  - 第1章
    - 中国人民银行的职能
    - 国家金融监督管理总局的主要职责
    - 完善市场监管增强投资信心——证监会相关负责人解读四项政策文件
  - 第12章
    - 包商银行破产重组
    - “大公事件”
    - 中国银保监会发布《银行保险机构声誉风险管理办法（试行）》
    - 守住不发生系统性风险底线
  - 第13章
    - 新金融监管体系——“两委一行一局一会”的新金融监管格局
    - 新金融监管要求——强化机构监管、行为监管、功能监管、穿透式监管、持续监管
- **经世济民**
  - 第3章
    - 信贷支持力度持续加大，资金流向何处？
    - 实体经济资金需求意愿提升　新增社融连续超出市场预期
  - 第4章——央行报告：落实存款利率市场化调整机制
  - 第7章——首季金融数据怎么看？经营主体活力如何激发？中国人民银行、国家外汇局回应热点问题
  - 第8章——移动支付对家庭货币需求的影响——来自中国家庭金融调查的微观证据
  - 第9章
    - 货币政策在两难中寻求平衡
    - 猪肉、蔬菜价格上涨不会引起全局性通货膨胀
    - 1997—2002年的通货紧缩及对策
  - 第10章——结构性货币政策工具介绍
- **历史沿革**
  - 第2章
    - 赵学军：新中国金融体系的发展变迁与历史经验
    - 我国古代的金融机构
  - 第3章——十年MLF简史
  - 第6章——我国的中央银行票据

目 录

第1章

货币概述

牢记嘱托

我国古人说："不言理财者，决不能治平天下。"我国金融活动历史悠久，创造了很多世界第一，包括最早的纸币、最早的汇票和期票、最早的货币理论和实践等。

——习近平2017年7月14日在全国金融工作会议上的讲话

目标引领

☑ 价值塑造

理解货币发行对国家的重要意义。

☑ 知识传授

理解货币的本质、货币的职能；掌握货币的层次划分、货币制度的演变。

☑ 能力培养

能够运用货币层次划分基础知识，分析货币数量与经济活动的关系；能够通过对货币制度演变的陈述，分析中央银行发行货币的重要意义。

思维导图

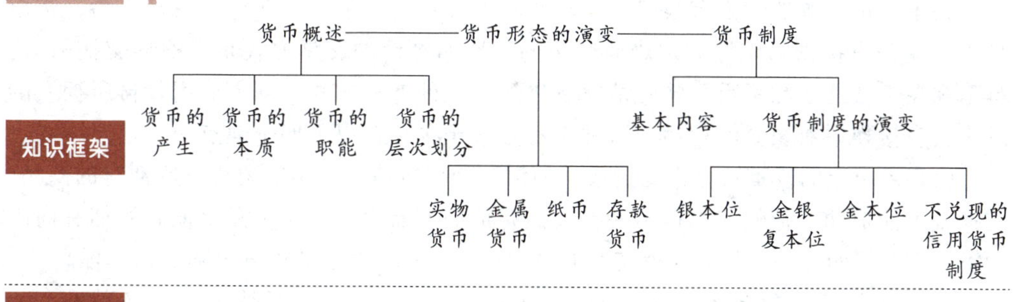

现实问题 相关政策 国家战略

数字人民币　　发行货币对国家的意义

开篇导读

罗马帝国的瓦解结束了对金银矿的疯狂开采，在此之前，罗马军队往往驻扎在矿区和东西方之间的贸易通道沿途。公元2世纪，罗马的人口约100万，达到峰值，而到了公元550年，罗马人口仅有30 000左右。罗马的市场也难逃萎缩的命运。与此同时，基督教和伊斯兰教等宗教势力和影响力不断加强，早期用于支付军饷的贵金属如今被教堂、修道院或其他宗教机构收入囊中。大量贵金属在熔化之后被囤积起来，或被制成宗教标志。宗教权威还对经济加强了管制。类似的趋势还出现在印度和中国，时间甚至更早。

这一转变的一个结果就是货币越来越虚拟化，货币成了一种抽象的记账工具，而非先前可以在手中掂量的金属。货币最主要的用途是记账。贷款的形式往往不是暂时转移实物，而是在账簿上作为符号。这一做法最早出现在伊斯兰国家，主要集中在美索不达米亚地区。如今，伊斯兰国家的金融禁止高利贷，但是允许各种收费，所以放债者还可以赚钱。市场因此而繁荣起来。

资料来源：欧瑞尔.铸币、借贷、银行崛起：一文读懂西方货币演化的历史 人类货币史［EB/OL］.［2018-02-25］.https：//www.sohu.com/a/223992308_117959.

货币在世界各地不同文明的影响下，呈现了多种多样的形式，研究货币的发展对于当代有重要意义，本章将探索货币背后的故事。

1.1 货币的产生、本质、职能和层次划分

在现实经济生活中，人们无时无刻不在使用货币，同时也会接触到许许多多同货币有关的事物、现象和问题。从古至今，无数的经济学家、银行家和政治家倾注了大量的时间和精力去研究、探索货币。如何透过纷繁的现象去把握货币的本质，是我们学习金融学的基础。

1.1.1 货币的产生

关于货币起源的学说有很多。主流观点例如英国经济学家亚当·斯密认为，货币是为了克服直接物物交换的困难而产生的。原始经济的交易方式是“物物交换”，这是至今在少数地区和货币短缺的情况下仍然存在的交换方式，即人们用各自所拥有的货物去直接换取所想要的货物。这种交易方式至少存在以下四个缺点：

（1）需求上的双重巧合很难达成。如果交换双方或一方不需要对方所拥有的商品，交换就不能成功，他们就不得不去寻找拥有他们所需商品并且也需要他们所拥有商品的第三方、第四方……从而使得交换的系列不断延长，交换的难度也随之相应提高。

（2）商品的比价随着交换系列的延伸而增加。有 n 种商品参与交换就有 $C_n^2=\frac{n!}{2!(n-2)!}$ 个价格比率，商品的比价越多，交换的困难就越大。

（3）难以建立相互一致的“交叉兑换比率”。比如，有A、B、C三种商品，由A换C有两种方法：一种是直接交换，兑换率是A/C；另一种是间接交换，即先用A换B，再用B换C，则前者兑换率是A/B，后者是B/C。然而在“物物交换”的条件下两者的不等，即（A/B）·（B/C）≠A/C的情况是经常发生的。

（4）缺少普遍接受的价值储存手段。“物物交换”的买卖同步，交换必须在同一时间完成，这就无法实现过去的商品与将来的商品之间的交换，无法将现在拥有的购买力转移至将来使用，更无法进行将来的投资与消费。

正是因为“物物交换”的这四个缺点，使其必然发生以下交易成本：

（1）寻找可能的交易对象时所产生的“寻求成本”，包括所花费的时间与费用。

（2）将资源（如人力）用于迂回交易过程时所失去的在其他方面投资的收益，即“物物交换”的“机会成本”。

（3）实际进行交易时的“直接成本”，如雇人搬运等。

正是由于“物物交换”的以上缺点，给货币的出现和发展留下了空间，人们在交换的过程中逐渐找到了克服这些缺点的办法，货币正是商品交换长期发展的产物。货币出现以后，不仅消除或降低了“物物交换”的缺点与交易成本，而且拓宽了人类的生产、消费、贸易等活动，极大地提高了社会的福利。其具体表现在：

（1）简化交换的方式，扩大交换的范围。以货币为媒介的交换把所有商品交换都简化成买和卖，这就大大地节省了寻求成本、交易成本、直接成本和机会成本，从而使商品交换跨越时空。

（2）提高经济效率和挖掘生产潜力。因为简化交换方式所节省的资源、人力、物力和时间都可以用于扩大生产，这就极大地提高了生产力水平，这种生产力水平的提高在货币的“润滑”下还有着不断加速的趋势。

（3）为整个经济结构的演变与经济范围的拓展奠定了基础。正是在货币的基础上，才出现了金融中介等行业，才有了金融创新和金融深化等现代金融活动的发展。

（4）促成商品跨时间的交换。在商品交换的早期，通过货币实现已经形成的商品之间的交换；而在商品交换的发达时期，更多的交换则是发生在已经形成的商品与尚未形成的商品之间，任何一种投资都具有这种交换的性质。没有货币，持有任何一种商品而等待另一种商品的形成，都是不经济的、低效率的，甚至是不可能的，所以，凯恩斯说，货币是连接过去和将来的纽带。

从货币的产生过程看，货币不是某个聪明人设计创造出来的工具，而是广大商品生产者自发的共同交往行为的结果，同时也是商品经济内在矛盾进一步发展的结果。它克服了物物交换的困难，但又使商品经济的内在矛盾进一步发展，使得商品价值和使用价值的对立表现为商品和货币的对立。

学海拾贝 1-1

商品价值形式的发展

在商品交换中，人们必须衡量商品的价值，而一种商品的价值又必须用另一种商品的价值来表现，这种商品价值形式的发展经历了四个阶段，即简单的（或偶然的）价值形式、扩大的价值形式、一般价值形式和货币形式，这也就是货币随着商品生产和商品交换的发展由萌芽到形成的全部历史过程。

1. 简单的（或偶然的）价值形式

在原始社会后期，随着生产力的发展，剩余产品开始出现。各部落生产的产品除了满足本身的消费需求外，还把多余的产品拿去交换。由于当时社会尚未出现大分工，这种交换只是个别的，带有偶然性质。在这种交换过程中，一种商品的价值，偶然地表现在另一种商品上，这种形式就是简单的或偶然的价值形式。由于这种偶然性，商品价值的表现是不完善、不成熟的，也是不充分的。随着社会生产力的进一步发展，剩余产品开始增多，商品交换也不再是很偶然的了。这样，简单的价值形式便不能适应较多的商品交换的需要，于是出现了扩大的价值形式。

2.扩大的价值形式

在扩大的价值形式中，一种商品的价值已经不是偶然地表现在某一商品上，而是经常地表现在一系列的商品上。在扩大的价值形式中，各种商品交换的比例关系和它们所包含的社会必要劳动时间的比例关系更加接近，商品价值的表现也比简单的价值形式中的价值表现更完整、更充分。然而，扩大的价值形式也有其弱点。首先，一种商品的价值表现仍是不完整的，在交换关系中每增加一种商品，就会增加一种表现商品价值的等价物，这样，作为等价物的商品链条可以无限延伸；其次，一种商品的价值表现也不统一，因为作为等价物的每一种商品都可表现处于相对价值形态地位的商品价值；最后，处于等价物地位的不同商品之间是相互排斥的关系。这样，处于相对价值形态的商品价值要获得表现，其实际交换过程可能十分复杂，效率十分低。由于这些内在矛盾的存在，价值形式得以进一步发展。

3.一般价值形式

在一般价值形式中，一切商品的价值都在某一种商品上得到表现，这种商品即是一般等价物。一般等价物具有完全的排他性，它拒绝任何其他商品与之并列。它拥有特殊的地位，任何一种商品只要与作为一般等价物的商品交换成功，该商品的使用价值便转化为价值；具体劳动便转化为抽象劳动；私人劳动也获得了社会的承认，成为社会劳动的一部分。作为一般等价物的商品实际上起着货币的作用，只是在一般价值形式中，担任一般等价物的商品可能不固定。

4.货币形式

随着商品生产和商品交换的不断发展，从交替地充当一般等价物的众多商品中分离出一种经常起着一般等价物作用的商品。这种特殊商品就是货币，执行着货币的职能，成为表现、衡量和实现价值的工具。

1.1.2 货币的本质

货币是商品，货币的根源在于商品本身，这是为价值形式发展的历史所证实了的结论。但货币不是普通的商品，而是固定地充当一般等价物的特殊商品，并体现一定的社会生产关系。

首先，货币是一般等价物。从货币起源的分析中可以看出，货币首先是商品，具有商品的共性，即都是用于交换的劳动产品，都具有使用价值和价值。如果货币没有商品的共性，那么它就失去了与其他商品交换的基础，也就不可能在交换过程中被分离出来充当一般等价物。

然而，货币又是和普通商品不同的特殊商品，作为一般等价物，它具有两个基本特征：第一，货币是表现一切商品价值的材料。普通商品直接表现出其使用价值，但其价值必须在交换中由另一商品来体现。货币是以价值的体现物出现的，在商品交换中直接体现商品的价值。一种商品只要能交换到货币，就能使生产它的私人劳动转化为社会劳动，商品的价值就得到了体现。因而，货币就成为商品世界唯一的核算社会劳动的工具。第二，货币具有直接同所有商品交换的能力。普通商品只能以其特定的使用价值去满足人们的某种需要，因而不可能同其他一切商品直接交换。货币是人们普遍接受的一种商品，是财富的代表，拥有它就意味着能够换取各种使用价值。因此，货币成为每个商品生产者所追求的对象，货币也就具有了直接同一切商品相交换的能力。

其次，货币体现一定的社会生产关系。货币作为一般等价物，无论是表现在金银上，还是表现在某种价值符号上，都只是一种表面现象。货币是商品交换的媒介和手段，这就是货币的本质。同时，货币还反映商品生产者之间的关系。马克思指出：“货币代表着一种社会生产关系，却又采取了具有一定属性的自然物形式。”商品交换是在特定的历史条件下，人们互相交换劳动的形式。社会分工要求生产者在社会生产过程中建立必要的联系，而这种联系在私有制社会中只有通过商品交换，通过货币这个一般等价物作为媒介来进行。因此，货币作为一般等价物反映了商品生产者之间的交换关系，体现着产品归不同所有者占有，并通过等价交换来实现他们之间的社会联系，即社会生产关系。

1.1.3 货币的职能

货币的职能是货币本质的具体体现，是商品交换所赋予的，也是人们运用货币的客观依据。货币在商品经济中执行五种职能：价值尺度、流通手段、贮藏手段、支付手段、世界货币。

1）价值尺度

货币在表现和衡量商品价值时，执行价值尺度职能。执行价值尺度职能的货币本身必须有价值；本身没有价值，就不能用来表现、衡量其他商品的价值。货币是商品，具有价值，因此能够充当商品的价值尺度。

货币执行价值尺度职能时，人们可以在观念语言中用货币来衡量商品的价值，而并不需要现实货币的存在。商品价值的货币表现就是价格。由于各种商品的价值大小不同，用货币表现的价格也不同。为了便于比较，就需要规定一个货币计量单位，称为价格标准。价格标准最初是以金属重量单位的名称命名的，如中国的“两”，后来由于国家以较贱金属代替贵金属作币材，使货币单位的名称和金属重量单位名称脱离。

价值尺度与价格标准是两个完全不同的概念。首先，货币作为价值尺度是代表一定量的社会劳动来衡量各种不同商品的价值；而货币作为价格标准，是代表一定的金属量，用来衡量货币金融本身的量。其次，货币作为价值尺度是在商品交换中自发形成的，它不依赖于人的主观意志，是客观的；而价格标准是人为的，通常由国家法律加以规定。最后，货币作为价值尺度，它的价值随着劳动生产率的变动而变动；而价格标准是货币单位本身金融的含量，是不随劳动生产率的变动而变动的。

价值尺度与价格标准有着密切的联系，货币的价值尺度依靠价格标准来发挥作用，因此，价格标准是为价值尺度职能服务的。

2）流通手段

货币在商品交换过程中发挥媒介作用时，便执行流通手段职能。货币作为流通手段必须是现实的货币，即要求一手交钱、一手交货，这与货币作为价值尺度是不同的。另外，作为价值尺度的货币，由于其衡量的是商品价值，所以必须是足值的货币，否则商品的价值就可能被错误地扩大或缩小。而货币发挥交换媒介作用只存在于买卖商品的瞬间，人们关心的是它的购买力，即能否买到等值的商品，并不关心货币本身有无价值，所以就产生了不足值的铸币以及仅是货币符号的纸币代替贵金属执行流通手段职能的可能性。

货币作为流通手段，改变了过去商品交换的运动公式。在货币出现前，商品交换采取物物交换的形式，即W-W；货币出现后，商品交换分为“卖”和“买”两个环节，即W-G和G-W。一方面，货币这个媒介的出现，使原来物物交换的许多局限性，如交换双方对使用价值的需求一致、交换的时间地点一致等都被冲破了，从而促进了商品交换的发展；另一方面，货币发挥流通手段职能，也使商品生产者之间的社会联系和商品经济的内在矛盾更加复杂化了。因为这时商品交换分为卖和买两个环节，如果有些人卖了商品不马上买，则另一些人的商品可能就卖不出去，从而引起买卖脱节，使得社会分工形成的生产者相互依赖的链条有中断的可能，潜藏着经济危机。当然，经济危机的爆发只有在商品经济发展到一定水平、社会生产者的联系十分紧密条件下，才能转化为现实。

货币流通是指货币作为购买手段，不断地离开起点，从一个商品所有者手里转到另一个商品所有者手里的运动。它是由商品流通所引起的，并为商品流通服务；商品流通是货币流通的基础；货币流通是商品流通的表现形式。同时，货币流通又有着不同于商品流通的特点。商品经过交换以后就进入消费领域，或作为生产性消费，或作为生活性消费，从而退出流通界。货币在充当一次交换的媒介后又去充当另一次交换的媒介，经常留在流通领域中不断地运动。流通中所需的货币量取决于三个因素：①待流通的商品数量；②商品价格；③货币流通速度。它们之间有如下关系：

$$\text{货币作为流通手段的必要量}=\frac{\text{商品价格总额}}{\text{货币流通速度}}=\frac{\text{商品价格}\times\text{待流通的商品数量}}{\text{货币流通速度}}$$

流通中所需要的货币量取决于待流通的商品数量、商品价格和货币流通速度这一规律，是不以人的意志为转移的。凡是有货币交换的地方，这一规律就必然会起作用。

3）贮藏手段

货币退出流通，贮藏起来，就执行贮藏手段的职能。货币成为社会财富的一般代表，于是人们就有了贮藏货币的欲望。当然这种货币既不能是观念上的货币，也不能是不足值的货币或只是一种符号的纸币，它应是一种足值的金属货币或是作为货币材料的贵金属。

在交换的初期，产品主要是满足自身消费，所以当时货币执行贮藏职能的目的是用货币形式来保存剩余产品。在商品经济还不够发达的情况下，商品生产者并不一定能够在需要货币购买其他商品时顺利地卖掉自己的商品，所以为了避免市场的自发性导致的风险，生产者会有意识地积累货币，使再生产得以顺利进行。随着商品经济的发展，在私有制社会里，货币在社会上的影响增大，它代表着绝对的物质财富，从而人们在求金欲的驱使下贮藏货币。

在足值的金属货币流通的情况下，货币作为贮藏手段，具有自发调节货币流通的作用，当流通中的货币量大于商品流通所需要的货币量时，多余的货币会退出流通领域；当流通中所需要的货币量不足时，贮藏货币会重新加入流通。贮藏货币就像蓄水池一样自发地调节流通中的货币量，使它与商品流通相适应。因此，在足值的金属货币流通条件下，不会发生通货膨胀现象。货币的贮藏手段是以金属货币为前提的，即只有在金属货币流通的条件下，货币才能自发地进出流通领域，发挥蓄水池的作用。当今世界大多数国家已经废除了金属货币的流通，普遍采用了信用货币。如果通货膨胀水平较低，并且预期通货膨胀水平也很低，信用货币是可以被“贮藏”起来的，但这种暂歇在居民手中的货币不是贮藏货币，它仍是计算在市场流通量之中的。这样，信用货币也就不能自发地调节流通量中的货币量，贮藏职能实际上也就不存在了。

4）支付手段

货币作为交换价值而独立存在，并非伴随着商品运动而作单方面的转移，而是执行着支付手段职能。在货币执行流通职能时，商品交换要求一手交钱、一手交货；而作为支付手段，其特征是价值的单方面转移。支付手段的产生源于商业信用的产生。在较发达的商品经济条件下，在商品生产循环和周转中，某些商品生产者会产生资金周转的多余或不足，为使再生产得以顺利进行，商品赊销、延期付款等信用方式相应产生。此外，商品的供求状况也影响着商品的信用方式。当赊购者偿还欠款时，货币就执行支付手段职能。

货币执行支付手段职能，最初主要是为商品流通服务，用于商品生产者之间清偿债务。随着商品生产的发展，货币的支付手段职能已超出了商品流通领域，扩展到其他领域，如工资、佣金、房租等。

货币作为流通手段克服了物物交换的种种局限性，而其作为支付手段，又进一步克服了货币作为流通手段要求一手交钱、一手交货的局限性，极大地促进了商品交换。但同时，它也使商品经济的矛盾进一步复杂化。在商业信用盛行时，商品生产者之间的债权债务关系普遍存在。一个商品生产者偿还债务的能力往往受到其他商品生产者能否按期偿还对他的债务的影响。在债权债务的链条中，如果有一部分生产者由于种种原因不能按期偿还债务，就有可能引起整个支付链条的崩断，以致给商品生产和流通带来严重的后果。

5）世界货币

当货币超越国界，在世界市场上发挥一般等价物作用时便执行世界货币的职能。世界货币只能是以重量直接计算的贵金属。而铸币和纸币是国家依靠法律强制发行，只能在国内流通的货币，不能真实地反映货币具有的内在价值。

货币执行世界货币职能主要表现在三个方面：第一，作为国际一般的支付手段，用以平衡国际收支差额。这是世界货币的主要职能。第二，作为国际一般的购买手段，用以购买外国商品。作为购买手段的货币在此时当作货币商品与普通商品交换。第三，作为国际财富转移的一种手段，比如战争赔款、输出货币资本等。

世界货币的职能也是以贵金属为条件的。理论上，信用货币由于没有内在价值或其价值可以忽略，是不能够执行世界货币职能的。但在当代，一些西方发达国家的信用货币，已经成为全球普遍接受的硬通货，实际上发挥着世界货币的职能。世界各国都把这些硬通货作为本国储备的一部分，并用来作为国际的支付手段和购买手段。这一方面是因为发行这些硬通货的国家经济发达、国力强大、国际政治经济地位较高，因此其货币也较坚挺、有保障；另一方面也是国际金融发展的结果。近几十年来，欧洲美元市场、离岸金融业务的发展，也促进了这些信用货币的全球化。

货币的五种职能并不是各自孤立的，而是具有内在联系的，每一个职能都是货币作为一般等价物本质的反映。其中，货币的价值尺度和流通手段职能是两个基本职能，其他职能是在这两个职能的基础上产生的。所有商品首先要借助于货币的价值尺度来表现其价格，然后通过流通手段实现商品价值。正因为货币具有流通手段职能，随时可购买商品，货币才能作为交换价值独立存在，可用于各种支付，所以人们才贮藏货币，货币才能执行贮藏手段的职能。支付手段职能是以贮藏手段职能的存在为前提的。世界货币职能则是其他各个职能在国际市场上的延伸和发展。从历史和逻辑上讲，货币的各个职能都是按顺序随着商品流通及其内在矛盾的发展而逐渐形成的，从而反映了商品生产和商品流通的历史发展进程。

1.1.4 货币的层次划分

主流经济学界主张以流动性为标准划分货币层次，从而形成了广义的货币供应量指标。流动性是货币的基本特征之一，流动性首先是指货币与商品的转换能力。在单一现金货币形式下，不存在转换能力程度差别的问题。当出现了各种形式的货币构成后，各种货币形式的流动能力出现了程度上的差别。这时，流动性的概念就不仅指货币转换为商品的能力，而且指货币之间相互转换的能力。测量一种金融资产流动性最简单的方法就是看它向流动性最强的现金货币转换的能力。转换能力包括两方面的含义：一是能不能方便地自由转换；二是转换过程中损失的程度。转换自由并且损失小的货币才是严格意义上的流动性强的货币。金融资产流动性的强弱，一方面与一国的金融制度有关，另一方面与一国金融市场的发达程度有关。如各种有价证券的流动性主要取决于金融市场的发达程度，在金融市场发达的国家，有价证券可随时在证券市场上出售并转换成现金。

由于各国金融市场和金融法规的差异，广义的货币供应量指标也不尽相同。综合各国情况来看，广义的货币供应量指标一般划分如下：

$M1$=通货+商业银行的活期存款

$M2$=$M1$+商业银行的定期存款和储蓄存款

$M3$=$M2$+其他金融机构的定期存款和储蓄存款

$M4$=$M3$+其他短期流动资产（如国库券、商业票据、银行承兑汇票、短期公司债券、人寿保单等）

根据各种金融工具的流动性来划分不同层次的货币供应量指标，已为大多数经济学家和各国货币当局所接受，各国货币当局普遍采用多层次或多口径的办法来计算和定期公布货币存量。如美联储公布的四个层次的货币供应量指标为：

$M1$=流通中的通货+所有存款机构的支票性存款

$M2$=$M1$+所有存款机构的小额（10万美元以下）定期存款+所有存款机构的储蓄存款+隔夜回购协议

$M3=M2+$所有存款机构的大额定期存款+定期回购协议

$L=M3+$其他短期流动资产（如美国储蓄债券、商业票据、银行承兑票据、短期政府债券等）

中国人民银行关于货币供应量的划分为：

$M0$ = 流通中的现金

$M1$(货币) = 流通中的现金 + 银行的活期存款

$M2$(货币 + 准货币) = $M1$ + 定期存款 + 储蓄存款 + 其他存款

各国公布的货币供应量指标虽然各不相同，但有一点是各学派和各国都承认的，即只有 $M1$（现金和活期存款）是为人们所普遍接受的交易媒介，算作标准的货币；而 $M1$ 以外的短期金融资产只能称为准货币（quasi-momey）或近似货币（near money），它们不能充当直接的交易中介，但这些广义货币是潜在的购买力，在一定条件下可以转换为现实的货币，对现金货币的流通以及整个经济都有影响，因此有必要作为单独的货币层次加以考虑。

随着金融创新的发展，具有良好流动性的新兴金融工具不断涌现，使按照流动性的序列来划分货币层次、定义货币供给的方法面临着严峻的挑战。在现代经济社会中，除了金融机构的各种存款外，还有不少金融或信用工具都具有相当程度的流动性或货币性，包括政府和企业发行的短期债券、人寿保单、投资互助基金等。由于拥有发达的二级市场，它们在金融市场上变现极为方便，即均具有相当高的流动性。与狭义货币相比，它们之间只存在程度上而非本质上的区别。尤其是随着金融创新的发展，被定义在“货币”口径之内的金融资产的序列实际上是不断加长的，这是因为符合某一货币定义的金融工具不断被创造出来，许多金融工具的市场条件被逐渐开发，因而具有了较过去更大的流动性。由于众多的金融资产都具有一定的流动性，这就使更多的金融资产都具有一定程度的货币功能。

因此，随着金融创新的发展，需要有新的货币层次划分的理论和方法，以便能更准确地观察各层次的货币供应量的变动，进行有效的经济分析。

1.2　货币形态演变

随着支付制度的演变，各种不同类型的货币形式发展起来，按其形态，大致可以分为实物货币、金属货币、纸币和存款货币。

1.2.1　实物货币

实物货币是指在金属货币出现以前曾经充当过交易媒介的那些特殊商品。例如，米、布、木材、贝壳、家畜、兽角、猎器等，都曾在不同时期充当过交易媒介的角色。这些特殊商品在充当货币时，基本上保持原来的自然形态。其缺点是：体积笨重，质量不一，不能分割为较小的单位，值小量大，携带不便，容易磨损，容易变质。因此，实物货币无法充当理想的交易媒介，不适于作为价值标准和储藏手段，随着经济的发展和时代的变迁而被金属货币所替代。

1.2.2 金属货币

金属货币是指以金属为币材的货币。初期的金属货币以条块形状出现，称为称量货币。近代的金属货币则将金属按一定的成色重量铸成一定的形状（比如圆形）使用，称为铸币。金、银、铜、铁等金属材料都做过币材，这些材料可以分割、加工，质量均匀，供给稳定，用它们制成的货币耐久、轻便、价值统一，能有效地发挥货币的交易媒介、价值标准和储藏职能，因此直至今日，金属货币仍然在流通中使用。

1.2.3 纸币

纸币是以纸张为币材印制而成，具有一定形状、标明一定面额的货币。纸币可分为兑现纸币和不兑现纸币两种。兑现纸币是持有人可随时向发行银行或政府兑换铸币或金银条块的纸币，其效力与金属货币完全相同，且具有携带便利、避免磨损、节省金银等优点。兑现纸币的发行必须有足够的贵金属准备。当代用货币的发行超过了商品流通所需要的金银货币量时，代用货币的面额所代表的金银货币量就会减少，从而引发货币贬值、物价上涨。在兑现纸币制度下，政府容易控制物价，经济中不易发生恶性通胀。不兑现纸币是不能兑换成金属或金银条块的纸币，它仅有货币价值而无币材价值。我国是世界上最早使用纸币的国家。早在宋朝初年，一种被称为“交子”（意为交换凭证）的纸币就在市场上流通，它是用楮树皮纸制成的楮券，可以兑现。我国的纸币制度后来传到波斯、印度和日本，波斯于1294年使用过纸币，印度于1330—1331年使用过纸币，日本自1332年起效仿中国的办法印制发行过几次纸币。意大利威尼斯的旅行家马可波罗于13世纪来到中国，看到中国人用纸币买卖东西，大为惊奇，当时纸币在中国的使用至少已有300年的历史。目前世界各国流通的纸币大都是不兑现纸币。

启智增慧1-1

纪念北宋交子诞生1 000周年兼论纸币发行约束问题

红色金融

红色货币的渊源：井冈山“工”字银元

井冈山“工”字银元起源于1928年5月，当时毛泽东率领的秋收起义部队和朱德率领的南昌起义余部在井冈山胜利会师，成立了中国工农红军第四军，建立了湘赣边界红色政权。根据地建设进入鼎盛时期，朱毛红军主力有6 000多人，根据地范围扩展至遂川、宁冈、永新、莲花和湖南的茶陵、酃县6县，面积7 200多平方千米，人口80余万。由于井冈山根据地地处湘赣边界山区地带，山高林密，道路崎岖，林多田少，属于传统的自给自足农业经济区域，商品经济极不发达，现金流通量很少；加上当时国民党军队对井冈山根据地实行严密经济封锁，不仅红军需要的武器弹药得不到补给，就连军民必需的生活用品尤其食盐、棉花、布匹、医药无从购入。那时红军官兵生活极为艰苦，每人每天只有5分钱菜金，晚上点一根灯芯的油灯，寒冬腊月仍然穿着单衣，夜里以稻草当被。即使这样给养也入不敷出。毛泽东曾写道：“仅仅发油盐柴菜钱，每月也需现洋万元以上”“吃饭大难”。这说明井冈山根据地经济的确面临困窘局面。当时支持红色政权的主要财源来自红军打土豪，没收地主官商财产以及对敌作战缴获所得。但随着红军的发展壮大及根据地的扩展，这些来源已不足以支撑革命力量生存发展的需要，特别是当时流通的银元缺乏，无法与根据地周边的地区开展正常贸易，严重影响了根据地军民的生活供给。为了打破国民党军队的经济封锁，改善根据地军民的生活供给，以毛泽东为首的红色政权领导人一方面实行土地改革，将地主田地分给穷苦农民，鼓励农民发展生产，改善生活，并以征收粮食产量的一成半到两成作土地税的方式解决红军给养；另一方面决定建立红军造币厂，自己铸造发行银币以解决商品交换中的现金流通问题。于是中国红色政权发行的第一种贵金属货币"井冈山'工'字银元"就应运而生了。

资料来源：曾宪文，周志勇. 红色货币的渊源：井冈山"工"字银元［J］. 党史文苑，2011（17）：51-55.

1.2.4　存款货币

存款货币指活期存款。西方国家的活期存款账户可以随时开出支票在市场上转移或流通，充当交易媒介或支付工具。由于支票可以装订成书本形状，因此人们又把支票称为书本货币（book money）。又由于存款货币以在银行的活期存款为基础，并根据支票的收受，将银行账户上所记存户的债权加以转移，因此存款货币还称为银行货币（bank money）。存款货币在现代工商业发达的国家中占有重要地位，大部分交易都是以这种货币为交易媒介的。

经世济民 1-1

数字人民币应用场景持续拓宽

近期，全国多个数字人民币试点地区交出2023年成绩单。记者注意到，过去一年，从个人消费场景到薪资发放、普惠贷款、绿色金融等对公企业服务，以及财政、税收、公用事业等政务服务场景，数字人民币应用场景持续拓宽，为用户带来了全新的支付体验，也为金融服务实体经济提供了有力支撑。

目前，数字人民币试点范围已扩展至17个省份的26个试点地区。总体来看，各地交易规模保持增长态势。中国人民银行浙江省分行此前披露的数据显示，2023年，浙江全省数字人民币钱包达到3 526万个，其中对公钱包141万个，个人钱包3 385万个。数字人民币交易笔数为1.83亿笔，交易金额达到6 478亿元。公众使用数字人民币消费金额达509亿元。

中国人民银行福建省分行的数据显示，截至2023年12月末，福建省累计开立数字人民币钱包853.89万个，交易（含兑换、转账、消费）笔数为8 531.98万笔、金额为3 513.60亿元，开通数字人民币支付商户门店为44.28万个，2023年数字人民币交易额、商户门店数分别同比增长27.56%、76.21%。

2月底召开的苏州数字人民币试点暨数字金融产业发展工作会议披露，截至2023年末，苏州全市累计开立个人钱包超2 916万个，开立对公钱包194万个；全年交易金额超3万亿元，占江苏省交易量的九成以上。

值得关注的是，各地数字人民币应用特色场景亮点颇多。例如，浙江在全国首创数字人民币“乘车码”应用，支持杭州、绍兴等地数字人民币 APP“展码进站”；打造数字人民币养老应用场景，落地湖州医养机构“长寿卡”数字人民币硬钱包，让老人享受到数字支付的高效便捷；推动杭州市体育培训机构率先试点接入数字人民币预付资金管理“元管家”应用，探索预付式消费资金管理新路径。

“2023年，浙江省数字人民币试点扎实推进，顺利实现增量扩面、提质增效、创新升级的试点目标，数字人民币在杭州亚运会成功应用，全省数字人民币应用规模再上新台阶，更多便民惠企应用场景加速落地，数字人民币应用生态进一步丰富完善。”中国人民银行浙江省分行有关负责人表示。

有研究人士指出，当前数字人民币试点进展态势良好，在前期积累的各项工作基础上，在应用场景拓展、钱包开立数量、钱包交易规模等方面均取得较为亮眼的成绩。此外，数字人民币生态圈也在持续扩容，金融机构、实体企业、互联网企业等来自不同行业领域的经营主体纷纷开展数字人民币的应用探索，推动数字人民币试点向更为广阔的方向迈进。

今年以来，数字人民币服务场景“上新”继续保持强劲势头。1月份，中国人民银行和香港金融管理局决定推出6项金融举措，其中就包括“深化数字人民币跨境试点，为香港和内地居民企业带来更多便利”。

据了解，在中国人民银行的指导下，数字货币研究所与香港金管局于2020年底启动数字人民币跨境支付试点项目，在前期测试和验证基础上，今年双方将进一步深化试点合作，主要包括支持更多机构参与试点、拓宽服务主体和场景、加强两地受理环境建设三方面内容，有序推动两地线上平台开通数字人民币支付方式。

3月18日，中国人民银行发布境外来华人士数字人民币支付指南。境外来华人士使用数字人民币支付，可以下载数字人民币 APP 境外版（e-CNY APP），注册账号并开通钱包，目前已支持210余个国家和地区的手机号注册账号、开通钱包。同时，境外来华人士还可体验到数字人民币“随用随充”功能，无须提前为钱包充值，可直接使用银行卡进行支付。目前，“随用随充”已支持 Visa、Mastercard 的银行卡，更多国际卡组织正在接入中。

市场人士认为，展望今年，数字人民币试点有望在场景的多元化上得到进一步丰富，覆盖范围将持续拓展，尤其是对公、跨境等领域的场景值得期待。

资料来源：马春阳. 数字人民币应用场景持续拓宽［N］. 经济日报，2024-03-28.

1.3 货币制度

货币制度是指一个国家以法律形式规定的货币流通的组织形式，简称币制。随着商品经济的发展变化，货币制度也在不断演变。

1.3.1 货币制度的基本内容

货币制度的基本内容包括：货币金属与货币单位；通货的铸造、发行与流通程序；金准备制度等。

1）货币金属与货币单位

在金属货币制度下，确定用什么金属来作为货币材料是建立货币制度的首要步骤，货币金属是建立货币制度的基础。金属货币材料的选择是受客观经济发展制约的。历史上，一般都先以白银作为货币金属，后来随着黄金的大量开采，才过渡到金银并用，并最终使黄金在币材中占据了统治地位。选择什么样的金属作为本位币的币材，就会构成什么样的货币本位制度。这是由国家法律确立的，但要受客观经济发展需要的制约。现代各国货币都是信用货币，选择币材的技术意义已超出其经济意义，如防伪因素等。

随着货币金属的确定，接下来就要规定货币单位，包括规定货币单位的名称和每一货币单位所包含的货币金属量。例如，美国的货币单位为“美元”，根据1934年1月的法令规定，1美元，含纯金13.714格令（合0.888671克）；中国北洋政府在1914年颁布的《国币条例》中规定，货币单位定名为“圆”，含纯银6钱4分8厘（合23.977克）。规定了货币单位及其等分，就有了统一的价格标准，从而使货币能够更准确地发挥计价流通的作用。现在，世界范围内大多数国家流通的都是信用货币，确定了货币单位的值，本国货币与外国货币的比价就有了直接关系。

2）通货的铸造、发行与流通程序

通货的铸造是指本位币与辅币的铸造。本位币是按照国家规定的货币单位所铸成的铸币，亦称主币。本位币的面值与实际金属价值是一致的，是足值货币。本位币具有无限法偿能力，即国家规定本位币有无限支付的能力，无论支付额多大，出售者和债权人都不得拒绝接受。同时，本位币可以自由铸造、自行熔化，并且流通中磨损超过重量公差的本位币，不准投入流通使用，但可向政府指定的单位兑换新币，即超差兑换。本位币的这种自由铸造、自行熔化和超差兑换的特点，能使铸币价值与铸币所包含的金属价值保持一致，保证流通中的铸币量自发地适应流通对于铸币的客观需要量。

辅币是主币以下的小额通货，供日常零星交易与找零之用。辅币一般用较贱的金属铸造，其所包含的实际价值低于其名义价值，但国家以法令形式规定在一定限额内，辅币可与主币自由兑换，这就是辅币的有限法偿性。辅币不能自由铸造，只准国家铸造；而铸币收入为国家所有，是财政收入的重要来源。为防止辅币充斥市场，国家除规定辅币为有限法偿货币外，还规定用辅币向国家纳税不受数量限制，用辅币向政府兑换主币，不受数量限制。

学海拾贝 1-2

金属货币的铸造

金属货币的铸造权在古代是一个重大的政策问题。统一的中国秦朝，实施的是国家垄断铜铸币的政策，这是以往各诸侯国垄断铸造政策的延续和华夏统一的重要决策。汉初曾两度实行“放铸”，即实行允许私人铸造的政策。但实行的结果则是私人铸造的“恶钱”充斥流通，而符合国家法定重量、成色、形制的“法钱”被排除在流通领域之外。同时，铸造货币的大权旁落，也威胁君王的统治。在总结以往经验教训的基础上，就形成了在中国两千年封建社会中占统治地位的中央集中铸币权的传统。

在封建社会中，朝廷铸造重量轻、成色差的铸币并强制百姓按照铸币面值接受，从中形成财政收入。这是封建王朝屡屡采用的伎俩，这种收入被称为“铸币税”。当然也会出现相反的局面，为了铸造合规的铸币，不时会出现铸币成本过高的情况，以至于成为财政难以承受的沉重负担，但相比较而言，后者往往容易被忽视。

资本主义制度建立后，要求摆脱封建统治者的意志而使货币流通的稳定问题能够由法律制度所保证，这就产生了自由铸造制度。所谓自由铸造，是指公民有权把经法令确定的货币金属送到国家的造币厂铸成铸币。造币厂代公民铸造，或不收取费用或只收取很低的熔炼打造的成本费用；公民有权把铸币熔化，但严格禁止私自铸造。由于技术的发展，在自由铸造制度确立之际，私人铸造合乎法定标准的铸币已有技术困难且并不合算；铸造伪劣币，既犯重罪，又很容易被辨认出来。在中国，从清末至20世纪30年代法币改革以前的期间，银元就实行这一制度。

在商品经济发展速度大大超过贵金属产量增长速度的情况下，金属铸币不能满足商品流通对流通手段和支付手段日益增长的需要，于是就出现了银行券和纸币。

银行券是在商业信用基础上由银行发行的信用货币。最早的银行券出现于17世纪，用来替代商业票据。当商品经济发展到一定阶段后，由于信用交易产生了商业票据，一些持票人因急需现金而到银行要求贴现，银行就付给他们银行券。这样，银行券就通过银行放款的程序投入了流通。同时，银行券的发行要有信用保证（票据保证）和黄金保证。持券人可随时向发行银行兑换金属货币。纸币是银行和政府发行并依靠其信誉和国家权力强制流通的价值符号。现在的纸币，其前身就是可兑换的银行券。但纸币并不需要黄金准备，因此可以用来弥补财政赤字，但这又有可能导致通货膨胀。

3）金准备制度

金准备制度就是黄金储备制度，是货币制度的一项重要内容，也是一国货币稳定的基础。大多数国家的黄金储备都集中由中央银行或财政部负责管理。在金属货币流通的条件下，黄金储备主要有三项用途：第一，作为国际支付手段的准备金，也就是作为世界货币的准备金；第二，作为时而扩大时而收缩的国内金属货币流通的准备金；第三，作为支付存款和兑换银行券的准备金。在当前世界各国已无金属货币流通的情况下，纸币不再兑换黄金，金准备的后两项用途已经消失，但黄金作为国际支付的准备金这一作用仍继续存在，各国也都储备一定量的黄金作为准备。

1.3.2 货币制度的演变

在货币制度的历史发展过程中，经历过银本位制、金银复本位制、金本位制和不兑现的信用货币制度四大类型。

1）银本位制

银本位制是指以白银为本位货币的一种货币制度。在货币本位制的演变过程中，银本位制是最早出现的。在银本位制下，以白银作为本位币币材，银币是无限法偿货币，其名义价值与实际含有的白银价值是一致的。银本位分为银两本位与银币本位。在银本位制盛行的时代，大多数国家实行银币本位，只有少数国家实行银两本位。例如，中国于1910年宣布实行银本位制，但实质上是银圆与银两混用，直到1933年废两改圆，才实行了银圆流通。

银本位制从16世纪以后才开始盛行，但其作为一种独立的货币制度存在于一些国家的时间并不长，且实行的范围也不广。其主要原因是：第一，19世纪以后，白银产量激增，国际市场上银价不稳定，并且供大于求导致银价不断下跌，金银比价大幅波动，伦敦市场金银比价由1860年的1∶15，一直降到1932年到1∶73.5。第二，白银与黄金相比体积大而价值小，资本主义大工业与批发商业的兴起导致大规模交易日益增多，白银显然已经不再适应经济发展的客观需要，许多国家纷纷放弃银本位制。

2）金银复本位制

金银复本位制是指以金和银同时作为币材的货币制度。在这种制度下，金银两种铸币都是本位币，均可自由铸造，两种货币可以自由兑换，并且两种货币都是无限法偿货币。金银复本位制盛行于资本主义原始积累时期（16—18世纪）。在这一历史阶段，商品生产和流通规模进一步扩大，对银和金的需求量都大幅增加。由于银价值含量小，所以适合小额交易；金的价值含量大，适合逐渐多起来的大额交易。同时，金的供给量也由于人工开采的增加而增加，使金银复本位替代银本位成为可能。

金银复本位制，按金银两金属的不同关系，又可分为平行本位制、双本位制和跛行本位制。

（1）平行本位制。这是金银两种货币均各按其所含金属的实际价值任意流通的货币制度。国家对金银两种货币之间的兑换比例不加固定，而由市场上自发形成的金银比价自行确定金币与银币的比价，但由于市场机制形成的金银比价因各种原因而变动频繁，造成交易的混乱，因此这种平行本位制极不稳定。

（2）双本位制。这是金银两种货币按法定比例流通的货币制度，国家按照市场上的金银比价为金币和银币确定固定的兑换比率。双本位制以法定形式固定金币与银币的比价，其本意是克服平行本位制下金币与银币比价频繁波动的缺陷，但事与愿违，这样反倒形成了国家官方金银比价与市场自发金银比价同时存在的局面，而国家官方比价较市场自发比价显然缺乏弹性，不能快速依照金银实际价值比进行调整。因此，当金币与银币的实际价值与名义价值相背离时，实际价值高于名义价值的货币（即良币）被收藏、熔化而退出流通，实际价值低于名义价值的货币（即劣币）却充斥市场，即所谓的“劣币驱逐良币”。这一规律又被称为“格雷欣法则”，因此，某一时期，市场上实际只有一种货币在流通，很难有两种货币同时并行流通，这也成了许多国家向金本位制转变的动因。

例如，当金银的法定比价是1∶15时，如果由于采银技术进步或其他原因使银价跌落，市场金银比价则变为1∶16，这时，倘若把金币熔化为金块，在市场上把金块按市价换成白银，再把白银铸成银币并把银币按法定比价换成金币，如此循环一次就可得到1份银的利润。这种情形发展的结果是金币敛迹而银币充斥市场；反之亦然。

学海拾贝1-3

劣币驱逐良币

劣币驱逐良币（bad money drives out good）是指当一个国家同时流通两种实际价

值不同而法定比价不变的货币时，实际价值高的货币（良币）必然要被熔化、收藏或输出而退出流通领域，而实际价值低的货币（劣币）反而充斥市场。这个名词是由16世纪英国伊丽莎白时期的铸造局局长格雷欣提出的，因此也被称为“格雷欣法则”（Gresham's Law）。他观察到，消费者保留储存成色高的货币（贵金属含量高），使用成色低的货币进行市场交易、流通。

在16世纪的英国，使用贵金属造币时，必须在新铸造的货币之中加入其他金属成分，故当时市场上只有两种货币，一种是原先不含杂质的货币，另一种是被加入其他金属的货币。虽然两种货币在法律上的价值相等，但人们却能加以辨认，并且储存不含杂质的货币，将含杂质的货币拿去交易流通，故市面上的良币渐渐被储存而流通减少，市场上只剩下劣币在交易。

另一劣币驱逐良币的情形发生在金银复本位制之下。金银复本位制曾经被18世纪至19世纪的英国、美国、法国长期采用。由于金币和银币之间的兑换比率是政府法律定下的，所以会长期稳定不变，但市场上的金银之间的相对价格却会因为供需法则而波动。当黄金实际价值超过法定兑换率时，人们就会将手中价值较大的金币（良币）熔成金块，再将这些黄金卖掉换成银币（劣币）使用。经过这种程序之后，就可以比直接用金币换银币的方式得到更多的银币。有时人们甚至会重复这样的过程许多次，故市面上的良币因被熔化而日益减少，劣币则会充斥市场并严重扰乱市场秩序。

自从人类赋予金钱一定的币值起，这一法则就起作用了。追溯到古罗马时代，人们就习惯从金银钱币上切下一角，这就意味着货币在充当买卖媒介时，货币的价值含量减少了。古罗马人不是傻瓜，他们很快就觉察到货币越变越轻。当他们知道货币减轻的真相时，就把足值的金银货币积存起来，专门用那些不足值的货币。为控制这一现象的蔓延，政府发行了带锯齿的货币。足值货币的边缘都有些小的沟槽，如果货币边缘的沟槽被挫平，人们就知道这枚货币被动过手脚。

在中国，早在公元前2世纪，西汉的贾谊就曾指出“奸钱日繁，正钱日亡”的事实，这里的“奸钱”指的就是劣币，“正钱”指的就是良币。西汉时期，金和银都是法偿货币，在法律上按一定比价具有相同的价值。但在现实情况中，金银的开采成本、市场供求是不太可能完全同步变化的，于是，当金相对于银来说更为贵重时，人们必然会储存更有价值的金而使用相对来说价值低的银，因为交换时是以法定比价而不是实际比价来计算的。如果银相对来说更为贵重时，金就成了劣币，银变成了良币。进入了纸币流通的时代，货币的不足值性更加明显，国家也必须有更强、更加有力的手段保证其法偿性。也正是在这时，格雷欣法则开始受到一些学者的质疑。事实上，没有良币出现，或者有强有力的政府禁止良币的使用，劣币也不能一直使用下去。一个十分明显的例子是，中国在国民党政府执政末期，法币贬值，物价飞涨，民间开始使用银元，拒收劣币。此时的国民党政府禁止人民使用银元，进而没收银元发行银行券。但是人民并不会因此就接受银行券了，许多私人机构开始以大米为薪金，社会交换退化到了物物交换时代。

问题的根源在于，劣币驱逐良币并不是产生竞争的前提条件下，每一套货币的发行，都是由国家强制人民接受的，尽管付款的一方很乐意使用劣币，但收款的一方不会甘愿接受，只有在国家保证收款方接受的劣币能够继续流通的时候，劣币才能得以继续存在，这条规律才能继续起作用。换句话说，如果国家滥用发行货币的权力，通过“劣币驱逐良币”的把戏来掠夺民间财富，这个过程就是政府消费自身信誉的过程。当这个消费过程超过了一定限度的时候，人民也有可能会拒绝所谓的法偿货币，通过自由的选择使得货币自发地建立新规律。

（3）跛行本位制。这是指国家规定金币可自由铸造而银币不允许自由铸造，并且金币与银币可按照某个固定的比例兑换。实际上，银币已经降到了金币附属的地位，因为银币的价值通过固定的比例与金币挂钩；而金币是可以自由铸造的，其价值与本身的金属价值是一致的。因此，从严格意义上看，跛行本位制只是由复本位制向金本位制过渡的一种中间形式而已。

3）金本位制

金本位制是指以黄金作为本位货币的货币制度。其主要形式分为三种：金币本位制、金块本位制和金汇兑本位制。

（1）金币本位制

所谓金币本位制，是指以黄金为货币金属的一种典型的金本位制。其主要特点有三个：

① 金币可以自由铸造、自由熔化。这样可以自发调节流通中的货币量，使金币的自身价值与面额价值保持一致，从而保证商品流通的顺利进行和经济的平稳运行。

② 流通中的辅币和价值符号可以自由兑换金币。这样，流通中的价值符号，如纸币、银行券等，就有了充足的黄金保证，能够代表一定量的黄金进行流通，从而保证了辅币与价值符号的稳定，不会导致通货膨胀，同时也节约了黄金。

③ 黄金可以自由输出输入。在实行金本位制的国家之间，其汇率是根据两国货币的黄金含量计算出来的，称为金平价；当由于供求关系等因素导致市场汇率偏离金平价，达到黄金输出输入点时，黄金就会在外汇市场不均衡引起的利益驱动下自由流动，从而起到稳定外汇汇率的作用，有利于国际贸易的顺利开展。

随着资本主义社会固有矛盾的加深和世界市场的进一步形成，金币本位制的基础受到了严重的威胁，并最终导致了金币本位制的终结。首先，各资本主义国家的政治经济发展极不平衡，尤其是第一次世界大战之后，各资本主义国家之间的矛盾更为尖锐化，少数国家拥有大量的黄金储备，而只拥有少量黄金的国家在政策上限制黄金的输出，这使得金币本位制已经名存实亡。其次，近现代以来资本主义经济迅速发展，对黄金的需求也日益增加，但黄金的开采产量由于种种原因不可能相应地快速增长，因此供给满足不了需求。这在一定程度上也影响了金币本位制在资本主义社会的“前途”。作为对上述问题的解决办法，金块本位制和金汇兑本位制相继出现了。

（2）金块本位制

金块本位制是指没有金币的铸造和流通，而由中央银行发行以金块为准备的纸币流通的货币制度，它与金币本位制的区别是：第一，金块本位制以纸币或银行券作为流通货币，不再铸造、流通金币，但纸币或银行券仍然规定含金量；第二，金块本位制不再像金币本位制那样实行辅币和价值符号同黄金的自由兑换，而是规定黄金由政府集中储存，居民可按本位币的含金量在达到一定数额后兑换金块。例如，英国1925年规定银行券一次至少兑换400盎司的金块，这样高的限额大多数人是达不到的。英国、法国、荷兰、比利时等国在1924—1928年间实行了金块本位制。

（3）金汇兑本位制

金汇兑本位制是指以银行券作为流通货币，通过外汇间接兑换黄金的货币制度。它与金块本位制有相同点：货币单位规定含金量，国内流通银行券，没有铸币流通。但它规定银行券不能兑换黄金，但可换取外汇。本国中央银行将黄金与外汇存于另一个实行金本位制的国家，允许以外汇间接兑换黄金，并规定本国货币与该国货币的法定比率，通过固定价格买卖外汇以稳定币值和汇率。实行金汇兑本位制的国家实际上是使本国货币依附在一些经济实力雄厚的外国的货币上，处于附庸地位，这使得货币政策和经济都受这些实力强的国家左右。同时，其所附庸的国家向其大量提取外汇准备或兑取黄金也会影响本国币制的稳定。

金汇兑本位制最早于1877年在荷兰的殖民地爪哇采用。后来，印度、菲律宾、马来西亚、泰国、墨西哥、巴拿马等国也相继采用。第一次世界大战后，为整顿币制，德国于1924年实行金汇兑本位制，意大利等30多个国家也随即实行，把本国货币与英镑、美元等挂钩，保持固定比率，并用借来的贷款作为外汇基金。1931年，德国放弃了金汇兑本位制，同年9月英国放弃金块本位制。1934年4月，美国放弃金本位制，一系列与英镑和美元相联系的国家和地区也相继放弃了金汇兑本位制。

无论是金块本位制还是金汇兑本位制，都没有金币的流通，从而失去了货币自动调节流通需要量的作用，币值自动保持相对稳定的机制也不复存在。在1929—1933年的世界性资本主义经济危机后，金本位制也就被不兑现的信用货币制度所代替，从而为国家干预调节经济提供了一个十分有力的机制。

4）不兑现的信用货币制度

不兑现的信用货币制度是指以不兑换黄金的纸币或银行券为本位币的货币制度。银行券开始是有黄金和信用双重保证的，可以兑换黄金、白银。但在金本位制全面崩溃以后，流通中的银行券不再兑换金银，这时，银行券已完全纸币化了。不兑现的纸币一般是由中央银行发行，国家法律赋予其无限法偿能力，此时，流通中全部是不兑现的纸币，黄金已经不用于国内流通。由于纸币与黄金毫无联系，货币的发行一般根据国内的经济需要由中央银行控制。信用货币是银行对货币持有人的负债，通过银行放款程序投入到流通领域中去。如果银行放松银根，信用货币投放过多，就可能出现通货膨胀、物价上涨；如果紧缩银根，就可能出现通货紧缩、物价下跌。可见，信用货币流通量的多少能够影响经济的发展，国家因此对银行信用加以调控，达到其政策目的，保证货币流通量适应经济发展的需要。

启智增慧1-2

中华人民共和国货币概况（2024年1月）

不兑现的信用货币——纸币，代替黄金成为本位币，黄金完全退出货币流通（这种现象叫作黄金的非货币化），这具有非常重要的意义。政府不再只是经济运行的守夜人、旁观者，而是可以利用纸币的发行、流通来调节和干预经济的参与者、操纵者。第二次世界大战后，资本主义世界中只靠亚当·斯密的“看不见的手”来引导经济运行的国家几乎没有；不兑现的信用货币制度也是一柄双刃剑，在使得国家获得干预经济的手段的同时，也使得通货膨胀成为可能并且不时地困扰着现实的宏观经济。

本章小结

“物物交换”这种交易方式至少存在以下四个缺点：①需求上的双重巧合很难达成。②商品的比价随着交换系列的延伸而增加。③难以建立相互一致的“交叉兑换比率”。④缺少普遍接受的价值储存手段。

货币是商品，货币的根源在于商品本身，这是被价值形式发展的历史所证实了的结论。但货币不是普通的商品，而是固定地充当一般等价物的特殊商品，并体现一定的社会生产关系。这就是货币的本质的规定。

在人类社会经济生活中，货币自身的形式是不断发展的，由足值的金属货币，如金币、银币到足值货币的代表，如纸币，它几乎没有内在价值，但可以兑换成足值货币，最后到不可兑现的信用货币。货币形式的发展过程是商品经济不断发展的客观要求，也是其必然产物。在这个过程中，货币是商品的这一要求逐渐被淡忘，与此同时，货币的主要功能得以继续发挥。

货币在商品经济中执行着五种职能：价值尺度、流通手段、贮藏手段、支付手段和世界货币。货币的五种职能并不是各自孤立的，而是具有内在联系的，每一个职能都是货币作为一般等价物的本质的反映。其中，货币的价值尺度和流通手段职能是两个基本职能，其他职能是在这两个职能的基础上产生的。

货币按其具体的形态，大致可以分为实物货币、金属货币、纸币和存款货币。按货币价值与币材价值的关系，可以把货币分为商品货币、代用货币和信用货币。在新的经济、技术发展背景下，还出现了电子货币等新型货币形式。

货币制度是指一个国家以法律形式规定的货币流通的组织形式，简称币制。货币制度的基本内容包括：货币金属与货币单位；通货的铸造、发行与流通程序；金准备制度等。在货币制度的历史发展过程中，经历过银本位制、金银复本位制、金本位制和不兑现的信用货币本位制四大类型。

所谓货币量的层次划分，是把流通中的货币量主要按照其流动性的大小进行相应排列，分成若干层次并用符号代表的一种方法。进行货币量层次划分，目的是把握流通中各类货币的特定性质、运动规律以及它们在整个货币体系中的地位，进而探索货币流通和商品流通在结构上的依存关系和适应程度，以便中央银行制定有效的货币政策。各国对货币量层次的划分及每一个货币层次包含的内容都不尽相同，而且还随着时间的推移进行相应调整。概括而言，货币量按其流动性可分为$M0$、$M1$、$M2$、$M3$。

关键概念

物物交换　货币　价值尺度　流通手段　实物货币　金属货币　存款货币　电子货币　货币制度　格雷欣法则　流动性

综合训练

即测即评1

综合训练参考答案1

1.相对于“物物交换”而言，货币交换具有哪些优越性？
2.货币的职能有哪些？如何理解它们的相互关系？
3.如何结合支付制度的演化理解货币形态的发展？
4.构成货币制度的基本要素有哪些？
5.为什么说金银复本位制是一种不稳定的货币制度？
6.如何理解“劣币驱逐良币”现象？
7.货币层次划分的意义是什么？如何划分？

第2章

金融概述

牢记嘱托

金融是国民经济的血脉，是国家核心竞争力的重要组成部分。

——习近平2023年10月30日在中央金融工作会议上的讲话

目标引领

价值塑造

理解我国金融体系运行的特征及对国家的重要意义。

知识传授

了解金融的特征；理解金融的功能、金融体系的构成；掌握中国目前的金融机构体系；理解金融机构体系、金融市场体系、金融宏观调控与监管体系。

能力培养

能够陈述金融的功能及金融体系的构成，分析金融发展与经济运行的关系以及金融发展的重要意义。

思维导图

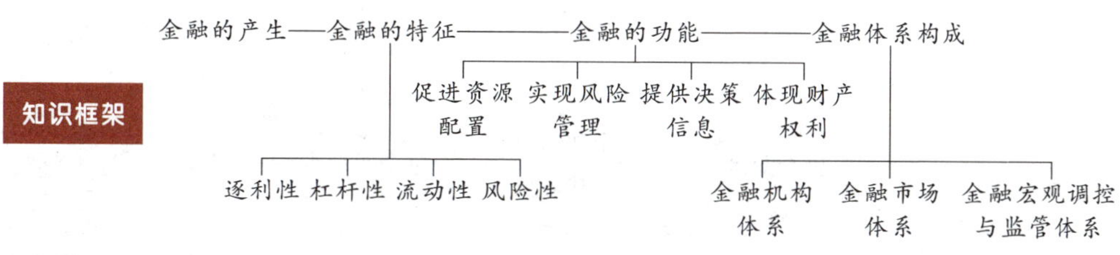

现实问题 相关政策 国家战略

我国金融体系的发展　　“双支柱”对我国的意义

开篇导读

时至19世纪与20世纪之交，英国的金融体系以拥有全国分行网络的合股银行以及专长于贸易融资和大宗资金交易的商人银行为特色，美国的金融体系以不设分行、不跨州经营的商业银行与专长于证券融资的华尔街投资银行为特色，德国则以全国性全能银行和遍布各地的多功能储蓄银行及合作银行为特色。它们因地制宜，各有千秋，既反映了各国历史传统、经济制度和政策的差别，又与各国经济结构相互影响，并于此后长久地融会于这些国家经济和金融发展过程之中，人们迄今仍能强烈地感受到它们的影响。

现代金融体系由多样化金融机构和多层次金融市场构成，是一个不断演进的生态系统。在世界范围内，这个生态系统形成于19世纪末20世纪初，其基本标志是领先的市场经济国家在各自范围内建立门类齐全的银行与非银行机构，面向各类企业、政府和国内外投资者的开放型证券市场以及实施货币政策调节并维护银行体系稳定的中央银行。虽然各国金融体系的基本框架有诸多共性，但各自金融机构和证券市场的定位和作用有许多差别。

资料来源：贺力平.世界金融史：从起源到现代体系的形成［EB/OL］.［2022-04-18］.http://news.sohu.com/a/538610523_121279316.

金融的发展与经济密切相关，现代金融体系对于社会经济生活影响深远，所以本章将深入研究金融的起源、功能 、金融体系的构成。

2.1 金融的产生

金融的字面意思或者说狭义的含义即指“资金的融通”。在生产生活中，经常会出现需要资金的筹资者，也会出现资金盈余从而寻求收益的投资者。金融将资金从支出少于收入而积蓄了盈余资金的家庭、公司和政府那里，引导到那些由于支出超过收入而资金短缺的经济主体那里。图2-1形象地展示了资金的融通过程。

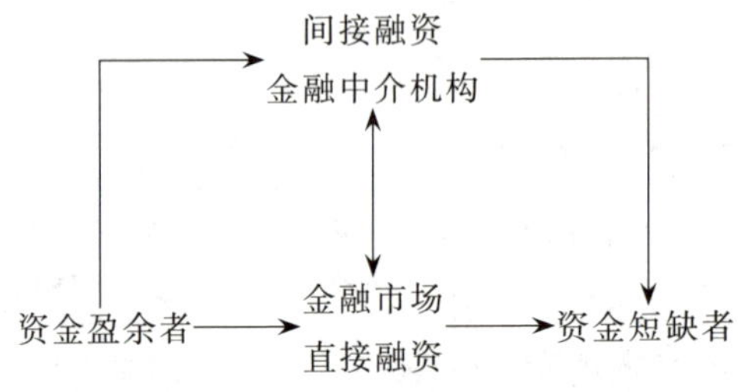

图2-1 资金的融通

左边是拥有储蓄、寻找资金收益的经济主体；右边是需要通过融资为其支出准备的经济主体。这些经济主体包括家庭、企业和政府。箭头标志资金通过直接融资和间接融资两个渠道由资金盈余者转移至资金短缺者手中。

一般地，金融中介机构的融资渠道被称为间接融资，例如通过我们熟知的商业银行进行资金的储蓄和贷款；金融市场的融资渠道被称为直接融资，筹资者通过在金融市场上发行证券，直接从储蓄者手中获取资金。

直接融资是指资金的供给方通过直接购买资金需求方提供的证券，以实现资金从储蓄部门流向需要资金的部门。直接融资过程通常反映的是两个行为主体之间的融资和投资关系。即使存在金融中介的参与，它们也并不以筹资者或投资者的身份参与金融活动。间接融资是指资金供给方先通过储蓄等方式将资金集中到银行等金融机构，再通过金融机构的贷款渠道将资金贷给需求者以实现资金融通的方式。这种融资方式下，始终伴随着金融中介机构的参与，金融中介既可以充当筹资者，也可以充当投资者。间接融资不仅充分发挥了银行等金融机构的信用媒介作用、加速资金由储蓄向投资转化，而且充分发挥了其信用创造能力，增加货币存款总量，以满足经济发展所需的资金需求量。

2.2　金融的特征

2.2.1　逐利性

金融的逐利性主要体现为狭义金融资本的逐利性，也即资金投资的收益性。金融产品的设计、金融工具的使用、金融资产的购买等都必须考虑收益性。同时，在金融机构的创立和经营过程中，收益性始终都是核心目标。以商业银行为例，存贷款利差的权衡、资本占资金来源的比例、债券投资的时机和品种的选择等都体现着商业银行对利润的追求。

2.2.2　杠杆性

杠杆性是金融系统的重要特征。杠杆性具有双面特征：一方面，杠杆的合理使用，促进了经济的发展以及微观主体的收益；另一方面，杠杆率的高企容易引发巨大的风险。日常生活中金融杠杆的使用随处可见，例如使用银行信用投资、证券的保证金交易、资产证券化等。这些金融杠杆的使用促进了交易的规模，但是同时也隐含着风险。

2.2.3　流动性

狭义的金融流动性主要指变现的容易程度。资金是流动的，金融资产的特征之一即是变现。有的金融资产容易变现，称之为流动性强的金融资产，例如短期国债。有的金融资产不容易变现，例如某些贷款。一般来说，流动性和收益性存在着对立，即流动性强的资产往往收益率较低。

2.2.4　风险性

金融的风险性是金融系统的普遍特征。几乎所有的金融工具都存在着一定的风险性，绝对的无风险实际上是不存在的。我们仅仅把短期国债视为无违约风险的资产，但是事实上，多个国家的国债都爆发过违约。因为金融的本质属性之一为跨期交易，跨期交易即存在着风险。无论是银行的信用风险、金融资产价值的利率波动风险，还是货币兑换存在的汇率风险，都因跨期交易而存在。风险性和杠杆性相伴而生，其与收益性亦呈正相关性。

2.2.5 传导性

金融系统存在交易的链条性，这就意味着金融风险可以传导。我们发现随着全球经济一体化，金融危机的爆发和发展都伴随着传染性，可以从一个市场传导到另一个市场，可以从一个金融机构传导到另一个金融机构，可以从一个国家传导到另一个国家。我们通常把货币危机、银行危机与股市危机之间的传染称为金融危机的种属传染；将金融危机在国与国之间的交叉性传染称为金融危机的地理传染。

金融的传导性还体现为价格的市场化传导，例如短期利率与长期利率之间的传导、汇率之间的传导；在货币政策中，金融的传导性还体现为货币政策工具对货币政策目标的传导过程等。

2.3 金融的功能

2.3.1 促进资源配置

经济发展的重要标志是分工的细化。因为出现了分工，所以经济系统变得日益复杂。金融系统为资源在时间和空间上的转移提供高效率的手段，这种角色伴随着经济的发展越来越重要。图 2-1 已经提供了资金的流向。例如，借贷资本可以从大连盈余的家庭流向沈阳资金短缺的企业，归还期限一年，这样就实现了跨时间和跨空间的资源配置。再比如，股权融资投资，德国家庭可以购买美国公司的股票，等待美国公司利润的分红或股票资本利得的收益，同样实现了跨时间和跨空间的价值交换。同时，金融系统使得稀缺的资本在时间和空间上，从获得相对较低收益的地方转向收益较高的地方，提高了资金配置的效率。这也是金融重要性的核心体现，即金融充分动员闲置资金，完善了社会的资源配置，促进了实体经济的发展。

2.3.2 实现风险管理

正是因为金融实现的是跨时间和跨空间的价值交换（而不是一手交钱、一手交货），因此不确定性由此产生。因此，金融要面临风险，如何管理风险就成为重要的问题。事实上，金融系统实现了管理风险的可能，同时提供管理风险的渠道、工具和方法。资金通过金融系统转移的同时，风险也在转移。一般来说，是投资者承担风险。例如，投资者通过股权投资一家公司，如果公司经营不善而破产，投资者可能得不到他当初投资的一分钱。同样，银行也面临无法全部收回本金和利息的信用风险。这是银行为什么往往要求提供担保或抵押品的原因，因为通过这种方式，银行首先削弱了信息不对称，进而实现了信用风险的转移，将贷款的风险转移给了担保人。事实上，金融世界的许多金融工具，诞生之初都是为了避险的目的，而不仅仅是资金中介，例如我们以后要涉猎的远期、期货和期权等衍生品。

2.3.3　提供决策信息

金融系统可以提供各种市场价格信息，帮助不同经济部门和微观经济主体进行决策。如今信息发达，我们可以通过各个渠道了解到股票价格、利率和汇率等信息。这些信息除了用来进行证券的投资，还可以应用于各种经济决策。例如，家庭要决策储蓄或者购房计划时，就要参考利率的信息；家庭要进行是否出国旅行的计划时，就要参考汇率的信息；企业在选择出口或进口签订订单时，也要参考汇率的信息；企业在选择项目投资或者融资安排时，证券价格和利率也将提供关键的信息。而期货的价格发现功能，更成为一种共识。

2.3.4　体现财产权利

金融系统和金融工具同时体现着财产权利。例如，持有汇票、本票、支票、股票、基金等金融资产体现着未来获得收益的权利。同时，持有有些金融资产不仅体现着收益权，还有参与发行该金融工具部门决策的权利。例如，持有股票可以参与公司重大事项的决策，持有期货、期权的双方拥有到期进行交割的权利。

2.4　金融体系构成

2.4.1　金融机构体系

1）金融机构的产生

金融机构是伴随着商品货币经济而产生并服务于商品货币经济的信用经营机构。随着商品经济的发展，交易规模不断扩大，社会财富积累越来越多，社会经济活动的复杂性也日益显现，各经济部门之间的债权债务清算、资金的余缺调剂、经营风险防范等，依靠传统的各经济部门之间直接进行已不现实，于是就产生了对专业金融机构的需求。

金融与贸易密切相关，西欧内部的对外贸易扩大后，引起了货币互换的频繁发生，于是便产生了货币兑换业。早在古希腊、古罗马时期，货币兑换业就从事与货币流通有关的各种技术性业务，如货币的兑换和收付、往来账目的登记、货币的保管等。随着资本主义工商业的发展，货币兑换商所从事的货币兑换、货币保管等业务也不断发展壮大，他们发现总有部分货币沉淀在手中，一些精明的商人尝试着把这些沉淀的货币贷出，收取利息以谋取更多的利润。一旦借贷的职能和货币兑换业的职能结合在一起，货币经营业就得到了充分的发展，从而转变为银行业。到了14—17世纪，西欧一些国家普遍成立银行，著名的有：麦迪西银行（1397年）、热那亚的圣乔治银行（1407年）、威尼斯银行（1587年）、阿姆斯特丹银行（1635年）、瑞典国家银行（1668年）、英格兰银行（1694年）。

启智增慧2-1

赵学军：新中国金融体系的发展变迁与历史经验

经世济民2-1

我国古代的金融机构

战国后货币流通渐广，货币经济逐渐渗透到平民生活。司马迁在《货殖列传》中把“贳贷”和“行贾”视作同等的经济事业。高利贷资本与商人资本是两种古老的资本形态，不仅民间如此，官府也办理借贷，泉府即是经营政府信用的机构。汉代的信用，除私人借贷外，仍有官府信用，官府也办理救济性贷款，对于高利贷的利率曾有过不超过20%的限制。唐代的信用，不仅典当业兴起，而且有专营僦柜业务（因收取相当的保管费用故名僦柜）的柜坊的开设，以及异地取款的“飞钱”的出现，金融活动中最基本的存款、放款和汇款都具有了。明朝中叶以后，信用有了新发展，不仅典当业有了显著发展，且有钱铺乃至钱庄的产生。到了清朝道光元年（公元1821年），由山西西裕成颜料号改组而成的日昇昌票号是我国第一家票号。商品流通扩大与货币流通的矛盾和购销货物中调拨货款的需要，促使专营汇兑业务的票号诞生。进入近代后，票号业务发展很快，到清末已成为规模和业务量极大的金融机构。

资料来源：洪葭管．中国金融史［M］．上海：上海人民出版社，2009.

2）金融机构的分类

按照职能作用划分，金融机构可分为经营性金融机构、管理性金融机构、政策性金融机构、国际金融机构。其中，经营性金融机构作为金融体系的主体，根据其业务分类，可以分为存款性金融机构、投资性金融机构、契约性金融机构。

（1）管理性金融机构

中央银行是一国金融体系的核心，随着国家对经济发展调控的不断加强而强化中央银行的职能作用。当今世界很多国家实行以中央银行为核心的金融体系，如美国、英国、法国、德国、日本以及中国都实行这种金融体系模式。中央银行作为金融体系的中心和主导环节，对内代表国家对整个金融体系实行领导和管理，维护金融体系的安全运行，实施宏观金融调控，是全国货币金融的最高机构；对外它是一国货币主权的象征。

少数国家和地区的金融体系中没有中央银行，政府单独设立金融管理机构，如新加坡的货币管理局、中国香港的金融管理局，由这些金融机构对金融业进行广泛的监督和管理。

（2）经营性金融机构

①存款性金融机构

存款性金融机构是指吸收个人和机构存款，并发放贷款的金融中介机构，主要包括商业银行、储蓄银行和信用合作社等。

商业银行是一国金融体系的骨干和主体部分，以经营存款、贷款和金融服务为主要业务，以营利为经营目标的金融企业。与其他金融机构相比，吸收活期存款、创造信用货币，是商业银行最明显的特征。

储蓄银行是专门吸收居民储蓄存款，将资金主要投资于政府债券和公司股票、债券等金融工具，并为居民提供其他金融服务的金融机构。储蓄银行汇集起来的储蓄存款余额较为稳定，所以主要用于长期投资，如发放不动产抵押贷款，投资于政府债券和公司股票、债券等，以获得贷款利息和投资收益，或者转存于商业银行，以赚取利息差额。

信用合作社是一种互助合作性金融组织，其资金来源是合作社成员缴纳的股金和吸收的存款。信用合作社的资金运用主要是对会员提供短期贷款、消费信贷等，还有一部分用于证券投资。相对于其他存款性金融机构，信用合作社的优势在于它们的分布极为广泛，十分有效地吸收了社会上的闲散资金，特别是在一些大银行机构没有触及的区域。目前，城市信用合作社已经改革成为城市商业银行，农村信用合作社有的转变为农村合作银行或者农村商业银行。

②投资性金融机构

投资性金融机构是在直接金融领域内为投资活动提供中介服务或者直接参与投资活动的金融机构，主要包括投资银行、证券经纪和交易公司、金融公司和投资基金等。

投资银行是最重要的投资性中介机构，起源于美国，最初只从事政府债券的买卖，随着金融创新和金融市场的发展，投资银行利用其雄厚的资金优势和发达的销售网络，业务范围不断拓展。现在，一级市场的证券承销业务，二级市场的证券经纪和自营业务构成了投资银行的主要业务和收益来源。

金融公司通过发行商业票据、发行股票或者债券以及向商业银行借款等方式筹集资金，并用于向购买汽车、家具等大型耐用消费品的消费者或小型企业发放贷款。

投资基金是通过向投资者发行股份或受益凭证募集资金，再以适度分散的组合方式投资于各类金融产品，以分红的方式向投资者分配收益，并从中谋取自身利润的金融机构。投资基金是一种重要的投资性金融机构，投资者通过购买基金股份把资金投入基金，而基金的份额可以随时买进卖出，其交易的差价也是投资者获取收益的来源之一。投资基金的优势有投资组合、分散风险、专家理财、规模经济等。

③契约性金融机构

契约性金融机构是以契约方式吸收持约人的资金，而后按契约规定承担向持约人履行赔付或资金返还义务的金融机构。这类机构的特点是：资金来源可靠稳定，资金运用主要是投资，资金的流动性较弱。

保险公司是主要依靠投保人缴纳保险费的形式建立起保险基金，对那些因发生自然灾害或意外事故而造成经济损失的投保人予以经济补偿的金融机构。保险公司所筹集的资金除保留一部分应付赔偿所需之外，其余部分则作为长期性资金主要投资于政府债券和公司股票、债券，以及发放不动产抵押贷款、保单贷款等。保险公司主要有两种类型：人寿保险公司、财产和意外灾害保险公司。

养老基金和退休基金是以契约形式组织预交资金，再以年金形式向参加养老金计划者提供退休收入的金融组织形式。这类基金的资金主要来自劳资双方的积聚，即雇主的缴款和雇员工资中的扣除或雇员的自愿缴纳，以及运用集聚资金的收益，如投资于公司债券、股票以及政府债券的收益等。

（3）政策性金融机构

政策性金融机构是指为贯彻实施政府的政策意图，由政府或其他机构发起、出资设立、参股或保证，不以利润最大化为经营目的，在特定的业务领域内从事政策性金融活动的金融机构。

政策性金融机构主要包括以下几种类型：

①经济开发政策性金融机构

经济开发政策性金融机构是专门为经济开发提供长期投资或贷款的金融机构，这类机构多以配合国家经济发展振兴计划或产业振兴战略为目的设立，贷款和投资方向主要是基础设施、基础产业、支柱产业的大中型基本建设项目和重点企业。

开发性投资具有投资量大、时间长、见效慢、风险较大的特点，一般的商业性金融机构往往不愿承担，有时也无力承担。然而，开发性投资在一国经济发展中具有重要作用。因此，通常由政府创办不以营利为目的的开发银行来从事这类业务。

②农业政策性金融机构

农业政策性金融机构是专门向农业提供中长期低息贷款，以配合贯彻国家农业扶持和保护政策的金融机构。

农业政策性金融机构一般以政府拨款、发行债券、吸收特定存款和借款为资金来源，向农业发放贷款的范围包括农业机器设备购置和种子、化肥、农药等的购买等。由政府对农业政策性金融机构的某些贷款给予利息补贴和税收优惠等。

③进出口政策性金融机构

进出口政策性金融机构是一国为促进对外贸易发展，改善国际收支状况，由政府支持设立的向外贸部门提供优惠出口信贷的政策性金融机构。

④住房政策性金融机构

住房政策性金融机构是为配合和贯彻政府住房发展政策和房地产市场调控政策，由政府出资设立，专门扶持住房消费，尤其是扶持低收入者进入住房消费市场的金融机构。

这类机构的资金来源主要有政府出资、发行债券、吸收住房储蓄存款等，资金运用主要是住房消费贷款等相关的信贷业务。

（4）国际性金融机构

国际性金融机构是指从事国际金融管理和国际金融活动的超国家性质的组织机构，能够在重大国际经济金融事件中协调各国的行动；提供短期资金缓解国际收支逆差和稳定汇率；提供长期资金促进各国经济发展。其按范围可分为全球性国际金融机构和区域性国际金融机构。国际性金融机构包括国际货币基金组织、世界银行、国际清算银行、亚洲开发银行以及亚洲基础设施投资银行等。

经世济民 2-2

亚洲基础设施投资银行

亚洲基础设施投资银行（Asian Infrastructure Investment Bank，AIIB，以下简称“亚投行”）是全球首个由中国倡议设立的多边金融机构。2015年12月25日正式成立，2016年1月16日开业，总部设在中国首都北京。截至2020年2月，亚投行已有102个成员方加入。

亚投行的成立是国际经济治理体系改革进程中具有里程碑意义的重大事件。一方面，它有助于弥补亚洲地区基础设施建设的资金缺口，推动了亚洲区域经济一体化的建设，实现了本地区资本的有效配置；另一方面，它提倡的“精简、廉洁、绿色”的原则有利于推动全球金融治理体系和金融规则的调整与重构。

资料来源：亚投行官方网站（https：//www.aiib.org/en/index.html）。

3）中国目前的金融机构体系

中国经济的改革开放是计划经济向社会主义市场经济转轨的过程，也是由“大一统”的单一金融机构向多元化的金融机构体系发展的过程。目前，我国的金融机构体系是以中央银行为核心，以商业银行和政策性银行为主体，多种金融机构并存、相互协作的金融体系，如图 2-2 所示。

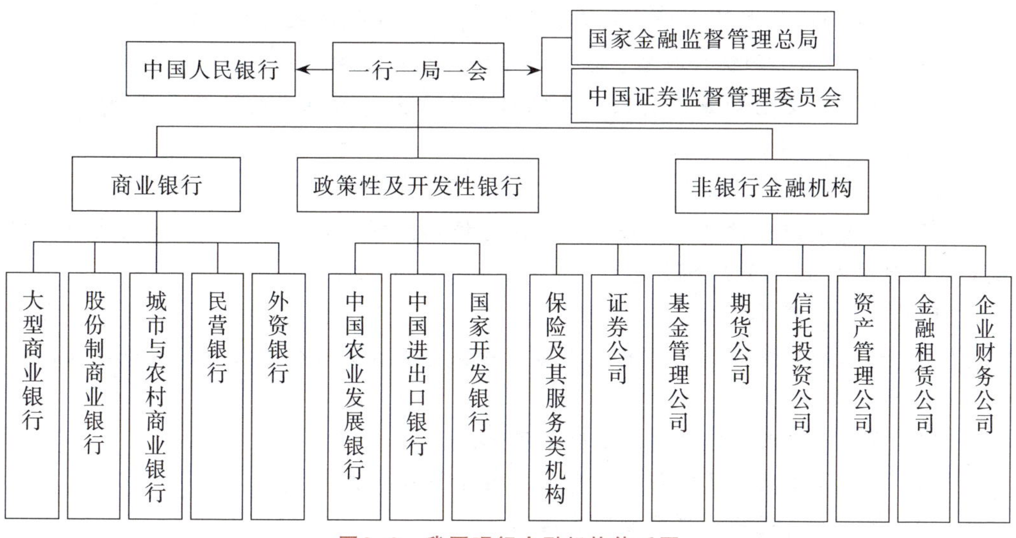

图2-2　我国现行金融机构体系图

（1）一行一局一会

中国人民银行是中华人民共和国的中央银行，是国务院的组成部门。其在国务院的领导下，制定和执行货币政策，防范和化解金融风险，维护金融稳定，并对国家外汇管理局进行管理。

经世济民 2-3

中国人民银行的职能

根据央行官网，中国人民银行的具体职能为：

（1）拟订金融业改革和发展战略规划，承担综合研究并协调解决金融运行中的重大问题、促进金融业协调健康发展的责任，参与评估重大金融并购活动对国家金融安全的影响并提出政策建议，促进金融业有序开放。

（2）起草有关法律和行政法规草案，完善有关金融机构运行规则，发布与履行职责有关的命令和规章。

（3）依法制定和执行货币政策；制定和实施宏观信贷指导政策。

（4）完善金融宏观调控体系，负责防范、化解系统性金融风险，维护国家金融稳定与安全。

（5）负责制定和实施人民币汇率政策，不断完善汇率形成机制，维护国际收支平衡，实施外汇管理，负责对国际金融市场的跟踪监测和风险预警，监测和管理跨境资本流动，持有、管理和经营国家外汇储备和黄金储备。

（6）监督管理银行间同业拆借市场、银行间债券市场、银行间票据市场、银行间外汇市场和黄金市场及上述市场的有关衍生产品交易。

（7）负责会同金融监管部门制定金融控股公司的监管规则和交叉性金融业务的标准、规范，负责金融控股公司和交叉性金融工具的监测。

（8）承担最后贷款人的责任，负责对因化解金融风险而使用中央银行资金机构的行为进行检查监督。

（9）制定和组织实施金融业综合统计制度，负责数据汇总和宏观经济分析与预测，统一编制全国金融统计数据、报表，并按国家有关规定予以公布。

（10）组织制定金融业信息化发展规划，负责金融标准化的组织管理协调工作，指导金融业信息安全工作。

（11）发行人民币，管理人民币流通。

（12）制定全国支付体系发展规划，统筹协调全国支付体系建设，会同有关部门制定支付结算规则，负责全国支付、清算系统的正常运行。

（13）经理国库。

（14）承担全国反洗钱工作的组织协调和监督管理的责任，负责涉嫌洗钱及恐怖活动的资金监测。

（15）管理征信业，推动建立社会信用体系。

（16）从事与中国人民银行业务有关的国际金融活动。

（17）按照有关规定从事金融业务活动。

（18）承办国务院交办的其他事项。

国家金融监督管理总局成立于2023年，负责贯彻落实党中央关于金融工作的方针政策和决策部署，把坚持和加强党中央对金融工作的集中统一领导落实到履行职责过程中。

经世济民2-4

国家金融监督管理总局的主要职责

根据国家金融监督管理总局官网，国家金融监督管理总局的主要职责为：

一、依法对除证券业之外的金融业实行统一监督管理，强化机构监管、行为监管、功能监管、穿透式监管、持续监管，维护金融业合法、稳健运行。

二、对金融业改革开放和监管有效性相关问题开展系统性研究，参与拟订金融业改革发展战略规划。拟订银行业、保险业、金融控股公司等有关法律法规草案，提出制定和修改建议。制定银行业机构、保险业机构、金融控股公司等有关监管制度。

三、统筹金融消费者权益保护工作。制定金融消费者权益保护发展规划，建立健全金融消费者权益保护制度，研究金融消费者权益保护重大问题，开展金融消费者教育工作，构建金融消费者投诉处理机制和金融消费纠纷多元化解机制。

四、依法对银行业机构、保险业机构、金融控股公司等实行准入管理，对其公司治理、风险管理、内部控制、资本充足状况、偿付能力、经营行为、信息披露等实施监管。

五、依法对银行业机构、保险业机构、金融控股公司等实行现场检查与非现场监管，开展风险与合规评估，查处违法违规行为。

六、统一编制银行业机构、保险业机构、金融控股公司等的监管数据报表，按照国家有关规定予以发布，履行金融业综合统计相关工作职责。

七、负责银行业机构、保险业机构、金融控股公司等的科技监管，建立科技监管体系，制定科技监管政策，构建监管大数据平台，开展风险监测、分析、评价、预警，充分利用科技手段加强监管、防范风险。

八、对银行业机构、保险业机构、金融控股公司等实行穿透式监管，制定股权监管制度，依法审查批准股东、实际控制人及股权变更，依法对股东、实际控制人以及一致行动人、最终受益人等开展调查，对违法违规行为采取相关措施或进行处罚。

九、建立除货币、支付、征信、反洗钱、外汇和证券期货等领域之外的金融稽查体系，建立行政执法与刑事司法衔接机制，依法对违法违规金融活动相关主体进行调查、取证、处理，涉嫌犯罪的，移送司法机关。

十、建立银行业机构、保险业机构、金融控股公司等的恢复和处置制度，会同相关部门研究提出有关金融机构恢复和处置意见建议并组织实施。

十一、牵头打击非法金融活动，组织建立非法金融活动监测预警体系，组织协调、指导督促有关部门和地方政府依法开展非法金融活动防范和处置工作。对涉及跨部门跨地区和新业态新产品等非法金融活动，研究提出相关工作建议，按要求组织实施。

十二、按照建立以中央金融管理部门地方派出机构为主的地方金融监管体制要求，指导和监督地方金融监管相关业务工作，指导协调地方政府履行相关金融风险处置属地责任。

十三、负责对银行业机构、保险业机构、金融控股公司等与信息技术服务机构等中介机构的信息科技外包等合作行为进行监管，依法对违法违规行为开展调查，并对金融机构采取相关措施。

十四、参加金融业相关国际组织与国际监管规则制定，开展对外交流与国际合作。

十五、完成党中央、国务院交办的其他任务。

中国证券监督管理委员会（简称证监会）成立于1992年，是国务院直属正部级事业单位，其依照法律、法规和国务院授权，统一监督管理全国证券期货市场，维护证券期货市场秩序，保障其合法运行。

启智增慧2-2

完善市场监管增强投资信心——证监会相关负责人解读四项政策文件

（2）商业银行

①大型商业银行

大型商业银行包括中国工商银行、中国农业银行、中国银行、中国建设银行、交通银行、中国邮政储蓄银行。其中前四家是由原来的专业银行转化而来的，1995年《中华人民共和国商业银行法》颁布实施后成为国有独资商业银行，2003年起陆续进行了股份制改革，借助资本市场的力量，通过财务重组和增资扩股改善财务状况，建立并陆续完善了公司治理结构。交通银行始建于1908年，后经重新组建于1987年4

启智增慧2-3

邮储银行机构类型调整为“国有大型商业银行”广受关注

月正式对外营业，成为我国第一家全国性的国有股份制商业银行。中国邮政储蓄银行于2007年3月正式挂牌成立，2012年1月整体改制为股份有限公司。2016年9月，中国邮政储蓄银行在香港联交所挂牌上市，2019年12月10日在上海证券交易所上市。截至2024年3月，我国大型商业银行总资产占银行业金融机构总资产的42.4%。

②股份制商业银行

股份制商业银行自1987年以后陆续组建，目前已成为我国商业银行体系中一支富有活力的生力军。截至2019年底，我国全国性的股份制商业银行有中信银行、光大银行、华夏银行、广东发展银行、平安银行、招商银行、上海浦东发展银行、兴业银行、民生银行、浙商银行、恒丰银行、渤海银行。截至2024年3月，我国股份制商业银行总资产占银行业金融机构总资产的16.7%。

经世济民2-5

全球银行1 000强我国银行包揽前四

2023年7月5日，英国《银行家》杂志发布2023年全球银行1 000强排行榜。这是当今国际最权威的全球银行业排名之一，排名主要考量银行的一级资本实力，反映了银行抗风险和利润增长的能力。

榜单显示，中资银行连续第二年有140家上榜。其中，工商银行以4 973亿美元的一级资本，破纪录连续11年位居榜首。排在工商银行之后的是建设银行、农业银行和中国银行，这也是四家银行连续第6年包揽前四名。

此外，交通银行超越汇丰控股（HSBC），位居第九，较上一年度上升1位。

从排名来看，中资银行在排名前十的银行中占据了一半的席位，前二十强中中资银行有10家机构入围。其中，招商银行排名第11位，邮储银行排名第12位，兴业银行排名第17位，浦发银行排名第18位，中信银行排名第19位。

据统计，2023年中资银行一级资本总额为3.3万亿美元；总资产增长1.12%，达到42万亿美元；贷款总额增长1.57%，达到24.8万亿美元；存款总额增长0.87%，达到31.3万亿美元。总体而言，中国持有全球32.67%的一级资本和27.69%的资产。

资料来源：李玉雯．全球银行1 000强 我国银行包揽前四［N］．每日经济新闻，2023-07-06.

③城市商业银行

城市商业银行是1995年在原城市信用社的基础上，由城市企业、居民和地方财政投资入股组成的地方性股份制商业银行。城市商业银行最初称为城市合作银行，1998年改用现名。其主要功能是为地方经济和中小企业服务。截至2024年3月，我国城市商业银行总资产占银行业金融机构总资产的13.5%。

④农村商业银行

农村商业银行是由辖区内农民、农村工商户、企业法人和其他经济组织共同入股组成的股份制的地方性金融机构。

⑤其他商业银行

其他商业银行主要包括民营银行和外资银行。民营银行是指由民间资本控股并主要为民营企业提供资金支持和服务的银行。外资银行是指在本国境内由外国独资创办的银行。

（3）政策性银行

政策性银行是指由政府创立，以贯彻政府的经济政策为目标，在特定领域开展金融业务的、不以营利为目的的专业性金融机构。1994年，我国设立了国家开发银行、中国农业发展银行和中国进出口银行，将各专业银行原有的政策性业务与经营性业务分离。

①国家开发银行

国家开发银行成立于1994年3月17日，是直属国务院领导的政策性金融机构。2008年12月改制为国家开发银行股份有限公司，标志着该行进入由政策性银行向开发性金融机构转变的新阶段。2015年3月，国务院明确国开行定位为开发性金融机构。2017年4月，“国家开发银行股份有限公司”名称变更为“国家开发银行”，组织形式由股份有限公司变更为有限责任公司。国开行主要通过开展中长期信贷与投资等金融业务，为国民经济重大中长期发展战略服务。目前，国开行是全球最大的开发性金融机构、中国最大的中长期信贷银行和债券银行。国开行在境内设有37家一级分行和4家二级分行，境外设有10家代表处。

②中国进出口银行

中国进出口银行于1994年4月26日正式成立，直属国务院领导，是支持中国对外经济贸易投资发展与国际经济合作、具有独立法人地位的国有政策性银行。中国进出口银行依托国家信用支持，积极发挥在稳增长、调结构、支持外贸发展、实施“走出去”战略等方面的重要作用，加大对重点领域和薄弱环节的支持力度，促进经济社会持续健康发展。目前，中国进出口银行在境内设有32家分行，境外有5家分行或代表处。

③中国农业发展银行

中国农业发展银行成立于1994年11月9日，直属国务院领导，是我国唯一一家农业政策性银行。其主要任务是以国家信用为基础，以市场为依托，筹集支农资金，支持“三农”事业发展，发挥国家战略支撑作用。

（4）农村金融机构

农村金融机构包括农村商业银行、农村合作银行、农村信用社、新型农村金融机构（如村镇银行）。

农村合作银行是由辖内农民、农村工商户、企业法人和其他经济组织入股组成的股份合作制社区性地方金融机构，主要任务是为农民、农业和农村经济发展提供金融服务。

农村信用社是指由社员入股组成、实行民主管理、主要为社员提供金融服务的农村合作金融机构。其主要业务包括：办理个人储蓄，办理农户、个体工商户、农村合作经济组织的存、贷款，代理银行委托业务及办理经批准可经营的其他业务。

村镇银行是指在农村地区设立的主要为当地农民、农业和农村经济发展提供金融服务的银行业金融机构。

（5）其他金融机构

①保险及其服务类机构

我国的保险类机构主要包括保险集团和控股公司、财产险公司、人寿险公司、专业再保险公司、保险资产管理公司、外资保险公司及其代表处，以及保险专业中介机构等。

②证券公司

证券公司又称券商，是专门从事各种有价证券经营及相关业务的金融企业，是以营利为目的的企业法人。证券公司的业务主要分为四类，即承销业务、代理业务、自营业务和投资咨询业务。截至2024年3月，我国共有证券公司146家。

③基金管理公司

投资基金在我国的起步始于1987年前后，首先是由熟悉海外业务的金融机构在海外组建以国外投资者为对象的中国投资基金开始的。1997年11月14日，国务院证券委发布《证券投资基金管理暂行办法》，我国投资基金业步入了规范化发展的道路。截至2024年3月，我国共有公募基金管理公司146家。

④信托投资公司

信托是指委托人基于对受托人的信任，将其财产权委托给受托人，由受托人按委托人的意愿，为受益人的利益或特定目的进行管理或处分的行为。信托投资公司是以代人理财为主要经营内容、以受托人的身份经营信托业务的金融机构。

⑤财务公司

财务公司是由企业集团内部各成员单位入股，为企业技术进步服务的金融股份有限公司。企业集团财务公司不是商业银行，它的业务限制在本集团内，不得从企业集团之外吸收存款，也不得对非集团单位和个人发放贷款。财务公司的主要业务有：存款、贷款、结算、票据贴现、融资性租赁、投资、委托以及代理发行有价证券等。财务公司在业务上接受监管部门的管理、监督与稽核，在行政上隶属于各企业集团，是实行自主经营、自负盈亏的独立法人企业。

⑥金融租赁公司

金融租赁公司是指以经营融资租赁业务为主的非存款类金融机构。

除上述机构外，我国还有汽车金融公司、消费金融公司、货币经纪公司、典当等金融机构。近年来，在大数据、云计算、互联网等信息通信技术发展的助推下，我国的金融科技型企业也随之快速发展，以满足广泛而多元的市场需求。

红色金融

百花齐放　迈向金融大国

2019年9月4日，摩根大通宣布，以人民币计价的高流动性中国政府债券将于2020年2月28日起被纳入摩根大通旗舰全球新兴市场政府债券指数系列。这是继明晟指数、富时罗素指数、巴克莱指数之后，又一个国际重要金融指数将中国发行的人民币计价金融产品纳入其中。

“中国资本市场正迅速融入全球金融体系的主流，中国规模巨大的资本市场在国际投资者的资产配置中将日益受到与之影响力相匹配的关注。”摩根大通中国区首席执行官梁治文说。

回望过去，新中国的金融业和金融市场筚路蓝缕，一路走来。

1986年11月14日，邓小平在人民大会堂会见了时任美国纽约证券交易所董事长约翰·范尔霖。

这次会面，在新中国金融史，乃至全球金融史上都具有里程碑意义——邓小平送给范尔霖一张50元面值的上海飞乐音响股份有限公司的股票。就这样一份“小礼物”却让当时的国际舆论感到震惊——“这表示一个社会主义国家要搞股票交易市场”。

现代经济发展离不开现代金融的支持。改革开放后，中国经济高速发展迫切需要现代化金融体系的支持。无论是金融机构、金融市场，还是金融监管，新中国金融业再出发，一套现代化金融服务体系逐步形成，中国悄然变成了金融大国。

1986年9月26日，中国人民银行上海分行正式批准当时中国工商银行上海信托投资公司静安证券工农业部作为改革开放后的第一个证券柜台交易点，开始办理“飞乐音响”和“延中实业”两种股票的买卖交易业务。它也成为新中国成立以来，第一个进行正式股票交易的机构。

1990年12月19日，上海证券交易所开张营业，除了“老八股”外，开业当日上证所还挂出了包括国债、企业债券、金融债券等有价证券，合计上市品种达30只。

1990年10月12日，郑州粮食批发市场开业，迈出了我国探索期货交易的重要步伐。1993年3月1日，郑州粮食批发市场启用“中国郑州商品交易所”的名称，同年5月28日成功推出期货交易，结束了新中国没有粮食远期价格的历史。

1994年4月4日，中国外汇交易中心系统正式运行，形成以市场供求为基础的、单一的、有管理的浮动汇率，由中国人民银行对社会公布。

……

如今，我国沪深两市的股票账户近2亿户，拥有一个由3 700多家上市公司组成、总市值高达50万亿元的全球第二大股票市场；我国已经形成了企业债、公司债、银行间票据与短期融资券等多种产品组成的债券市场，债券市场规模已经超过80万亿元，已成为全球第二大债券市场；我国期货市场的商品期货成交量已经连续8年位居世界第一。

金融发展新局面有力地支持了改革开放事业的快速发展，可以说中国经济创造奇迹的背后，金融力量功不可没。

资料来源：刘开雄，张千千，有之炘．为有源头活水来——中国金融业发展回眸［EB/OL］.（2019-09-05）．http：//www.xinhuanet.com/politics/2019-09/05/c_1124965631.htm#.

2.4.2　金融市场体系

金融市场主要负责资金的融通，同时完成金融资源的配置过程。通过金融市场实现金融资产的交易，最终可以帮助实现社会资源的配置。而在这一过程中，资金供给和资金需求形成金融市场的价格：利率。金融市场发达与否，是一国经济发达程度和制度选择的重要标志。世界上许多国家仍然贫困的一个重要原因就在于其金融市场不健全。金融市场对于个人财富、企业和消费者行为及经济周期都有着重要或直接影响。这里简要地介绍一下金融市场体系，详细论述则在第3章。

1）金融市场的简要分类

（1）债务市场与股权市场

一家公司可以通过两种常见方式从金融市场获取资金。这两种常见方式就是发行债券或者发行股票。发行债券意味着，借款人以契约的方式，向债务工具的持有人定期支付固定的金额（利息与本金支付），直至在一个确定的日期（到期日）支付最后一笔金额。债务工具的期限就是距离该债券最终偿还日的时间。如果期限在1年以下，就被称为短期债务工具；期限在10年或10年以上的，就称为长期债务工具；期限介于1到10年之间的，就称为中期债务工具。

股权工具承诺持有者按份额享有公司的净收益和资产。一般来说，投资股票可以得到定期的支付（股利）。由于股权没有到期日，因此股票被视为长期证券。拥有股票意味着投资者拥有该公司的一定份额，因此投资者有权就公司的重大事项和董事长的选举进行投票。

拥有股权和债权的主要区别在于，股权持有者是剩余价值索取，也就意味着，公司的所得或者清算必须先支付给所有债权人后，才能向股权持有者支付。但是同时，股权持有者拥有的是公司的所有权，因此可以直接分享公司盈利和资产扩张的益处，而债权人获得的支付是固定的，因此无法享有这种益处。

（2）货币市场和资本市场

根据交易证券的期限长短，金融市场又可以分为货币市场和资本市场。其中资本市场即通常所说的长期债券市场和股权市场，货币市场是交易短期债务工具（通常期限在1年以下）的金融市场。货币市场的交易通常具有较高的流动性，而且短期证券价格的波动要小于长期证券，因此属于更安全的投资方式。所以，企业或银行通常将临时性的盈余资金投放于货币市场。同业拆借市场是货币市场重要的子市场。而那些希望通过投资赚取长期及显著收益的投资者通常选择股票和长期债券为代表的资本市场。

（3）一级市场和二级市场

一级市场是筹集资金的公司或政府机构将其新发行的股票或债券等证券销售给最初购买者的金融市场。二级市场是交易已经发行完毕的证券的金融市场。也就是说，一级市场的参与者是投资者和发行者。二级市场的参与者全部是投资者。我们通常说的股票市场的涨跌，都是指股票的二级市场。

公司只有其证券在一级市场上首次发行时，才能获取资金。但是二级市场也发挥着重要的作用。首先，二级市场为投资者提供了更好的流动性。由于金融工具流动性的提高，因此增加了一级市场的接受度，从而使得发行企业在一级市场上的销售变得更加容易。其次，二级市场决定了发行企业在一级市场上销售证券价格的上限。二级市场上证券价格越高，发行企业在一级市场上销售证券的价格就越高，它们所筹集到的资金规模也就越大。因此，二级市场上的状况与发行证券的企业密切相关，企业必须重视二级市场的价格。

(4) 交易所和场外市场

常见的二级市场组织形态有两种：交易所和场外市场。交易所（exchange），即证券的买卖双方在一个集中的场所进行交易。交易的方式通常采取集合竞价，价格优先，时间优先。股票的二级市场通常选择在交易所交易。

场外市场（over-the-counter，OTC），即拥有证券存货的交易商，随时向与其联系并愿意接受其报价的人在“柜台”上买卖证券的二级市场。债券、外汇通常选择场外市场。

2）金融市场体系的主要构成

如图2-3所示，金融市场体系由诸多子市场构成，各个子市场各具特点，也起到其独特的作用。

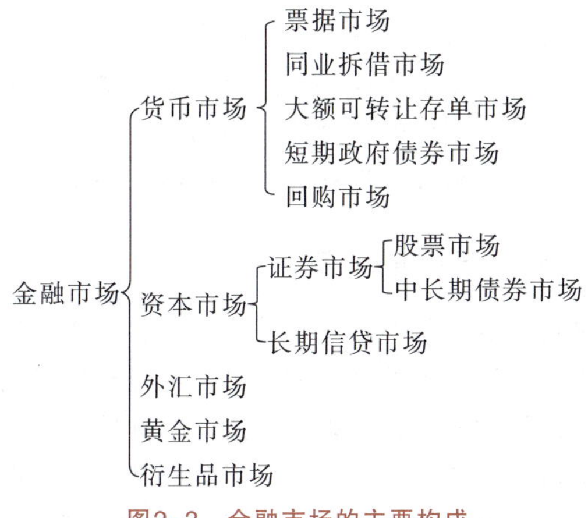

图2-3 金融市场的主要构成

(1) 货币市场

货币市场交易的金融工具期限都在1年以内。其总体特点为流动性强，风险相对较低，趋向于货币的性质，因此称为货币市场。货币市场同时具备批发性特点，通常都是金融机构之间进行交易。

(2) 资本市场

资本市场通常包括股票市场、中长期债券市场以及长期借贷市场。股票市场是资本市场最常见的重要组成市场，参与者包括个人、企业和金融机构等。中国的股票市场有很多个体投资者（散户），因此即使没有学过金融学的人也会听说过股票交易。股票市场为参与者提供了中长期投融资的场所。中长期债券市场交易的债券按照发行主体不同可以分为政府债券、公司债券和金融债券等。不同主体发行债券的目的不同，政府发行债券的主要目的是平衡财政预算和调控经济。例如，经济萧条时，政府扩大政府支出，往往因为需要大量的资金支持而选择发债。公司发行债券的目的主要是融资。金融机构发行债券，除了为了融资，还为了调整负债结构。

(3) 外汇市场

外汇市场主要用于交易外汇和外汇资产，因此外汇市场是资金跨国转移的中介市场。外汇市场之所以非常重要的一个原因是，它是汇率决定的关键。本币的升值意味着外国商品的价格对本国消费者降低了，因此促进了进口；但是本国商品对外国消费者意味着变得昂贵，因此不利于出口。近年来，外汇市场呈现出以下主要特点：一是全球化。第二次世界大战以前，传统外汇中心集中于欧美，现在以新加坡、中国香港等为代表的新兴外汇市场逐渐崛起，交易规模迅速扩大。二是复杂化。布雷顿森林体系崩溃后，固定汇率体制崩塌，衍生交易工具伴随着浮动汇率不断涌现，使得外汇交易日益复杂。三是一体化。计算机网络等技术的迅速发展，已经使得外汇市场成为24小时连续运行的市场。

（4）黄金市场

黄金市场是集中进行黄金交易的市场。黄金的价格经常发生波动，除了受供求关系影响之外，受美元汇率以及经济周期的影响也很大。

（5）衍生品市场

衍生品市场是各种衍生金融工具进行交易的市场。基础性衍生金融工具包括远期合约、期货合约、期权合约、互换协议等，高级衍生金融工具仍在不断创新中。衍生金融工具在金融交易中具有套期保值、对冲风险的作用，同时衍生金融工具也是投机的对象，由于高杠杆性，其交易风险远远大于一般性金融工具。

2.4.3 金融宏观调控与监管体系

有效率的资源配置是经济增长的必要条件，因此金融体系的良好运行对于一国经济的发展起到至关重要的作用。虽然金融体系可以通过价格机制及风险转移机制来进行自我调节，但是由于市场的不完备性以及信息不对称性，往往会出现市场失灵，需要通过政府干预来解决市场失衡问题。历次金融危机都给相应国家带来巨大的负面影响，因此鉴于金融系统的重要性与风险性，绝大多数国家都通过设立金融管理机构，对金融体系及其运作进行调节、控制、监督和管理。

中央银行作为发行的银行、银行的银行和政府的银行，成为金融调控的核心机构。通常来说，各国政府通过中央银行来实现金融调控。调控的主要手段即货币政策，它是中央银行动用其政策工具（例如法定存款准备金率、再贴现、公开市场操作等），调控金融活动进而调节社会经济活动。本书将在第6章以及第9章中详细介绍。

各国政府设立专门的监管机构，对商业银行、证券公司、保险公司等金融机构和金融市场活动进行监管，促使金融系统稳健运行。良好的金融监管，是金融体系稳定发展的必要保障。

中国目前的金融调控和监管体系是“一行一局一会”。“一行”指中央银行，即中国人民银行。“一局”即国家金融监督管理总局。“一会”即中国证券监督管理委员会。

党的十九大报告明确要求，健全货币政策与宏观审慎政策双支柱调控框架（如图2-4所示）。这是反思全球金融危机教训并结合我国国情的重要部署，有助于在保持币值稳定的同时促进金融稳定，提高金融调控的有效性，防范系统性金融风险，切实维护宏观经济稳定和国家金融安全。

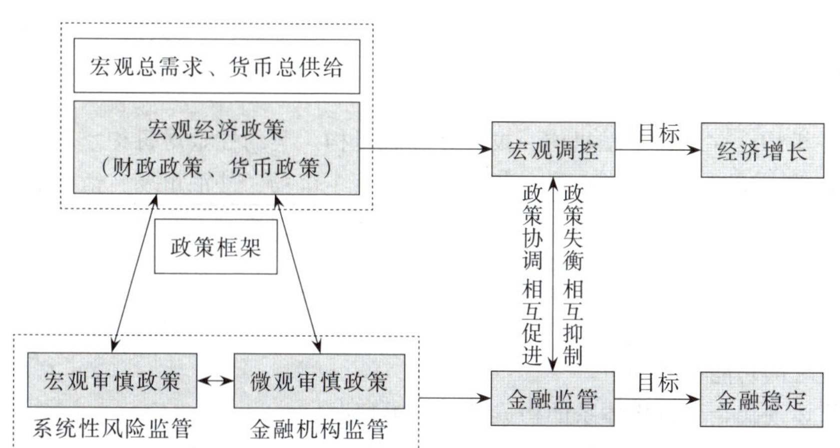

图2-4　"双支柱"示意图

中国人民银行表示：为经济运行创造良好货币金融环境

本章小结

金融中介机构是资金盈余者与资金需求者之间融通资金的信用中介。金融中介机构主要以发行间接证券（存款）的方式形成资金来源，然后把这些资金投向贷款、收益证券等金融资产。它是金融体系的重要组成部分，在整个国民经济运行中起着举足轻重的作用。

随着金融活动的日益复杂，金融中介机构的发展也变得多元化与专业化，产生了合作银行、储蓄银行、保险公司、投资银行和基金管理公司等。

金融中介机构种类繁多，按照它们的作用分为管理性金融机构、经营性金融机构、政策性金融机构和国际性金融机构。

经营性金融机构为金融体系的主体，根据其业务分为存款性金融机构、投资性金融机构和契约性金融机构。存款性金融机构是指吸收存款并发放贷款的金融中介机构，主要包括商业银行、储蓄银行和信用合作社等。投资性金融机构是在直接金融领域内为投资活动提供中介服务或直接参与投资活动的金融机构，主要包括投资银行、证券经纪和交易公司、金融公司和投资基金等。契约性金融机构是以契约方式吸收持约人的资金，而后按契约规定承担向持约人履行赔付或资金返还义务的金融机构。

政策性金融机构是指为贯彻实施政府的政策意图，由政府或其他机构发起、出资设立、参股或保证，不以利润最大化为经营目的，在特定的业务领域内从事政策性金融活动的金融机构，主要包括经济开发政策性金融机构、农业政策性金融机构、进出口政策性金融机构和住房政策性金融机构。

目前我国实行的是以中央银行为核心，以商业银行和政策性银行为主体，多种金融机构并存、相互协作的金融机构体系。我国现行金融机构体系的特点是：由中国人民银行、国家金融监督管理总局、中国证券监督管理委员会作为最高金融管理机构，对各类金融机构实行分业经营与分业监管。

关键概念

金融机构　存款性金融机构　投资性金融机构　契约性金融机构　政策性金融机构　国际性金融机构　金融市场　货币市场　资本市场　外汇市场　衍生品市场　货币政策　金融监管

综合训练

即测即评2

综合训练参考答案2

1. 金融的功能有哪些？
2. 简述现代金融机构体系的构成及其分类情况。
3. 简述我国现行的金融机构体系。
4. 怎样理解政策性金融机构的性质和经营特点？
5. 应该如何提高我国金融市场的效率？
6. 如何理解我国货币政策和宏观审慎监管的双支柱调控框架？

第3章

金融市场

牢记嘱托

要围绕建设现代化经济的产业体系、市场体系、区域发展体系、绿色发展体系等提供精准金融服务，构建风险投资、银行信贷、债券市场、股票市场等全方位、多层次金融支持服务体系。

——习近平2019年2月22日在十九届中央政治局第十三次集体学习时的讲话

目标引领

价值塑造

明确“金融和实体经济是共生共荣的关系”的内涵，思考金融市场在支持实体经济中的经济作用和社会作用。

知识传授

描述金融市场的界定；分析金融市场的功能；识别金融市场的分类；解释各金融子市场的区别。

能力培养

通过金融市场中各子市场的特点，分析各种金融产品在风险性、收益性、安全性方面的差异，理解如何满足不同市场参与者的金融需求。

思维导图

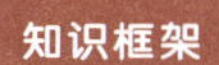

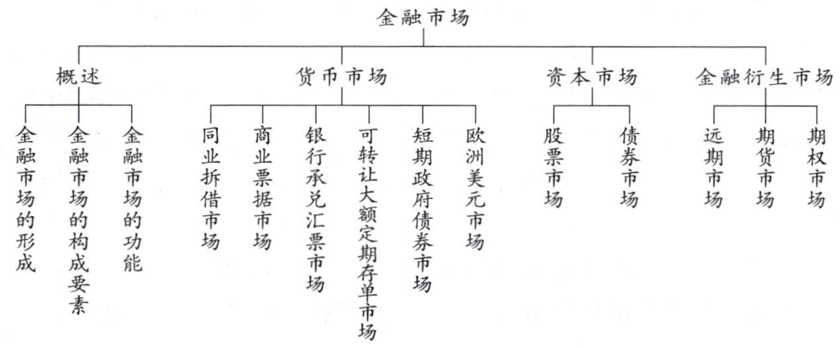

现实问题 相关政策 国家战略

我国信贷结构持续优化 助力实体经济高质量发展

我国银行间市场的发展

我国国债市场的发展

我国股票发行注册制改革

我国企业债审批权划转

开篇导读

金融市场的发展是人类社会经济生活发展的必然产物。古代金融市场的起源可以追溯到公元前2000年左右的美索不达米亚地区。在这个时期，人们已经开始进行贸易和借贷活动，形成了一些集中的市场，如巴比伦的肉食市场和钱币交易市场。此后，随着货币的出现和发展，金融市场逐渐形成并得以发展。

中世纪时期，欧洲的金融市场开始发展起来。人们开始使用纸币和银行存款作为支付工具，并且出现了一些金融交易中心，如佛罗伦萨的金融市场和伦敦的汇兑市场。同时，还出现了一些早期金融机构，如威尼斯的兑换所和大交易所。

18世纪的工业革命为金融市场的发展带来了新的机遇。工业化的推进催生了更多的企业和资本需求，促使金融市场进一步完善。在这个时期，人们发明了股票、债券等金融工具，并建立了一些重要的金融机构，如伦敦证券交易所和纽约股票交易所。这促进了金融市场的国际化和全球化。

21世纪以来，随着信息技术的飞速发展，金融科技迅速崛起并对金融市场产生了深远影响。电子支付、互联网金融、区块链技术等金融创新成为金融市场的新趋势，极大地改变了传统金融市场的格局和运作方式。

金融市场的发展历程是一个漫长而复杂的过程。从古代的贸易市场到现代的电子金融市场，金融市场在不同的时期和背景下不断演变。

3.1 金融市场概述

3.1.1 金融市场的内涵

在世界经济运行体系中，通常包括要素市场、产品市场以及金融市场。要素市场和产品市场体现消费者通过向生产商提供劳务、土地等生产要素获取收入，再利用这笔收入购买相关产品，从而促进经济发展的循环过程。若消费者没有将全部收入用于消费支出，而形成储蓄，则这部分资金会通过金融市场流入资金需求者手中，进而形成投资进入国民经济。在这个过程中，通过金融市场的资金借贷活动，可以有效地进行资源配置，发挥调节经济的作用。金融市场是统一市场体系的重要组成部分，它与产品市场、要素市场相互联系、相互依存，共同形成统一市场的有机整体。

国民经济稳定运行离不开金融市场的快速发展。金融市场是指资金供求双方进行资金融通和金融资产交换的场所。与其他市场相比，金融市场具有自己独特的特点。

首先，金融市场交易的实质是让渡或获得一定时期一定数量的资金使用权，其交易参与者包括资金的供给方和需求方，居民通常是资金供给较多的部门，而企业和政府多为资金需求方，双方进行资金融通。

其次，金融市场的交易对象为金融工具，即证明金融交易金额、期限、价格的合法凭证。它既指资金需求方出售的股票、债券等基础金融资产，也包括金融期权、期货等衍生金融资产。

再次，金融市场交易工具的定价也是其重要特征之一，金融工具的价格表现在其所代表的合理收益率上。金融市场的收益率一方面包含无风险收益率，另一方面也体现市场风险以及资产本身所具有的风险。金融资产的合理定价是维护金融市场稳定的重要机制。

最后，金融市场进行交易的场所可以是有形的，也可以是无形的。常见的有形市场包括银行柜台、证券交易所等，这些场所通常更具有规范性；无形的金融市场通常指场外交易市场，主要是通过电话、网络等平台完成交易。

在金融市场中，供求双方通过不同的方式实现资金融通，促进经济的发展。根据交易双方在资金融通过程中是否具有金融中介的参与以及该中介是否充当信用中介，可将融资方式分为直接融资和间接融资，这两种资金融通途径如图3-1所示。

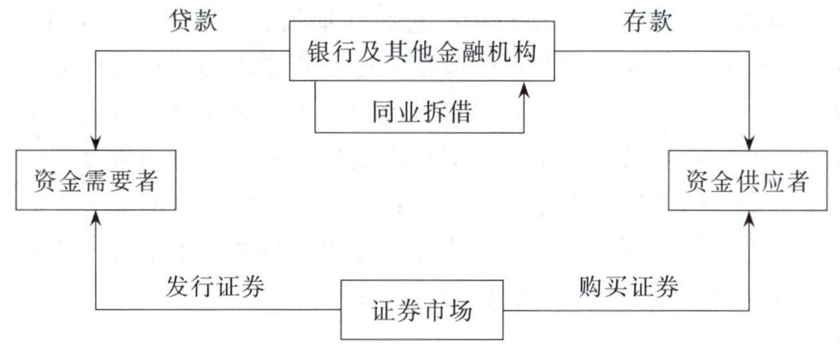

图3-1　直接融资与间接融资

直接融资是指资金的供给方通过直接购买资金需求方提供的证券，以实现资金从储蓄部门流向资金需求部门。直接融资过程反映的是两个行为主体之间的直接债权债务关系。即使存在金融中介的参与，它们也并不以最终的筹资者或投资者的身份参与金融活动。这类融资凭证通常包括股票、债券等金融资产，不同的金融资产使资金供求双方承担不同的权利与义务。企业以直接融资方式获取的资金稳定性比较强，且在资金使用上所受的限制比较小。同时，直接融资把资金供求双方直接置于市场机制的作用之下，并按市场确定的价格进行交易，使得资金流向更有效率的部门，推动资源合理配置。但由于融资企业在证券发行、寻求投资者以及信息披露等方面会承担更多的义务，直接融资存在较高的进入壁垒，对于中小企业来说较为困难。

间接融资是指资金供给方先通过储蓄等方式将资金集中到银行等金融机构，再通过金融机构的贷款渠道或投资渠道将资金转移给最终需求者以实现资金融通的方式。这种融资方式始终伴随着金融中介机构的参与，金融中介既可以充当筹资者，也可以充当投资者，间接融资反映的是三个甚至更多行为主体之间的独立且风险隔离的债权债务关系。由于间接融资以银行等金融机构为中介，以这种方式进行融资面临较低的风险、承担较低的成本，让渡资金使用权的收益也相对较低。

3.1.2　金融市场的构成要素

1）金融市场的主体

金融市场的主体是指那些在金融市场进行金融交易以实现资金融通的各经济部

门。以参与者的身份划分，金融市场的主体包括金融企业、非金融企业、政府部门以及个人和家庭部门。

（1）金融企业

金融企业一般包括存款性金融机构和非存款性金融机构。

存款性金融机构是指接受个人和机构存款，并发放贷款的金融机构，是金融市场的重要参与者，主要包括商业银行、储蓄机构以及信用合作社。

非存款性金融机构是指那些不直接吸收公众存款，而是通过发行证券或以契约的形式吸收社会闲散资金的金融机构。常见的非存款性金融机构主要包括保险公司、养老基金、投资银行以及投资基金。

（2）非金融企业

非金融企业，即工商企业，它既是金融市场上重要的资金需求者，也是重要的资金供给者。一方面，工商企业会通过银行进行短期借款以维持当前的生产经营规模。同时，当企业在创业或扩大生产与经营规模时会在资本市场筹集长期资金，主要通过银行中长期信贷、发售股票或债券来筹集。此时，工商企业是资金的需求者。另一方面，工商企业在其生产经营活动中，有时会出现暂时不用的流动资金和后备基金、提留折旧以及盈利等，这些闲置资金以储蓄或投资于流动性较高的金融资产的方式流入金融市场形成资金供给。因此，非金融企业是货币市场和资本市场的活跃参与者。综合来看，非金融企业是金融市场上的资金净需求者。

（3）政府部门

政府部门作为金融市场重要的参与者，充当着多重角色。首先，政府是金融市场的资金需求者，当政府财政收支不平衡时，为弥补赤字，或为了某些基础设施建设筹集建设资金，会充分利用政府的良好信誉进入金融市场，通过发行政府债券筹集资金。其次，政府在资金盈余时会以偿还债务、进行储蓄或证券投资的方式向金融市场供给资金。最后，政府是市场活动的调节者，政府通过中央银行实施货币政策维护金融市场的稳定。此外，许多国家政府部门也积极参与国际金融活动。大部分政府体现为金融市场上的资金净需求者。

（4）家庭和个人

家庭和个人是金融市场上主要的资金供给者。家庭和个人在收入扣除消费后的剩余部分，会形成储蓄。储蓄动机一方面是为了存集资金购买各种耐用消费品如住房、汽车等，另一方面是基于未来的医疗、教育、养老等预防性动机。

家庭和个人进行储蓄投资的形式是多元化的，既可以在货币市场购买短期金融资产，又可以购买债券、股票或共同基金等长期金融资产，还可以通过金融中介机构进行间接投资，如购买存单、保险单等。此外，家庭和个人也会通过消费信贷的形式来弥补短期资金缺口，通过住房抵押贷款的形式获得长期资金，即作为资金需求方出现在金融市场。综合来看，家庭和个人通常是金融市场上的资金净供给者。

2）金融市场的交易媒介

资金供求双方在金融市场进行资金融通交易的媒介即为金融交易工具。金融工具是指在金融活动中产生的，能够证明交易金额、期限、价格的合法凭证，是一种具有法律效力的契约。根据派生关系的不同，可将金融工具分为基础金融工具和衍生金融工具。

（1）基础金融工具

常见的基础金融工具有票据、债券以及股票等资产，这类金融资产通常在流动性、收益性和风险性方面具有不同的特征。

票据是指由出票人签名于票据上，约定由自己或其他付款人无条件地支付确定金额给收款人的可流通转让的证券。票据分为两大类：一是指传统的票据，包括汇票、支票，本票等；二是指创新的票据，如融资票据，可用来缓解资金压力。

债券是指债务人发行的承诺按约定的利率和日期支付利息并到期偿还本金的债务凭证，它反映了资金借贷双方之间的债权债务关系。根据发行主体的不同可分为政府债券、金融债券和公司债券，这类资产的收益率高于票据，相对应地，其风险性也较高。

股票是股份公司发行的用以证明投资者的股东身份并据以获得股息收入的一种所有权凭证，一般包括普通股和优先股。持有普通股的股东对公司经营决策具有投票表决权，且其收益具有不稳定性，随公司净利润的变化而变化，在公司破产时具有剩余财产分配权以及发行新股时拥有优先认股权。持有优先股的股东，其收益稳定，且在对公司的盈余分配以及剩余财产分配方面优先于普通股股东，但一般不具有表决权和优先认股权。

（2）衍生金融工具

衍生金融工具是相对于基础金融工具而言的，它是指一种根据事先约定的事项进行支付的双边合约，其合约价格取决于或派生于基础金融工具的价格及其变化。常见的衍生工具种类有远期、期货、期权和互换这四大类，这类资产通常具有杠杆性、虚拟性以及高风险性等特点。

远期交易是指交易双方约定在未来某一日期按照约定的价格进行某种交易的协议，该类交易通常在场外市场进行，有远期利率协议、远期外汇交易等。

期货交易一般是由交易所统一制定的、规定在未来某一时间和地点交割一定数量标的物的标准化远期合约。

期权交易是指一种能在未来某特定时间以特定价格买进或卖出一定数量的某种特定商品的权利，在这类交易中，期权的买方只有权利没有义务，而卖方只有义务而无权利。

互换交易是指交易双方利用各自比较优势来互换现金流的合约，常见的互换合约包括货币互换以及利率互换等。

3）金融市场的结构

根据不同的标准可将金融市场分为货币市场和资本市场、基础市场和衍生市场、一级市场和二级市场、公开市场和协议市场。

（1）货币市场和资本市场

根据期限不同可将金融市场分为货币市场和资本市场。货币市场是指期限在1年以内的金融工具的发行和交易的场所，通常包括同业拆借市场、票据市场、短期国债市场、大额存单市场以及回购交易市场。货币市场工具有短期国债、大额可转让定期存单、商业票据等，具有流动性高、收益率低的特点。在经济生活中，货币市场通常用来匹配政府、企业和银行等金融机构的短期资金供给和需求。

资本市场是指期限在1年以上的长期资金交易的场所，包括股票市场、债券市场等，与货币市场相比，该类市场的交易工具具有偿还期长、流动性较差、风险较大等特点，用于满足经济部门的长期资金需求。

（2）基础市场和衍生市场

根据金融市场交易合约的性质不同，可将金融市场分为基础市场和衍生市场。基础市场的交易对象是资金在一段时间内的使用权。衍生市场的交易对象是风险，通常以基础金融资产的价格变化为标的，包括互换市场、远期市场、期货市场以及期权市场等。投资者在该类市场上进行交易的目的多为投机和套期保值。

（3）一级市场和二级市场

根据金融产品是否新生成，可将金融市场分为一级市场和二级市场。一级市场是资金需求者生成新的金融产品，并将其首次出售给投资者时形成的市场，又名发行市场。二级市场是指金融产品发行后在不同的投资者之间买卖流通所形成的市场，又名流通市场。一级市场是二级市场发展的前提，是对新投资提供金融支持的场所，二级市场为一级市场提供流动性，是投资者可以将金融资产转化为现金的场所。通常来说，一级市场收益率高于二级市场，但由于不同市场间套利机制的存在，使不同市场间价格与收益的利差趋于缩小并消失。

（4）公开市场和协议市场

根据金融产品的成交与定价方式不同，可以将金融市场分为公开市场与协议市场。公开市场是指金融资产的交易价格通过众多的买方和卖方按照“时间优先、价格优先”“买者价高者得、卖者价低者得”的原则公开竞价而形成的市场，该类市场的金融交易通常是在有组织的场所进行的，如证券交易所、期货交易所等。

而协议市场中金融资产的价格，由交易双方私下协商或以面对面的讨价还价方式确定。与公开市场相比，该类市场金融交易具有效率低、交易范围受限等特点，但随着互联网技术和金融市场的发展，协议市场也逐渐发挥重要作用。

3.1.3 金融市场的功能

1）储蓄功能

储蓄功能是指金融市场为公众储蓄提供有潜在收益、低风险的系列储蓄产品。金融市场为公众储蓄提供了通道，公众可以在货币市场和资本市场购买债券、股票和其他金融资产，从而获取多样化的、有利可图的、风险与收益相匹配的储蓄清单。由这些储蓄工具聚集起来的资金通过金融市场流向投资领域，从而更多商品与劳务被生产出来，整个社会的福利和生活水平得以提高。

金融市场具有储蓄功能源于以下原因：

其一，金融市场具有成本优势。如果没有金融市场，储蓄者就只能直接以实物资产形式保存和积累财富，这些方式均需要消耗大量的费用且缺乏效率。金融市场不仅提供了储蓄便利，还大大降低了储蓄者的交易成本。

其二，金融市场信息条件的改善，增强了储蓄者的信心。储蓄者相信储蓄活动是安全的才愿意进行储蓄，而金融市场信息披露制度及专业化管理体制大大强化了融资者的信息披露，改善了信息条件，也就取得众多储蓄者的信任。

其三，金融市场具有创新机制，各种专业机构和专业人员会提供多种多样、风险与收益相匹配的金融产品，来满足各种类型储蓄者的需求。而且，储蓄产品会随着储蓄者偏好和金融市场的变化不断推陈出新。总之，金融市场内在运行特征及其组织体系适应了总体经济的发展要求，为公众储蓄的形成创造了条件。

2）财富功能

所谓财富功能是指金融市场为参与者提供了未来购买力的储存途径，直到人们在未来用其进行商品和服务的支付。金融市场作为社会财富的存在形式，其所交易的各种金融产品已经成为社会财富的组成部分。随着储蓄者在货币市场和资本市场购入金融工具，金融体系也就为他们提供了一种有效的财富储藏形式。

金融市场能够发挥财富功能主要原因在于：

第一，与金融资产相比，实物资产更容易磨损，在价值上也更容易贬值。其磨损问题使得以实物资产的形式保存财富更具风险，而债券、股票、存单及其他金融工具，不会出现实物资产由于期限较长而价值磨损的情况。并且，金融资产同时也是一种增值工具，潜在的投资收益不但会使这些交易工具保值，还可能逐渐增值。当然，人们可能会选择汽车、房屋、古玩字画、家具等作为保存财富的手段，但与金融资产相比，实物资产在价值上更具不稳定性，经常会因贬值使所有者有所损失。

第二，金融市场在发挥财富功能时具有成本优势。以实物资产的形式保存财富需要支付储藏费用与管理成本，这方面支出将是非常惊人的；而以金融资产的形式储藏和保管财富则会大大降低储藏和管理费用。当今越来越多的企业和个人会选择以金融资产的形式保留其结余和积累。

第三，金融市场使财富的转换比较自由。实物资产受其物质形态的限制，较难流通转让和变现；而金融市场所提供的财富形式是各种金融资产，这些资产有相对发达的流通转让市场，更易于流通转让和变现。

3）流动性功能

所谓流动性功能是指金融市场通过为金融资产提供变现渠道，为人们提供一系列筹集资金的手段。以现金与活期存款形式保留财富回报率较低，财富的持有者通常都会尽量减少以这种形式持有财富。持有者会选择以金融工具形式保有财富，但当他们需要花钱时，却需要将各种形式的金融资产换成现金与存款，而金融市场恰恰为持有者提供了一种低风险变现的机会，满足人们的流动性需要。

在现代社会中，金融市场提供的流动性功能已经体现到了国民经济生活中的各个方面。对政府、企业、家庭与个人等经济个体来说，是否能够将其所持有的资产变现用于生产资料和消费资料购买、支付各种到期债务，是其经济生活能否顺利进行的重要条件。任何经济主体到期债务不能按期偿付的问题都会直接引起其他经济单位对它的信任危机，最终可能导致该经济主体的破产。从某一经济总体来看，总体经济健康运行的前提是金融市场能够提供充足的流动性。在现代货币与信用关系中，总体经济的各个部分联系非常密切，其中任何一个部分出现了支付困难，都会影响到其他部门的资金周转；严重时，将会导致总体经济的信用危机和经济危机。

4）信用功能

所谓信用功能是指金融市场为了支持经济运行中的消费行为和投资活动而提供信用，这是其基本功能。贯穿金融市场发展始终，培育和发展起来的以银行信贷和证券市场为主体，以各种专业金融服务机构为核心的金融机构体系，向社会各经济单位和部门广泛地提供信用。

信用的需求来自政府、企业、家庭与个人各种经济部门。从政府部门来说，政府需要用财政收入修建办公楼、进行公共工程建设或支付政府公务员工资等，而当政府当前收入不能满足其支付需要时，则必须通过信用方式筹集资金，如发行短期国债、中长期国债等。

企业部门是信用的最大需求者，信用活动已经成为企业生产和经营的重要支柱。工商企业单位在采购原材料、修建厂房、支付债务和工资红利等时，会产生两类资金需求：一类是维持原有生产和经营规模的资金需求，这种资金需求通常要靠企业自身周转资金和折旧基金加以满足；另一类是扩大生产和经营规模、增建厂房、增购设备、增加员工的资金需求，这种资金需求通常只能由企业积累和预期未来增加的收益加以满足。对于第一类资金需求，企业必须借助信用来调节短期资金余缺，平衡短期收支；对于第二类资金需求，企业更需借助信用方式来平衡中长期资金余缺。

最后，信用的需求还可能来自家庭和个人。随着社会福利制度的建立与逐步完善，以及人们收入预期的稳定，越来越多的人会通过信用支付实现对住房、耐用消费品、汽车等的超前消费。于是，消费信用成为现代金融机构体系非常重要的业务领域。

经世济民 3-1

信贷支持力度持续加大，资金流向何处？

中国人民银行数据显示，2023年上半年，我国人民币贷款增加15.73万亿元，同比多增2.02万亿元。总体看，当前我国信贷增速保持较快增长，对实体经济支持力度增强。但同时，部分领域、部分企业的信贷、需求潜力尚待释放。

信贷总量大幅增加支持经济持续恢复向好

支持基建投资是金融支持经济持续回升向好的有力注脚之一。2023年上半年，我国社会融资规模增量为21.55万亿元，同比多增4 754亿元；企（事）业单位贷款新增12.81万亿元，同比多增1.42万亿元，占全部信贷增量的81.5%。

信贷总量增长的背后，是货币政策持续稳健发力。

2023年上半年，中国人民银行降准0.25个百分点，释放长期流动性；保持货币供应合理充裕，6月末广义货币供应量（M2）同比增长11.3%；下调中期借贷便利、公开市场操作等利率水平，引导贷款市场报价利率（LPR）下降；狭义货币（M1）同比增长3.1%，增速分别比上月末和上年同期低1.6个和2.7个百分点。

信贷结构持续优化助力经济高质量发展

2023年以来，信贷投放聚焦重点，绿色发展、科技创新、普惠金融、制造业、基础设施等领域信贷增长明显。

截至2023年6月末，科技型中小企业、普惠小微贷款余额分别同比增长25.1%、26.1%。制造业中长期贷款、基础设施行业中长期贷款余额分别同比增长40.3%、

15.8%。

2023年上半年，我国住户贷款新增2.80万亿元，同比多增5 723亿元，其中个人经营贷款和短期消费贷款有所多增是主要原因。

资料来源：姚均芳，关雨，李延霞，等. 信贷支持力度持续加大，资金流向何处？——年中经济调研行之金融篇［EB/OL］.［2023-07-23］. https://www.gov.cn/yaowen/liebiao/202307/content_6894136.htm.

5）支付功能

金融体系提供了便利商品、劳务和资产交易的清算支付手段。这种支付通过对债务关系的清算和了结维系信用体系的正常运行，确保商品与劳务交易简捷、方便、高效率地进行。支付功能是金融体系的基础功能。货币是中央银行或一国货币当局发行的支付工具，支票是以银行体系支付保证的支付工具，其支票账户与可转账支付账户在支付中发挥交易媒介作用。随着现代信息技术的发展，尤其是互联网技术的快速发展和广泛应用，支付结算的效率越来越高。一方面，近场支付、语音支付、二维码支付、手机支付、刷脸支付等移动支付方式真正实现了随时随地便捷支付；另一方面，数字货币的出现、区块链技术等信息技术的应用，为人们的支付清算服务提供了更多选择。

6）风险功能

风险功能是指金融市场为企业、个人和政府提供了防范人身、财产和收入风险的手段。金融市场拥有众多的金融工具可供投资者选择，金融工具有高度的风险性，金融市场为企业、个人和政府提供生命、健康、贫困和收入风险的补偿机制。这种风险补偿机制，一是通过保险机构提供保险产品实现的；二是通过金融市场提供套期保值、组合投资的方式实现的。此外，政府的存款保险制度、企业或个人建立的风险基金等也起到了风险补偿作用。这一切使投资者一方面能分散风险，另一方面可以转移风险，最终起到降低不确定性的作用。

7）政策功能

政策功能是指金融市场为政府实现充分就业、物价稳定和经济持续增长的社会目标提供政策实施的环境和渠道。在最近几十年，金融市场已成为政府执行其经济政策的主要渠道，借助于这些政策，来维持经济稳定和物价稳定。例如，各国政府通过中央银行参与金融市场调节利率和信贷总量，从而影响公众的借款和支出计划，最终影响就业、产出和价格。

经世济民 3-2

实体经济资金需求意愿提升 新增社融连续超出市场预期

央行日前发布的金融统计数据显示，2023年一季度人民币贷款增加10.6万亿元，同比多增2.27万亿元。其中3月人民币贷款增加3.89万亿元，同比多增7 497亿元。一季度社会融资规模增量累计为14.53万亿元，比上年同期多2.47万亿元。其中3月社会融资规模增量为5.38万亿元，比上年同期多7 079亿元。3月末，M2同比增长12.7%，增速比上月末低0.2个百分点，比上年同期高3个百分点。

分部门看，一季度，从居民部门来看，短、中长期贷款分别增加7 653亿元、

9 442亿元，分别同比多增5 710亿元、少增1 258亿元。但3月居民短、中长期贷款分别多增2 246亿元、2 613亿元，短期贷款与2月相比增幅有所收窄，中长期贷款增幅有所扩大。这是因为：一方面，居民消费热情有所转暖带动短期贷款多增；另一方面，居民购房意愿提升也带动中长期融资动力增强。

一季度，从企业部门看，企（事）业单位新增贷款8.99万亿元，同比多增1.91万亿元。其中，中长期贷款增加6.68万亿元，占新增贷款比重达63%，同比大幅上升15.7个百分点。

国家统计局数据显示，1—3月制造业PMI连续位于荣枯线以上，企业对经济预期稳步转暖，融资动力持续增强。

在社会融资方面，一季度社会融资规模增量累计为14.53万亿元，为历史新高，比上年同期多2.47万亿元。其中3月社会融资规模增量为5.38万亿元，超出市场预期的4.5万亿元，比上年同期多7 079亿元。3月末社会融资规模存量为359.02万亿元，同比增长10%。

资料来源：谭志娟．实体经济资金需求意愿提升 新增社融连续超出市场预期［N］．中国经营报，2023-04-13.

经世济民3-3

十年MLF简史

2014年9月16日，市场传言，中国央行对五大行实施5 000亿元SLF操作，其中每家注入1 000亿元SLF，期限为3个月。

SLF称为常备借贷便利，于2013年初创设，主要功能是满足金融机构期限较长的大额流动性需求，操作对象主要是政策性银行和全国性商业银行，期限是1~3个月。在坊间，SLF也被称为“酸辣粉”。

一个月后，市场又传出，央行再度通过SLF向10多家股份制银行注入2 000多亿元流动性。不过当时中金公司的一份报告称，央行投放的流动性并非SLF，而是MLF，M是Mid-term的意思。虽然期限是3个月，临近到期可能会重新约定利率并展期。

到底是SLF还是MLF，市场争论不休。最终，中国央行当年11月6日发布的2014年第三季度中国货币政策执行报告证实：9月份创设了中期借贷便利（MLF），并通过MLF在两个月里向银行共计投放基础货币7 695亿元，其中9月份5 000亿元，10月份2 695亿元。MLF由此正式登上历史舞台。

前述报告介绍，MLF是中央银行提供中期基础货币的货币政策工具，对象为符合宏观审慎管理要求的商业银行、政策性银行，采取质押方式发放，并需提供国债、央行票据、政策性金融债等优质债券作为合格质押品。

对于创设MLF的初衷，央行在报告中解释称，当前银行体系流动性管理不仅面临来自资本流动变化、财政支出变化及IPO等多方面的扰动，同时也承担着完善价格型调控框架、引导市场利率水平等多方面的任务。为保持银行体系流动性总体平稳适度，支持货币信贷合理增长，中央银行需要根据流动性需求的期限、主体和用途不断丰富和完善工具组合，以进一步提高调控的灵活性、针对性和有效性。

MLF在坊间也被称为“麻辣粉”，和SLF、PSL（抵押补充贷款，“怕酸辣”）、

TLF（临时流动性便利，“特辣粉”）、TMLF（定向中期借贷便利，“特麻辣粉”）等共同构成央行的“菜肴”，央行也被称为“大厨”。时值外汇占款下降，前述工具弥补了外汇占款下降引起的流动性不足。

货币当局资产负债表显示，2016年央行外汇占款下降2.91万亿元，但基础货币增长了11.8%，这主要源于MLF等余额的增长。这在2016年底的中央经济工作会议上首度表述为，货币政策要适应货币供应方式新变化。

“过去由于外汇大量流入，基础货币投放主要通过外汇占款扩张。2014年以后外汇占款下降，央行基础货币投放转向再贷款（包含MLF等）。”长江证券首席经济学家伍戈表示，“通过外汇占款投放基础货币比较被动，但通过再贷款投放基础货币相对主动。”

央行数据显示，MLF创设后余额稳步增长，至2018年末接近5万亿元。其间MLF出现以下重大变化：一是每月开展操作，二是功能定位由支持“三农”、小微等薄弱环节转为流动性调节，三是期限增加6个月期、1年期。

2015年10月，中国央行宣布放开存款利率上限，狭义利率市场化基本完成。央行有关负责人当时表示，我国的利率市场化开启了新的阶段，人民银行要构建和完善央行政策利率体系，以此引导和调控整个市场利率。

当时中国政策利率包括公开市场操作（OMO）、MLF、SLF、PSL及各类再贷款利率等，并有不同期限，但哪些利率更为重要，当时并不清晰。与此同时，从央行政策利率到各类市场利率的传导渠道有待理顺。

2019年8月，央行推进贷款利率市场化改革。改革后的LPR由各报价行按照对最优质客户执行的贷款利率，于每月20日（遇节假日顺延）以公开市场操作利率（主要指MLF利率）加点的方式形成报价。简言之，LPR=MLF+点差，LPR与MLF利率挂钩。

以此为开端，央行基本上每月月中开展1次MLF操作，均为1年期。通过以相对固定的时间和频率开展操作，提高了MLF操作的透明度、规则性和可预期性。对于为何选择MLF作为LPR加点的基础，央行2020年9月发布的《〈中国货币政策执行报告〉增刊——有序推进贷款市场报价利率改革》（以下简称增刊报告）如是解释：

MLF操作是中国特色的货币政策工具，期限与LPR的期限较为匹配。LPR作为贷款定价的重要参考，应主要反映利率的趋势性变化，变动频率不宜过快，否则可能造成利率信号混乱，影响市场预期。MLF每月操作，频率与LPR相同，利率也相对稳定，可充分体现货币政策取向和市场边际中期资金成本的趋势性变化。

LPR改革之时，MLF余额仅占银行业负债的3%左右，MLF利率能否有效影响贷款利率成为市场关注的焦点。增刊报告解释称，虽然MLF在银行负债中占比不高，但MLF利率是央行中期政策利率，代表了银行体系从中央银行获取中期基础货币的边际资金成本，适合作为银行贷款定价的参考。

与此同时，政策利率体系也进一步优化。2020年第二季度中国货币政策执行报告首度提出，MLF利率作为中期政策利率，与作为短期政策利率的公开市场操作利率共同形成央行政策利率体系，传达了央行利率调控的信号。从近年操作看，公开市场操作主要是7天期逆回购，MLF主要是1年期，因此1年期MLF利率和7天逆回购利率是最为重要的政策利率。

报告同时提出，MLF利率作为中期政策利率，是中期市场利率运行的中枢，国债收益率曲线、同业存单等市场利率围绕中期借贷便利利率波动。2022年存款利率市场化改革后，银行可参考以10年期国债收益率为代表的债券市场利率和以1年期LPR为代表的贷款市场利率，合理调整存款利率水平。而前两个利率也受MLF利率影响，因此MLF利率很大程度上也可以影响存款利率。至此MLF既可以影响货币市场、债券市场利率，还可以影响存贷款利率，成为最重要的政策利率。

通过前述一系列改革，MLF可引导和调控各个市场利率，央行货币政策的传导效率大幅提升。改革至今，一年期MLF利率下调了80BP，10年期国债收益率下行70BP，1年期LPR、5年期LPR分别下调了80BP、90BP。贷款利率的降幅更大——央行数据显示，截至2023年末新发放贷款加权平均利率为3.83%，相比2019年6月末下降183BP。

“综合判断国内外形势，人民银行抓住难得的时间窗口，在2019年8月宣布改革完善LPR形成机制。试想如果没有在当时及时推出改革，2020年初新冠疫情暴发后，改革势必更难推出，市场化降低社会融资成本的目标就更难实现。”增刊报告如是表示。

从历次LPR调整看，如果MLF利率下调，那么LPR必下调：2019年8月至2021年12月，1年期LPR降幅高于5年期LPR，主要原因在于贯彻房住不炒的理念，避免刺激房地产。2022年以来5年期LPR降幅高于或等于1年期LPR，主要为了稳定房地产市场。其中2023年8月LPR调整出现两个特点：一是1年期LPR和5年期LPR降幅均低于1年期MLF；二是MLF下调后，5年期LPR首次未下调（见表3-1）。

表3-1 历次MLF、LPR变动情况

时间	MLF	1年期LPR	5年期LPR
2019年9月	0	-5	0
2019年11月	-5	-5	-5
2020年2月	-10	-10	-5
2020年4月	-20	-20	-10
2021年12月	0	-5	0
2022年1月	-10	-10	-5
2022年5月	0	0	-15
2022年8月	-10	-5	-15
2023年6月	-10	-10	-10
2023年8月	-15	-10	0
2024年2月	0	0	-25

数据来源：根据央行数据整理。

与此同时，当MLF未调整时，LPR单边调整的情况也在增加。在MLF利率不变时，LPR一共有过四次下调。第一次为2019年9月，1年期LPR下调5BP，主要因为LPR刚改革，前期市场利率大幅度下行推动了LPR下调。第二次是2021年12月，1年期LPR下调5BP，主要因为降准降低银行资金成本。第三次、第四次分别是2022年5月、2024年2月，5年期LPR分别下调15BP、25BP，这两次LPR下调的主要诱因是前期存款利率下调。

出现前述变化的核心原因在于MLF占银行负债的比重较小，大头仍是存款。前期由于银行业净息差还好，可以单边降贷款利率，现在净息差已跌破1.8%，降贷款利率的同时需降存款利率，但MLF和存款利率的传导机制有待强化。此外，现有传导机制下，LPR下调后，增量存量贷款利率都会下调，而存款端仅有增量下调，存量存款几乎都是固定利率。

光大证券首席金融业分析师王一峰表示，由于缺乏资金市场和存款市场的有效联通，使得市场类负债和存款类负债之间无法相互替换，因此银行体系使用的贷款成本加成定价策略中，MLF—LPR的传导逻辑不够顺畅。未来随着金融债大幅度储架发行和国债较大量柜台交易予以打通市场资金和一般存款。

华创证券的一份研报称，未来存贷款利率调整或有两条路径，其一是通过“MLF—LPR1Y—存款挂牌利率”的政策利率传导，其二是“10年期国债收益率—存款挂牌利率—成本节约—LPR5Y下调”的市场利率传导，后者可节约政策利率空间。

央行下属《金融时报》近日报道称，当政策利率过低时，货币需求迅速扩大，货币政策可能失效，也即政策利率存在阈值。当政策利率低于阈值时，货币政策作用将大幅衰减，实证研究也发现，发达经济体利率阈值在1%左右，阈值以下继续降低利率，对经济增长的推动作用衰减过半。而当前7天逆回购利率和1年期MLF利率分别为1.8%、2.5%，距1%已不远。

《金融时报》还报道称，未来应进一步淡化LPR与MLF利率之间的关系，较之于MLF利率，实体经济主体的融资成本能否下降对于经济增长的作用更为重要，而这方面LPR的实际指示意义更强。同时，LPR能否下降，取决于银行资金成本能否下行，存款成本是影响银行资金成本的重要因素。

中信证券首席经济学家明明表示，LPR不宜与MLF利率简单关联看待，二者分别代表不同的利率体系，LPR代表实体经济贷款利率，而MLF代表金融市场融资利率。从历史上看，MLF利率与LPR调整步调并非完全一致。

资料来源：杨志锦.十年MLF简史：利率传导路径有待进一步厘清［EB/OL］.［2024-02-22］. https：//m.21jingji.com/article/20240222/698e007a99141148d23f0c39079640d8_zaker.html.

3.2　货币市场

货币市场，又称短期信贷市场，是进行短期资金融通的市场，其交易工具是1年及1年以内的票据等有价证券。货币市场中的交易活动具有短期资金融通的共同目的，金融工具具有期限短、流动性强、风险小等共同特征。

3.2.1 同业拆借市场

同业拆借市场是指金融机构间通过货币借贷进行短期资金融通活动，主要是用来弥补银行临时性资金不足和解决票据清算差额等问题。同业拆借市场最早出现在美国，促使其形成的根本原因在于法定存款准备金制度的实施。1913年美国通过的《联邦准备法》规定，联邦储备银行的会员银行吸收的存款必须按一定比率向联邦储备银行缴纳法定存款准备金，准备金数额不足要予以处罚。商业银行在中央银行的存款准备金账户每日余缺不一，产生了银行之间的以调剂准备金头寸为目的的拆借行为。

1）同业拆借市场的参与者

金融机构是同业拆借市场的主要参与者。但各个国家以及各个国家在不同的历史时期，对参与者也有着不同的规定。总体上讲，可以包括以下三种：

（1）资金需求者

在同业拆借市场上，资金需求者主要是一些大的商业银行。一方面，商业银行作为一国金融组织体系中的主体力量，承担着重要的信用中介和支付中介职能，同时又是中央银行金融调控的主要对象，其在运营过程中会经常出现准备金头寸、清算头寸及短期资金不足的情况，有进入同业拆借市场的主观要求和基本动力；另一方面，进入拆借市场融资的拆入方一般无须提供抵押或担保，因而该市场对拆入方的信誉要求很高，大的商业银行则恰恰具有雄厚的资金实力和良好的社会信誉。除了大的商业银行外，一些非银行金融机构也通过拆借市场取得资金。

（2）资金供给者

同业拆借市场上的资金供给者，主要是有超额储备的金融机构，包括大型商业银行、地方中小商业银行、非银行金融机构、境外代理银行及境外银行在境内的分支机构。这些金融机构将暂时剩余的超额储备在拆借市场上运用出去，可获得利息收入，又可以及时收回资金补充流动性，有利于其实行有效的资产负债管理，降低资产的风险。

（3）中介机构

当拆入方拆入资金数额较大，需要多个拆出方提供资金，或拆入、拆出双方对市场上的资金供求信息及拆借行情不甚了解时，则往往需要借助市场中介来完成交易过程。同业拆借市场的中介收集和储存市场各类资金供求信息和拆借行情信息，沟通拆借双方并促成交易，其在引导资金合理流动、平衡市场供求关系方面发挥着重要作用。

2）同业拆借市场的交易

同业拆借市场所进行的交易主要有以下两种：

（1）头寸拆借

头寸拆借是指金融机构为了轧平头寸、补足存款准备金和票据清算资金而在拆借市场上融通资金的活动。当头寸拆借用于补足存款准备金时，一般为日拆，即“同业隔夜拆款”，今日拆入，明日归还，拆借期限为1天。

（2）同业借贷

头寸拆借以调整头寸为目的，而同业借贷则以调剂临时性、季节性的资金融通为目的。对于拆入方的金融机构来说，同业借贷可以使其及时获得足额的短期资金，拓展资产业务。对于拆出方的金融机构来说，同业借贷为其短期闲置资金的运用找到了出路，可以增加经营收入。同业借贷较之头寸拆借的期限要长。

3）同业拆借市场的利率

银行间同业拆借利率指金融机构同业之间的短期资金借贷利率。它有两个利率：拆入利率表示金融机构愿意借款的利率；拆出利率表示愿意贷款的利率。同业拆借利率是拆借市场的资金价格，是货币市场的核心利率，也是整个金融市场上具有代表性的利率，它能够及时、灵敏、准确地反映货币市场乃至整个金融市场短期资金供求关系。对货币市场上其他金融工具的利率具有重要的导向和牵动作用。

学海拾贝 3-1

伦敦同业拆借利率简介

伦敦同业拆借利率（London InterBank Offered Rate，LIBOR），是大型国际银行愿意向其他大型国际银行借贷时所要求的利率。它是在伦敦银行内部交易市场上的商业银行对存于非美国银行的美元进行交易时所涉及的利率。LIBOR常常作为商业贷款、抵押、发行债务利率的基准。同时，浮动利率长期贷款的利率也会在LIBOR的基础上确定。LIBOR同时也是很多合同的参考利率。

2024年4月30日周二，同花顺（300033）iFinD金融数据终端最新统计数据显示，美元LIBOR情况见表3-2。

表3-2　2024年4月30日美元LIBOR

日期	期限	货币名称	拆借市场名称	涨跌（BP）	拆借利率（%）
4月29日	1M	美元	伦敦银行同业拆借市场	−25.6	5.43
4月29日	3M	美元	伦敦银行同业拆借市场	−26.9	5.59
4月29日	6M	美元	伦敦银行同业拆借市场	−47.5	5.74

资料来源：百度百科. 伦敦同业拆借利率［EB/OL］.［2024-06-28］. https：//baike.baidu.com/item/%E4%BC% A6%E6%95%A6%E5%90%8C% E4%B8%9A% E6%8B% 86%E5%80%9F% E5%88%A9%E7%8E%87? fromModule=lemma_search-box.

学海拾贝 3-2

2023年我国银行间金融市场运行情况

据中国人民银行网站消息，2024年1月29日，央行公布2023年金融市场运行情况。

2023年，银行间货币市场成交共计1 817.2万亿元，同比增加19.0%。其中，质押式回购成交1 668.8万亿元，同比增加21.4%；买断式回购成交5.4万亿元，同比减少2.7%；同业拆借成交143.0万亿元，同比下降2.6%。交易所标准券回购成交455.8万亿元，同比增加12.9%。

2023年，银行间债券市场现券成交307.3万亿元，日均成交12 341.6亿元；单笔成交量主要分布在500万～5 000万元和9 000万元以上，单笔平均成交量4 702.1万元。交易所债券市场现券成交46.4万亿元，日均成交1 919.3亿元。柜台债券市场累计成交105.1万笔，成交金额1 961.4亿元。2023年末，开办柜台债券业务的商业银行共30家，较2022年末增加2家。

3.2.2 商业票据市场

1）商业票据市场的形成

商业票据是一种筹措短期资金的货币市场工具，是凭借大公司的信誉，脱离商品交易过程而签发的商业本票。我国《境内机构发行外币债券管理办法》中对商业票据的定义是：商业票据是指发行主体为满足流动资金需要所发行的期限为2～270天的可流通转让的债务工具。

商业票据是历史最悠久的货币市场工具之一，它的产生可追溯到18世纪。早期的商业票据是建立在企业间商业信用基础之上的，即购货商为赊购商品而出具的本票，承诺在约定日支付给货主一定金额。货主可以将本票持有到约定日支取货款，也可以到金融市场贴现流通转让。

随着金融市场的发展，商业票据逐渐脱离商品交易支付手段而演变为单纯的融资工具。它不再体现商品和劳务的买卖关系，而是制定了统一的票据标准格式，直接面向金融市场上的投资人发行。筹集到的资金一般用于日常交易，如购买原材料、交纳税款、支付工资和偿付短期债务等。后来，这种局限于满足流动性需要的融资目的被逐渐扩大化，越来越多的票据筹资用于为建造生产线、购置设备等长期项目进行“过渡性融资”，即通过短期票据的滚动发行将其转化为长期融资工具。目前，商业票据已成为信誉良好的工商企业和金融机构短期融资的一个重要工具。

2）商业票据的发行方式

根据发行方式的不同，商业票据可分为两种类型：直接发行的商业票据和通过交易商发行的商业票据。

直接发行的商业票据一般由大型金融公司和银行持股公司发行，发行者与投资者直接交易。这类发行主体都对巨额短期资金有持续性需求，并具备很高的信用等级，如花旗集团、通用汽车承兑公司（GMAC）、通用电气资本公司（GE Capital）、CIT金融公司和商业信贷公司等。从全世界范围来看，约有1/3的商业票据是通过直接方式发行的。

通过交易商发行的商业票据是指发行主体委托证券交易商代为发行，发行者与投资者不直接进行交易。这类发行主体一般规模较小，票据发行频率也较低，主要包括公用事业、制造业、零售业和运输业公司在内的非金融公司，以及一些小的银行控股公司和金融机构。由于这类公司融资规模较小、频率较低，并不适宜建立专门的附属财务公司永久性地负责发行票据，因此它们选择利用交易商这一更经济的票据发行渠道。通过支付一定的佣金和给予票据价格上的一定折扣，票据发行公司将票据直接出售给交易商，由后者负责将票据按尽可能高的价格出售给最终投资者。

3）商业票据融资的优势

（1）获取资金的成本较低

一般来说，利用商业票据融资的成本通常低于银行的短期借款成本，一些信誉昭著的大机构发行商业票据的利率，有时甚至可低至同等银行同业拆借利率。因为这样的大公司可能比一般的中小银行的信用更好，加上是直接从投资者获得资金，节省了银行从中赚取的利润。

（2）筹集资金的灵活性较强

用商业票据筹资，根据发行机构与承销机构的协议，发行者可在约定的某段时期内，不限次数及不定期地发行商业票据，以配合短期资金的灵活需要。

（3）有利于提高发行公司的信誉

商业票据在货币市场上是一种标志信誉的工具，公司发行商业票据实际上达到了免费宣传以及提高公司信用和形象的效果，当公司向银行借贷时，也可借此争取较佳的借贷条件，长远来看有利于公司借贷成本的降低。

对于投资者而言，商业票据提供了新的投资途径。投资者选择持有商业票据，除可以享受较银行存款更高的利息收入以外，还可在到期前将票据在二级市场转让，收回现金，获得较存款更强的流动性。

3.2.3 银行承兑汇票市场

银行承兑汇票是由银行承兑的商业汇票。银行的承兑过程是银行将其信用出借给原始付款人（一般是交易中的购货方），为其履行付款责任提供担保，进而保证汇票的正常流通转让。

银行承兑汇票通常在国际贸易中使用，这是因为大多数出口商无法确定购买货物的进口商的信用状况，以及国外经济、政治等诸多境况。这时便需要银行信用从中加以担保，使出口商接受本国或外国银行提供的承兑汇票，即承兑汇票是以一定的成本将国际贸易中的风险转移给愿意承担风险的第三者（银行）的一种金融工具，而银行之所以愿意承担这样的风险，是因为它们是确定信贷风险和将风险分散到上千种不同贷款中的专家。

另外，银行承兑汇票又有物资作为基础，有付款人和银行对付款的双重保证，故有极高的安全性，使之成为货币市场上一种重要的交易工具。持票人可以通过贴现方式获得现款，贴现金融机构自身急需资金，则可凭贴现的未到期汇票向其他金融机构转贴现，或向中央银行申请再贴现。

3.2.4 可转让大额定期存单市场

可转让大额定期存单是银行发行的有固定面额、可转让流通的存款凭证。它首创于美国，是美国银行业为规避金融监管而推出的一项金融创新工具，目前已成为货币市场规模最大的工具之一。

可转让大额定期存单的主要投资者为公司、政府、外国机构、少数个人以及大量的金融机构，如保险公司、投资公司、储蓄银行、养老基金、货币市场基金等。对投资者而言，可转让大额定期存单之所以富有吸引力，是因为与普通定期存单相比，它具有风险相当、期限灵活、收益率较高等优势。通过表3-3，可以将普通定期存单与可转让大额定期存单的特点进行对比。

表3-3　普通定期存单与可转让大额定期存单的特点比较

特点	普通定期存单	可转让大额定期存单
是否可转让、可流通	否	是
面额	•有零有整 •无最低面额要求	•一般为整数 •有最低面额要求（如美国最低面额为2.5万美元；日本为1亿日元；中国香港为10万港元）
是否可提前支取	可以，但要损失一定利息	不可以
期限	•期限较长 •一般在1年以上	•短期为主 •多在1年以内，以3个月、6个月期限的最为典型
利率	固定	•既有固定利率，也有浮动利率 •一般比同期限的普通定期存单利率要高

对于可转让大额定期存单的发行主体——商业银行而言，可转让大额定期存单也不失为一种灵活有效的筹资工具。与传统筹资工具相比，可转让大额定期存单具有以下特点：

第一，通过发行可转让大额定期存单，商业银行便于实施主动负债管理。

根据商业银行对资金来源的控制力度，负债管理可分为主动负债管理和被动负债管理。当商业银行以发行普通存单作为主要资金来源时，其对负债的管理还停留在被动阶段，表现为融资的总额、期限、提前支取等因素均由存款人决定，银行只能被动接受，并以此决定资产结构。这使得商业银行无法根据市场情况制订投资计划，而只能被迫受制于现有负债结构。

而如果银行选择发行可转让大额定期存单作为资金来源，就可对负债进行主动管理。因为银行可以根据自身资产组合的需要决定拟发行的可转让大额定期存单的融资总额、期限结构、利率高低等。这时，资产组合的选择不再受制于已有的负债结构，而是银行根据期望的资产组合结构来主动构造负债结构，即资产结构决定负债结构，负债结构为资产结构服务。

第二，通过发行可转让大额定期存单方式增加负债可以调节商业银行的流动性。

可转让大额定期存单二级市场为包括商业银行在内的金融机构提供了调整流动性的重要场所。例如，当商业银行出现准备金不足的情况时，可以用可转让大额定期存单作为同业拆借资金的补充；商业银行也可以通过可转让大额定期存单二级市场卖出持有的可转让大额定期存单来融入资金等。

可以说，通过可转让大额定期存单的发行和交易，商业银行可以控制资金来源，达到合理利用资金及满足安全性、流动性和盈利性的需要。

3.2.5 短期政府债券市场

短期政府债券是一国政府部门为满足短期资金需求而发行的一种期限在1年以内的债务凭证，是政府承担责任的短期信用凭证，期限一般为3、6、9、12个月。在政府遇有资金困难时，可通过发行政府债券来筹集社会闲散资金，以弥补资金缺口。短期政府债券除了具有为财政筹措资金的作用外，更起着货币调控的重要功能，是中央银行货币政策操作的重要工具。

政府发行短期政府债券一般有三个目的。第一，筹集资金以弥补政府部门的短期财政赤字。当政府部门短期资金周转不开时，通过发行短期政府债券筹集资金维持预算收支平衡。第二，规避长期利率风险。在长期利率不稳定的环境下，发行长期债券会使政府承担较高的利率风险，此时选择发行短期政府债券可规避长期利率变动风险，待到长期利率稳定后再选择发行长期债券。第三，为中央银行实施公开市场操作提供调控工具。中央银行可借助短期政府债券的交易实现基础货币的吞吐，从而进行公开市场操作。

启智增慧3-1

国债影响力日益提升

1）短期国债的发行

短期国债一般采用拍卖方式发行，即短期国债的认购者将所要认购的数量、价格等提交中央银行，由财政部根据价格优先的原则予以分配。拍卖发行是一种市场化程度较高的发行方式，益处很多，如避免发行人与承销机构之间的讨价还价；有利于降低发行成本，减轻国家财政承担的利息负担；保证了券商的利益，提高了券商承销国债的积极性；有利于国债一级市场和二级市场收益率的衔接。

短期国债的发行价格一般采用贴现价格，即以低于票面金额的价格发行，短期国债的票面金额减去贴现利息作为发行价格，到期再按票面金额足值偿付。发售价格与票面金额之差额即为短期国债的利息。投标有两种形式：一种是竞争性投标，通常由银行、证券经纪商等大的机构投资者参与；另一种是非竞争性投标，适用于一些小规模的金融机构，它们无力或不愿意参与竞争性投标。

2）短期国债的特点

因为有政府信用作担保，短期国债几乎没有违约风险，同时因为期限短，有活跃的二级市场可供交易，短期国债流动性很强。具体来说，短期国债具有如下特点：

（1）高安全性

短期国债不存在违约风险，因为短期国债是由财政部发行、由政府作担保的债务凭证，政府具有最高的信誉和至高无上的地位，在任何情况下都可满足投资者兑付短期国债的需要。即使财力一时不允许，也可以通过增发货币的办法来满足，故短期国债的风险几乎为零，正因如此，短期国债又有了“金边债券”的美誉。短期国债也因而深受投资者欢迎，也是回购协议交易的重要对象，还可充当贷款的质押品。

（2）高度流动性

所谓流动性是指金融资产在市场上以较快的速度和较低的交易成本转换成现金的能力，并能在市场上承受较低的价格变动风险。由于短期国债的风险低、信誉高，工商企业、金融机构、个人都乐于将短期资金投资到短期国债上，并以此来调节自己的流动资产结构，为其创造了十分便利和发达的二级市场。在高度发达的货币市场上，短期国债可以即刻变现且交易成本低，短期国债市场价格风险小，同时转让变现时还可获得一定数量的利息。极高的安全性、组织完善、运行高效的市场赋予短期国债极强的流动性，其流动性仅次于现金。

（3）期限短

短期国债按期限分为3个月、6个月、9个月及1年短期国债，其中以3个月占绝大部分。

（4）面额小

如美国20世纪70年代以前短期国债最低面额为1 000美元，70年代以后提高到1万美元，但与其他短期证券相比，面额仍小得多，如大额可转让定期存单和商业票据的面额都至少是10万美元。目前我国短期国债最小面值为100元，远远低于其他货币市场工具的面额，这为中小投资者提供了投资渠道。

（5）税收优惠

政府为增强短期国债的吸引力，会给予投资者税收方面的优惠。在我国，短期国债收益豁免所得税。短期国债的免税优势取决于所享受的免税税率的高低和市场利率水平。与非免税短期证券相比，免税税率越高，市场利率水平越高，短期国债的吸引力就越大。

3）短期国债的投资者

短期国债的投资者包括众多的机构投资者、个人、中央银行、大型商业银行、证券承销商（自营商和经纪商）和地方政府等。大多数个人和其他投资者一般在流通市场上购买短期国债，通过银行或证券公司交纳手续费。

对于中央银行而言，短期国债是其进行公开市场操作的重要工具。由于短期国债市场的深度和广度，中央银行可以通过交易短期国债来影响货币市场利率，改变商业银行的信贷规模和变化速度，最终影响社会投资和信贷数量。对于商业银行和其他金融机构而言，短期国债容易销售、价格稳定的优点和随时变现的能力，使其成为流动储备的首选。对于外国政府来说，凭借高安全性和高流动性，短期国债可以作为外汇储备的首选工具，以准备随时变现来支付未来到期的外国债务。

经世济民3-4

超长期特别国债发行启动

2024年5月17日财政部网站发布公告，2024年超长期特别国债（一期）已完成招标工作。本期国债计划发行400亿元，实际发行面值金额400亿元。本期国债期限30年，经招标确定的票面利率为2.57%，2024年5月20日开始计息，招标结束后至5月20日进行分销，5月22日起上市交易。这标志着今年超长期特别国债首次发行顺利完成，全年的发行工作正式启动。

《政府工作报告》提出，从今年开始拟连续几年发行超长期特别国债，专项用于国家重大战略实施和重点领域安全能力建设，今年先发行1万亿元。根据财政部的安排，今年拟发行超长期特别国债的期限为20年、30年、50年，分为22次发行，首次发行时间为5月17日，11月中旬发行完毕，付息方式为按半年付息。

为什么要发行超长期特别国债？发行安排有哪些亮点？如何管好用好资金？记者进行了采访。

既可拉动当前投资和消费，又能筑牢长期高质量发展的基础

区别于一般国债，特别国债是指阶段性发行的具有特定用途的国债。《政府工作报告》提出，发行超长期特别国债是“为系统解决强国建设、民族复兴进程中一些重大项目建设的资金问题”。

超长期，主要是指发行期限。我国长期国债的期限一般在10年及以上。超长期债券有利于缓解中短期偿债压力。

广开首席产业研究院院长兼首席经济学家连平表示，超长期特别国债兼顾了短期和长期，既可拉动当前投资和消费，又能筑牢长期高质量发展的基础，同时也有利于地方财政休养生息，将带来多方面利好。

据介绍，超长期特别国债将重点聚焦加快实现高水平科技自立自强、推进城乡融合发展、促进区域协调发展、提升粮食和能源资源安全保障能力、推动人口高质量发展、全面推进美丽中国建设等方面的重点任务。

经全国人民代表大会审查批准，财政部已将2024年超长期特别国债收支纳入2024年预算。超长期特别国债是今年积极财政政策的重要内容，我国宏观政策“工具箱”更加丰富。

发行期限、节奏等亮点多

今年的超长期特别国债发行安排有许多亮点。发行期限较长，“能够为建设周期长、投资回报慢的重大项目和重大工程等提供充裕的超长期资金，还摊薄了国债的付息压力。”连平说。

发行节奏较为平缓。中央国债登记结算有限责任公司总监敖一帆表示，今年发行的超长期特别国债坚持采用市场化原则，面向国债承销团成员公开招标发行，有利于健全长端国债收益率曲线，促进国债市场长期可持续发展。5月至11月分22次发行，节奏平稳，有利于减轻对市场的冲击，维护债券市场平稳运行。

市场目前对稳定安全资产的需求较高。“发行超长期特别国债有利于平衡国债市场供需结构。今年以来，保险、理财、基金等非银行机构资金充裕，对超长期国债需求比较旺盛。超长期特别国债发行将有利于满足市场机构对于超长期债券的投资需要。”中国工商银行总行金融市场部总经理王海璐说，工行将充分发挥自身资金、渠道、人员、专业优势，积极做好超长期特别国债承销和投资工作。

项目跟着规划走、资金跟着项目走、监管跟着资金走

国债资金最终要投资到项目上，如何用好今年的1万亿元增量资金？配合超长期特别国债发行，国家发展改革委会同有关方面研究起草了支持国家重大战略和重点领域安全能力建设的行动方案，经过批准同意后即开始组织实施。

国家发展改革委副主任刘苏社介绍，坚持“项目跟着规划走、资金跟着项目走、监管跟着资金走”的原则，切实加强统筹协调，做好资金保障，优化投入方式，加大监管力度，特别是要尽快建设一批前期工作比较成熟、具备条件的项目。

“结合超长期特别国债资金实际，研究建立监管机制，加强对资金分配、下达和使用的全过程监管，确保规范、安全、高效使用。”财政部预算司司长王建凡说。

值得注意的是，今年发行的超长期特别国债是记账式国债，与普通投资者较为熟悉的储蓄国债在投资者群体、交易方式、流通性、付息方式等方面均存在显著差异。业内人士提醒，记账式国债价格会随着市场行情变化而波动，投资者要根据自身需求理性投资，切勿盲目投资。

资料来源：葛孟超，曲哲涵．今年超长期特别国债发行启动（政策解读）[N]．人民日报，2024-05-18.

3.2.6 欧洲美元市场

国际贸易的迅速发展进一步推动了经济全球化。资金的流动不再局限于一个国家或地区，而是为了追求高收益低风险的投资机会在全球快速流动。其中，资本市场的国际化旨在满足跨国投资的资金需求；而货币市场的国际化旨在满足进出口商品和其他营运活动的资金需求。欧洲美元，是指在美国以外的银行或拥有美国相关法律豁免权的美国银行设施开展的美元存贷业务。由于美国自20世纪50年代后期持续的贸易逆差，“欧洲美元”逐渐扩散到全世界。每年美国要花费大量美元用以购买石油、天然气等燃料，进口各种商品和劳务，进行全球性投资，用于居民境外旅游，以及为跨国企业提供贷款等，这些流出的美元转变为欧洲美元存款。

欧洲美元市场已经有近一个世纪的历史，它是一个由各国商业银行进行大规模的美元存款、放款和信贷的国际货币市场。欧洲美元市场的借款人主要是一些跨国公司、弥补国际收支逆差的政府以及为了发展本国经济的发展中国家等。

欧洲美元市场的存在对于促进世界经济的发展具有非常重要的作用。

第一，欧洲美元市场不受任何国家法令限制，免税，不缴纳法定存款准备金，流动性强。它主要作为银行间同业短期资金批发市场，参与者多为商业银行、各国央行及政府，主要借款人为跨国公司，这为银行和非银行间的流动性调整提供了一个真正的国际市场。当一个国家出现外贸收支赤字或者发生国际收支不平衡时，在欧洲美元市场上借贷便成为其摆脱困境的契机。

第二，欧洲美元市场还是国际资本的巨大“蓄水池”。欧洲美元市场的资本流动性极强，这一突出的特点使其成为储备国际游资的良好场所。当西方经济衰退时，经济增长缓慢，国际资本游离出生产领域，进入到欧洲美元市场。而当西方经济走出衰退，进入复苏阶段并开始回升时，投资大量增长，欧洲美元市场便成为国际资金的“源流”之一。

第三，欧洲美元市场为大量美元流向海外提供了一个便捷渠道，减轻了美元兑换黄金和其他货币的压力；同时也为平衡国际收支差额提供了有效途径，大大降低了国际贸易的成本。更重要的是，欧洲美元市场促进了各国经济政策方面的国际合作。

3.3 资本市场

资本市场指期限在1年以上的资金融通活动的总和，包括期限在1年以上的证券市场和1年期以上的银行信贷市场。融资期限长达1年以上，筹资者才能运用所筹集的资金进行投资性活动，譬如建造厂房、购置生产设备等形成固定资产、扩大生产能力，以长期收益为主要目的的活动。下面我们仅介绍两类基本的资本市场——股票市场和债券市场。

3.3.1 股票市场

1）股票

股票是投资者向股份有限公司投资入股提供资金的权益合同凭证，使投资者借以取得股息红利收益的一种有价证券。股份有限公司发行股票进行融资，所筹集的资金称为股本。

股票作为一种有价证券，代表了持有者对公司的所有权，并作为股份公司资本的构成部分，可以转让、买卖或作价抵押。股票持有者可以凭借其所持股份参加股东大会，按其出资比例享有公司重大事项的决策权，而且股东有权凭借其持有的股份要求利润分配，获得经济利益。股票的具体特征如下：

（1）风险性

收益和风险是相伴而行的，股票投资在带来高收益的同时也面临着巨大的风险，股票投资的本金具有不可返还性；股息收入依赖于公司的盈利状况和股利政策，存在着很大的不确定性；股票价格波动频繁，股票持有者取得资本利得也具有很大的不确定性。

（2）责权性

股票持有者具有参与股份公司盈利分配和承担有限责任的权利和义务。根据公司法的规定，股票的持有者就是股份有限公司的股东，股东对公司的经营管理有决策权，股东有权在股东大会上按其持股比例行使投票权，同时，股票持有者有权按其持股比例要求利润分配及资产分配。股票持有者在享有权利的同时也要按其持股比例对公司债务承担有限责任。

（3）流通性

股票可以在股票市场上随时买卖、转让，也可以作为抵押向银行贷款，股票因其较强的变现能力而被视作仅次于现金资产的强流动性资产。

（4）无期限性

投资者在购买股票后，就再不能向发行股票的公司退还股票索回资金，也没有到期还本的可能。在股份公司的存续期间，股票是一种无期限的法律凭证，它反映着股东与股份有限公司之间比较稳定的经济关系。

（5）投机性

股票的价格不仅受制于企业的经营状况，还受经济、政治、社会甚至人为等诸多因素的影响，处于不断变化的状态中。这给股票买卖的投机带来了可能性。

2）股票市场

股票市场是股票发行和流通的场所，也可以被分为一级市场和二级市场，其中一级市场也称为股票发行市场，二级市场也称为股票交易市场。股票的发行和流通作为资本社会化的一种具体形式，与现代股份制公司的发展有着密切的联系。

股票市场具有以下作用：

（1）筹资功能

筹集资金是股票市场的最为主要的功能之一。企业为了扩大生产经营有着巨额的资金需求，市场上的资金供给较为分散，股票市场的功能就是将社会储蓄有效转化为投资，将社会上分散的资金集中起来，满足企业大规模生产经营的巨额筹资需求。

（2）资源配置功能

资本运动分为虚拟资本运动和实物资本运动两种，两者既有区别又有紧密联系，股票市场就是通过资本运动为投资者和筹资者提供了灵活方便的投融资渠道，从而实现资源的优化配置并减少了资源流动的成本。一方面，股票市场的资金会自发地流向朝阳行业和经济效益较好的公司，投资者通过对不同股票的购买，使资本流动充分发挥优化资源配置的功能；另一方面，股票市场通过股票的发行可以调节生产资金在不同产业、部门和企业之间的分配，从而达到推进产业升级、调整产品结构、提高资金使用效率、优化资源配置的目的。

（3）信息传递功能

股票市场是获得信息的重要渠道，是一国经济的晴雨表，反映着政治、经济、金融的发展动态。投资者通过股票市场了解各个股票的行情和投资机会，结合股份公司公开信息的披露，分析行业情况及整个市场经济发展状况。

（4）宏观调控功能

股票市场以其特有的筹资、融资和导向的功能，将宏观经济运作中的各个部分有效地联结起来。公开市场操作是中央银行实施货币政策的重要手段之一，公开市场操作就是通过在证券市场上买卖有价证券来调节货币发行量进而实现宏观调控的目标。发达的股票市场则是实施公开市场操作这一货币政策工具的重要基础，股票市场的高效运行有利于中央银行充分掌握市场信息，准确进行目标确定和操作决策，有利于市场灵敏地对政策工具的实施做出反应，以达到对宏观经济的调控目的。

3）股票发行市场

股票发行市场又称“初级市场”和“一级市场”，股票发行市场是股票市场的重要组成部分，也是整个股票市场的基础环节。

首先，股票发行市场是一个无形市场，它没有具体的市场形式和固定的场所。

其次，股票发行市场体现了股票由发行主体流向投资者的市场关系，通过一种纵向市场关系将发行者和投资者联系起来。而股票流通市场则通过一种横向关系将同是股票投资者的买卖双方联系起来。

最后，从交易的结果来看，股票发行市场交易的结果是社会长期投资资金的增加，形成股票绝对数量的上升，越来越多的资金通过股票的发行被投入到生产经营或其他方面。股票流通市场交易的结果只是资金所有权和股票所有权的易位，社会长期投资资金的总数不会因此而增加，即这种交易是一种“零和游戏”。

股票发行市场是整个股票市场的基础环节，是股票交易市场运行的前提条件，只有股票发行市场和交易市场两者相互配合、相互协调、高效运转，才能形成一个具有生机活力且稳定发展的股票市场。

红色金融

邓小平亲自送出“新中国第一股”

1986年11月14日，北京人民大会堂，当邓小平将一张面额为人民币50元的上海飞乐音响公司股票赠予美国纽约证券交易所董事长约翰·凡尔霖后，俗称“小飞乐”的“新中国第一股”让世界为之轰动。

上海飞乐音响公司1984年11月18日开业，为了解决企业发展急需的资金问题，该公司委托中国工商银行上海分行证券部公开向社会发行股票10 000股，每股50元，这是我国改革开放后公开发行的第一只股票。

借改革东风探路“股份制”

20世纪80年代初，在党和国家改革开放政策的推动下，城市改革的浪潮已经开始涌动。

1984年，44岁的秦其斌被任命为上海飞乐电声总厂厂长。秦其斌，有知识、懂技术，又有管理经验，他不甘于仅仅为仪表系统的产品做配套，开始带领电声总厂开拓经营。当时，“音乐茶座”十分红火，他就大胆设想，提出本厂生产的扬声器除了给电视机做配套，还可以做成音响。

企业要发展，资金是关键。在这之前，秦其斌曾经参加过上海市长宁区工商联的一次集会，也结识了一些老工商业主，老工商业者集资入股办企业的事启发了他。情急之下，秦其斌提出了股份制的构想：企业拿出一元钱，再向企业内部职工集资一元钱，这样，既解决资金问题，又能把职工的利益和企业的命运捆绑在一起，可谓一举两得的好事。

然而，毕竟是在那个改革开放初期的特定年代，冲破计划经济藩篱的无形阻力确实不是一件容易的事。有人说，搞股份制，这不是要培养一批“食利阶层”吗？这不是蕴含着极大的政治风险吗？

“豆腐块”激起千层浪

当“小飞乐”公开向社会发行股票的时候，新闻界适时地助阵推了一把。《新民晚报》就此发了一篇仅百余字的“豆腐块”通讯文章。一石激起千层浪，“豆腐块”在社会上引起极大反响。不久，《新民晚报》的领导打电话给秦其斌：“老秦，报社天天电话不断，都是询问‘小飞乐’什么时候发行股票，怎么发行，怎么认购？为了报社信誉，你们无论如何要向社会公众发一点。”

相比之下，厂里职工对出资认购股份却有种种顾虑和质疑，这也迫使秦其斌更倾向于向社会公开发行。“小飞乐”最终把目光和希望投向了社会公众：50元一股，发行1万股。

1984年11月14日，经人民银行上海分行批准，由上海飞乐电声总厂、飞乐电声总厂三分厂、上海电子元件工业公司、工商银行上海市分行信托公司静安分部发起设立上海飞乐音响股份有限公司，向社会公众及职工发行股票。总股本1万股，每股面值50元，共筹集50万元股金，其中35%由法人认购，65%向社会公众公开发行。

这里还有一个小插曲：当时，大家都不知道股票是什么样子，负责承销“小飞乐”股票的上海工行信托静安营业部负责人黄贵鲜，找来了解放前南阳烟草公司的老股票作参照，请人设计出股票样张。

上海飞乐音响股份有限公司成为上海市第一家股份制企业，这次发行的股票，没有期限限制，不能退股，可以流通转让，可以说这是我国改革开放新时期第一张真正意义上的股票，人们亲切地称其为“小飞乐”。

发行股票的那天，许许多多的热心人早早来排队购买股票，队伍排成了一眼望不到头的长龙，人头攒动，人心沸腾，盛况空前。

第一次分红引发争论

“小飞乐”召开成立大会之前，必须走一道必不可少的关键程序——去工商部门注册登记，孰料，又遭遇了意想不到的麻烦。

工商局工作人员用疑惑的口气问道：“你们是什么所有制的？”

秦其斌回答说：“我们是股份制的。”

工商局工作人员说：“股份制？所有制中没有股份制！”

当时工商部门登记的表格上只有三种选择：国营、集体和私营。

秦其斌想，我们肯定不是国营的，也不是私营的，那就登记“集体”的吧。最后，他拿起笔来选择了“集体”这一隶属关系，解决了这一尴尬难题。但谁也没想到的是，集体所有制后来引发了“小飞乐”第一次分红是否为私分国有财产的争论。

1986年初，“小飞乐”第一次分红。经股东大会一致同意，每股分红35元，而后，股东自己出15元，配售1股，分红和扩股结合起来操作。

刚刚完成了分红扩股，税务局稽查大队来查账审核，稽查大队毫不客气地说：“你们这是私分国有财产！”

秦其斌据理力争：“我们不是国营的。”

“集体的也是国家的！”稽查大队认为公积金、公益金是不能私分到个人的。于是，秦其斌只好写检讨罚款。

无论如何，秦其斌还是让“小飞乐”按照股份制的形态运作起来了，其历史性的价值不言而喻。

邓小平赠送外宾“小飞乐”

1986年11月14日，邓小平在人民大会堂会见美国纽约证券交易所董事长约翰·凡尔霖率领的美国证券代表团。凡尔霖给邓小平带来了两件特殊的礼物——美国证券交易所的证券样本和一枚可以自由通行纽约证券交易所的徽章。

邓小平不仅高兴地收下了他的礼品，而且还将一张面额为人民币50元的上海飞乐音响公司股票——新中国发行的第一张股票回赠给凡尔霖。这张“小飞乐”股票成为第一张被外国人拥有的股票，凡尔霖先生成为中国上市公司第一位外国股东。

这一非凡举止，即刻引起了国内外新闻舆论的极大兴趣。《朝日新闻》发表整版评论，声称中国企业将全面推行股份制，中国经济终将走向市场化。其实，邓小平赠送的不过是一张面值50元人民币的股票，然而，对于凡尔霖来说，这是一件无价之宝。于是，他当即改变行程，直奔上海西康路101号，找到中国第一家证券交易所的创办人黄贵显，亲自办理了股票转让手续。

在浩浩荡荡的中国“股海”中，“小飞乐”也许只是毫不起眼的一叶扁舟，然而，作为“新中国第一股”，它将永远记载在中国金融、经济发展的史册上。

资料来源：上观新闻．50元面值的股票被当作国礼相赠，“中国第一股”这样诞生［EB/OL］．［2024-07-01］．https：//www.shobserver.com/news/detail？id=114377.

经世济民3-5

股票市场全面注册制启动

2023年2月1日，中国证监会就全面实行股票发行注册制涉及的《首次公开发行股票注册管理办法》等主要制度规则草案公开征求意见。这标志着，经过4年的试点后，股票发行注册制将正式在全市场推开，向着“打造一个规范、透明、开放、有活力、有韧性的资本市场”的总目标加速迈进。

沪深主板成为重点

2018年，上海证券交易所设立科创板并试点注册制；2019年，首批科创板公司上市交易；2020年，深圳证券交易所创业板改革并试点注册制正式落地；2021年，北京证券交易所揭牌开市并同步试点注册制……如今，改革的重中之重是上交所、深交所主板。

“总的看，试点注册制是符合中国国情的，是成功的，主要制度安排经受住了市场检验，给市场各方带来了实实在在的获得感，向全市场推广水到渠成。”证监会有关部门负责人说，试点注册制的主要成效包括探索形成了符合我国国情的注册制架构，提升了对科技创新的服务功能，推进了交易、退市等关键制度创新，优化了多层次市场体系，完善了法治保障。

2月1日，全面实行股票发行注册制改革正式启动，将进一步完善资本市场基础制度，主要包括完善发行承销制度，约束非理性定价；改进交易制度，优化融资融券和转融通机制；完善上市公司独立董事制度；健全常态化退市机制，畅通多元退出渠道；加快投资端改革，引入更多中长期资金。

“经过30多年的改革发展，我国证券交易所市场由单一板块逐步向多层次拓展，错位发展、功能互补的市场格局基本形成。基于这一实际，改革后主板要突出大盘蓝筹特色，重点支持业务模式成熟、经营业绩稳定、规模较大、具有行业代表性的优质企业。相应地，设置多元包容的上市条件，并与科创板、创业板拉开距离。主板改革后，多层次资本市场体系将更加清晰，基本覆盖不同行业、不同类型、不同成长阶段的企业。”证监会表示。

不会放松质量要求

审核注册机制是注册制改革的重点内容。此次改革进一步明晰了交易所和证监会的职责分工，提高了审核注册的效率和可预期性。

证监会表示，注册制改革的本质是把选择权交给市场，强化市场约束和法治约束。说到底，是对政府与市场关系的调整。与核准制相比，不仅涉及审核主体的变化，更重要的是充分贯彻以信息披露为核心的理念，发行上市全过程更加规范、透明、可预期。

“实行注册制，绝不意味着放松质量要求，审核把关更加严格。”证监会表示，将综合运用多要素校验、现场督导、现场检查、投诉举报核查、监管执法等多种方式，压实发行人的信息披露第一责任、中介机构的“看门人”责任。同时，坚持开门搞审核，审核注册的标准、程序、内容、过程、结果全部向社会公开，公权力运行全程透明、严格制衡，接受社会监督。

具体来看，在前端，坚守板块定位，压实发行人、中介机构、交易所等各层面责任，严格审核，严把上市公司质量关；在中端，加强发行监管与上市公司持续监管的联动，规范上市公司治理；在后端，保持“零容忍”执法高压态势。

“坚持‘申报即担责’的原则，发现发行人存在重大违法违规嫌疑的，及时采取立案稽查、中止审核注册、暂缓发行上市、撤销发行注册等措施。”证监会有关部门负责人说，将严厉打击欺诈发行、财务造假等严重违法行为，形成强有力震慑。

营造良好市场生态

注册制改革是一场涉及监管理念、监管体制、监管方式的深刻变革。

上交所相关负责人表示，上交所主板市场经过多年的发展，已经聚集了一大批事关国计民生的骨干企业和行业龙头企业，市场对主板也形成了比较充分的认知。改革后，主板与其他板块相互衔接，并做了相应过渡安排，不会对主板在审企业和拟申报企业造成实质影响。上交所将继续坚持沪市主板定位，推动大盘蓝筹企业、行业龙头企业到主板上市，发挥好国民经济“晴雨表”功能。同时，坚持以信息披露为核心，扎实做好在审企业审核工作衔接安排与新申报企业受理审核工作，为改革把好“入口关”。

深交所新闻发言人说，深市主板自成立以来，坚持服务实体经济的根本宗旨，支持上市公司利用资本市场做优做强，涌现出一批影响力大、创新力优、竞争力强的蓝筹企业和细分行业冠军。深交所将优化主板定位，坚守创业板特色，着力提升资本市场服务实体经济能力。在这一过程中，强化对控股股东、实际控制人、董事、监事、高级管理人员等“关键少数”的监管，明确相关主体组织、指使发行人从事相关违法违规行为，以及未有效配合尽职调查的纪律处分和监管措施。

证监会表示，放管结合是注册制改革的题中应有之义，接下来将在“放”的同时加大“管”的力度，督促各市场主体归位尽职，营造良好市场生态。还将建立健全监督制约机制，加强行业廉洁从业监管。

资料来源：王俊岭．中国资本市场基础制度进一步完善（锐财经）[N]．人民日报海外版，2023-02-03.

4）股票流通市场

股票流通市场又称二级市场，是股票发行后进行交易的市场，投资者可以根据自己的投资计划和市场行情在二级市场上买卖股票，实现资金所有权与股票所有权的转换。股票发行市场和股票流通市场是整个股票市场正常运行的两个车轮，二者缺一不可，活跃的流通市场是股票发行市场高效运行的保证和强大推动力。股票的流通市场可以分为场内交易市场即交易所市场和场外交易市场。

在我国，股票流通市场主要分为主板市场、创业板市场、新三板市场以及科创板市场。

主板市场对发行人的营业期限、股本大小、盈利水平、最低市值等方面的要求标准较高，上市门槛高，多为资本规模大、盈利模式稳定的大型企业。主板市场是资本市场中最重要的组成部分，很大程度上能够反映经济发展状况，有“国民经济晴雨表”之称。中国内地主板市场主要包括上交所和深交所两个市场。

创业板又称二板市场，即第二股票交易市场，是与主板市场不同的一类证券市场，专为暂时无法在主板上市的创业型企业、中小企业和高科技产业企业等需要进行融资和发展的企业提供融资途径和成长空间的证券交易市场。创业板是对主板市场的重要补充，在资本市场占有重要的位置。

与主板市场相比，创业板市场最大的特点就是准入门槛较低，有助于成长性的中小企业获得融资机会。在创业板市场上市的公司大多从事高科技业务，具有较高的成长性，但往往成立时间较短、规模较小，业绩也不突出，但有很大的成长空间。可以说，创业板是一个门槛低、风险大、监管严格的股票市场，也是一个孵化科技型、成长型企业的摇篮。主板市场和创业板市场既相互区别又相互联系，是多层次资本市场的重要组成部分。

三板市场起源于2001年“股权代办转让系统”，最早承接两网公司和退市公司，称为“老三板”。2006年，中关村科技园区非上市股份公司进入代办转让系统进行股份报价转让，称为“新三板”。全国中小企业股份转让系统即全国股份转让系统是经国务院批准，依据证券法设立的全国性证券交易场所，2012年9月正式注册成立，是继上海证券交易所、深圳证券交易所之后第三家全国性证券交易场所。在场所性质和法律定位上，全国股份转让系统与证券交易所是相同的，都是多层次资本市场体系的重要组成部分。

科创板成立于2018年11月5日，是独立于现有主板市场的新设板块，并在该板块内进行注册制试点。设立科创板并试点注册制是提升服务科技创新企业能力、增强市场包容性、强化市场功能的一项资本市场重大改革举措。2019年1月30日，中国证监会发布《关于在上海证券交易所设立科创板并试点注册制的实施意见》。6月13日，科创板正式开板。华兴源创抢得科创板第一股，6月27日进行网上申购。7月22日，科创板开市。

3.3.2　债券市场

1）债券

债券是政府、金融机构、工商企业等机构直接向社会借债筹措资金时，向投资者发行，并且承诺按一定的利率支付利息并按约定条件偿还本金的债权债务凭证。债券的本质是债权债务证明书，具有法律效力。债券购买者与发行者之间是一种债权债务关系，债券发行人为债务人，投资者（或债券持有人）为债权人。债券和票据都体现为一种债权债务关系，但票据更多地应用于短期融资，并且由于可以贴现而更近乎一种支付工具。而债券分为短、中、长期三类，并且中长期债券占比很大，是一种主要的资本市场工具。

债券具有以下特征：

（1）偿还性

由于债券表明了债权人与发行人之间的借贷关系，这一性质就决定了债券必须是有期限的。债券在发行前必须明确其还本付息日期，并在到期日按约定条件偿还本金并支付利息。

（2）流通性

虽然债券到期时才偿还本金，但在到期之前，债券一般都可以在流通市场上自由转让，具有很强的流动性。而这种流动性受所在债券市场的发达程度、债券发行人的信用情况、债券期限的长短以及利息支付方式等因素的影响。

（3）安全性

与股票融资相比，债券通常规定有固定的利率，与企业绩效没有直接联系，收益比较稳定，风险较小。此外，在企业破产时，债券持有者享有优先于股票持有者对企业剩余资产的索取权。

（4）收益性

债券的收益性主要表现在两个方面：一是投资债券可以给投资者定期或不定期地带来利息收入；二是投资者可以利用债券价格的变动，买卖债券赚取差额收益。

2）债券市场

（1）债券发行市场

债券的发行市场又称债券的一级市场或初级市场，是指发行人向投资者出售债券的市场。通过发行债券，增加债券数量，为筹资者和投资者提供了资金流通的场所。债券的发行方式分为直接发行和间接发行两种。直接发行就是债券发行人直接向投资者出售债券，而不需要中介机构进行承销。间接发行是指发行人不直接向投资者推销，而是委托中介机构进行承销。

经世济民 3-6

企业债发行市场化特征凸显

2024年5月6日，龙游县国有资产经营有限公司2024年面向专业投资者公开发行的企业债券——“24龙游债”正式发行上市。截至目前，年内企业债发行数量已达47只，发行总额达352.62亿元。与此同时，年内还有逾200单企业债发行项目陆续刷新“进度条”。

记者梳理年内企业债发行和审核情况后发现，年内企业债发行市场化特征凸显的同时，结构正呈现出城投债占比有所下降、高评级发行主体占比有所提高以及创新品种发行保持较高水平等主要特征；审核方面，募投合理性愈发成为监管聚焦点。

中证鹏元研究发展部资深研究员史晓姗在接受《证券日报》记者采访时表示，企业债在审批权划转后，依然保留“资金跟着项目走”特质，既明确了其定位是重点支持国家支持领域的项目建设，又加强了资金存续期管理。当前，地方政府债务风险化解工作仍在推进中，城投公司的融资行为仍待规范，对于募集资金的管理呈现加强趋势也在情理之中。长期来看，只要企业债定位不变，“资金跟着项目走”仍将维持。

企业债发行愈加市场化

2023年3月份，根据国务院机构改革方案，以往的国家发展改革委对企业债券的发行审核职能，转变为由证监会统一负责。同年10月份，沪深北交易所正式启动企业债受理审核等工作。

从年内发行情况来看，截至2024年5月6日，年内共有47只企业债顺利完成簿记发行，发行总额达352.62亿元，平均每只债券募集资金7.50亿元。其中，单只发行额最高的为中国电力建设股份有限公司公开发行的“24电建债01”、南京扬子国资投资集团有限责任公司发行的“24扬子国投债01”和江西省交通投资集团有限责任公司发行的“24赣交债02”项目，发行额均为20亿元。

在企业债审核权划转后，债券发行愈加市场化，整体发行期限有所缩短。Wind数据统计显示，上述47只债券中，发行期限低于5年期（含5年期）的有11只，占比23.40%，相较于上年同期的16.44%，上升6.96个百分点。

“企业债整体的发行期限有所缩短是市场化的重要表现之一。”业内人士表示，证监会管辖的企业（公司）债通常是市场化发行，募资用途也是用于公司自身经营、发展相关的事项，而此前企业债更强调募投项目本身，与地方项目强挂钩。

从发行结构上来看，企业债创新品种占比依然保持较高水平。据悉，企业债分为一般债券和专项债券，其中专项债券包括项目收益债券、绿色债券、城市地下综合管廊建设专项债券、战略性新兴产业专项债券、城市停车场建设专项债券、棚户改造项目专项债券等创新品种。数据显示，年内绿色、小微、双创、农村产业融合、养老产业等专项企业债发行数量已达12只，占比为25.53%。

东方金诚研究发展部高级分析师于丽峰对《证券日报》记者表示，据不完全统计，发行审核职责划转后，支持绿色、小微、双创、农村产业融合、养老产业、创业投资基金等领域的企业债发行数量和规模占比较发行审核职责划转前明显提升，凸显了企业债支持国家重大战略、重大项目建设的特点。

Wind数据统计显示，截至5月6日，除了年内已发行上市的47只产品外，还有211单企业债发行项目更新进展，涉及发行总额达3 657.82亿元。

资料来源：田鹏. 年内企业债发行市场化特征凸显 5年期及以下占比同比上升6.96个百分点[EB/OL].[2024-05-07]. https://www.stcn.com/article/detail/1197278.html.

（2）债券流通市场

债券流通市场又称二级市场或次级市场，是指已发行债券买卖、转让、流通的场所。与债券发行市场相比，债券的流通市场仅发生债券债权的转移，并不创造新的实际资产或金融资产，也不代表社会总资本存量的增加。债券流通市场主要是由证券交易所和柜台交易市场两部分组成。

3）债券市场功能

债券市场在融通社会资金、促进储蓄转向投资、支持经济的高速增长等方面发挥着重要的作用。

（1）融资功能

债券市场作为金融市场的一个重要组成部分，是政府、企业、金融机构及公共团体筹集资金的重要渠道。政府在出现财政赤字和需要扩大公共开支的情况下，通过发行国债可以在不引发通货膨胀的情况下，弥补财政赤字或进行公共建设。而企业通过发行债券这种直接融资的方式，可以避免从银行取得贷款时受到贷款条件、贷款额度等诸多的限制，成为企业筹措长期稳定资金的重要渠道。

（2）投资功能

债券作为一种投资对象或金融资产，与银行存款相比，更能体现盈利性与流动性的统一。作为一种长期性投资，认购或持有债券，可以获得较多的利息收益，又因为二级市场的存在，可以在到期前急需现金时出售变现。因此，债券市场吸引了众多机构投资者和个人投资者，成为将储蓄转化为投资的重要渠道。

（3）优化资源配置

资金的趋利性使得市场上收益较高、风险较小的债券受到大家的追捧，债券的发行成本就会较低；相反，效益差的企业发行的债券风险相对较大，受投资者欢迎的程度较低，筹资成本较大。因此，通过债券市场，资金得以向优势企业集中，客观上促进了资金及资源的优化配置。

（4）宏观调控功能

一国中央银行作为国家货币政策的制定与实施部门，主要依靠存款准备金、公开市场业务、再贴现和利率等政策工具进行宏观经济调控。其中，公开市场业务就是中央银行通过在证券市场上买卖国债等有价证券，调节货币供应量，实现宏观调控的重要手段。

4）债券市场的分类

债券有多种划分方式，主要包括：①按债券的发行主体不同，可以划分为政府债券、企业债券和金融债券；②按利息支付方式可以分为附息债券和贴息债券；③按有无担保可以分为信用债券和担保债券；④按筹集资金的方法可以分为公募债券和私募债券等。

3.4 金融衍生市场

3.4.1 远期市场

1）远期合约的定义

远期合约是一种最为简单的衍生金融工具。它是指双方约定在未来的某一个确定时间，按照某一确定的价格买卖一定数量的某种资产的协议。它是商品经济发展的产物，是生产者和经营者在商品经济实践中创造出来的一种规避或减少交易风险、保护自身利益的商品交换形式。

2）远期合约的优缺点

远期合约最主要的优点在于它是由交易双方通过谈判后签署的非标准化合约，因此合约中的交割地点、交割时间、交割价格，以及合约的规模、标的物的品质等细节都可由双方协商决定，具有很大的灵活性，可以尽可能地满足双方的需要。

远期合约也有明显的缺点：首先，远期合约不在交易所内交易，没有固定集中的交易场所，不利于信息的交流和传递，从而不利于形成统一的市场价格，市场效率较低。其次，由于合约的具体条款都由交易双方协商决定，因此每份远期合约千差万别，给远期合约的流通造成了较大的不便，流动性较差。再次，远期合约到期时必须履行实物交割的义务，而无法在到期前通过反向对冲等手段来解除合约义务。最后，远期合约的违约风险较高，当价格变动对一方有利时，对方有可能无力或无诚意履行合约。

3）远期利率协议

远期利率协议（FRAs）是一种利率的远期合约，买卖双方商定将来一定时间的协议利率并规定以何种利率为参照利率，在将来的清算日，按照规定的期限和本金额，由一方或另一方支付协议利率和参照利率利息差额的贴现金额。它和其他商品的远期合约一样，是为了避免将来实际收付时价格变动的风险而设计的。远期利率协议中，交易一方是为了避免利率上升的风险，另外一方是为了防范利率下跌的风险。

4）远期外汇合约

远期外汇合约是指交易双方在未来某一时间按约定的远期汇率买卖一定金额的某种外汇的合约。在签订合约时，除了有时要交保证金外，不发生任何资金的转移。在交割时，名义本金并不交割，而只交割合约中规定的远期汇率与当时的即期汇率之间的差额。

远期外汇买卖是国际上最常用的一种避免外汇风险、固定外汇成本的方法。现实生活中，无论是在进行对外贸易结算、海外投资、外汇借贷等时都会涉及外汇保值的问题，通过远期外汇买卖业务，可事先将某一项目的外汇成本固定，或锁定远期外汇收付的换汇成本，从而达到保值的目的。

5）远期股票合约

远期股票合约是指在将来某一特定日期按特定价格交付一定数量单只股票或一揽子股票的协议。其主要目的是规避股票的价格风险，锁定股票购买成本。但应注意，远期股票合约有时也可能给交易的一方带来巨大的损失。

3.4.2　期货市场

1）期货合约

期货合约是一种标准化合约，是买卖双方分别向对方承诺在合约规定的未来某时间按约定价格买进或卖出一定数量某种资产的书面协议。

期货合约与远期合约尽管存在许多相似之处，但也存在重大差别，见表3-4。

表3-4　期货合约与远期合约特征比较

差别	远期	期货
交易场所	场外交易	交易所内交易
标准化程度	所有事项都要由交易双方协商确定，谈判复杂，但适应性强	标准化合约，除了价格，合约的品种、规格、质量、交货地点、结算方式等内容都有统一规定

续表

差别	远期	期货
违约风险	无价格风险，它的风险来自信用风险	不存在信用风险，而只有价格变动的风险
价格确定方式	交易双方直接谈判确定	交易所中公开竞价决定
合约双方关系	违约风险主要取决对方的信用度，签约前必须对对方的实力和信誉作充分了解	期货合约的履约完全不取决于对方而只取决于交易所或清算公司
结算方式	远期合约如要中途取消，必须双方同意，任何单方面意愿是无法取消合约的，其实物交割比例较高	期货合约具备对冲机制，履约回旋余地较大，实物交割比例极低
保证金制度	不是标准化，存在信用风险，保证金或称定金是否要付，付多少，也都由交易双方确定，无统一性	交易双方按规定比例交纳保证金

2）期货市场的功能

（1）价格发现功能

现货市场价格与期货市场价格之间是相互制约的，基差基本上受制于边际持仓成本，在临近交割期时，两个市场价格之间的差异逐步缩小，价格趋于一致。这种价格关系基本上反映了人们对各种影响市场因素的预期以及现阶段和未来现货市场的供求关系，因此，期货市场具有很强的发现价格功能。

（2）套期保值功能

通过在期货和现货两个市场进行方向相反的交易，从而在期货市场和现货市场之间建立一种盈亏冲抵机制，以一个市场的盈利弥补另一个市场的亏损，达到锁定成本、稳定收益的目的。

（3）减小宏观经济波动功能

期货市场为社会提供了公开、权威的价格信息。作为一个完全开放的自由竞争市场，期货市场克服了现货市场价格对未来供求关系和价格变动的预测能力差的缺点，形成公开的、权威的价格。期货市场反映的信息调整了宏观经济的运行，促进社会资源的充分利用，促进社会生产持续健康发展。

（4）提高一国经济开放程度功能

期货业对国际贸易、国际金融、国际经济信息传播都有着重大而深远的影响。由于期货业对市场价格的重要影响以及其价格避险机制，全球期货市场迅速发展。随着全球经济国际化程度越来越高，市场行为主体利用期货市场规避生产经营性风险的需求也越来越强烈。企业的国际化经营以及受世界经济不断融合的影响，迫切要求积极参与国际期货交易。同时，期货市场吸引全球的投资资本，促进了一国资本账户的流动，促进了与国外的经济联系。

3）利率期货

利率期货是指以国债为主，各种金融凭证为标的物的标准化期货合约。由于债券的实际价格与利率水平的高低密切相关，因此称为利率期货。

利率期货最早产生于美国。由于美国政府自20世纪70年代起实行利率自由化政策，受货币供求关系的影响，利率的变动十分剧烈，随着债券流动量的增加，价格波动大，利率风险对冲需求日益增长。利率期货作为一种套期保值的工具，可以分散利率变动而产生的风险，从而达到保值的目的。

4）外汇期货

外汇期货是交易双方约定在未来某一时间，依据现在约定的比例，以一种货币交换另一种货币的标准化合约的交易。外汇期货是以汇率为标的物的期货合约，用来规避汇率风险。

外汇期货发源于美国，是随着布雷顿森林体系崩溃，浮动汇率制度逐步建立而产生的避险衍生工具。1972年，CME（芝加哥商品交易所）设立国际货币市场分部，上市了美元兑七大主流货币期货，标志着外汇期货市场的成功建立。

5）股指期货

股票指数期货是指以股票价格指数作为标的物的金融期货合约。在具体交易时，股票指数期货合约的价值是用指数的点数乘以事先规定的单位金额来加以计算的，如标准·普尔指数规定每点代表500美元，香港恒生指数每点为50港元等。股票指数合约交易一般以3月、6月、9月、12月为循环月份，也有全年各月都进行交易的，通常以最后交易日的收盘指数为准进行结算。

股票指数期货是金融期货中产生较晚的一个类别。20世纪70年代，西方各国受到“石油危机”的影响，经济动荡加剧，通货膨胀日趋严重，利率波动剧烈，与利率有关的债务凭证纷纷进入期货市场。特别是1981年里根政府以治理通货膨胀作为美国经济的首要目标，实行强硬的紧缩政策，大幅提高利率，导致美国及其他西方国家的股市受到沉重打击，股票的市场价格大幅波动，股市风险日益突出。股票投资者迫切需要一种能够有效规避风险、实现资产保值的手段。股票指数期货正是在这一背景下应运而生的。

3.4.3 期权市场

1）期权的定义

期权交易的雏形早在古希腊和古罗马时期就已出现，17世纪30年代荷兰的“郁金香事件”是人类历史上最早的期权交易，到18和19世纪，美国和欧洲的农产品期权交易已经相当流行，及至19世纪，期权交易以股票期权的诞生为标志，开始被引入金融市场。1973年CBOE（芝加哥期权交易所）建立后，标准化的期权合约开始出现，同时也标志着金融期权场内交易的开始。从此以后，期权开始蓬勃发展，包括商品期权和金融期权在内的各类期权层出不穷，期权市场具有极大的发展潜力。

期权种类繁多，依据不同的分类标准，可以分为不同的种类，主要包括以下几种：

① 根据期权赋予权利的不同，可将期权分类为看涨期权、看跌期权和双向期权。看涨期权的持有者可以在未来一定时间内以约定的价格买入一定数量的标的资产；看跌期权则拥有以约定价格卖出一定标的资产的权利；双向期权既能买入标的资产也可

以卖出标的资产。

② 根据交易场所不同，期权可分类为交易所交易期权和场外期权。交易所交易期权主要是指在规定的有组织的场所进行交易的期权，这些场所可以是期货交易所，也可以是证券交易所；场外期权则是指在非规定地区分散地进行交易的期权，主要形式是柜台交易。

③ 根据期权可执行时间不同，期权可分类为欧式期权、美式期权。欧式期权只能在期权的到期日方可行权；美式期权在期权的整个有效期内都可以进行行权。

④ 根据标的资产的不同，期权可分类为商品期权和金融期权。商品期权是指以农产品等大宗商品作为标的资产进行交易的期权；金融期权则是以股票、利率等作为标的资产进行交易的期权。

⑤ 根据内在价值的不同，期权可分类为实值期权、虚值期权和平价期权。对于看涨期权，当标的资产的市场价格高于期权的行权价格时，该期权是实值期权；当标的资产市场价格低于期权的行权价格时，该期权是虚值期权；两者相等时，该期权为平价期权。对于看跌期权则相反。

2）期权与期货的区别

① 标准化程度不同。期货合约都是标准化合约，因为它只能在交易所进行交易，期权合约则不同，它既能在交易所进行交易，也可以在场外进行交易，而在场外进行交易的期权大部分是非标准化的。

② 权利与义务不同。期货合约的买卖双方都被赋予了相应的权利和义务，在到期日，期货合约必须进行现货交割或进行对冲，权利和义务对等；期权合约则是权利与义务不对称，期权合约的买方由于支付了期权费，所以在期权到期时具有决定是否行权的权利，而不具有必须行权的义务；与之相对，期权合约的卖方只有行权的义务，即只能被动地接受期权合约的执行。

③ 盈亏风险不同。期货合约买卖双方的盈亏是相对应的，买方的盈利可能是无限的，最大的亏损则是标的资产市场价格为零，而卖方的盈利是有限的，亏损则可能是无限的；期权合约则不同，无论是看涨期权还是看跌期权，其买方最大亏损就是期权费，卖方的最大盈利也是期权费，而看涨期权买方的盈利可能是无限的，其卖方的亏损也可能是无限的；对于看跌期权，其买方的最大盈利是标的资产价格降为零，卖方的最大亏损是标的资产价格降为零。

④ 保证金不同。期货合约由于其到期的强制执行，所以买卖双方都需要缴纳保证金；而期权合约的买方只有权利而没有必须履约的义务，其最大亏损即为期权费，所以不需要缴纳保证金，期权合约的卖方则需要缴纳保证金，并且始终维持其保证金水平。

3）期权的功能

（1）套期保值

期权的套期保值功能是指现货的持有者或是即将购买现货的投资者，可以通过支付期权费来购买看涨期权或是看跌期权来固定未来某段时间内资产的交易价格，以此来避免资产价格波动的风险，实现资产的保值。这是基于期权合约在未来交易的特性来实现的，又因为期权权利义务不对称的特点，利用期权进行套期交易风险极低，最大的潜在损失就是期权费。

（2）投机套利

期权投机套利的功能与套期保值最主要的差别是投资者是否在现货市场进行交易。投机套利功能主要通过单独在期权市场上进行交易来实现，不涉及现货市场，投机者根据其对市场的判断进行低买高卖，以此获得差价收益。

本章小结

金融市场是指资金供求双方进行资金融通和金融资产交换的场所。

资金供求双方在金融市场进行资金融通交易的媒介即为金融交易工具。金融工具是指在金融活动中产生的，能够证明交易金额、期限、价格的合法凭证，是一种具有法律效力的契约。

金融市场可分为货币市场和资本市场、现货市场和衍生市场、一级市场和二级市场、公开市场和协议市场。

金融市场具有储蓄、财富、流动性、信用、支付、风险、政策等功能。

货币市场，又称短期信贷市场，是进行短期资金融通的市场，其交易工具是1年及1年以内的票据和有价证券。它包括同业拆借市场、商业票据市场、银行承兑汇票市场、可转让大额定期存单市场、短期政府债券市场、欧洲美元市场。

资本市场指期限在1年以上的资金融通活动的总和，包括期限在1年以上的证券市场和1年期以上的银行信贷市场。它包括股票市场和债券市场。

关键概念

金融市场　金融工具　货币市场　资本市场　同业拆借市场　商业票据市场　银行承兑汇票市场　可转让大额定期存单市场　短期政府债券市场　欧洲美元市场　股票市场　债券市场

综合训练

1. 什么是金融市场？它与产品市场和要素市场是什么关系？
2. 货币市场的主要参与者是谁？它包括哪些子市场？
3. 如何区分远期和期货产品？
4. 股票融资和债券融资的区别有哪些？
5. 请简单分析金融市场的功能。

即测即评3

综合训练参考答案3

第4章

信用与利率机制

牢记嘱托

货币政策要保持稳健中性。要适应货币供应方式新变化，调节好货币闸门，保持货币信贷适度增长，合理引导利率水平，努力畅通货币政策传导渠道和机制，维护流动性基本稳定，防止货币供应过于宽松而产生的加杠杆效应和放大资产泡沫。

——习近平2016年12月14日在中央经济工作会议上的讲话

目标引领

价值塑造

理解利率市场化对国家的重要意义。

知识传授

理解信用的本质、信用制度；掌握利率的定义、计算，以及利率决定因素的相关理论。

能力培养

能够对不同形式的信用进行区分；对各种信用工具进行识别；掌握各种利率计量方式。

思维导图

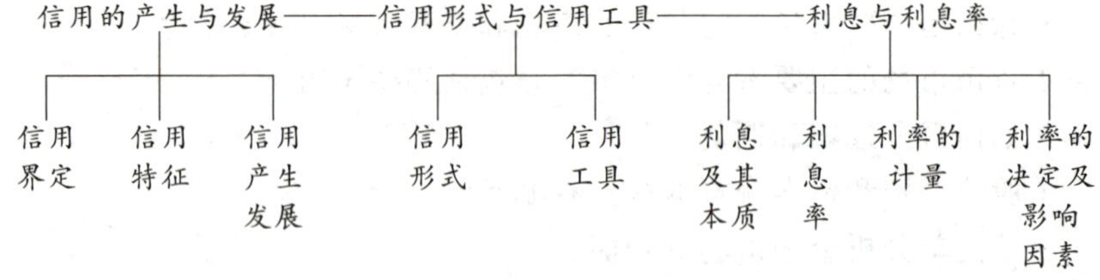

现实问题 相关政策 国家战略

利率市场化

开篇导读

利率是经济体系中的一个核心概念，它影响着个人、企业和整个国家的经济状况。作为货币的时间价值的体现，利率扮演着引导资源配置、影响消费和投资决策的重要角色。从个人储蓄账户到全球债券市场，利率的波动和变化影响着人们的日常生活和经济活动。

利率的历史可以追溯到古代文明时期。

古代文明中，古希腊和古罗马已存在一些形式的借贷和利率。一些银行家和放贷人通过向借款人提供资金来获取利息。中世纪时期，教会对收取利息持有负面看法，这导致了对高利率的道德谴责。但在商业和贸易活动中，一些放贷行为仍然存在。文艺复兴时期，商业和金融活动的增加使得对利息的需求更加迫切。这一时期银行业的兴起促成了更为复杂的借贷和金融安排。17世纪至18世纪，欧洲各国的金融体系逐渐发展，央行的兴起成为调整利率和货币供应的工具。利率开始在借款合同中变得更加规范化。19世纪，工业革命和商业扩张使得对资本的需求急剧增加，银行和金融机构的角色进一步强化。国家央行的建立进一步影响了货币政策和利率的管理。20世纪初，许多国家采用了金本位制度，将货币与黄金挂钩。两次世界大战期间，为支持战争经济，许多国家实施了控制利率的政策。在20世纪下半叶，多数国家逐渐放弃金本位制度，货币政策和利率管理更多地转向了央行的货币政策工具。进入21世纪，全球范围内的利率政策受到全球金融危机和经济衰退的影响，许多央行采取了一系列宽松货币政策来刺激经济。数字化金融和全球化使得国际金融市场更加复杂，影响着利率的形成和传导。

在货币产生以后，信用也随之出现。信用是在原始社会末期商品经济发展到一定阶段的产物，作为借贷活动的总称，信用的出现有力地推进了商品货币关系的发展。利息和利率则是与信用相对应的经济范畴，是信用从商品借贷发展到货币借贷之际的产物。可以说，现代市场经济条件下，有信用行为，就必然有利息或类似的东西；同时，只有有利息，信用才能存在和发展。信用与利率是一国金融市场得以建立和发展的必不可缺的条件，尤其是利率，更是成为当代调节经济活动与金融行为的重要手段之一。本章就信用和利率两大经济范畴进行阐述。

4.1 信用的产生与发展

4.1.1 信用的解释

西方经济学中的“信用”一词源于拉丁文“credo”，原意为“信任”“声誉”等。在英语中，“信用”是“credit”，其意思除“信任”外，还可解释为“信贷”“赊账”等。汉语中的“信用”主要有两种解释：一个是社会学的解释，信用被作为评价人的标准；另一个是经济学的解释，信用指的是一种体现特定经济关系的借贷行为。这种经济行为的特点是以收回作为条件的付出，即贷出，或者是以归还作为义务的获得，即借入。贷者之所以愿意贷出，是因为有权取得利息，借者之所以可能借入，是因为承担了支付利息的义务。因此，可以把信用看作未来偿还商品赊销或货币借贷的一种承诺，是关于债权和债务关系的约定。信用与债务是同时发生的，是借贷活动的两个方面。在借贷活动中，当事人一方为债权人（creditor），另一方为债务人（debtor）。债权人将商品或货币借出，称为授信；债务人接受商品或货币，称为受信；债务人遵守承诺按期偿还商品或货币，称为守信。在借贷活动中，债务人承担的在将来偿还商品或货币的义务，就是债务（debt）。任何时期内的债务总额总是等于信用总额。

借贷行为必须具备两个基本特性：一是以偿还为前提条件，到期必须偿付；二是偿还时带有一个增加额——利息。而信用具有到期归还和支付利息这两个基本特征，从而使得信用这种价值运动形式与通过货币媒介进行的一般商品交换相比有了明显的区别。在一般商品交换中，双方进行的是对等的交换，当这一行为完成时，双方不存在任何经济上的权利与义务。而在信用关系中，贷款人在保留所有权的情况下暂时将货币支付给借款人，当时并没有立即得到对等的价值，而是获得要求借款人在一定日期后偿还本金和利息的权利。所以，当货币支付行为发生时，信用关系并不像一般商品交换关系那样意味着双方关系的结束，而是双方关系的开始。只有在本金和利息得到偿还后，才能说是信用关系的结束。

4.1.2 信用的特征

在日常生活的经济往来中，信用存在的形式是多样化的，但无论怎样，它们的特征是具有共性的：

1）信用的标的是一种所有权与使用权相分离的资金（实物）

它的所有权掌握在信用提供者手中，信用的接受者只具有使用权，信用关系结束时，其所有权和使用权才统一在原信用提供者手中。

2）以还本付息为条件

信用资金的借贷不是无偿的，而是以还本付息为条件。信用关系一旦建立，债务人将承担按期还本付息的义务，债权人将拥有按期收回本息的权利，并且利息的多少与本金的大小及信用期限的长短紧密相关。一般来讲，本金越大，信用期限越长，需要支付的利息就越多。

3）以相互信任为基础

信用是以授信人对受信人偿债能力的信心为基础而成立的，借贷双方的相互信任构成信用关系的基础。如果相互不信任或出现信任危机，信用关系是不可能发生的，即使发生了，也不可能长久持续下去。

4）以收益最大化为目标

信用关系赖以存在的借贷行为是借贷双方追求收益（利润）最大化或成本最小化的结果。不论是实物借贷还是货币借贷，债权人将闲置资金（实物）借出，都是为了获取闲置资金（实物）的最大收益，避免资本闲置所造成的浪费；债务人借入所需资金或实物同样是为了追求最大收益（效用），避免资金不足所带来的生产中断。

5）具有特殊的运动形式

如马克思在政治经济学[①]中所论述的产业资金的运动形式是 $G-W\begin{cases}A\cdots P\cdots W'-G'\\P_m\end{cases}$，商业资金的运动形式是 $G-W-G'$，而信贷资金的运动形式则是 $G-G'$。从表面上看，信贷资金的运动只表现为一种简单的“钱生钱”的过程，但这只是一种表面现象。信贷资金从来没有单独运动，而总是以产业资金运动和商业资金运动为基础而运动，它有两重付出和两重回流，表现为如下的形式：

$G-G-W\cdots P\cdots W'-G'-G'$

4.1.3 信用的产生

信用和货币一样，也是一个很古老的经济范畴。据中国古代典籍记载，公元前300年，孟尝君在自己的封邑“薛”放债取息，作为奉养三千宾客的财源。有一年“薛”歉收，很多人没交利息，他派人去催收，仍“得息十万”，可见放债规模之大。尽管信用也是古老的经济范畴，但却很少看到像论述货币起源那样反复深入地剖析信用产生的理论。信用是在商品货币经济有了一定发展的基础上产生的。随着商品生产和交换的发展，在商品流通过程中难免会产生一些矛盾。信用产生的原因在于商品和货币在空间和时间上分布的不平衡性。空间分布的不平衡性，表现为商品或货币在不同国家、不同地区、不同企业单位和个人之间的此多彼少、此余彼缺，或者彼多此少、彼余此缺；时间分布的不均衡性，表现为同一国家、同一地区、同一企业单位和个人，商品或货币的时多时少、时余时缺。而这种余缺的调剂方式只能是债权人赊销商品或贷出货币，债务人按规定日期支付货款或偿还贷款，并支付一定的利息，于是信用产生。进一步看，信用是在货币的支付手段职能存在的条件下发生的。由于货币具有支付手段职能，所以它能够在商品早已让渡之后独立地完成商品价值的实现，否则，赊销就不可能出现。由此可见，信用与货币自古便存在着紧密的联系。

4.1.4 信用的发展

信用的发展实际上可以看作信用作为一种替代货币流通和支付形式的向前演进。货币进入经济生活以后，使得信用得以量化和发展，成为货币的延伸，而且信用的发展还在很大程度上替代了货币，成为货币供给的基础。信用的发展到目前为止大致经历了四个阶段：尚未工具化的信用阶段、尚未流动化的信用阶段、流动化的信用阶段、电子化及网络化与信用制度相结合的阶段。

尚未工具化的信用，是指借贷活动已经发生，但没有具体化为信用工具。所谓信用工具，就是指借贷的书面凭证。例如，仅凭口头承诺将来偿还商品或货币的借贷活动，虽然发生了信用的授受，但没有书面凭证，是尚未工具化的信用。尚未流动化的信用，是指借贷活动已经发生，而且具体化为工具，但这些信用工具不能在市场上流通转让，因而资金依然呆滞或凝固。流动化的信用，也称为流通的信用，是指借贷活动已经发生，并具体化为工具，而且这些信用工具可以在市场上流通转让，使资金得

① 马克思. 资本论：第2卷［M］. 中共中央马克思恩格斯列宁斯大林著作编译局，译. 北京：人民出版社，1975：75-115；560-571.

以灵活运用，流动化的信用阶段是信用发展的较高级阶段。在计算机网络高度发达的知识经济时代里，货币电子化和网络银行的出现，也使得货币的存储、给付、交换和转移通过网络的传输来完成，与此同时也必须同步传递各种相关信息，信息本身代表了借贷双方的一种信用行为，电子化、网络化与信用制度相结合的阶段是信用发展的高级阶段，只有在一国信用制度较为完善和发达的基础上才能得以实现。

4.2 信用形式与信用工具

4.2.1 信用的主要形式

信用产生后，在不同的时代产生了不同的形式。信用的形式主要有高利贷信用、商业信用、银行信用、国家信用、消费信用。

1）高利贷信用

高利贷信用在人类最古老的社会中即已存在。无论是在东方还是西方，在前资本主义社会的经济生活中，高利贷信用是占统治地位的信用形式。高利贷信用是高利贷资本的运动形式。高利贷信用最初出现于原始社会末期。第一次社会大分工促进了生产力水平的迅速提高和商品经济的发展，并使原始社会内部出现了私有制和贫富之分。穷人由于缺乏必需的生产资料和生活资料，不得不向富人借贷，并被迫接受支付高额利息的要求，由此就产生了高利贷。在奴隶社会和封建社会，高利贷信用得到了广泛的发展。近现代中国的高利贷十分活跃、名目繁多，华北盛行“驴打滚”，江浙一带有“印子钱”，广东则有“九扣十三归”等。高利贷信用是高利贷资本的运动形式。极高的利息率是高利贷最明显的特征。高利贷的年利息率一般都在30%以上，100%~200%的年利息率也是常见的。高利贷信用的高利盘剥，破坏和阻碍了生产力的发展。

1694年在英国建立的英格兰银行，一开始就把贴现率定为4.5%~6%，打破了高利贷者对信用的垄断。同时，银行还发挥信用创造的功能，打破了高利贷者对货币的垄断，从而使资本主义信用在反对高利贷的斗争中产生和发展起来。与此同时，信用形式也日益多样化，除了传统的商业信用，还产生了银行信用、国家信用和消费信用。

2）商业信用

商业信用是厂商在进行商品销售时，以延期付款即赊销形式所提供的信用，它是现代信用制度的基础。

典型的商业信用是工商企业以赊销方式对购买商品的工商企业所提供的信用。例如，一个企业生产的商品需要通过商业网进行销售，当购买方缺乏购买这部分产品所需的货币资金时，则可以采取赊销的方式，约定一个还款期限，由购买方到期归还赊销的货款。这种方式，对于缺乏购货资金的购买方来说，可以购入货物进行销售并取得商业利润；对于销售方来说，虽然当时没有收入货款，但产品毕竟销售出去了，只是推迟到约定的期限才能收款。在典型的商业信用中，实际包括两个同时发生的经济行为：买卖行为和借贷行为。就买卖行为来说，在发生商业信用之际就已完结，即该产品从销售方所有变成购买方所有。但从借贷行为来看，销售方向购买方提供商业信用一方面是销售方向购买方卖出了自己的产品；另一方面则是购买方欠了销售方一定货币金额的货款，从而发生了债权债务关系。这种关系不会因已经属于购买方的这批产品的命运而发生变化。

商业信用具有如下特点：①商业信用的主体是厂商。商业信用是厂商之间相互提供的信用，债权人和债务人都是厂商。②商业信用的客体是商品资本。商业信用提供的不是暂时闲置的货币资本，而是处于再生产过程中的商品资本。③商业信用和产业资本动态一致。

由于商业信用直接以商品生产和流通为基础，并为商品生产和流通服务，因此，商业信用对加速资本的循环和周转，最大限度地利用产业资本和节约商业资本，促进生产和流通的发展，具有重要的推动作用。但是，由于商业信用受其本身特点的影响，因而又具有一定的局限性。一方面，由于商业信用存在于工商企业之间，所以它的规模大小以产业资本的规模和生产能力为限，即商业信用在量上是有限的；另一方面，商业信用有其严格的方向性，受商品流转方向的限制，一般说来是上游产品企业向下游产品企业提供信用，所以商业信用的范围受到限制。

3）银行信用

以货币资金借贷为运营内容和以银行及某些非银行金融中介机构为行为主体的信用关系可统称为银行信用。

银行信用具有以下三个特点：①银行信用的债权人主要是银行，也包括其他金融机构；债务人主要是从事商品生产和流通的工商企业和个人。②银行信用所提供的借贷资金是从产业循环中独立出来的货币，它可以不受个别企业资金数量的限制，聚集小额的可贷资金满足大额资金借贷的需求。同时可把短期的借贷资本转换为长期的借贷资本，满足对较长时期的货币需求，不再受资金流转方向的约束。③银行和其他金融机构可以通过规模投资，降低信息成本和交易费用，从而有效地改善信用过程的信息条件，减少了借贷双方的信息不对称以及由此产生的逆向选择和道德风险问题，从而降低信用风险，提高信用过程的稳定性。

银行信用是现代信用的主要形式。20世纪以来，银行信用有了巨大的发展与变化，主要表现在：越来越多的借贷资本集中在少数大银行手中；银行规模越来越大；贷款数额增大，贷款期限延长；银行资本与产业资本的结合日益紧密；银行信用提供的范围也不断扩大。

4）国家信用

一般而言，国家信用是指国家及其附属机构作为债务人，依据信用原则向社会公众和外国政府举债的一种形式。

国家信用包括国内信用和国外信用两种。国内信用是国家以债务人身份向国内居民、企业团体取得的信用，它形成一国的内债。国外信用是国家以债务人身份向国外居民、企业团体和政府取得的信用，它形成一国的外债。

国家信用的产生与国家财政直接相关。国家为了发展经济和维持国家机器运转，在预算有赤字时，为了弥补赤字，不得不经常发行国债。国债也因此而成为国家信用的一种主要形式。国家信用所筹集的资金主要用于政府各项支出，如政府投资及各种行政支出，包括教育支出、社会福利支出、军费支出等。国债的还本付息主要依靠税收，因此，利用国家信用必须注意防止三个问题的发生：①防止造成收入再分配的不公平。在国家信用中，能够大量购买国债的投资者便可获得较多的国债利息收入，他们可得到收入再分配，而未能购买国债的纳税人则得不到这部分收入再分配。②防止出现赤字货币化。所谓“赤字货币化”，是指政府发行国债弥补赤字，如果向中央银行推销国债，而中央银行又没有足够的资金承购，此时，中央银行就有可能通过发行货币来承购国债，从而导致货币投放过度，有可能引发通货膨胀。③防止国债收入使用不当，使财政更加困难，陷入循环发债的不利局面。

5）消费信用

消费信用是对消费者个人所提供的信用。在前资本主义社会，商人向消费者个人以赊销方式出售商品时，就已经产生了消费信用。但是，一直到20世纪40年代后半期，消费信用才开始发展。20世纪60年代是消费信用快速发展的时期，这种信用形式在西方国家非常普遍，如美国的商品销售额中有一半以上都是通过消费信用方式来完成的。

消费信用主要有三种方式：赊销、分期付款和消费贷款。

（1）赊销

其是商业信用在消费领域中的表现，即零售商直接以延期付款的销售方式向消费者提供信用。信用卡结算方式就属于此类。信用卡是银行（或信用卡公司）对具有一定信用的顾客发行的一种证书。顾客可向银行申请信用卡，然后凭信用卡向承接该卡的各个商业服务部门赊购商品和其他劳务，再由银行定期对顾客和商家进行结算。

（2）分期付款

其具体做法是先由顾客与商家签订分期付款合同，然后由商家先交货物，再由顾客在规定的时间内根据合同要求分期偿付货款。

（3）消费贷款

消费贷款即银行或其他金融机构直接贷款给消费者用于购买耐用消费品、住房以及支付旅游费用等。消费贷款是银行向消费者提供的信用，包括信用贷款和担保贷款。信用贷款无须担保品，而担保贷款通常需要由消费者以其所购商品或其他商品作为担保品。

4.2.2 信用工具

信用工具亦称金融工具、融资工具，是资金供应者和需求者之间进行资金融通时所签发的证明债权或所有权的各种具有法律效用的凭证。

1）信用工具的分类

信用工具按不同的标准有不同的分类方式，主要有以下几种：

（1）按融通资金的方式分

按融通资金的方式，信用工具可分为直接融资信用工具和间接融资信用工具。前者主要有工商企业、政府以及个人所发行或签发的股票、债券、抵押契约、借款合同以及其他各种形式的借款等；后者主要包括金融机构发行的本票、存折、可转让存款单、人寿保险单等。

（2）按可接受性的程度分

按可接受性的程度，信用工具可分为无限可接受性的信用工具和有限可接受性的信用工具。前者是指为社会公众所普遍接受、在任何场合都能充当交易媒介和支付手段的工具，如政府发行的钞票和银行的活期存款；后者是指可接受范围和数量等都受到一定局限的工具，如可转让存款单、商业票据、债券、股票等。

（3）按偿还期限的长短分

按偿还期限的长短，信用工具可分为短期信用工具、长期信用工具和不定期信用工具三类。短期信用工具如各种票据（汇票、本票、支票等）、信用证、信用卡、国库券等；长期信用工具如股票、公司债券、政府公债券等；不定期信用工具主要指银行券。

2）几种典型的信用工具

经济学家总是喜欢把信用工具分为短期信用工具和长期信用工具两类，我们就按照这类分法介绍几种典型的信用工具。

（1）短期信用工具

短期信用工具主要是一些期限在1年之内的具有一定格式的债务票据，由出票人签发，约定无条件向持票人支付一定金额。这类信用工具主要有本票、汇票、支票和信用卡。

本票（promissory note）是出票人签发的按指定时间向持票人无条件支付一定金额的票据，即债务人向债权人开出的保证按指定时间无条件付款的书面承诺。持票人可以用背书的方法使本票流通转让。根据发票人的不同，本票可分为商业本票和银行本票。商业本票一般是由规模大、信誉好的企业为了筹集短期资金而发行的本票，需有金融机构的担保。银行本票是银行开出的向持票人无条件支付一定金额的本票，主要用途是代替现金。根据付款期限的不同，本票又可分为即期本票和远期本票。即期本票是见票即付的本票，远期本票是必须到约定日期才可付款的本票。所以，远期本票又称为期票。

汇票（money order）是出票人签发的一种要求付款人按指定日期向收款人（持票人）无条件支付一定款额的票据。汇票与本票的区别在于：汇票涉及出票人、付款人和收款人三方当事人，而本票只涉及出票人和收款人，出票人即付款人。根据出票人的类型，汇票可分为商业汇票和银行汇票。商业汇票是商业贸易活动中债权人（工商企业，发货人）向债务人（收货人）或其委托银行签发的汇票。一般来说，出票人在签发汇票的同时，还附上货运清单。因此，这类汇票也叫作跟单汇票（documentary bill）。银行汇票是一个银行向另一个银行签发的汇票，即一个银行将签发的汇票交汇款人寄给收款人后，由收款人向另一个银行收款。一般情况下，银行汇票不附任何货运清单，因此也叫光票（clean bill）。

根据付款期限，汇票又可分为即期汇票和定期汇票。即期汇票是见票即付的汇票，这种汇票大多没有利息，因而又称为无息汇票。定期汇票是注明付款期限，到期日付款人才予以付款的汇票。这种汇票一般是有利息的，因此又称为有息汇票。商业定期汇票必须经过债务人承兑（即承认到期兑现）方为有效，承兑后的商业定期汇票就叫作商业承兑汇票。定期银行汇票经过付款银行承兑后，就成为银行承兑汇票，并可以转让流通。

支票（cheque）是活期存款户签发的要求开户银行向收款人（持票人）支付一定款额的票据。支票也涉及出票人、付款人和收款人三方，并且经背书后可以自由流通。但支票与汇票主要有两点不同：①支票的出票人仅限于银行存款户，付款人也只限于银行，而汇票则没有这样的限制；②支票都是见票即付的即期票据，不存在承兑问题，而汇票不是这样。

支票的种类很多，按照其支付方式不同，可分为这样几种类型：①现金支票，即能够提取现金的支票；②转账支票，即仅用于转账，而不能支取现金的支票；③保付支票，即在支票上记载有“保付”（certified）字样的支票，这种支票的付款责任由保付银行承担，出票人不再负这个责任；④旅行支票，是为旅行者提供用款方便的一种支票。

学海拾贝 4-1

中国票据与美国票据的差别

中国票据与美国票据在含义上有着非常大的差别。“票据”传统上被定义为有价证券的一种，但事实上，我国票据仅限于汇票、本票和支票等交易性票据。由于本票和支票在银行可以直接兑现，目前市场上交易的票据仅限于商业汇票，包括银行承兑汇票和商业承兑汇票两种，其中银行承兑汇票占了绝大部分。当前，贴现和转贴现是票据业务的主要方式，此类票据的签发与流通转让必须具有真实的贸易往来背景。因此，商业票据在我国首先是一种结算工具和支付手段，其次才具有融资功能。

此外，我国在银行间市场还发行企业短期融资券，其发行方式和功能与美国货币市场上的商业票据相同。在银行间市场上发行和交易的企业短期融资券，为企业实现短期融资提供了便利。事实上，企业短期融资券才是真正意义上的“商业票据”。

信用卡（credit card）是消费信用的一种形式，具有先消费后付款的特点。它作为一种新的支付工具，为银行和商家带来了巨额利润，为消费者提供了方便。

学海拾贝 4-2

世界上最早的信用卡

世界上最早的信用卡是美国人于1915年发明的。当时，一些汽油公司、旅行社、娱乐业和百货公司为了招徕顾客，在一定范围内发行了信用卡，持卡人可以凭卡购买该公司及其附属机构的货物和劳务，无须支付现金。当时，这样的信用卡没有第三方银行参加，它只是买卖双方之间的信用工具。后来银行参与其间，使之变成一种银行信贷形式。电子计算机的出现及应用，使快速而准确地记账、结算成为可能，推动信用卡在西方国家得到普遍的应用，成为一种国际流行的支付方式。

在我国，信用卡最早出现于1978年。为了促进我国外事活动和旅游事业的发展，方便来华旅游者，增加国家的外汇收入，1978年中国银行广州分行首先同中国香港东亚银行签订了在广州试办东亚签证卡的兑付协议书，信用卡从此在我国出现。

（2）长期信用工具

长期信用工具是信用期限在1年以上的各种信用凭证，主要是各种证券，比如股票和长期债券。

①股票。

股票是股份公司发给股东作为入股、利润分成（领取股息）和公司管理凭证的票据。它代表股东对公司的所有权，同时承担公司的经营风险。股票持有者不能中途退股，但可以将股票转让，或者作为抵押品。

股票的种类很多，也有多种不同的分类方式。通常采用的分类是以股东权利为标准，把股票分为普通股和优先股。普通股的股东是公司的所有者，享有经营决策参与权、盈利分红享有权、新增认股优先权，以及公司解散时的财产分配权。与普通股相比，优先股则体现出两个方面的优先性：第一，不论公司经营状况如何，都可优先领取一个固定的股息；第二，公司解散时，享有公司财产分配的优先权。

股票价格是股票市场上股票的买卖交易价格。股票本身没有价值，仅仅是一种凭证。但它能为持有者带来股利收入，这使它有了价格，即股票的内在价值。围绕这一价值，又存在股票的面值、账面价值以及股票的发行价格和市场价格等多个概念。

另外，在股票市场中，用以表示多种股票平均价格水平及其变动并衡量股市行情的指标被称作股票价格指数。世界上著名的股票价格指数有道·琼斯指数、标准普尔指数、金融时报指数、东京指数和恒生指数等。

②长期债券。

长期债券是发行者承诺按一定利率定期支付利息，并到期偿还本金的债务凭证。它同股票一样，是发行者的筹资手段和投资者的投资工具，可以买卖转让，因而有市场价格。但债券与股票有明显的不同：第一，股票持有者是公司的所有者，享有公司股东的一切权利，而债券持有者是公司的债权人，享有债权人的一切权利，股东和债权人的权利和义务是不同的；第二，股票股息是不固定的，并且不具有强制性，而债券有固定的利息收入，到期还本，风险小。

根据债券的发行主体不同，可分为政府债券、公司债券和金融债券。其中，政府债券又按期限长短分为公债和国库券两种。国库券是财政部为应对国库收支的急需而发行的一种短期债务凭证。与公债相比，它有三个显著特点：第一，国库券的发行是为了弥补国库的短期亏空，而公债是为国家经济建设筹资。第二，公债发行要经过立法机关通过，而国库券发行由政府自己决定。第三，公债发行期一般在1年以上，有的长达数十年，而国库券发行多在1年以内，有的只有1周。

公司债券是公司企业在经营过程中为筹集长期资金而向社会发行的借款凭证，又可分为有担保公司债券与无担保公司债券、可转换公司债券与不可转换公司债券、固定利率债券与浮动利率债券、国内债券与国际债券等。

金融债券是银行或其他非银行金融机构为筹集长期资金而向社会发行的借款凭证。具体种类有固定利率债券、浮动利率债券、贴水债券、累进利息债券等。

4.3 利息与利息率

4.3.1 利息及其本质

利息的定义多种多样，一般认为，利息是借款人支付给贷款人的报酬。利息是伴随着信用关系的发展而产生的经济范畴，并构成了信用的基础。利息的本质问题主要有两个方面的内容：一是利息从何而来；二是利息体现什么样的生产关系。

1）马克思关于利息本质的理论内容

马克思认为，在资本主义制度下，资本所有权和使用权分离，货币资本家将货币资本贷给职能资本家，经过一段时期，职能资本家将所借资本归还给货币资本家。在借贷资本回流之时，职能资本家除了还本以外，还要将增值的一部分作为利息支付给货币资本家。因此，利息本质上是部分平均利润、剩余价值的特殊转化形式。正如马克思指出的："只有资本家分为货币资本家和产业资本家，才使一部分利润转化为利息，一般地说，才创造出利息的范畴；并且，只有这两类资本家之间的竞争，才创造出利息率。"①

马克思从借贷资本的特殊运动形式的分析中，揭示了利息的源泉，分析了利息的本质。他分析借贷资本的运动特点是双重支出和双重回流。双重支出首先是货币资本家把货币资本贷给职能资本家，然后职能资本家用货币购买生产资料和劳动力。双重回流是职能资本家把生产出来含有剩余价值的商品销售出去，取得货币，然后把借贷资本连本带利归还给货币资本家。借贷资本的整个运动过程为：

$$G - G - W\begin{cases}P_m \\ A\end{cases}\cdots P\cdots W' - G' - G'$$

式中：G代表货币；W代表商品；P_m代表生产资料；A代表劳动力；P代表生产过程；"′"代表增值部分。由此可以看出，借贷资本的运动与现实资本的运动和资本主义再生产过程密切相关。也就是说，货币资本家在贷出期内，将资本商品的使用价值即生产利润的能力让渡给职能资本家，后者运用借入的资本，购买生产资料和特殊商品——劳动力进行生产，生产出的商品价值大于预付资本的价值，这个增值额就是剩余价值，剩余价值转化为利润。职能资本家与借贷资本家共同瓜分剩余价值，利润分割为两部分：企业主收入和利息。所以，利息是利润的一部分，是剩余价值的转化形式。

马克思揭示利息本质的意义在于：①利息来源于劳动者创造的价值。②利润分割为两部分：企业主收入——资本使用权的报酬，以及利息——资本所有权的报酬。资本家作为一个阶级与劳动者对立，共同瓜分劳动者创造的剩余价值。③利息的形式与利息内容之间的关系，利息表现为借贷资本商品的价格，实际上则是借贷资本商品特殊使用价值的价格。

---

① 马克思．资本论：第3卷［M］．中共中央马克思恩格斯列宁斯大林著作编译局，译．北京：人民出版社，1975：415.

2）西方关于利息来源和本质的理论研究

关于利息的含义，西方经济学中有多种说法，但基本上是沿袭着这样一个思路：利息是对放弃货币使用权的机会成本的补偿。具体而言，可分为资产阶级古典政治经济学派和近现代资产阶级经济学派两部分观点。

（1）资产阶级古典政治经济学派关于利息来源与本质的观点

资产阶级古典政治经济学派中，对利息的认识也有两个角度。配第、洛克、诺思等人认为利息是与借贷货币资本相联系的一个经济范畴，并且从借贷货币资本的表面运动来分析利息的来源和本质。自马西开始，利息的研究倾向于对利息来源的分析，认为利息是与分配理论相联系的一个范畴。利息是社会总收入的一部分，是对资本所有者的报酬。

配第和洛克都从地租的存在来推导利息的来源、本质和利息存在的合法性。洛克认为利息源于货币分配不均。因此，利息就是放弃货币使用权的报酬。配第认为出租土地能够收取地租，那么出租货币也应收取货币租金，利息就是一种货币租金，而且利息的多少至少要等于用借到的货币所能够买到的土地所生产的地租。因此，利息和地租一样具有合法性。

康替龙的利息理论与配第和洛克不同，他认为利息源于贷出者要承担贷出货币的风险，利息实质上是风险的补偿。

诺思比洛克更进一步，他认为利息源于资本的余缺。他将借贷与贸易结合起来考察利润的产生。贸易是剩余产品的交换，而借贷是剩余资本的交换，贸易产生利润，借贷产生利息。利息率的高低受借贷资本供求关系的影响。在诺思那里，利息是资本的租金。

马西是首次从利息的来源来分析利息的性质的经济学家。马西的主要观点是：利息是利润，并且是利润的一部分。

亚当·斯密在此基础上更进一步指出，利润是剩余价值的转化形式。他把利息的来源分解为两种：一是如果把借贷的资金用于投资，则利息来源于利润，是剩余价值的转化形式；二是如果把借贷的资金用于直接消费，则利息来源于别的收入，如地租等。

（2）近现代资产阶级经济学家关于利息来源与本质的观点

在近现代资产阶级利息理论中，对利息性质的研究角度与古典经济学不同。古典经济学主要从借贷关系和分配关系来研究利息的产生和性质，而前者主要从资本的范畴、人的主观意愿和心理活动等角度来研究利息的性质。

从资本的范畴来研究利息的性质的理论，有资本生产力论和资本使用论，主要代表人物是萨伊。资本生产力论认为利息是资本生产力的产物。资本使用论是资本生产力论的发展，其主要内容是资本增值是“资本使用”的牺牲，利息是资本使用牺牲部分的报酬。

从人性和人的心理活动来研究利息性质的理论，有节欲论、人性不耐论和时间偏好论等。节欲论的倡导者是西尼尔。他认为节欲是利息来源的原始因素，利息就是资本家牺牲自己的消费来增加资本的报酬。

库西尔-塞尼尤尔则把劳动分为两种：节省劳动和体力劳动。既然体力劳动可以得到工资报酬，那么节省劳动同样应得到报酬。节省劳动的报酬就是利息。

马歇尔和尤塞尔倡导利息等待论，其实是西尼尔的节欲论的翻版。他们一致认为等待或节欲是资本家的一种牺牲，利息是“等待”或“节欲”的报酬。

时差利息论是奥地利的著名学者庞巴维克提出的。他认为，通常人们都对现在的物品评价高，而对未来的物品评价低，现在物品与未来物品相比较，这种价值上的差别正是一切资本利息的来源，利息就是时间的报酬。

费雪则完全从人的主观因素来分析利息的产生和性质。他认为人们宁愿现在获得财富而不愿将来获得财富的不耐心理或时间偏好是利息理论的基础。利息是“人性不耐”的结果，与生产完全无关。

凯恩斯在批判古典学派利息理论的基础上建立了自己的流动性偏好理论。他认为，由于交易动机、预防动机和投机动机的存在，人们乐于持有现金。这样，人们对具有完全流动性的资产有一定偏好。利息是公众放弃对货币灵活性偏好的一种报酬。

希克斯与凯恩斯一样，把利息问题当作一种纯粹的货币现象。但是他认为利息起源于证券的不完全“货币性”。证券是一种不具有普遍接受性的近似货币，因而其现在的价值总是低于其票面价值，利息就是对其不完全“货币性”的衡量。

关于西方经济学者对利率本质的看法，可归纳为表4-1的内容。

表4-1 西方有关利率来源和本质的理论

学　者	观　点
威廉·配第	利息是因暂时放弃货币使用权而获得的报酬
约翰·洛克	利息是一种货币租金
康替龙	利息是贷出者承担贷出货币的风险补偿
达德利·诺思	利息是资本的租金
约瑟夫·马西	利息是借款者为获得货币资本的使用价值而付出的代价，它源于货币资本在适当使用时能够产生的利润
亚当·斯密	利息是一部分剩余价值的转化形式
萨伊	利息是资本自身生产力的产品
纳索·威廉·西尼尔	利息就是资本家节欲来增加资本的报酬
阿弗里德·马歇尔	利息从贷者看是等待的报酬，从借者看是使用资本的代价
约翰·克拉克	利息来源于资本的边际生产力
庞巴维克	利息是未来财富对现在财富的时间贴水
凯恩斯	利息是放弃流动性偏好的报酬
欧文·费雪	利息是供给方自愿延迟消费的倾向和投资机会或资本的边际生产率两因素共同决定的
希克斯	利息是对证券不完全“货币性”的衡量

4.3.2 利息率

1）利息率的定义

利息率，简称利率，是指一定时期内利息额和本金额的比率，即利率=利息/本金。利用利息率计算利息，可分为两种情况：单利和复利。

单利是指在计算利息时，不论期限长短，仅按本金计算利息，所生利息不再计入本金来计算下期利息。单利计算公式为：

$I = P \times r \times n$

$S = P(1 + r \times n)$

式中：I表示利息额；P表示本金；r表示利息率；n表示借贷期限；S表示本金和利息之和，简称本利和。例如，为期5年，年利率为6%的10万元存款，利息总额为100 000×6%×5=30 000（元），本利和为100 000×（1+6%×5）=130 000（元）。

复利是指计算利息时，按一定期限（如1年），将所生利息加入本金再计算利息，逐期滚算。其计算公式为：

$S = P \times (1 + r)^n$

$I = S - P$

若将上述实例按复利计算，则：

S=100 000×（1+6%）5=133 822.56（元）

I=133 822.56−100 000=33 822.56（元）

可见，按复利计息，上述存款可多得利息3 822.56元（33 822.56−30 000）。

用单利计算利息，手续简便，有利于减轻借款人的利息负担。用复利计算利息，有利于加强资金的时间价值观念，促使企业关心加速资金周转，提高资金使用效率，同时还便于比较不同期限的资金使用效率。

2）利息率的种类

（1）名义利率与实际利率

在纸币流通的条件下，由于纸币代表的价值量随纸币数量的变化而变化，当流通中的纸币数量超过市场上的货币需要量时，单位纸币实际代表的价值量必然下降，因此就产生了纸币的名义价值与实际价值之分，进而出现了名义利率与实际利率之分。

名义利率是以名义货币表示的利息率，也即我们平时所说的利息率。例如，我们说存款利率为9%，这个利率就是名义利率。

实际利率是名义利率剔除通货膨胀因素以后的真实利率。其计算公式为：

$i = r - P$

式中：i表示实际利率；r表示名义利率；P表示借贷期间的通货膨胀率（物价上涨率）。$r > P$，则$i>0$，实际利率为正数，表明有利息，借贷资金增值；$r = P$，则$i=0$，实际利率为零，无利息，借贷资金保值；$r < P$，则$i<0$，实际利率为负数，无利息，借贷资金贬值。

（2）市场利率、官定利率、公定利率

按利率是否按市场规律自由变动，可分为市场利率、官定利率和公定利率。

市场利率是指在借贷货币市场上由借贷双方通过竞争而形成的利息率，包括借贷双方直接融通资金时商定的利率和在金融市场上买卖各种有价证券时的利率。市场利率是借贷资金供求状况变化的指示器。当资金供给超过需求时，利率呈下跌趋势；反之，当资金需求超过供给时，利率呈上升趋势。由于影响资金供求状况的因素十分复杂，因而市场利率变动非常频繁、灵敏。

官定利率是指一国政府通过中央银行确定的各种利息率，如中央银行对商业银行和其他金融机构的再贴现率和再贷款利率。在现代经济中，利率是国家调节经济的重要经济杠杆，利率水平不再是完全随资金供求状况而自由波动，国家通过中央银行确定的利率调节资金供求状况，进而调节市场利率水平。因此，官定利率在整个利率体系中处于主导地位。

公定利率是指由非政府部门的金融民间组织如银行公会等确定的利率。它对会员银行有约束作用。

经世济民 4-1

央行报告：落实存款利率市场化调整机制

2024年5月13日，央行发布了2024年第一季度中国货币政策执行报告。在回顾今年以来政策成效、分析当前经济金融形势的同时，还解读了金融市场热点问题，明确下阶段的政策思路和重点。

报告显示，一季度货币政策效果逐步显现。货币信贷和社会融资规模合理增长，综合融资成本稳中有降，信贷结构不断优化，人民币汇率在合理均衡水平上保持基本稳定。报告称："未来随着政策效果显现，经济回升向好势头将持续巩固和增强，央行会根据形势变化把握好政策力度和节奏。"

关于下阶段的货币政策思路，其中报告提到："落实存款利率市场化调整机制，防范高息揽储行为，维护市场竞争秩序，着力稳定银行负债成本。"有业内人士认为，随着"手工补息"问题逐步规范，银行此前调降存款利率的效果将进一步显现，利差收窄压力也会减轻，有助于提升银行支持实体经济和稳健经营的能力。

此前央行公布的数据显示，2024年3月末社会融资规模存量为390.32万亿元，同比增长8.7%。有专家认为，当前我国信贷存量规模已经较高，随着经济结构调整和转型升级加快推进，金融支持实体经济的质效也需要进一步提升。

关于信贷总量增速由两位数放缓至个位数的原因，报告称，一是经济结构调整、转型升级在加快推进；二是当信贷存量规模比较大时，继续增加信贷投放的边际效果递减；三是直接融资的良性替代效应。信贷只是社会融资渠道之一，不能反映金融支持实体经济的全貌。

有专家指出，央行更加注重引导信贷均衡投放。1月24日召开的国新办新闻发布会上，央行行长潘功胜特别指出"经济回升向好需要稳定、持续的信贷支持"，并表示"央行将引导金融机构把握好节奏，稳固支持实体经济力度，预计全年信贷投放节奏将会更加均衡"。从一季度金融数据看，金融总量稳定增长，信贷节奏更加平稳。

报告明确指出，随着我国经济结构转型升级，信贷需求较前些年会出现"换挡"，信贷结构也在优化升级，即使信贷增长比过去低一些，也足够支持经济平稳增长。3月末，金融机构高技术制造业贷款、普惠小微贷款、涉农贷款和民营经济贷款同比增速分别为27.3%、20.3%、13.5%和10.7%，均明显高于9.6%的全部贷款增速。

关于下阶段的货币政策思路，报告具体提出了五项具体要求：一是保持融资和货币总量合理增长；二是充分发挥货币信贷政策导向作用；三是把握好利率、汇率内外均衡；四是不断深化金融改革和对外开放；五是积极稳妥防范化解金融风险。

值得注意的是，在把握好利率、汇率内外均衡方面，报告提到："落实存款利率市场化调整机制，防范高息揽储行为，维护市场竞争秩序，着力稳定银行负债成本。发挥贷款市场报价利率改革效能，加强行业自律协调和管理，督促金融机构坚持风险定价原则，理顺贷款利率与债券收益率等市场利率的关系，推动社会综合融资成本稳中有降。"

资料来源：肖世清．央行报告：落实存款利率市场化调整机制［EB/OL］．［2024-05-13］．http：//www.nbd.com.cn/articles/2024-05-13/3387459.html.

（3）存款利率与贷款利率

存款利率是指客户在银行或其他金融机构存款时所取得的利息与存款额的比率。存款利率的高低直接决定了存款者的利息收益和银行及其他金融机构的融资成本，对银行集中社会资金的数量有重要影响。一般说来，存款利率越高，存款者的利息收入越多，银行的融资成本越大，银行集中的社会资金数量越多。

贷款利率是指银行和其他金融机构发放贷款时所收取的利息与借贷本金的比率。贷款利率的高低直接决定着利润在企业和银行之间的分配比例，因而影响着借贷双方的经济利益。贷款利率越高，银行和其他金融机构的利息收入越多，借款企业的留存利润越少。贷款利率也因贷款种类和期限不同而变化，例如，流动资金贷款利率、固定资金贷款利率、抵押贷款利率、票据贴现利率等。同一类贷款中，贷款期限不同，利率高低也不同。

存贷利差是传统商业银行利润的主要来源，即贷款利率减去存款利率之差。一般情况下，这个差额应该为正值，世界平均水平大约为4%。当存贷利差小于零时，即存款利率大于贷款利率时，就出现了"利率倒挂"的现象，这种现象不利于商业银行的发展与稳定。我国在历史上曾出现过"利率倒挂"的现象，改革开放之初，资金需求紧张导致存款利率较高，而人情贷导致贷款利率偏低，从而出现了此种现象。

（4）固定利率与浮动利率

固定利率是指利息率在借贷期内不随借贷资金的供求状况而波动的利率。通常，在借款期限较短或市场利率变化不大的条件下，可采用固定利率。但是，当借款期限较长或市场利率变化较快时，利率变化趋势很难预测，借款人或贷款人可能要承担利率变化的风险，因此，对于中长期贷款，借贷双方都不愿采用固定利率，而乐于选择浮动利率。

浮动利率又称可变利率，是指随市场利率的变化而定期调整的利率。调整期限和调整时选择的基础市场利率，由借贷双方在借款时议定。例如，欧洲货币市场上的浮动利率，调整期限一般为3~6个月，调整时的基础市场利率大多采用伦敦市场银行间同业拆借的同期利率。

实行浮动利率，借款人在计算借款成本时要困难一些，利息负担也可能加重，但是，借贷双方承担的利率变化风险较小，利息负担同资金供求状况紧密结合，因此，一般中长期贷款都选用浮动利率。

（5）一般利率、差别利率、优惠利率

一般利率、差别利率与优惠利率是按金融机构对同类贷款利率制定不同的标准来划分的。

一般利率是金融机构按照一般标准发放贷款和吸收存款所执行的利率，主要是针对普通客户。

差别利率是指针对不同的贷款种类和借款对象实行的不同利率，一般可按期限、行业、项目、地区设置不同的利率。由于利率水平的高低直接决定着利润借贷双方的分配比例，影响借款者的经济利益，因此对国家支持发展的行业、地区的贷款实行低利率，而对于国民经济中效益不好、经营管理水平差的企业实行高利率贷款，有利于支持产业结构的调整和经济协调发展。因此，实行差别利率是运用利率杠杆调节经济结构的一个重要方面。

优惠利率是指国家通过金融机构对于需要重点扶植或照顾的企业、行业或部门所提供的低于一般贷款利率水平的利率。在我国，优惠利率通常用于技术改造、重点行业的基本建设、贫困地区的经济建设、出口贸易等方面。优惠利率对于推动实现国家的产业政策有重要作用。但它与银行自身的短期经营效益相矛盾，因此，国家为了减少银行的经营损失可对某些贷款实行贴息，财政部门也可以给银行一定的税收优惠或财政补贴。

红色金融

新中国成立初期的利率

中华人民共和国成立初期，经济凋敝、百废待兴。当时，一方面，我国的社会主义改造刚刚起步，私营经济比重很大；另一方面，物价水平波动频繁，且波动幅度很大。所以，利率政策的主要目标就是支持社会主义生产建设和抑制通货膨胀。在中华人民共和国成立之初，国库空虚，资金奇缺，而恢复社会主义工商业需要大量资金支持，所以国家允许公私两套利率体系同时存在，允许发展私人贷款业务，以缓和资金紧缺的矛盾。当时，我国还存在很多私人钱庄和相当规模的黑市交易，且政府贷款利率低于私人钱庄，私人钱庄利率远远低于黑市交易。待经济情况有所好转，国库比较充盈，国家不断降低利率，一方面利于工商业的恢复，另一方面拖垮了运营成本较高的私人钱庄。1952年，私人钱庄纷纷倒闭，国家借机完成公私合营。

在这一阶段，利率经历了多次调整，呈大幅的下降趋势，最终回落至14.4%。政府完成了利率统一。为了恢复工商业，应对当时国内复杂的经济形势，对农、工、商给予不同的贷款利率，实行了差别利率的政策。

1953年至1957年，国家完成了对农业、资本主义工商业、个体手工业的社会主义改造。“第一个五年计划”的运行，标志着我国正式进入了计划经济时期。这个时期，国家需要统一的利率政策、统一的利率制度、统一的利率。

在这个阶段，国家利率调整次数明显减少，利率水平继续大幅降低。针对利率的各项管理工作都制定了统一的规定；利率的种类、档次有所简化，差别利率没有悬殊差距。

1958年后，存贷款利率水平反复调整；贷款利率的种类和档次进一步简化，甚至将农、工、商统一为单一的利率档次。

1978年，党的十一届三中全会的召开，给了中国人民新的希望。银行业从此在国民经济中地位大大提高；作为调节经济的重要杠杆，利率的管理也发生了转折性的变化。利率政策不断进步，成为调节经济的一个重要手段。

4.4　利率的计量

4.4.1　现值、终值、贴现与货币的时间价值

各类信用工具要求支付利息的时间不同。例如，简易贷款是到期一次还本付息；固定分期付款以等额分期支付的方式在各期偿还贷款；附息债券向债券持有人定期支付固定数额的利息，期末还本；贴现债券通常折价出售，到期按面值偿付。因此，选择不同类型的信用工具会给投资人带来不同的收入。当我们选择购买某一种信用工具时，通常是以放弃购买其他信用工具的机会为代价的，即要付出机会成本。因此，信用工具的选择或机会成本、收益水平的比较必然涉及货币的时间价值。

货币的时间价值是指货币经过一段时间的投资与再投资所增加的价值。货币之所以具有时间价值，是因为通货膨胀的存在、投资会获得收益与未来收入的不确定性。因此，货币的时间价值涉及现值、终值和贴现的概念。众所周知，1年后的1元钱和现在的1元钱是不同的。1年后的1元钱价值较低，而现在的1元钱可以存入银行，1年后可以获得超过1元钱的偿付。现值概念就是基于这一事实而得出的。现值是指未来某一时间的终值在现在的价值，可见它与终值正好相反。

比如，投资者发放1 000元贷款进行某项投资，1年后不但可得到1 000元本金的偿还，而且还得到100元的利息收入。这样，1年后的1 100元就等于现值1 000元，贷款利率$i=\frac{利息}{本金}\times100\%=\frac{100}{1\ 000}\times100\%=10\%$，如果表示为现值为：

$$1\ 000元现值=\frac{1年后的1\ 100元总收入}{1+利率i}=\frac{1100}{1.10}$$

如果这1 000元的贷款期限不是1年，而是n年后一次性还本付息，利率i为0.10，那么今天的这1 000元现值就值n年后的$1\ 000\times(1+0.10)^n$元，用公式表示即：

$$n年后的本息总收入=1\ 000\times(1+0.10)^n$$

或者表示为：

$$1\ 000元现值=\frac{n年后的本息总收入}{(1+0.10)^n}$$

一般地，设投资于某项资产在n年后可一次得到F元的总收入，利率为i，那么

把未来的这F元贴现到现在的价值，就是未来F元的现值（present value，PV），其计算公式为：

$$P=\frac{F}{(1+i)^n}$$

此式称为简单贴现公式。这种计算未来收入在今天的价值的过程，称为对未来的贴现。

以上讲述的是一次性贴现。实践中，有些投资项目是在未来n年中每年都有回报的。假定第k年的回报为R_k元（k=1，2，…，n），利率为i，则这种投资回报的现值计算公式应为：

$$PV=\frac{R_1}{1+i}+\frac{R_2}{(1+i)^2}+\cdots+\frac{R_k}{(1+i)^k}+\cdots+\frac{R_n}{(1+i)^n}=\sum_{k=1}^{n}\frac{R_k}{(1+i)^k}$$

式中：PV为资产（或资金）的现值；R_1，R_2，…，R_n为当前预期的第1，2，…，n年的收益；i为贴现率。此式称为定期定额贴现公式，其意义是，当前投资PV元，按照利率i，在今后n年中，第1年收回R_1元，第2年收回R_2元……第n年收回R_n元，就把投资全部收回。

一种特殊情形是：一项投资利率为i，每年连本带息收回R元，n年将该投资全部收回，则这项投资的现值为：

$$PV=\sum_{k=1}^{n}\frac{R}{(1+i)^k}=\frac{R}{i}\times\left(1-\frac{1}{(1+i)^n}\right)$$

另一种情形是：一项投资利率为i，每年利息收回C_k元，连续收n年后还有F元的本金偿还，则这项投资的现值为：

$$PV=\sum_{k=1}^{n}\frac{C_k}{(1+i)^k}+\frac{F}{(1+i)^n}$$

4.4.2 利率与收益率

1）到期收益率

在各种计算利率的常见方法中，到期收益率（yield to maturity，YTM）是最重要的一种。所谓到期收益率，是指来自某种信用工具的收入的现值总和与其今天的价值相等时的利率水平。比如，投资者用V元投资于某种信用工具，n年后可一次得到R元的总收入，那么使这R元收入的现值PV等于当前投资的价值V的利率i，应该由公式$PV=\frac{R}{(1+i)^n}=V$来确定，即$i=\sqrt[n]{\frac{R}{V}}-1$。由此确定的利率就是该信用工具的到期收益率。由于到期收益率的概念中隐含着严格的经济含义，因此经济学家往往把到期收益率看成是衡量利率水平的最精确指标。下面我们将分别计算四种不同信用工具的到期收益率。

（1）简易贷款的到期收益率

对于简易贷款而言，使用现值概念，其到期收益率的计算是非常简单的。例如，一笔面额为100元的1年期贷款，1年后的偿付额为100元本金外加10元利息。显而易见，这笔贷款今天的价值为100元。根据到期收益率的概念，让贷款未来偿付额的现值等于其今天的价值：

$$100=\frac{100+10}{1+i}$$

$$i=\left(\frac{100+10}{100}-1\right)\times 100\%=10\%$$

从上面的计算过程可以看出，对于简易贷款而言，利率水平等于到期收益率。因此，i有双重含义，既代表简单利率，也代表到期收益率。如果以L代表贷款额，I代表利息支付额，n代表贷款期限，i代表到期收益率，那么：

$$L=\frac{L+I}{(1+i)^n}$$

（2）固定分期偿还贷款的到期收益率

对于固定分期偿还贷款而言，以固定利率的抵押贷款为例，在到期日贷款被完全清偿以前，借款人每期必须向银行支付相同金额，直至到期日贷款被完全偿付为止。因此，贷款偿付额的现值相当于所有支付金额的现值之和。

例如，一笔面额为1 000元的抵押贷款，期限为25年，要求每年偿付126元。

那么，我们可以按照下面的公式计算这笔贷款的现值，并使之与贷款今天的价值（1 000元）相等，从而计算出这笔贷款的到期收益率。

$$PV=\frac{126}{1+i}+\frac{126}{(1+i)^2}+\frac{126}{(1+i)^3}+\cdots+\frac{126}{(1+i)^{25}}=1\,000\text{（元）}$$

借助于利息查算表或袖珍计算器，我们可以知道这笔贷款的到期收益率为12%。把上述计算过程推广到一般情形，对于任何固定分期偿还贷款，如果L代表贷款额，R代表每期的支付金额，n代表贷款的期限，i代表到期收益率，那么我们可以得到下列计算公式：

$$L=\frac{R}{1+i}+\frac{R}{(1+i)^2}+\frac{R}{(1+i)^3}+\cdots+\frac{R}{(1+i)^n}=\frac{R}{i}\left(1-\frac{1}{(1+i)^n}\right)$$

（3）附息债券的到期收益率

附息债券到期收益率的计算方法与固定分期偿还贷款大致相同：使来自一笔附息债券的所有支付的现值总和等于该笔附息债券今天的价值。由于附息债券也涉及不止一次的支付额，因此，附息债券的现值相当于所有息票利息支付额的现值总和再加上最终支付的债券面值的现值。

例如，一张息票率为10%、面额为1 000元的10年期附息债券，每年支付息票利息100元，最后再按照债券面值偿付1 000元。其现值的计算可以分为附息支付的现值与最终支付的现值两部分，并让其与附息债券今天的价值相等，从而计算出该附息债券的到期收益率。

$$P_b=\frac{100}{1+i}+\frac{100}{(1+i)^2}+\frac{100}{(1+i)^3}+\cdots+\frac{100}{(1+i)^{10}}+\frac{1\,000}{(1+i)^{10}}=1\,000\text{（元）}$$

借助于袖珍计算器或利息查算表，我们可以知道这笔附息债券的到期收益率为10%。把上述计算过程推广到一般情形，对于任何一笔附息债券，如果P_b代表债券的价格，C代表每期支付的息票利息，F代表债券的面值，n代表债券的期限，i代表附息债券的到期收益率，那么我们可以得到附息债券到期收益率的计算公式：

$$P_b=\frac{C}{1+i}+\frac{C}{(1+i)^2}+\frac{C}{(1+i)^3}+\cdots+\frac{C}{(1+i)^n}+\frac{F}{(1+i)^n}$$

在上述公式中，附息债券的价格、每期支付的息票利息、债券的期限与面值都是已知的，把有关数据代入其中，即可得出到期收益率的数值。由于这种计算比较烦琐，人们常常通过袖珍计算器或利息查算表得出有关数据。

根据上述计算公式，如果一笔附息债券的C、F、n等是事先已知的，那么，显而易见债券价格与到期收益率i之间存在一定的关系。例如，一笔面值为1 000元、息票率为10%，期限为10年的附息债券的到期收益率见表4-2。

表4-2　面值为1 000元、息票率为10%、期限为10年的债券的到期收益率

债券价格（元）	到期收益率（%）
1 200	7.13
1 100	8.48
1 000	10.00
900	11.75
800	13.81

在这个例子里有以下三点值得注意：

① 当附息债券的购买价格与面值相等时，到期收益率等于息票率。让我们考虑以下两个不同的投资决策：A.将1 000元人民币存入银行，利率为10%，存款人每年提取100元利息，到第10年年底，同时提取利息和1 000元本金。B.以1 000元的价格购买上述面额为1 000元、息票率为10%、期限为10年的附息债券，其到期收益率也为10%。该债券的持有人每年都可以得到100元的息票利息，到第10年年底，债券发行人按照债券面值偿付1 000元本金。显而易见，这两个投资决策对投资人来讲是无差异的。这意味着购买该附息债券的到期收益率必定等于银行的存款利率，也等于债券的息票率。

② 当附息债券的价格低于面值时，到期收益率大于息票率；而当附息债券的价格高于面值时，到期收益率则小于息票率。

③ 附息债券的价格与到期收益率负相关。如果债券价格上升，到期收益率下降；反之，如果债券价格下降，到期收益率上升。这是显而易见的事实。如果到期收益率上升，债券价格计算公式中所有的分母都会增大，从而来自债券的附息支付额与最终支付额的现值之和必然减少，债券价格因此下降；反之，如果到期收益率下降，债券价格计算公式中所有的分母都会变小，从而来自债券的附息支付额与最终支付额的现值之和必然增加，债券价格因此上升。另一种解释是：较高的利率水平意味着债券未来的利息支付和最终支付在折成现值时价值较少，因此债券价格必定较低。

或者说，我们也可以举个特殊的例子来观察附息债券的到期收益率与息票利率之间的关系。假设某个附息债券是1年期的附息债券，则其到期收益率为$i=\frac{C+F-P}{P}$，而其息票利率为$\frac{C}{F}$。显而易见，当附息债券为等价债券（购买价格等于面值）时，到期收益率等于息票利率；当附息债券为折价债券（购买价格小于面值）时，到期收益

率大于息票利率；当附息债券为溢价债券时（购买价格大于面值）时，到期收益率小于息票利率。

（4）贴现债券的到期收益率

对于贴现债券而言，到期收益率的计算与简易贷款大致相同。例如，一张面额为1 000元的1年期国库券，其发行价格为900元，1年后按照1 000元的现值偿付。那么，让这张债券的面值的现值等于其今天的价值，即可计算出该债券的到期收益率：

$$900=\frac{1\,000}{1+i}$$

$$i=\frac{1\,000-900}{900}\times 100\%=11.1\%$$

把上述计算过程推广到一般情形，对于任何1年期贴现债券来讲，如果F代表债券面值，P_b代表债券的购买价格，那么债券到期收益率的计算公式如下：

$$i=\frac{F-P_b}{P_b}$$

从这个公式也可以看出，贴现债券的到期收益率与债券价格负相关。在上例中，如果债券价格从900元上升到950元，则到期收益率从11.1%下降到5.3%；反之，如果债券价格从900元下降到850元，则到期收益率从11.1%上升到17.6%。

2）利率与收益率的联系与区别

按到期收益率计算的债券利率，实际上反映的是债券的全部未来收益的贴现率，是债券的满期收益率，只与债券的期初买进价格有关，而与整个期间内的市场价格变化无关。因此，到期收益率是债券的内部报酬率，即由债券本身内在确定的收益率不受市场价格因素的影响。

我们将会看到，正是由于利率的内部报酬性，债券利率上升并不能使债券投资者获利。实际上，能够准确衡量在一定时期内投资人持有债券或其他有价证券究竟能够得到多少收益的指标是收益率，这是一种外部报酬率概念。

债券持有者可以在债券到期日之前将债券按当时的市场价格出售。投资者从买进债券到卖出债券的这一段时期，称为债券的持有期，简称持期。用P_b表示债券的买进价格，用P_s表示债券的卖出价格，用C表示持期利息（即在债券的持有期内投资者所能得到的债券利息），则投资者持有债券所得到的收益率r为：

$$r=\frac{C+P_s-P_b}{P_b}=\frac{\text{利息}+\text{资本利得}}{\text{购买价格}}$$

我们将这个指标r称为债券的收益率，或者更确切地称为持期收益率。

一般来讲，投资者在这一时期买进债券，到下一时期将债券卖出，从相邻两期之间债券的市场价格差价中获取利润。这样，假定投资者在时期t买进债券，到下一时期t+1卖出债券。再假定时期t内债券的市场价格为P_t，时期t+1内债券的市场价格为P_{t+1}，每一时期内债券的利息为C（比如息票债券的年息），则债券的收益率就为：

$$r=\frac{C+P_{t+1}-P_t}{P_t}=\frac{\text{利息}+\text{前后期价差}}{t\text{期购买价格}}$$

我们把上式分解为两项：第一项是当期收益率$r_c=\dfrac{C}{P_t}$，第二项是资本利得率

$g=\frac{P_{t+1}-P_t}{P_t}$。因此，债券收益率是当期收益率与资本利得率之和：

$$r = r_c + g$$

利率上升，意味着债券的后期价格低于前期价格（即 $P_{t+1}<P_t$），于是资本利得率 g 变为负值。由于 r_c 是根据前期价格 P_t 计算的，所以利率上升对于计算收益率中的当期收益率 r_c 没有影响。这样一来，利率上升意味着债券价格下降，从而收益率下降，甚至出现负的收益率。这就证明了我们的断言：债券利率上升并不能使投资者获利。

另外需要说明的一点是，不同类型信用工具或者同类型信用工具由于风险级别的差异，所要求的到期收益率是不同的。这说明信用工具的风险特征已暗含在到期收益率中，要求的到期收益率越高，意味着风险级别越高，反之亦然。

4.5 利率的决定及影响因素

4.5.1 利率决定理论

1）马克思利率理论

按照马克思的观点，利息是剩余价值的一种分割。而利息率就是借贷双方同意的作为1年内或任意一个或长或短的时期内利用一个定额货币资本的代价来接受借款或贷款的比例金额。因此，马克思认为，利息是由利润调节的，确切些说，是由一般利润率调节的。“不管怎样，必须把平均利润率看成是利息的有最后决定作用的最高界限。”①

以单纯取得利息收入为目的、用于贷放的货币资本即为生息资本，它的运动只是一种有偿让渡运动，也就是说，它必须带有一个增值的货币额即利息回流。因此，利息率的最低限度应该大于零。

马克思认为，平均利息率应该根据利息率在大工业周期中发生变动的平均数和那些资本贷出时间较长的投资部门中的利息率来计算。而市场利息率则完全由供求关系直接地、不通过任何媒介决定。当平均利润率提高时，资本家投资动机会变得强烈起来。营业的扩展自然增加对货币的需求，当货币供给量一定时，货币需求增加，利率就要提高；在相反的情况下，即平均利润率下降，资本家投资动机减弱，货币需求下降时，利息率也要随之下降。

总的来说，马克思的利率理论分析了自由竞争时期资本主义条件下市场利率决定和变动的一般规律以及利率变动的影响因素。因为当时资本主义国家政府在对经济的运行调节方面还没有进入角色，所以，受这种客观条件的局限，马克思并没有把利率提高到对经济运行控制和调节的高度来分析利率决定和职能等问题。

---

① 马克思．资本论：第3卷［M］．中共中央马克思恩格斯列宁斯大林著作编译局，译．北京：人民出版社，1975：403.

2）古典学派的真实利率理论

古典学派的真实利率理论也称储蓄投资理论，它建立在萨伊法则和货币数量论的基础上，认为工资和价格的自由伸缩可自动地达到充分就业。在充分就业的水平下，储蓄与投资的真实数量都是利率的函数。该理论认为，投资流量会因利率的提高而减少，储蓄流量会因利率的提高而增加。所以，投资是利率的递减函数，储蓄是利率的递增函数。利率水平高低就取决于投资与储蓄的交互作用，这种关系可以用图 4-1 表示。

图 4-1 中 I 为投资曲线，该曲线向下倾斜，表示投资与利率水平之间是负相关关系，利率上升则投资量下降，利率下降则投资量上升。S 为储蓄曲线，该曲线向上倾斜，表示储蓄与利率之间是正相关关系。利率提高则储蓄增加，利率下跌则储蓄减少。古典学派的利率决定理论的核心是"储蓄=投资"，即 $S = I$。在图 4-1 中，储蓄曲线与投资曲线的交点决定了均衡利率水平 r_0。如果某些因素引起边际储蓄倾向提高，则 S 曲线右移到 S' 曲线位置，S' 曲线与 I 曲线的交点 r_1 即为新的均衡利率。同时，如果某些因素引起边际投资倾向提高，I 曲线向右平移形成 I' 曲线，则 I' 曲线与 S 曲线的交点即为新的利率均衡点 r_2。

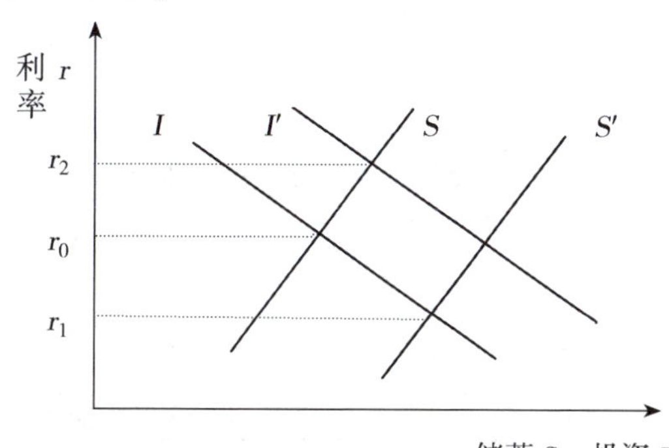

图4-1　古典真实利率理论

古典学派的储蓄投资决定利率的理论，强调了实质因素储蓄和投资对利率的影响，但忽略了货币数量变动对利率的影响。

3）流动性偏好利率理论

凯恩斯建立和发展了一种通过货币的供求关系来分析利率的决定机制的理论框架，称为流动性偏好理论。

凯恩斯把人们用来储藏财富的资产分为两类：货币和债券。在这个假定下，凯恩斯认为经济中的财富总量等于经济中的债券总量与货币总量之和，即等于债券的供应量 B_s 与货币的供应量 M_s 之和。由于人们购买资产的数量受到所拥有的财富总量的限制，因此人们愿意持有的债券数量 B_d 与愿意持有的货币数量 M_d 之和也必须等于财富总量，B_d 即为债券需求量，M_d 即为货币需求量。这样，就得到如下等式：

$$M_s + B_s = M_d + B_d$$

把有关债券的项全部放到左边，有关货币的项全部放到右边，则上述等式可改写为：

$$B_s - B_d = M_d - M_s$$

$B_s - B_d$为债券的超额供应，是过多供给的债券数量，人们没有持有它们。$M_d - M_s$是货币的超额需求，是人们愿意过多持有的货币数量。该等式说明，经济中过多供给的债券数量等于人们愿意过多持有的货币数量。

由等式可知，如果货币市场处于均衡状态，即货币需求M_d等于货币供给M_S，那么债券的超额供应为零，即债券供给等于债券需求，债券市场也处于均衡状态。同样，如果债券市场处于均衡，那么货币市场也就处于均衡之中。这样一来，通过让债券供求相等来决定利率，与通过让货币供求相等来决定利率，就没有什么区别。

凯恩斯在收入水平既定的前提下讨论货币供求决定利率的问题。凯恩斯货币需求理论从持有货币的动机角度出发，提出人们持有货币的原因是基于交易动机、预防动机和投机动机，基于交易动机和预防动机的货币需求是关于收入的增函数，而基于投机动机的货币需求则是关于利率的减函数。因此，凯恩斯将货币需求作为收入Y和利率i的函数，与收入同向变动，与利率反向变动。这里，利率是指债券的利率。现在，由于假定收入既定，因此货币需求就只是利率的函数：$M_d = M_d(i)$，收入只是决定了货币需求曲线的位置。根据货币需求量同利率之间的反向变动关系，货币需求曲线向右下方倾斜（如图4-2所示）。

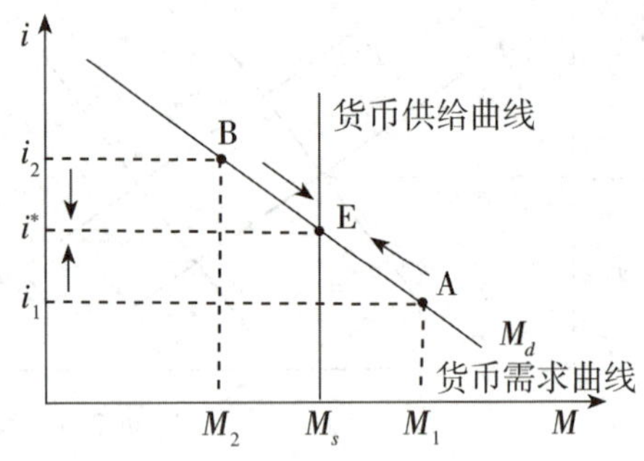

图4-2　货币供求决定利率

凯恩斯还假定，经济中的货币供应量是由中央银行直接控制的。由于收入既定，货币供应量总量便是一个不随利率变化而变化的量，设中央银行控制下的货币供应量为M_s，则货币供应函数是常值函数：$M_s(i) = M_s$，从而货币供应曲线是一条垂直于横轴的直线（如图4-2所示）。

如果在当前利率下存在着货币的超额需求，即需求大于供给，货币供不应求，那么在市场力量的推动下利率将要上升，使货币需求量减下来（债券价格下降，人们将增加对债券的购买量，从而使人们持有的货币数量减少）。反映在图4-2中，点A向点E的方向靠近，利率i_1上升。相反，如果当前利率下存在货币的超额供给，即货币供过于求，那么市场力量又会推动利率的下降，使货币需求量增加（债券价格上涨，人们将出售持有的债券，从而使人们的货币持有量增加），反映在图4-2中，点B向点E的方向靠近，利率i_2下降。

货币持有量的这种变动过程，在达到图4-2中E点所表示的需求量等于供给量的状态时停止下来，利率的变动也就随之停止下来。此时，市场交易才最终达成（因为非此时刻，利率处于不断变动之中，交易双方仍在商定利率）。可见，货币需求与货币供给相等是货币市场的一种相对静止的均衡状态，是使市场利率最终得以确定下来的状态，称这种状态为货币市场均衡，相应的利率就是均衡利率。所以，方程$M_d(i) = M_s$的解i^*就是通过货币供求所确定的市场利率，即均衡利率。

凯恩斯在他的利率决定理论中还提到了“流动性陷阱”假说。他认为，当货币当局持续增加货币供给从而导致利率下降至一个很低的范围之内时，多余的货币供应就有可能退出流通领域被人们贮藏起来，而利率也失去了作为货币调节工具的作用了。

4）可贷资金利率理论

凯恩斯的“流动性偏好”和货币数量决定利率水平的理论在20世纪30年代后期遭到了瑞典学派的俄林和凯恩斯早年在剑桥大学任教时的学生罗勃逊的批评。俄林和罗勃逊提出了“可贷资金论”，可贷资金模型经常被经济学家和金融分析家用于利率的预测。在此模型中，利率被定义为取得借款权或可贷资金使用权而支付的价格。借款者（社会上的负债消费方）发行债权，为超出当前他们收入或手中资金的那部分支出融资。这些债权构成了借款人对可贷资金或者信贷的需求。在市场的另一面，贷款者试图购买金融债权，也就是向市场提供可贷资金。表4-3列出了可贷资金的供给与需求的来源。

表4-3　可贷资金供给和需求的来源

供给来源	需求来源
个人储蓄	消费者信贷购买
商业储蓄	企业投资
政府预算盈余	政府预算赤字
货币供给的增加	国外向本国的借款
国外向本国的贷款	

从表4-3可以看出，家庭、企业、政府部门以及国外实体构成了可贷资金市场的供求双方。家庭通过个人储蓄成为可贷资金的主要来源，但同时，家庭也通过消费者信贷购买和房屋抵押贷款等方式成为资金的需求者。企业储蓄也是可贷资金的一个来源途径，但同时，企业对厂房、设备以及存货的投资又产生了对可贷资金的需求。中央政府和地方政府以购买债券或其他的支付方式向市场注入闲置资金提供可贷资金的供给，而另一方面，政府的预算赤字又产生了对可贷资金的需求。最后，国外贷款也是一种资金来源，而国外借款则意味着对本国资金的需求。

如果我们以净额为基础考察可贷资金市场的话，将发现可贷资金的需求者（债务工具的发行者）通常包括政府、市政以及商业企业。而这些债权的纯买入者（资金供给者）主要包括家庭和国外贷款者。

就像市场上小麦的供求数量取决于小麦的价格一样，可贷资金的供求数量也取决于可贷资金的价格——利率。这一原理可用图4-3表示。在图4-3中，S_{LF}和D_{LF}分别表示对可贷资金的供给和需求曲线。这些曲线的形状（斜率）可以直观地通过反映各个资金供求来源的利率估算来解释。

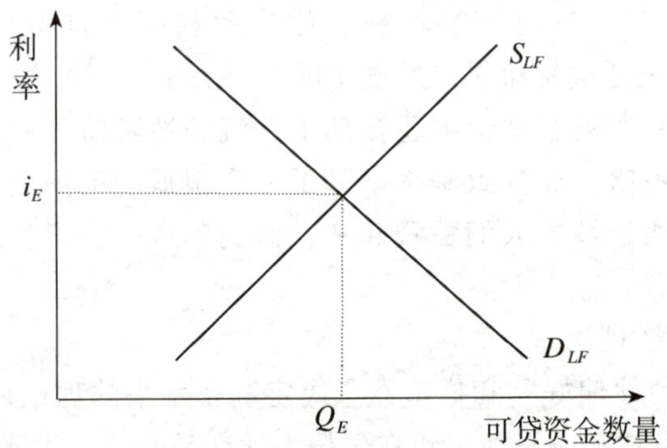

图4-3　可贷资金的供给和需求与利率的关系

可贷资金供给曲线S_{LF}是一条向上倾斜的利率函数曲线。古典经济学家认为，利率是对放弃当前消费转而进行储蓄这种行为的一种激励。作出储蓄的决定，意味着个体以未来的消费替代当前的消费。利率越高，未来消费的数量越多，这是通过放弃当前消费而储蓄获得的。因此，高利率有助于克服人的时间偏好——对当前消费的偏好超过对未来消费的偏好的特性，并由此而鼓励储蓄。

通常来看，经济学研究没有发现储蓄对利率的变化有极强的反应。就其本身而言，这种发现可能意味着供给曲线更陡或接近垂直，而其他因素的作用使资金供给的数量对利率变化产生反应。比如，货币供应可能直接随利率而改变，因为随着利率的上升，银行愿意提供更多的贷款。此外，一国利率上升可以把外部资金吸引到该国的金融市场中，因为巨大的金融游资可以为了获得较高的收益率而不断地从一国转移到另一国，因此S_{LF}曲线是向上倾斜的。

可贷资金的需求曲线是向下倾斜的，这是因为利率下降将刺激融资项目的支出。此外，如果其他因素不变的话，一国的低利率将通过借款购买耐用品、新房屋，向厂房、设备、存货以及非本地不动产的投资等方式增加外国人对该国的借款。

利率则由可贷资金供求曲线的交点决定。

这种理论的优点是既兼顾了实质因素储蓄和投资，又同时运用了流量和存量分析方法（如图4-4所示）。

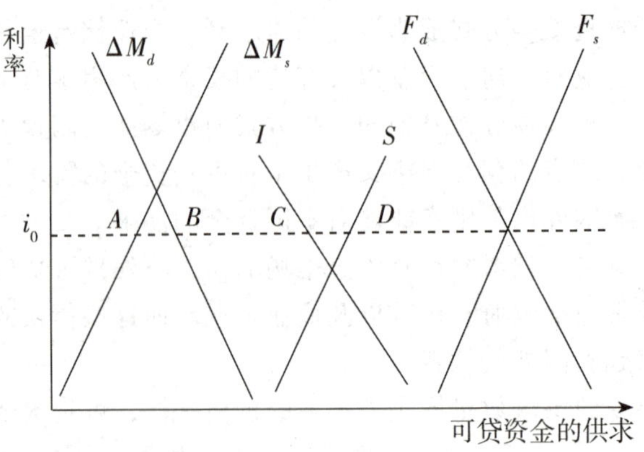

图4-4　俄林-罗勃逊可贷资金供求决定利率曲线

图4-4中的F_d为可贷资金的总需求，I为当前投资与固定资本重置和补偿的总和，ΔM_d为现金新增累积和窖藏量。根据定义，$F_d = I + \Delta M_d$。F_s为可贷资金总供应，S为当前储蓄和过去储蓄的总和，ΔM_S为银行体系所创造的新增货币，则$F_s = S + \Delta M_S$。F_d和F_s相交点的利率水平i_0虽然表面为可贷资金供求均衡所决定的利率，但这并不表示一定是$I = S$和$\Delta M_d = \Delta M_S$。如图4-4所示，ΔM_d大于ΔM_S，其差额为AB；S大于I，其差额为CD，但由于AB和CD相等，故F_d与F_s相等。但在货币市场和商品市场中，若求大于供($M_d > M_s$)或供大于求($S > I$)，那么很明显，对国民所得和国民经济活动就会产生收缩性的压力，在这种情况下，利率也不会保持稳定。只有将所得与国民经济活动调整至货币供求和实物供求同时平衡时，一个稳定的均衡利率才能建立。

4.5.2　影响利率的主要因素

1）平均利润率

当企业从银行和其他金融机构借入资金从事生产经营后，所得利润必须分为两部分：一部分以利息形式支付给银行和其他金融机构，作为使用借贷资金的代价；另一部分作为企业的利润。一般而言，随着一国市场机制的作用和以及价格体系的调整和完善，企业间利润率的差距将会逐渐缩小而出现平均化的趋势，因此企业所支付的利息率必然以平均利润率作为最高界限，如果利息率超出这一界限，就会使企业运用借入资金所生产的利润等于零或小于零，企业就不会再从金融机构借入资金了。至于利息率最低可到什么程度，则没有一个确切的界限，但一般不会等于零。

2）通货膨胀预期

在预期通货膨胀率上升期间，利率水平有很强的上升趋势。而当预期通货膨胀率下降时，利率水平也将下降。可贷资金模型可以解释这种现象。假设几年来通货膨胀相对温和，在这种情况下，可贷资金的供给和需求曲线以图4-5中的S_{LF}^1和D_{LF}^1表示，均衡点为A，均衡利率为i_1。

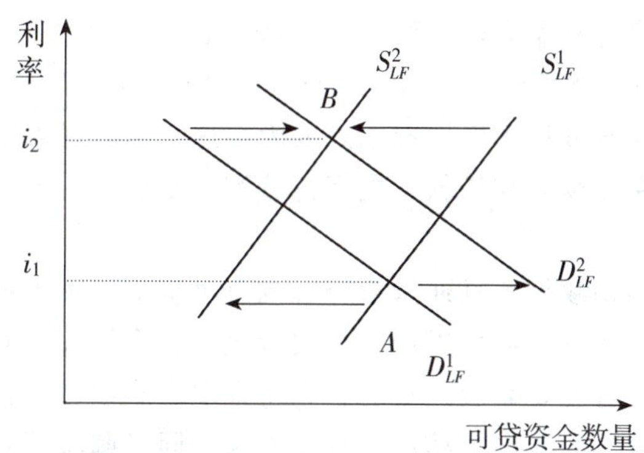

图4-5　通货膨胀预期和利率

现在假设通货膨胀率每年都有所上升，而且公众预期这种高通货膨胀仍将持续一段时间。在这种情况下，我们将证明可贷资金的供给曲线会向左移动，需求曲线则向右移动，均衡利率水平会上升。

对持续通货膨胀的预期将减少可贷资金的供给，使供给曲线从S_{LF}^1向左移动到

S_{LF}^2。由于预期本金的实际价值将很快遭受损失，所以图4-5中各种利率水平上愿意贷出的货币数量减少。贷款者会考虑选择贷款的替代方式投资。有些贷款者可能会选择购买普通股股票、黄金和其他贵重金属、不动产或其他被认为能比债务工具更有效地抵御通货膨胀的资产。由于这些原因，可贷资金的供给减少（向左移动）。在任意给定的利率水平下，预期通货膨胀率上升了，贷款变得没有吸引力了。

同时，预期通货膨胀率的上升也增加了对可贷资金的需求。在各种利率水平下，由于借款的意愿增大，需求曲线从D_{LF}^1向右移动到D_{LF}^2。这是因为用借来的资金购买的商品或资产的价格或名义价值预期将随通货膨胀率的上升而升高，而借款本金的名义价值则不会变。或者也可以说，用借贷资金建设的项目或购买商品的实际价值在通货膨胀期间保持不变，而实际的债务负担却减少了。因此，预期通货膨胀率上升将导致在每一个可能的利率水平上的房屋开工率上升、房屋信贷购买增加，对厂房、设备和存货的投资增多。所以，在预期通货膨胀率上升时，图4-5中的可贷资金的需求曲线会向右移动。

由于预期通货膨胀率上升，使可贷资金的供给减少而需求增加，所以均衡点移到了图4-5中的B点，可贷资金的均衡价格即利率升高。假设存在一个不受控制的竞争性的金融市场，图4-5中的利率将从i_1上升到i_2。预期通货膨胀率变化引起利率水平发生变动的效应被称为费雪效应（Fisher effect），它是以最先发现利率和预期通货膨胀率之间联系的美国经济学家费雪（Irving Fisher）命名的。

费雪效应指出了名义（实际）利率与预期通货膨胀率有如下关系：

$$i = r + \beta p^e$$

式中：i为名义利率；r为实际利率，即通货膨胀为零时的利率；p^e为预期通货膨胀率；β为名义利率相对于预期通货膨胀率变化调整的系数。

如果实际利率(r)保持恒定而β等于1，则名义利率(i)的变动将完全取决于预期通货膨胀率(p^e)的变动。费雪假说的激进派认为β值等于1，也就是说利率与预期通货膨胀率按1∶1的方式变动。费雪假说的保守派仅认为β值是正的并有重要作用——亦即预期通货膨胀率对利率有较大影响。比如，若实际利率(r)保持恒定且为2%，而预期通货膨胀率从3%增至8%，那么在费雪假说的激进派看来，名义利率将从5%上升到10%。这被称为通货膨胀中性现象。因为在这一实际现象中，利率的上升中和了高通货膨胀使财富在贷款人和借款人之间再分配的影响。

3）中央银行政策

中央银行运用某些政策工具通过银行影响可供贷款。由于银行贷款是可贷资金供给的重要组成部分，所以我们可以把中央银行政策看作能够引起可贷资金供给曲线移动的因素。当中央银行想要刺激经济时，它将采取措施以鼓励银行增加可供贷款的数量。这时可贷资金供给曲线向右移动，利率下降，同时刺激了对利率敏感项目如房地产、企业厂房和设备的支出。当中央银行要限制经济活动时，它将采取迫使银行收回贷款的措施，这时可贷资金供给曲线向左移动，利率上升，家庭和企业支出受到抑制。

一般来说，中央银行货币政策对短期利率的影响作用大于对长期利率的影响，长期利率主要受预期通货膨胀的影响。当中央银行首先向银行注入资金以刺激银行贷款增加并降低利率时，大部分效果显示短期利率将发生变化。由于货币供应量增加将提高预期的通货膨胀，费雪效应可能会导致长期利率的上升。在金融市场与通货膨胀预期高度相关的时代，人们不能相信中央银行有能力通过相应的政策措施显著降低长期利率。

4）商业周期

利率的波动表现出很强的周期性，在商业周期的扩张（繁荣）阶段上升而在经济紧缩（衰退）阶段下降。在经济扩张期，随着企业和消费者借款增多，对资金的需求迅速上升。此外，通过费雪效应拉升利率的通货膨胀压力增加，而且中央银行可能采取措施限制可供资金以抵消随经济增长而产生的通货膨胀。这三种力量都将推高利率水平。在商业衰退期，则会发生相反情况。随着企业和消费者缩减支出，对资金的需求下降，通货膨胀压力减轻，中央银行也开始增加可贷资金供给，而这三种力量合起来又降低了利率水平。

事实上这一过程可能更为复杂一些。在复苏的初期——第一年或第二年，使利率升高的动力是比较温和的。随着企业借款，增加存货和增加运营资本，可能使信贷需求有所增加，市政发行债券数量也会增加。但这几种因素使利率在经济复苏的第一年或第二年在低位徘徊甚至继续下降。由于税收增加，政府赤字减少。在可贷资金市场的供给方面，失业人数减少和工资收入增长使个人储蓄增加，企业盈利和利润留成也有利于经济扩张。可是，在循环扩张的初期，由于经济上仍然存在着相当多的失业和过剩的生产能力，所以中央银行可能通过采取鼓励刺激的货币政策措施增加货币供应量。最后，通货膨胀预期在复苏的初期降至低点，因此，在复苏的第一年或第二年使利率上升的动力非常小。

在循环扩张的后半段，促使利率上升的动力增加。由于生产能力利用率提高，以及对销售和盈利健康增长的乐观情绪使企业投资（以及当前对资金的需求）达到高潮。消费者的信心也随着失业的减少、工作稳定性增大而大增，这会导致房屋信贷购买增多进而增加对可贷资金的需求，央行可能开始采取措施减少资金的供应。最后，在经济扩张的后期，预期通货膨胀随着通货膨胀的压力达到顶峰而急剧上升。所有这些不利因素都超过了个人和企业储蓄的持续增长以及政府预算赤字下降的有利影响，因此，利率得以在循环扩张的后期强劲上升。

5）借贷资金供求状况

如上所述，利息率的界限在零和平均利润率之间，这只是说利息率一般可以在这个界限内取值，并不能确定某一时期具体的市场利息率。在利率市场化条件下，市场利息率一般是在借贷资金市场上由资金的供求双方协商确定，在这一过程中，资金的供求状况就起着决定作用。在通常情况下，借贷资金供大于求，则对借者有利，可争取到较低的贷款利率；反之，在借贷资金供不应求时，则借者处于不利地位，贷者提出较高的贷款利率，在资金难求之时，借者也只能接受高利率的贷款；当借贷资金市场供求平衡时，则“习惯和法律传统等等都和竞争本身一样，对它的决定发生作用”[①]，而在一段时间内形成了市场的均衡利率。

6）政府预算赤字

很明显，如果其他因素不变，政府预算赤字增加则利率上升。政府借款增加意味着可贷资金需求曲线右移，如果其他因素不变，利率一定升高。而且较大的预算赤字可能引起通货膨胀预期，进而由费雪效应拉动利率上升。

多数经济学家赞同预算赤字增加将导致利率上升这一观点。但在专业学术领域，对这种观点也有不同意见：至少在20世纪80年代以前有一段时期，没有任何证据可以证明利率与预算赤字之间存在正相关关系（这其中有部分原因可能是由于20世纪80年代以前的预算赤字比现在小得多）。那些不相信预算赤字能显著影响利率的经济学家提出了两种支持他们观点的解释：其一是可贷资金具有世界范围的市场；其二是预算赤字增大的趋势刺激了国内私人储蓄率上升。

近十年来，各国的金融市场逐渐连成一体，并成为世界范围的大市场。如果一国的利率开始随该国借款增加而上升，那么为满足政府需求的可供资金的数量也将随外国机构增加对该国的贷款而增多。换句话说，该国可贷资金供给曲线相对利率被认为是完全弹性的——几乎水平。这种敏感的供给曲线使得由于政府借款增加导致该国利率上升的压力非常有限。

另外，假设公众是“向前看的”并且认识到今天增多的预算赤字预示着未来的高税收或低生活水平，为了防止自己和后代在未来勒紧裤带，他们增加了当前的储蓄。这种情况下，可贷资金的供给曲线右移，趋向于中和由于政府资金需求增加而对利率产生的影响。如果存在合理的行为和预期的话，利率将不受预算赤字增大的影响。

7）国际利率水平

随着各国经济对外开放程度的提高，国际利率水平的高低对一国利率也开始产生影响。这种影响是通过下述两条渠道实现的：

一是国际信贷渠道。在国际金融市场利息率较低的条件下，一方面，银行等金融机构从国际金融市场上筹资成本较低，从而使其能够以较低的利息率发放贷款；另一方面，某些大企业也可在国际金融市场上直接筹措资金，缓解国内资金供不应求的矛盾，这必然会带动国内利息率向着国际金融市场上的利率水平回落。而在国际金融市场利息率高于国内利息率的条件下，无论银行还是企业都会减少从国际金融市场上筹措资金的数量，而把资金筹措的主要力量放在国内，从而使国内资金供不应求。在国内资金供不应求的压力下，国内利息率必然会逐步接近国际金融市场的利息率水平。

二是国际贸易渠道。例如，在国际金融市场利率高于国内贷款利率的条件下，出口企业会把一些可以即期结汇的交易做成远期结汇交易，这实际上等于出口企业向外国进口商提供了一笔贷款，外国进口商会在出口商品价格中，根据国际金融市场的利息率水平增加的方式付息，出口企业可以从国际金融市场和国内利率水平的差异中获

① 马克思．资本论：第3卷［M］．中共中央马克思恩格斯列宁斯大林著作编译局，译．北京：人民出版社，1975：408.

利，但国家的大量资金却被外商占用。因此，国家在制定和调整利息率时，也不能不考虑国际利率水平的影响。

除了以上宏观经济因素之外，一些微观因素也会影响到利率的变化。利率风险结构解释的是期限相同的债券具有不同收益率的原因，违约风险、流动性风险越大，意味着给予金融资产的风险溢价越高，则利率水平相对越高，反之亦然。利率期限结构解释了为什么期限不同的债券收益率存在差异，期限长短也是影响利率变化的重要原因。除此之外，还有一些如税收待遇、嵌入某些特殊条款都会影响到金融资产利率的变化。如美国市政债券是免税的，导致人们投资该类债券的预期收益放大，进而需求增加，推动该类债券价格上升，收益率下降，结果该类债券的收益率反而比同期美国国库券的收益率低。再比如，在一般债券中嵌入可转换条款，给予债券投资人在一定条件下可以将手中债券转化成公司股权的权利，导致可转换债券比一般债券的价格高，而收益率更低。

启智增慧 4-1

金观平：持续深化利率市场化改革

经世济民 4-2

“关键一招”开新局丨从一个关键利率透视金融领域核心改革

利率是资金的价格，决定着资金的流向。可以说，利率市场化是经济金融领域最核心的改革之一。

从贷款利率“两轨合一轨”，到LPR（贷款市场报价利率）机制持续完善、报价行不断扩容……我国利率市场化改革抓住贷款利率这一“牛鼻子”，引导实体融资利率下行，金融服务实体经济质效提升。

“两轨合一轨”意义重大

当下，企业、居民与银行签订的绝大多数贷款合同，贷款利率都由对应期限LPR加点或减点的形式约定而成。时间回溯到五六年前，LPR还远没有今天这么为大部分人所熟知。

实际上，我国金融体系以银行为主，银行贷款是社会融资最重要的渠道。在LPR形成机制改革之前，虽然伴随利率市场化不断推进，我国的贷款利率上、下限已经放开，但银行贷款定价仍主要参考贷款基准利率。

贷款基准利率由中央银行确定并宣布，具有较强行政色彩，不能及时反映市场利率变化趋势，用业内人士的话说，存在贷款基准利率和市场利率并存的“利率双轨”问题。特别是个别银行通过协同行为以贷款基准利率的一定倍数设定隐性下限，对市场利率向实体经济传导形成了阻碍，是市场利率下行明显但实体经济感受不足的一个重要原因。

2019年8月17日，中国人民银行宣布启动改革完善贷款市场报价利率（LPR）形成机制。“改革后，所有贷款定价均需锚定LPR。从报价规则看，LPR为政策利率，即MLF（中期借贷便利）加点形成，贷款利率则参考LPR加点定价。其中，MLF为市场招标形成，LPR加点及贷款利率加点部分分别由报价行及各家银行自主决定，市场化程度更高。”中国银行研究院研究员梁斯表示。

业内人士认为，LPR市场化程度更高，更能发挥对贷款利率的引导作用，促进贷款利率“两轨合一轨”。

以改革促利率下行成效明显

LPR形成机制改革完善以来，我国利率传导机制进一步打通，“政策利率（MLF）→市场基准利率（LPR）→市场利率（贷款利率）”传导的利率体系基本建立，金融机构发放贷款利率与LPR同向联动。

梁斯表示，LPR已逐步取代贷款基准利率成为商业银行FTP（内部转移定价机制）的主要参考基准，商业银行FTP市场化程度不断提升。

在LPR改革带动下，金融机构信贷利率持续下降，企业融资成本连创新低。

这从以下数据可见一斑：2024年6月20日，最新一期LPR为1年期LPR3.45%，5年期以上LPR3.95%，比2019年8月20日的4.25%和4.85%分别下降80个和90个基点。今年5月，新发放企业贷款和个人住房贷款利率分别在3.7%和3.6%左右，分别较LPR改革前下降约1.6个和1.9个百分点。

业内人士认为，我国企业和个人住房贷款利率已进入“3”时代，与国际主要经济体相比，处于较低水平，为推动经济回升向好营造了良好的利率环境。“融资成本近两年呈下降趋势，减轻了企业财务负担，有助于生产经营的恢复和扩大生产。”陕西宝鸡市鑫诺特材股份有限公司财务负责人曹一帆表示。

市场化程度将进一步提升

时至今日，LPR形成机制还在不断完善之中。今年1月，中国人民银行指导利率自律机制对场内外LPR报价行进行了考核，并根据考核结果调整了LPR报价行，报价行总数由18家升至20家。

在业内人士看来，这一举措意味着LPR报价行覆盖面进一步扩大、LPR报价的基准性进一步提升。“未来可考虑进一步适当增加报价银行数量，将报价银行提高到24家，从而降低单个报价银行报价的权重。”招联首席研究员董希淼表示。

展望未来，作为利率市场化改革的重要组成部分，LPR形成机制将继续朝着更加市场化的方向发展，更加真实地反映市场供求关系。

中国人民银行行长潘功胜不久前在陆家嘴论坛上表示，持续改革完善贷款市场报价利率（LPR），针对部分报价利率显著偏离实际最优惠客户利率的问题，着重提高LPR报价质量，更真实反映贷款市场利率水平。

梁斯认为，LPR报价质量的改善依赖于市场化程度的稳步提升，这需要报价行进一步做好自身的资产负债管理，更加充分反映自身资金成本、市场供求、风险溢价等因素，以不断改善报价质量，提供更加准确的利率信号。

董希淼也表示，下一步，应以服务实体经济为出发点，继续深化利率市场化改革，创新政策工具，加强宏观审慎管理，提升货币政策的前瞻性、有效性和精准性，逐渐由相机抉择过渡到规则式调控，促进金融调控体系更加科学稳健，更好地服务经济持续回升和高质量发展。

资料来源：张莫．“关键一招”开新局丨从一个关键利率透视金融领域核心改革［N］．经济参考报，2024-07-09．

本章小结

信用作为一种体现特定经济关系的借贷行为，是在原始社会末期商品经济发展到一定阶段的产物。信用的发展到目前为止大致经历了这样四个阶段：尚未工具化的信用阶段，尚未流动化的信用阶段，流动化的信用阶段，电子化、网络化与信用制度相结合的阶段。

信用制度，是为约束信用主体的行为而形成的一系列的规范和准则以及围绕产权、使用权问题的相关的合约和制度安排。信用的形式主要有高利贷信用、商业信用、银行信用、国家信用、消费信用、国际信用。信用工具是资金供应者和需求者之间进行资金融通时所签发的、证明债权或所有权的各种具有法律效用的凭证。

利息是借款人支付给贷款人的报酬，利息率则是指一定时期内利息额和本金额的比率，实际利率就是名义利率剔除通货膨胀因素以后的真实利率。利率体系是指一个国家在一定时期内的各种利率按一定规则构成的复杂系统，包括中央银行再贴现率与商业银行存贷利率、拆借利率与国债利率以及一级市场利率与二级市场利率三部分。

货币的时间价值涉及现值、终值和贴现的概念。现值是指未来某一时间的终值在现在的价值，可见它与终值正好相反。到期收益率是指使得来自某种信用工具的收入的现值总和与其今天的价值相等时的利率水平，它通常是衡量利率水平的最精确指标。不同信用工具的到期收益率的计算方法也不尽相同。

较为著名的利率决定理论主要有马克思利率理论、古典学派的真实利率理论、流动性偏好利率理论、可贷资金利率理论和IS-LM利率决定模型。通常影响利率的主要因素包括平均利润率、通货膨胀预期、中央银行政策、商业周期、借贷资金供求状况、政府预算赤字以及国际利率水平等。

关键概念

信用　信用制度　商业信用　银行信用　国家信用　消费信用　本票　汇票　支票　信用卡　股票　长期债券　利息　利息率　名义利率　实际利率　固定利率　浮动利率　现值　到期收益率　费雪效应

综合训练

1.阐述信用的基本概念及其产生的原因和历经的各个发展阶段。

2.如何对信用制度进行描述?

3.简述信用形式的种类及其特点。

4.信用工具是如何进行分类的?

5.关于利息的起源和本质，马克思和西方经济学派分别是如何论述的?

6.计算利息率的公式和利息率的种类有哪些?

即测即评4

综合训练参考答案4

7.阐述利率体系的内容。

8.简易贷款、固定分期偿还贷款、附息债券和贴现债券的到期收益率分别是如何计算的？

9.论述利率决定理论的内容。

10.影响利率的主要因素有哪些？

第5章

商业银行

牢记嘱托

要构建多层次、广覆盖、有差异的银行体系。大中型银行等金融机构是金融服务的主力军，要端正发展理念，坚持以市场需求为导向，积极开发个性化、差异化、定制化金融产品。

——习近平2019年2月22日在十九届中央政治局第十三次集体学习时的讲话

目标引领

价值塑造

明确“深化金融供给侧结构性改革”及“金融要为经济社会发展提供高质量服务”的内涵，思考商业银行的社会责任与金融从业者的职业操守。

知识传授

阐释商业银行的内涵，分析商业银行的特征与功能，识别商业银行的资本业务、负债业务、资产业务及表外业务，解释商业银行业务经营原则，归纳总结商业银行管理理论及其发展。

能力培养

关注商业银行发展动态，通过查阅商业银行财务报表，分析商业银行资产、负债、资本等业务内容；具备敏锐的金融风险分析与识别能力，注重经济金融稳定与可持续发展。

思维导图

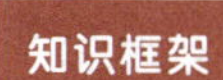

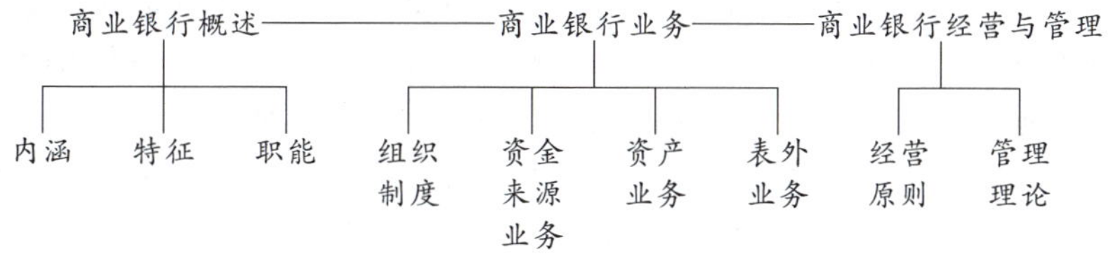

现实问题
相关政策
国家战略

“做好科技金融、绿色金融、普惠金融、养老金融、数字金融五篇大文章”

开篇导读

外来文化进入中国，有一个本土化、中国化的过程。这个过程既是一个接收的过程，也是一个改造的过程；既是一个传播的过程，也是一个碰撞的过程。银行及其文化也没有例外。银行是舶来品，钱庄、票号才是中国的土特产。但bank译为“银行”，体现了十足的中国传统。从1845年第一家外资银行——丽如银行进入中国，到1897年第一家中资银行——盛宣怀创办的中国通商银行的诞生，足足花了半个世纪的时间！

资料来源：弘毅．银行历史——银行哲学要义之一［J］．中国金融，2020（11）．

作为最传统、最典型的金融机构，商业银行在绝大多数国家和地区的金融体系中均居于主导地位。在微观金融领域，商业银行充当间接融资的中介；在宏观金融领域，商业银行发挥信用创造功能。本章首先阐述商业银行的产生与发展、特征、职能、经营原则，然后分析商业银行的资本业务、负债业务、资产业务和表外业务，最后从流动性、负债、资产、资本四方面探讨商业银行管理。关于商业银行的存款创造功能，我们将在货币供给这一章进行阐述。

5.1 商业银行概述

5.1.1 商业银行的产生与发展

商业银行是以获取利润为经营目标，以多种金融资产和金融负债为经营对象，具有综合性服务功能的金融企业。在各类金融机构中，商业银行是历史最为悠久、业务范围最广泛、对社会经济生活影响最大的一种。

1）商业银行的产生

商业银行起源于古老银钱业，早期银行的萌芽起源于文艺复兴时期的意大利。14世纪至15世纪的欧洲，社会生产力有了较大的发展，各国与各地区之间的商业往来也相应扩大。由于当时不同国家和地区使用的货币的名称、成色等方面存在很大的差异，对这些货币进行真伪的识别和兑换就成为商业活动中不可或缺的一个组成部分，货币兑换业务和货币兑换商应运而生。中世纪的威尼斯是著名的世界贸易中心，货币兑换业务不断发展，兑换商除了为商人办理货币兑换，还为商人保管暂时不用的货币，进而接受他们的委托，代理支付与兑换。由于保管、兑换业务的扩张，货币兑换者聚集了大量的货币，这些资金为他们从事贷款业务提供了基础。1587年，首家以“银行”为名的信用机构——威尼斯银行成立，后来随着世界贸易中心迁移至荷兰及欧洲北部，阿姆斯特丹银行、纽伦堡银行又相继成立，为现代商业银行的产生开创了先河。

现代商业银行诞生于英国，是商品经济发展到一定阶段的必然产物。1694年，由英国政府支持的第一家股份制银行——英格兰银行成立，一方面是为了同英国国内高利贷做斗争，另一方面是为了满足新生的资产阶级发展工商业的需要，并且规定英格兰银行向工商企业发放低利率贷款（4.5%～6%）支持工商业的发展，其成立标志着现代银行的诞生。

由于存在的社会条件和发展环境各不相同，商业银行主要通过以下两条途径产生：一是从旧式的高利贷银行转变而来的。早期的银行，如威尼斯银行建立之时，贷款年利率为20%~30%，属于高利贷性质。高利贷逐步影响资本家的收入，制约了经济的发展。在贷款需求锐减的困境下，高利贷银行不得不顺应经济发展的需要降低贷款利率，为新兴工商企业提供流动性较强的短期贷款，即转变为商业银行。这一途径是早期商业银行形成的主要途径。二是以股份公司形式建立的现代商业银行。绝大多数的商业银行是按照这一方式组建的。英国建立的第一家股份制银行——英格兰银行就是按照这一方式组建的。由于英格兰银行股本高达120万英镑，实力雄厚，很快就撼动了高利贷的垄断地位，成为商业银行的典范。在18世纪末19世纪初，各主要西方国家纷纷建立了规模庞大的股份制商业银行，提供大量低息的信用资本，大力推动了经济的发展。

2）商业银行的发展

西方各国商业银行由于产生的条件和社会发展的环境不同，业务经营的范围和特点存在一定的差异。从商业银行发展的历史来看，大致有两种类型：

一是传统式的商业银行，最具代表性的传统式商业银行产生于资本主义发展最早的英国。这一传统深受“实质票据论”的影响和支配。根据此理论，资金融通有明显的商业性质，因此主要业务应集中于自偿性贷款。所谓自偿性贷款，就是银行通过贴现票据发放短期、周期性贷款，一旦票据到期和购销完成，贷款就可以自动收回。这种贷款由于同商业行为、企业的产销活动相结合，期限短、流动性高，商业银行经营的安全性能得到可靠的保证，并能获得相对稳定的利润，但银行业务发展受到较大限制。

二是综合式的商业银行，最具代表性的综合式商业银行产生于德国。与英国相比，德国的工业起步较晚，直到19世纪中叶，德国的工业革命才进入高潮阶段。但德国商业银行应时之需，不仅为工商企业提供短期周转资金，而且也提供长期固定资产贷款。除此之外，商业银行还直接投资于新兴企业，积极参与企业的决策和发展过程，在新技术革新、公司机构调整等方面提供咨询服务。这种综合式发展把商业银行业务和投资银行业务有机地融合到一起，有利于银行开展全方位的业务活动，充分发挥商业银行在国民经济活动中的作用，但会加大银行经营管理风险。

商业银行业是一个不断发展的行业，它与国民经济的发展、变革和转变紧密相连。随着经济发展对资金需求的多元化、客户对金融服务要求的高层次化、技术革命以及银行同业之间的竞争和银行内部盈利机制的驱动，商业银行的经营内容、领域、方式等也在不断发展和变化。经过几百年的发展和演变，它已成为业务品种齐全、技术手段先进、服务质量不断提高并在国民经济中发挥举足轻重作用的关键性行业。

5.1.2 商业银行的特征

从商业银行产生和发展的历史过程可以看出，商业银行是以追求利润为目的，以经营金融资产和金融负债为对象，综合性、多功能的金融企业。

第一，与一般工商企业相比，商业银行具有一般工商企业的基本特征。它拥有业务经营所需的自有资金，依法合规经营，自负盈亏，照章纳税。它以利润为最终目标，按商品经济的经营原则从事经营活动，这点与其他工商企业并无二致。但商业银行的经营对象与一般的工商企业截然不同。工商企业经营的对象是具有一定使用价值的商品和服务，从事商品的生产和流通，而商业银行是以金融资产和金融负债为经营对象，经营的是特殊商品——货币和货币资本，经营的内容包括货币的收付、借贷以及各种与货币运动相关联的金融服务。从社会扩大再生产的过程来看，商业银行的经营活动服务于生产和流通的各个环节，所以它并不直接创造价值，它所获得的利润是产业利润的再分配。

第二，商业银行作为金融企业，与专业银行和其他金融机构一样，都是金融媒介，在经济生活中发挥着信用中介作用，从这方面讲，商业银行与其他专业银行和非银行金融机构并无本质上的差别。但商业银行的业务更综合、功能更全面，它经营一切零售和批发业务，为客户提供全面的金融服务，特别是在贷款业务中具有信用创造的功能，这是其他金融机构所无法比拟的。当然，随着各国金融体制的改革，各种金融机构相互融合的现象越来越明显。但从整体来看，商业银行仍然保持着自己的特点，在金融体系乃至国民经济中发挥重要作用。

第三，商业银行是金融体系的主体。一般来说，各国的中央银行、政策性银行、商业银行和其他金融机构共同组成金融体系，商业银行是金融体系的主体。正因为商业银行具有综合性、多功能的作用，它才成为国民经济中融资的主体，即通过金融中介，成为间接融资的主体，它拥有巨额的存、贷款，成为工商企业中短期资金的主要供给者。商业银行通过直接进入短期货币市场和长期资本市场成为直接融资的主体。在商业银行的资产中，政府债券占有相当大的比重，商业银行除了自身发行证券、代客进入证券市场外，还通过购买工商企业股票成为控股公司的直接参与者。正因为商业银行有上述的特征，它客观上承担了特殊的社会责任，即成为中央银行宏观调控的主要环节。虽然商业银行自身没有义务参与直接宏观调控，但是在以市场机制为基础的货币需求和投放的环境下，中央银行在运用其宏观调控手段（即存款准备金、再贴现政策和公开市场业务）时，商业银行成为直接的调控对象和调控信号的最主要传递环节。商业银行对中央银行的调控手段反应最灵敏，因此中央银行的货币政策直接影响商业银行的经营和运作。另外，商业银行执行中央银行的宏观调控政策，调整自身的运作和经营，间接发挥了宏观调控的作用，同时也保证了中央银行的货币政策的实施，促使国民经济保持健康、稳定发展，从而客观上履行了其特殊的社会责任。可见，银行业不只是一个普通行业，而是现代经济的核心，国民经济的命脉，其中，商业银行扮演了重要的、特殊的角色。

5.1.3 商业银行的职能

商业银行的特征决定了商业银行的职能，具体来说，商业银行具有信用中介、支付中介、信用创造和金融服务四项基本职能。

1）信用中介职能

信用中介是商业银行最基本、最能反映其经营活动特征的职能。这一职能的实质，是通过银行的负债业务（如吸收存款），把社会上的各种闲散资金集中到银行，再通过资产业务（如贷款），把资金投放到国民经济的各个部门，即在借贷之间充当中间人的角色。银行经营利润来自吸收资金所花费的成本与发放贷款所获得的利息收入、投资净收益及其他手续费支出和收入之间的差额。

商业银行通过发挥信用中介职能，在资金盈余者与资金短缺者之间架起一座桥梁，从而在资金所有权不发生转移的前提下，使闲置的资金资源得到最大程度的利用。具体而言，商业银行的信用中介职能反映在以下两个方面：

第一，变小额资本为大额资本。社会闲置资金分散在千家万户，这些小金额的剩余资金很难直接转化为生产投资，但通过商业银行的中介作用，可以积少成多，使那些本不具生产力的剩余资金转化为货币资本，为扩大再生产提供前提条件。

第二，变短期资本为长期资本。商业银行的信用中介职能好比是“蓄水池”，可以把短期资金的稳定余额当作长期资金使用，从而把一部分短期资金转化为长期资金，为一些建设工期长的项目提供贷款。商业银行这种借短贷长的功能对促进国民经济的持续、稳定和平衡发展起着重要的作用。

2）支付中介职能

商业银行在办理负债业务的基础上，通过代理客户支付货款和费用、兑付现金等，逐渐成为工商企业、社会团体和个人的货币保管人、出纳和支付代理人。在现代经济中，商业银行成为支付体系的中心。商业银行为客户办理支付、结算业务时，执行的是支付手段职能，主要方式是账户间的划拨和转移，从而最大限度地节约现钞使用和降低流通成本，加快结算过程和货币资本的周转，为社会化大生产的顺利进行提供前提条件。

在现代经济中，各种经济活动如商品交易、对外投资、国际贸易等所产生的债权债务关系，最终都要通过货币的支付来清偿。在这方面，现金支付手段所造成的局限性和不方便是显而易见的，取而代之的是以银行为中心的非现金支付手段。尽管银行在代理客户收付和转移资金时并没有获得很丰厚的收益，但它作为服务性行业，为国民经济的平稳、高效发展做出了巨大贡献。

3）信用创造职能

商业银行在信用中介职能和支付中介职能的基础上，产生了信用创造职能。

商业银行和其他金融机构的一个重要区别是，法律允许它吸收各类存款。当一家银行吸收到一笔存款时（这可能是从居民、工商企业手中吸收的，也可能来自中央银行的货币投放），它按规定交纳存款准备金后，可以把剩余资金贷款给客户。客户收到贷款后，可能用来支付投资款项，或用作其他支付，但最终会转变成其他人的资金来源；其他人会把收到的款项存入另一家银行，另一家银行扣除存款准备金后再把剩余款项重新贷给新客户……如此循环下去，当初的一笔原始存款将在整个银行体系中形成数倍的派生存款。这就是商业银行的信用创造功能，是原始存款的乘数效应。

当然，商业银行不可能无限制地创造信用，更不能凭空创造信用，它要受到以下因素的制约：

一是商业银行的信用创造，要以存款为基础。就每一个商业银行而言，要根据存款发放贷款和进行投资；就整个商业银行体系而言，派生存款是在原始存款的基础上创造出来的，信用创造的限度取决于原始存款的规模。

二是商业银行的信用创造，要受到存款准备金率、自身现金准备率及贷款付现率的制约。商业银行的信用创造能力与上述比率成反比。

三是创造信用的前提条件是要有贷款需求。如果没有足够的贷款需求，存款就贷放不出去，也谈不上信用创造；反之，如果收回贷款，派生存款将会相应地收缩。

4）金融服务职能

现代化的社会经济生活从各方面向商业银行提出了金融服务要求，如企业要求代发工资，代理支付水电费、电话费、汽油费等费用，提供投资咨询服务、资信调查服务等。个人消费也由原来单纯的钱物交换发展成转账结算，银行服务已深入到百姓家庭。经济、社会的发展和电子技术在银行业务中的应用，为商业银行提供了广阔的服务空间。在竞争的驱动下，各商业银行不断开拓服务领域，推出新的服务项目，提高服务质量，使金融行业向更有效率、服务水平更高的方向迈进。

5.1.4 商业银行的组织制度

从组织结构上看，商业银行的组织制度主要由总分行制、单一银行制、银行控股公司制和连锁银行制。

1）总分行制

总分行制，是指法律允许在总行之下在国内外各地普遍设立分支机构，形成以总行为中心的、庞大的银行网络体系。在这种体系下，分支行的内部管理和业务办理统一按照总行的规章制度和指示执行，分支行没有法人资格，其民事权利和法律责任最终由总行承担。目前，世界上大多数国家采取这种银行组织形式，尤其以英国、德国、日本为典型代表。

总分行制的优点有：①有利于银行扩大业务范围，获得规模经济效益。②分支机构众多，分布广泛，有利于吸收社会闲置资金进行资金融通，提高资金的使用效率，同时有利于分散和降低风险。③银行内部可以根据各地特点实行专业分工，提高工作效率，降低经营成本。总分行制的缺点有：①由于总分行制的银行一般规模比较大，容易造成大银行对小银行的吞并，形成金融垄断，不利于形成充分的竞争。②银行内部层次多、机构多，管理起来比较困难。

2）单一银行制

单一银行制，是指银行业务完全由一个营业机构来办理，不设立或不许设立分支机构的银行制度。这种制度在美国非常普遍。美国是各州独立性较强的联邦制国家，东西部各州的经济发展很不平衡。为促进经济均衡发展，适应中小企业的发展需要，美国曾长期实行完全的单一银行制，不许银行跨州经营和分设机构，甚至在州内也不准设立分行。直到1994年9月《州际银行法》出台，允许商业银行跨州设立分支机构，才结束了对银行经营地域的限制。

单一银行制的优点有：①有利于限制银行间的垄断，缓解竞争的激烈程度。②有利于保护本地资源，支持地方经济发展。③由于不受总行的牵制，银行的自主性较强，灵活性较大。单一银行制的缺点有：①商业银行不设分支机构，银行规模较小，经营成本高，无法取得规模经济效益。②银行业务多集中于特定地区的特定行业，资金来源单一，风险集中，容易受到该地区经济发展状况的影响。

3）银行控股公司制

银行控股公司制，是指由一个集团成立控股公司，再由该公司控制或收购两家以上的银行。从法律角度看控股公司拥有银行，但实际上控股公司往往是由银行建立并受银行操纵的组织。大银行通过控股公司把许多小银行甚至一些企业置于自己的控制之下。

银行控股公司制的优点有：①能够有效地增强银行的实力，提高抵御风险能力和市场竞争能力。②可以规避限制设立分支机构的法律，也可以借此进入非银行业务领域。银行控股公司制的缺点在于容易形成银行业的垄断，不利于银行之间形成充分的竞争，在一定程度上阻碍了银行业的发展。

4）连锁银行制

连锁银行制，是指由某一个人或某一集团拥有若干银行的股权，以取得对这些银行的控制权的一种组织形式。这些银行的法律地位独立，但其业务和经营权由某一个人或某一集团控制，形成连锁银行。

连锁银行制的优点有：①有利于以大银行为中心，确定银行业务模式，形成集团内部联合。②由于垄断性强，有利于统一指挥，投资大型企业、事业单位，以获得高额利润。连锁银行制的缺点是由于受个人或某个集团的控制，不易获得银行所需的大量资本，不利于银行的长久发展。

红色金融

"通华商之气脉，杜洋商之挟持"——中国通商银行股份制史迹钩沉

尽管睁眼看世界的最早一批中国先行者，像魏源、洪仁玕、容闳、钟天纬、陈炽，以及李鸿章、唐廷枢、郑观应等洋务运动将帅，都曾有过兴办现代银行之宏论，但真正付诸行动并取得成功者却是招商局的第三代掌门人盛宣怀——1897年中国通商银行创办，标志着华商银行业的开端——中国人第一家自办银行拉开了近代金融的序幕。

1896年11月1日，盛宣怀上书光绪帝《条陈自强大计折》，力谏兴办银行。其中的"请设银行片"条中，系统阐述了开办银行的道理："西人聚举国之财为通商惠工之本，综其枢纽，皆在银行，中国亟宜仿办，毋任洋人银行专我大利"，"近年中外士大夫灼见本末，亦多建开设银行之议，商务枢机所系。现又举办铁路，造端宏大，非急设中国银行，无以通华商之气脉，杜洋商之挟持"。时值甲午战败，光绪皇帝急于变革，盛的奏请很快得到旨批。11月12日，光绪帝谕令军机处："如果办理合宜，洵于商务有益，著即责成盛宣怀选择殷商，设立总董，招集股本，合力兴办，以收利权"，盛被委以招股筹办重任。

光绪二十三年四月二十六日（1897年5月27日），中国通商银行于上海呱呱坠地。该行成立时资本额为白银500万两，分作5万股，每股100两。初创时，该行业务扩展很快，但1899年以后，业务陷入困境。至1905年，该行只有北京、汉口两个分行和烟台一个支行勉强维持。从1905年起，由于铁路外债存款有了较大幅度的增长，该行业务开始全面好转。辛亥革命前夕，该行可以运用的资金已高达1 000

万两，资金实力远远超过钱庄。此间该行的存款主要来自清政府的存款、盛宣怀控制的企业和铁路外债存款，贷款方向主要是洋行、中国商号和钱庄。该行支持国营企业，放贷给清政府兴办近代工业，对华资私营工业企业也予以一定的扶助。民国时期，通商银行经历了多次变革。1935年，由于挤兑风潮，国民党政府迫其接受增拨官股，改组成“官商合办银行”。后来，随着通货膨胀的加剧，通商银行在解放前夕，除了一些房地产外，只剩下些有名无实空架子。

上海解放后，人民政府接收通商银行的官僚资本部分作为公股，改造成为公私合营银行之一。1951年5月，同新华、四明、中国实业、建业等四行在金融业内首先组成联合总管理处。1952年12月，和上海其他59家私营银行、钱庄和信托公司一起组成统一的公私合营银行，成为社会主义金融事业的组成部分。

资料来源：林振荣．“通华商之气脉，杜洋商之挟持”——中国通商银行股份制史迹钩沉[N]．中国银行保险报，2019-11-22.

5.2 商业银行的主要业务

商业银行的业务总体上可以分为资本业务、负债业务、资产业务和表外业务四类。

5.2.1 商业银行的资本业务

商业银行的资本是指商业银行自身拥有的或能永久支配、使用的资金，是银行从事经营活动必须注入的资金。商业银行的设立，首先必须拥有一定数额的最原始的资金来源。资本业务是银行得以存在和发展的基础，银行要想进一步扩展业务，就必须增加资本的数量。

1）资本业务的功能

商业银行资本（即自有资本）的功能基本上可以归纳为营业功能、保护功能和管理功能三种。正如美联储给银行资本下的定义一样：资本对不可预见的损失能起缓冲作用；协助维持公众对某一银行的信心；在万一发生不能偿债的情况下对提款人提供部分保护；支持该行的合理增长。

（1）资本是银行存在和发展的先决条件

首先，银行在开业之前必须有足够的资本，为银行的正式开业准备物质条件。近年来，随着先进通信工具的广泛使用，用于购置设备的资本的比率在逐年上升。其次，银行资本数量是银行管理当局在审批银行开业资格和对银行进行监管的重要指标。各国银行管理当局一般对银行开业规定了资本的最低限额，只有达到或超过这一限额才能获准开业。最后，随着银行资产业务的发展，银行应不断补充资本，以达到管理当局规定的最低资本充足率。可见银行资本充足与否不仅是取得信赖的重要因素，而且是获得银行管理当局认可与信任的重要因素。

（2）资本是客户存款免受偶然损失的保障

银行的大部分资金来自存款者，但其在经营活动中不可避免地存在风险，资产有遭受损失的可能性。损失一旦发生，首先要用日常的收益抵补；收益不够，则要用资本补偿。如果银行资产的损失不超过收益和资本金数量，存款人和债权人的资金就不会遭受损失。

（3）资本是银行经营活动正常进行的保证

从银行资产来看，银行与其往来客户大多有大量资金支付活动与贷款支付活动，如果在某一时期资金的需求量十分庞大，银行将出现资金短缺，影响其支付能力。在银行资金发生短缺时，一般通过出售资产或吸收新的存款等办法来增加其流动性。但是，由于此时市场资金供给普遍紧张，市场利率可能上涨，银行出售金融资产会发生较大损失，筹资成本也会增加，这会增加银行的经营负债，因此银行通过资本的运用，不仅可以满足客户提存和借款的要求，而且可以避免银行经营成本的增加，保证银行正常的业务经营活动。

2）资本业务的构成

资本按照其来源可分为两个组成部分：核心资本和附属资本，如图5-1所示。根据《巴塞尔协议》的规定，商业银行的核心资本在资本总额中的比重不得少于50%。

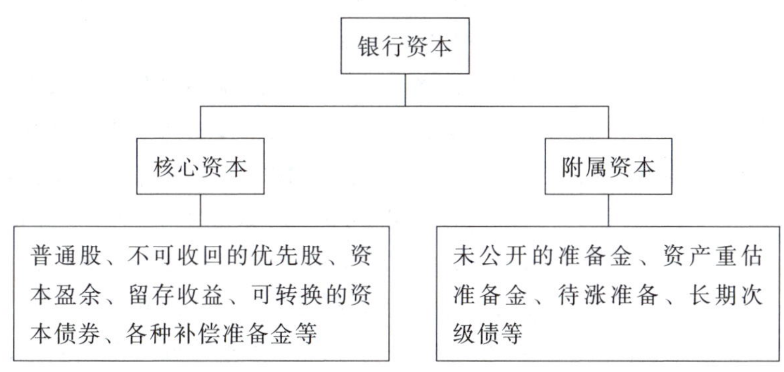

图5-1 商业银行资本构成

学海拾贝5-1

你知道《巴塞尔协议》吗？

20世纪70年代以来，全球经济一体化和金融国际化的趋势不断加强，跨国银行在经济中扮演的角色越来越重要，但是，跨国银行在全球多个国家设立分支机构，母国和东道国的监管当局均不能对其实施有效、及时和全面的监管。而且各国对跨国银行缺乏一个统一的监管规则，造成竞争环境的不公平，也更容易出现监管上的漏洞。1974年底，十国集团中央银行行长在瑞士巴塞尔成立巴塞尔银行监管委员会（Basel Committee on Banking Supervision，以下简称巴塞尔委员会），陆续制定和颁布了一系列关于国际金融监管的文件。1988年7月，巴塞尔委员会公布了《关于统一国际银行资本衡量和资本标准的协议》，又称《巴塞尔协议Ⅰ》（Basel Accord Ⅰ）。《巴塞尔协议Ⅰ》是国际上第一个有关商业银行资本计算和标准的协议，有助于银行更为全面有效地管理风险，维护存款人的正当利益和公众对银行的信心。

随着金融环境的变化、金融产品的创新和金融业务的拓展，新的重要性风险不断涌现，《巴塞尔协议Ⅰ》面临不断更新的需求。2004年6月26日，巴塞尔银行监管委员会通过《资本计量和资本标准的国际协议：修订框架》（以下简称为《巴塞尔协议Ⅱ》），《巴塞尔协议Ⅱ》延续了《巴塞尔协议Ⅰ》以资本监管为核心的风险监管思路，并对银行资本监管规则进行了一次根本性的推陈出新，除此之外，又增加了外部监管和市场约束两大支柱内容。其不仅为银行的内部风险管理提供了可供参考的统一框架，同时也为各国及地区的银行监管当局提供了有力的监管工具和标准，在国际金融环境日益复杂的背景下，《巴塞尔协议Ⅱ》正逐步被越来越多的国家和地区所采纳。

次贷危机暴露了《巴塞尔协议Ⅱ》的诸多缺陷，如对系统性风险、顺周期效应考虑不足，尚未对杠杆率进行一致监管等。针对这些问题，巴塞尔委员会不断推出新的监管指标和风险计量方法来促进银行业的稳健经营和公平竞争，并最终于2010年12月正式公布了《巴塞尔协议Ⅲ》。根据该协议，商业银行的核心资本充足率将由之前要求的4%上调到6%，同时计提2.5%的储备缓冲资本和不高于2.5%的逆周期准备资本，这样核心资本充足率的要求可达到8.5%～11%。总资本充足率要求仍维持8%不变。此外，还引入了杠杆比率、流动杠杆比率和净稳定资金来源比率的要求，以降低银行系统的流动性风险，加强抵御金融风险的能力。

中国一直是巴塞尔监管规则的践行者，伴随《巴塞尔协议Ⅲ》的出台，我国就完善资本监管也提出了改进方案。要求商业银行将最低核心一级资本充足率提高到6%，一级资本充足率提高到8%，总资本充足率提高到10%。对所有银行设置超额资本以抵御经济周期波动，超额资本监管标准为0～4%。对系统重要性银行设置1%的附加资本要求。设定杠杆率监管标准为4%，杠杆率的分子将采用一级资本，分母应覆盖表内外所有风险暴露。对于表内风险暴露，按名义金额计算。对非衍生品表外项目按100%的信用风险转换系数转入表内。对金融衍生品交易采用现期风险暴露法计算风险暴露。同时引入流动性覆盖率作为银行业流动性风险监管的指标。

资料来源：巴曙松，朱元倩，金玲玲．巴塞尔Ⅲ与金融监管大变革［M］．北京：中国金融出版社，2015.

我国于2024年1月1日起施行的《商业银行资本管理办法》规定，商业银行的总资本包括一级资本和二级资本。其中，一级资本包括核心一级资本和其他一级资本。

（1）核心一级资本包括：

① 实收资本或普通股。实收资本也称股本，是指投资者或股东按照企业章程，或者合同、协议的约定，实际投入企业的资本数额。它是投资者或股东对企业筹集注册资本的出资额，也是企业注册登记的法定资本总额的来源。

② 资本公积。资本公积包括资本溢价（股本溢价）和直接计入所有者权益的利得和损失等。例如，公司发行的股票价格高于其面值，超出部分就会计入资本公积。

③ 盈余公积。盈余公积是指企业从税后利润中提取形成的、存留于企业内部、具有特定用途的收益积累。

④ 一般风险准备。一般风险准备是商业银行为了应对未来可能出现的信贷损失

和其他风险而从利润中提取的一笔资金，其有助于确保银行具有足够的资本来弥补潜在损失，保持银行的稳定性和持续经营能力。

⑤ 未分配利润。未分配利润是指银行在一定会计期间内实现的净利润，在扣除所得税，提取法定盈余公积、任意盈余公积以及支付给股东的股利之后，尚未进行分配的利润部分。

⑥ 累计其他综合收益。累计其他综合收益是指商业银行在一定时期内，除了常规的营业收入和利润之外，通过其他经营活动或非经常性项目所形成的收益累积。这些收益可能包括投资收益、汇兑收益、公允价值变动收益等，它们通常不通过常规的营业过程产生，但对银行的资本充足率和财务状况有积极影响。

⑦ 少数股东资本可计入部分。商业银行的少数股东资本可计入部分，通常指的是商业银行附属公司中，由少数股东持有的资本，在一定条件下可以计入商业银行的监管资本中。

（2）其他一级资本包括：

① 其他一级资本工具及其溢价。

② 少数股东资本可计入部分。

（3）二级资本包括：

① 二级资本工具及其溢价。

② 超额损失准备。

③ 少数股东资本可计入部分。

5.2.2 商业银行的负债业务

商业银行的负债业务是指商业银行筹措资金、借以形成资金来源的业务，是资产业务和中间业务的基础，主要来源有吸收存款和其他负债。

1）存款

存款业务对商业银行而言具有一定的被动性，因为存款的金额多少和期限长短主要取决于客户。一般而言，存款分为两类：一是按所有者划分；二是按存款支取方式划分。按所有者划分，可分为个人存款、企业存款、政府存款；按存款支取方式划分，可分为活期存款、定期存款和储蓄存款。

（1）活期存款

活期存款是指存款者可随时存取和支付的存款。这种存款主要用于交易和支付用途，支用时需使用银行规定的支票，因而又有支票账户存款之称。

商业银行经营的活期存款流动性很大，存取频繁，并且要提供许多相应的服务，如存取、提现和转账等。因此，商业银行对这类存款余额一般不支付利息或者支付很低的利息。活期存款的基数大、受众多、存取时间错综交替，因此对于银行来说是一笔相对稳定、数量可观、成本较低的资金来源。

（2）定期存款

定期存款是期限固定且较长，利率相对较高的存款。定期存款一般要到期才能提取，银行根据到期存单计算应付本息。未到预定期限而要求提前支取时，一般要提前一定时间通知银行方可办理，银行要扣除提前日期的利息之后支付本息。定期存款是存款者获取利息收入的重要金融资产，也是商业银行获取资金的重要渠道。

（3）储蓄存款

储蓄存款主要是针对居民个人积蓄货币和取得利息收入之需而开办的一种存款业务，储蓄存款也分为活期储蓄存款与定期储蓄存款。储蓄存款是商业银行吸收社会闲散资金的一种重要方式。

2）其他负债

商业银行的其他负债主要包括同业借款、向中央银行借款、回购协议、发行大额可转让定期存单、发行金融债券等。

（1）同业借款

同业借款包括银行同业拆借、担保借款、转贴现借款三种。

①银行同业拆借

银行同业拆借是银行的一项传统业务，它是指商业银行及其他金融机构之间的临时借款。在这种业务中，借入资金的银行主要是用以满足本身临时资金周转的需要，一般均为短期的，有的只有一天或一夜，所以有时称为隔日或隔夜贷款。

银行同业拆借要涉及存款准备金、超额存款准备金等问题。有关法律规定，商业银行必须向中央银行交纳存款准备金，并保持一定比例的库存现金准备。这些准备金不能用于放贷投资，因而不能带来收益，数额不足还要受到中央银行的制裁。所以，商业银行一般尽可能使存款准备金保持在适当范围内，既不多也不少。中央银行资金市场则为商业银行有效管理存款准备金提供了条件。商业银行在中央银行准备金账户上的存款若超过法定存款准备金数额，即形成了超额储备，亦即头寸盈余。这些超额储备属于所谓的中央银行资金。与此同时，可能有些银行头寸短缺，即在中央银行的存款降到法定存款准备金以下。为了实现资金的平衡，支持资金的正常周转，头寸不足的银行就需要从头寸盈余的银行临时拆入资金，而头寸盈余的银行也愿意将暂时盈余的资金拆借出去，以获得利息收入。这种借款可以通过电话或电传进行，根据《同业拆借管理办法》第三条的规定，同业拆借交易可以通过全国统一的同业拆借网络进行，包括全国银行间同业拆借中心的电子交易系统、中国人民银行分支机构的拆借备案系统和中国人民银行认可的其他交易系统。拆出银行通知中央银行将款项从其准备金账户转到拆入银行的账户，中央银行贷记拆入银行的账户，借记拆出银行的账户。同业拆借一般都是短期的，即日拆，若时间延长，必须签订延期合同，也有预先签订协议，期限可以变化而自动转期的。同业拆借的利息，一般是按日计算，利率与当时的市场利率挂钩，受资金供求调节。中央银行资金利率对货币市场上的利率及商业银行的优惠贷款利率有很大影响。

②担保借款

同业拆借一般都是隔夜拆借，通常无须提供担保品，但当它变成循环借款时或时间稍长时，就要求抵押。商业银行在资金紧张、周转发生困难时，也通过抵押的方式向其他同业银行取得资金。作为担保的资产，大部分是客户的担保资产（包括动产和不动产），银行将其转担保给其他银行，这种转担保的手续较复杂，技术性也很强。

此外，银行也将所持有的票据、债券、股票等金融资产作为担保品，向其他银行取得借款。

③转贴现借款

贴现是票据持有者将未到期的票据交给银行，银行按票据面额扣除利息后付现款给票据持有人的行为。贴现既是一种票据买卖和资产转移，同时也是银行的一种短期贷款，因为票据持有人提前取得了现款，银行垫付了资金，取得了票据。当银行资金紧张、周转发生困难时，便可将已经贴现但仍未到期的票据交给其他商业银行或贴现机构，要求给予转贴现，以取得资金的融通。

（2）向中央银行借款

商业银行融通资金的另一条途径，就是向中央银行借款。其主要有两种形式：一是再贴现，二是直接借款。这两种形式也是中央银行执行货币政策、控制货币及信用供应量的重要手段。

①再贴现

再贴现是商业银行从中央银行获得资金融通的最主要途径。它是指银行把自己办理贴现业务时所买进的未到期票据，如商业票据、国库券等，再转卖给中央银行，即给予再贴现，票据债权由商业银行转给中央银行，这样商业银行可提前获得资金融通。

在进行再贴现时，要求比较严格，首先商业银行必须提供财务报表和其他有关情况，特别是有关票据债务人的情况。中央银行还要审查票据的质量、期限及种类，并通过调整再贴现率和再贴现额度，以及其他货币政策给予适当控制，并不是所有的票据都能给予再贴现。当货币政策要求执行紧缩政策时，中央银行可以通过提高再贴现率和压缩再贴现额的办法，使商业银行贴现受到限制，成本提高，从而对经济进行调控；当执行扩张货币政策时，就可降低再贴现率和扩大再贴现额来影响商业银行的贴现规模。

②直接借款

直接借款是指商业银行以自己持有的合格票据、银行承兑汇票、政府公债等有价证券作为抵押品向中央银行取得抵押贷款。这种资金融通方式较再贴现更简单、更灵活。

总体来说，中央银行的信用对商业银行是一种优惠，但它并不能无限扩张。中央银行对商业银行的信用支持一般分为两部分：一部分用于调节信用，当商业银行资金周转发生困难，从其他途径难以筹集资金时，就向中央银行申请调节贷款。它是中央银行信用的主要形式。另一部分是展期信用，它是为了满足商业银行较长期限的资金需要，使其能够调节资产结构，提高流动性，不至于破产倒闭，造成经济的震荡。

（3）回购协议

回购协议就是通过出售金融资产取得资金，但在出售时，出售人同意在一定日期按预定价格再购回此项金融资产。大多数回购协议以政府债券作担保。期限短的为一个营业日，长的几个月。回购协议实际交易的通常做法是：交易双方同意按相同的价格出售与回购证券，在购回时，其金额为本金加双方约定的利息额。还有一种定价方法是，把回购价格定得高于原出售价格，其差额就是合同收益额。

商业银行利用回购协议借款的优点是：①银行将负债管理作为调整准备金头寸的主要方法。回购协议是一整套渗透到货币市场各个领域的金融工具中的一种。②银行办理以政府债券作担保的回购协议，可以不提缴存款准备金，减少借款成本。③利率最上限不适用于典型的回购协议交易。

（4）发行大额可转让定期存单

大额可转让定期存单（通常称为大额存单），面额大，存期以短期为主。根据《大额存单管理暂行办法》，个人投资人认购大额存单起点金额不低于30万元，机构投资人认购大额存单起点金额不低于1 000万元。大额存单期限包括1个月、3个月、6个月、9个月、1年、18个月、2年、3年和5年共9个品种。发行人应当于每期大额存单发行前在发行条款中明确是否允许转让、提前支取和赎回，以及相应的计息规则等。大额存单的转让可以通过第三方平台开展，转让范围限于非金融机构投资人。对于通过发行人营业网点、电子银行等自有渠道发行的大额存单，可以根据发行条款通过自有渠道办理提前支取和赎回。大额存单的出现推动了银行资产负债的证券化与流动性，提高了商业银行的存款竞争力。

（5）发行金融债券

发行金融债券是指商业银行以发行人的身份，通过货币市场，以偿付本金并承担债券利息的方式，直接向货币所有者举债的融资方式。按照发行目的和功能的不同，金融债券可以分为资本性金融债券、一般性金融债券和国际金融债券。

①资本性金融债券

资本性金融债券是指商业银行为提高资本充足率而发行的介于股本与存款性负债之间的一种长期债券。它对银行收益和资产分配的要求优于普通股和优先股，仅次于银行存款客户和其他债权人。

②一般性金融债券

一般性金融债券是指商业银行为了满足长期贷款等业务的资金需要而发行的债券，是商业银行所发行的金融债券的主要组成部分。由于商业银行以及一些其他的金融机构在一国经济占有较特殊的地位，违约风险相对较小，具有较高的安全性，因此，金融债券的资信通常高于普通公司债券，利率也通常低于一般的企业债券，但高于风险更小的国债和银行储蓄利率。

③国际金融债券

国际金融债券是指在国际金融市场上发行的以外币计价的金融债券。从市场和货币的角度看，它主要包括外国债券、欧洲债券、平行债券。外国债券由商业银行或其他金融机构通过外国发行市场发行，以该国货币计价。欧洲债券由商业银行或其他金融机构通过外国市场发行，不以该国货币计价。平行债券由商业银行或其他金融机构在几个国家同时发行，并以所在国货币计价。

5.2.3 商业银行的资产业务

资产业务是商业银行运用其负债积聚的资金从事各种信用活动，以获取利润的业务。资产业务主要包括现金资产、信贷资产、证券投资业务。

1）现金资产

出于银行自身安全性和流动性的考虑，以及满足金融监管部门的要求，商业银行必须保留一部分现金资产。现金资产主要包括库存现金、在中央银行的存款、存放在同业的款项以及在途资金等。

（1）库存现金

库存现金是为应对客户取现和日常业务开支及收付需要而存放在银行金库中的现钞和硬币。

（2）在中央银行的存款

在中央银行的存款由两部分组成：一是法定准备金存款，是按照法定比率向中央银行缴存的准备金；二是超额准备金存款，是准备金账户中超出法定准备金存款的部分，可随时用于支付和清算。

（3）存放在同业的款项

存放在同业的款项主要用于同业间的往来及清算。

（4）在途资金

在途资金也称托收未达款，指在支票清算中，已经计入银行的负债，但实际上银行还没有收到的那部分资金。通常在途时间比较短，收妥后即成为存放同业款项。

现金资产虽然流动性强，但收益较低，因此，银行可以持有国库券等短期债券或票据，保留少量现金资产，以平衡流动性与收益性之间的关系。

2）信贷资产

信贷资产主要包括贷款和票据贴现。贷款是商业银行的一项基本业务，也是商业银行最重要的资产。目前，我国商业银行的贷款占银行总资产的一半以上。商业银行通过贷款满足社会经济对资金的需求，从而发展经济并为银行带来利润。贷款运用得好坏，不仅是银行经营成败的关键，也是社会经济兴衰的重要因素。

按照贷款的担保条件可分为信用贷款和担保贷款。信用贷款是指银行单凭借款人的资信度、无须提供任何实物作为担保的一种贷款。这类贷款从理论上讲风险较大，且一般只向银行熟悉的较大的公司或资信良好的借款人提供，对借款人的条件要求较高。担保贷款是指以特定的担保品或第三人的信用作为保证的贷款，如果借款人不依约履行债务，银行有权处理其用作保证的担保品，或要求保证人承担保证责任，按照约定履行债务。按照担保方式不同，担保贷款又可进一步细分为保证贷款、抵押贷款和质押贷款。保证贷款，是按《担保法》规定的保证方式以第三人承诺在借款人不能偿还贷款时，按约定承担一般保证责任或者连带保证责任而发放的贷款。保证贷款是以借款人与保证人的双重信用作为保证，因此审查保证人的担保资格与担保能力非常重要。抵押贷款，是按《担保法》规定的抵押方式，以借款人或第三人的资产作为抵押物发放的贷款。借款人不履行债务时，商业银行有权依照《担保法》的规定以抵押的资产折价或者以拍卖、变卖抵押财产的价款优先受偿。质押贷款，是按《担保法》规定的质押方式以借款人或第三人的动产或权利作为质物发放的贷款。担保贷款由于有特定的担保品或第三人的信用作为还款保证，所以，贷款风险相对较小，但担保贷款手续复杂，且需要花费担保物的评估、保管以及核保等费用，贷款成本比较高。

按照贷款的用途可分为工商贷款、农业贷款、固定资产贷款、消费贷款等；按照贷款期限长短可分为短期贷款（1年以内）、中期贷款（1~3年）和长期贷款（3年以上）；按照风险程度可将贷款进行五级分类，分为正常贷款、次级贷款、关注贷款、可疑贷款和损失贷款。在贷款五级分类下，不良贷款划分为次级、可疑、损失类贷款。

学海拾贝 5-2

中国银行徐州铜山支行一笔贷款的演变

2015年5月21日下午，中国银行徐州铜山支行信贷部主任刘贺拖着疲惫的身躯从江苏生力建设集团有限公司开车回到自己位于市中心的办公室。之所以去江苏生力建设集团有限公司是为了和该公司负责人吕沛华、吕沛林商谈，督促其尽快偿还银行贷款。吕沛华和吕沛林是亲兄弟，也是江苏生力建设集团有限公司的共同创建人。2013年江苏生力建设集团有限公司承建了徐州市贾汪区建设局的一项道路建设工程，合同价款为4 028.3万元，因资金短缺在10月向中国银行铜山支行申请了700万元人民币的贷款，贷款期限1年，到期日为2014年10月25日。由于经营出现问题，加之整体经济运行下行，作为中小企业的江苏生力建设集团有限公司面临着前所未有的困境，直至2015年5月仍无法还清银行的贷款。刘贺在回办公室的路上又在思考这个让他痛苦了大半年的问题：该如何处置该笔贷款，从而将银行的损失降到最低？

案例：中国银行徐州铜山支行一笔贷款的演变

资料来源：中国金融专业学位案例中心《中国银行徐州铜山支行一笔贷款的演变》，由姜学军和胡晨旭编写。

案例思考：本笔不良贷款产生的原因是什么？中国银行铜山支行怎么做才能将损失降到最低？

3）证券投资业务

证券投资业务是商业银行为增强资产的收益性和保持相应的流动性而把资金投放于有价证券的一项资产业务。商业银行在从事证券投资业务时会选择风险较低、信用等级高、流动性较强的政府债券和公司债券，一般较少涉及投资股票。一些国家的金融管理机构对商业银行证券投资行为及投资对象制定了相应的限制措施，以维护金融业的稳健经营。

5.2.4 商业银行的表外业务

商业银行的表外业务（Off-Balance-Sheet Activities，OBS）是指商业银行所从事的不列入资产负债表且不影响资产负债表总额的经营活动，主要包括传统的中间业务和有风险的表外业务。

1）中间业务

中间业务，又称无风险的表外业务，是指商业银行利用自身的技术、信誉和业务优势为客户提供金融服务，从中收取手续费的各项业务。中间业务自商业银行诞生至今一直存续，并且在许多国家的商业银行中，中间业务的收入已经成为银行非常重要的收入来源。现代商业银行的中间业务范围非常广泛，大致包括六大类：一是结算类中间业务，包括国内和国际结算，如汇款、托收、资金清算业务等；二是代理类中间业务，包括代理证券业务、代收代付等；三是信托业务；四是租赁业务；五是银行卡业务；六是咨询业务。

2）有风险的表外业务

有风险的表外业务是指不直接列入资产负债表内，但同表内的资产业务或负债业务关系紧密的业务，又可称为或有资产业务与或有负债业务。其主要包括担保、承诺、金融衍生工具及投资银行业务等。这些业务需要银行承担较大的风险，所以，各国金融监管部门都十分关注表外业务的风险管理，巴塞尔协议要求将表外业务列在资产负债表正面下段，并需要相应的资本准备。

表外业务的迅速发展，一方面为银行带来了巨额收益，有些银行的表外业务收益还超过了传统的表内业务收益；另一方面，如果管理不善、控制不当，也可能增加银行经营的风险，甚至会对金融体系的稳定产生不利影响。

学海拾贝 5-3

影子银行

2008年全球金融危机后，金融稳定理事会将影子银行定义为“传统银行体系之外的信用中介机构和信用中介活动”，并初步确定了一套识别和界定影子银行的方法论和统计标准，从2011年开始每年定期公布全球主要国家和地区影子银行规模与风险特征报告。

不同于西方发达经济体的影子银行以非银行金融机构为核心，我国影子银行是“银行的影子”，具有银行中心化特征，内生了监管套利、刚性兑付等问题，蕴含非常大的系统性金融风险隐患。为应对2008年全球金融危机冲击，中国政府相继采取宽松货币政策和经济刺激计划帮助实体经济摆脱困境。受此影响，我国银行业在宽松信贷环境下迎来近10年的黄金发展期，但由此也推动我国影子银行体系迅速扩张，并曾保持每年20%的增长速度。到2016年年底，我国影子银行达到了较为庞大的规模，广义影子银行超过90万亿元，狭义影子银行高达51万亿元。为防范化解金融风险，从2017年开始，金融监管部门系统性地开展了对影子银行风险的治理，集中整治金融市场乱象，规范交叉金融监管，全面补齐制度短板，努力消除系统性风险。到2019年年末，狭义影子银行规模已降至39.14万亿元，较历史峰值缩减了12万亿元，影子银行规模及风险总体上已得到有效控制。

资料来源：刘澜飚，李博韬，王博．非标资产、信用转换与影子银行风险［J］．经济研究，2022（5）．

5.3　商业银行的经营管理

5.3.1　商业银行的经营原则

1）“三性”方针

商业银行在经营管理上要遵循三个基本原则，即盈利性、安全性、流动性，也称为银行经营业务的“三性”方针。

（1）盈利性

商业银行能否盈利直接关系到其生存和发展，因此，盈利性是商业银行从事各种活动的动因，也是商业银行的基本方针。充足的盈利可以扩充银行资本、扩大经营，增强银行信誉，提高银行的竞争实力。银行的盈利是贷款利息收入、投资收入以及各种服务收入扣除付给存款人的利息、银行自身的运营成本和费用所得的差额。

（2）安全性

安全性是指银行的资产、收入、信誉以及所有经营生存发展条件免遭损失的可靠程度。银行的经营特点在于极其依赖于从外部借入资金经营，因此安全性对于银行非常重要。对银行安全性的威胁主要来自银行资金运用中存在的各种类型的风险，如信用风险、市场风险、操作风险和政策风险等。风险是遭受损失的可能性，这些风险一旦转变为现实，就成为损失，从而直接威胁到银行的安全性。

（3）流动性

流动性指的是一种在不损失价值情况下的变现能力，一种足以应对各种支付的、充分的资金可用能力。

银行的流动性体现在资产和负债两个方面：资产的流动性指银行持有的资产能够随时得以偿付或在不损失价值的情况下迅速变现；负债的流动性指银行能够轻易地以较低成本随时获取所需要的资金。

2）“三性”的对立统一

商业银行经营的“三性”原则之间是既相互矛盾又相互统一的。一般来说，安全性和流动性是正相关的，安全性越高，流动性越强。但是，它们与盈利性在通常情况下是呈反向变动的，即流动性强、安全性好，盈利性一般较低；盈利性较高的资产，往往流动性较差、风险也较高。这使得商业银行在日常经营中面临两难选择：如果要追求较高的盈利，就要把资金投放在期限较长且收益较高的贷款和投资上；如果要增强经营的安全性和流动性，就要把资金较多地投放在期限短、回报低的项目上。因此，对于“三性”的矛盾和统一，银行经营的总方针就是谋求“三性”的尽可能合理的搭配。“三性”的相对地位是：盈利性为银行的目标，安全性是一种前提要求，而流动性是银行操作性或工具性的要求。银行经营的总方针是在保证安全性的前提下，通过灵活调整流动性来提高盈利性。

启智增慧 5-1

透视硅谷银行倒闭：谁在“放纵”谁成“代价”

5.3.2 商业银行管理

随着不同历史时期经济环境与经营条件的改变，西方商业银行的经营管理理论也经历了一个从资产管理理论①到负债管理理论②再到资产负债综合管理理论③的演变过程。

商业银行在日常经营管理过程中为实现盈利性、流动性与安全性的协调统一，势

① 资产管理理论是最早出现的管理理论，包括商业性贷款理论、资产可转换理论和预期收入理论。
② 负债管理理论诞生于20世纪60年代以后，主要包括购买理论和销售理论。
③ 资产负债综合管理理论诞生于20世纪80年代之后，包括融资缺口模型和久期缺口模型等管理方法。

必要提升自身的管理水平，这就需要着重考虑这样四个问题：第一，一旦银行发生存款外流时，确保银行有足够的现金用于支付储户的支取，即流动性管理；第二，要以低成本获取资金，即负债管理；第三，通过持有多样化的资产，使风险降到最低，即资产管理；第四，在保证安全性与流动性的前提下追求盈利，进一步增加资本的积累。

1）商业银行流动性管理

商业银行流动性管理是指商业银行在经营活动中要保持足够的高质量的流动资产来满足存款人提取现金、支付到期债务和借款者正常贷款的需要。其实质在于避免流动性盈余使成本提高，或者流动性不足导致支付危机。

商业银行流动性的供给渠道包括但不限于以下8个：

（1）库存现金。商业银行持有的库存现金是随时可以动用的最活跃的货币资金，但保有过多的库存现金不利于提高商业银行盈利能力。

（2）存放在中央银行的超额准备金。商业银行拥有的存放在中央银行的超额准备金，随时可用于支付结算或支取现金。

（3）有价证券。商业银行持有的政府债券等有价证券，作为商业银行的二线准备具有高度的流动性，因此其变现能力很强，交易成本也较低。

（4）证券回购协议。已买进证券回购协议的商业银行当面临流动性的需要时，可按约定返售以取得现金。

（5）从中央银行借入资金。当商业银行面临流动性需要时，可向中央银行申请借款。

（6）向同业拆借资金。需要资金的商业银行可以在同业拆借市场上拆入资金。

（7）发行大额可转让定期存单。商业银行可通过发行大额可转让定期存单获取较为稳定的资金。

（8）国外借款。商业银行可在国际金融市场上以发行金融债券等方式筹措资金。

2）商业银行资产业务管理

贷款是商业银行最主要的资产业务。银行在办理贷款业务时，应做好尽职调查，甄别借款人的信用水平以及偿还能力等情况，依据相应的贷款政策发放贷款，提高贷款资产的质量。

（1）贷款风险分类

按照贷款的状态、质量和风险程度，可以将其划分为五类，即正常、关注、次级、可疑、损失类贷款，后三种为不良贷款。

五级贷款分类的各档次定义如下：

① 正常类贷款。借款一直能够还本付息，银行对借款人最终偿还贷款有充分的把握，企业各方面情况正常，不存在任何影响贷款本息及时、全额偿还的消极因素，没有任何理由怀疑贷款会遭受损失，贷款的损失概率为零。

② 关注类贷款。借款人偿还贷款本息仍属正常，但是发生了一些可能影响贷款本息偿还的不利因素，如果这些因素继续存在下去，则有可能影响到贷款本息的偿还，贷款损失概率不会超过5%。

③ 次级类贷款。贷款的缺陷已经十分明显，借款人依靠其正常经营收入已经无

法偿还贷款本息，而不得不通过重新融资或拆东墙、补西墙的办法来归还贷款。比如通过出售、变卖资产或对外融资乃至执行担保、抵押等办法来归还贷款，贷款损失概率在30%~50%。

④ 可疑类贷款。该类贷款具备次级贷款的所有特征，只是程度更加严重。即贷款肯定要发生损失了，有担保抵押的贷款，即使执行担保抵押，贷款本息也注定要发生损失，只是因为存在借款人重组、兼并、合并、抵押物处理和未决诉讼等待定原因，损失金额还不能确定，贷款损失概率在50%~75%。

⑤ 损失类贷款。损失类贷款是指在采取所有可能的措施或一切必要的法律程序之后，本息仍然无法收回，或只能收回极少部分的贷款，贷款损失概率在95%~100%。贷款划分为损失类只是账面上的处理，是银行内部对其真实价值的确认，并不代表放弃债权。银行仍应该继续催收，并尽可能减少损失。

贷款风险的五级分类法是将贷款的质量、风险、借款人的生产经营及财务状况、经营环境、抵押品、信用记录等多种因素紧密联系起来，能客观地评价借款人清偿能力的高低和贷款的风险程度，并据以评定贷款等级，具有较强的综合性、技术性和专业性。其最大的特点就在于能使商业银行通过贷款的风险分类，及时发现借款人存在的问题，并在贷款风险出现之前进行监测与控制，而不仅仅是在事后对贷款风险和质量进行统计，是一种非常有利于商业银行进行信贷管理、自我防范、化解风险的好办法。

（2）贷款原则

商业银行在开展贷款业务时，需要对贷款申请人的资信状况进行评价，国际上通常采用6C原则对贷款申请人进行评价。

① 品德（Character）。品德，主要指借款人是否具有清偿债务的意愿以及是否能够严格履行合同条件，还款的愿望是否强烈，是否能够正当经营。如果借款人是个人或代理人，其品德主要表现在道德观念、个人习惯和偏好、经营方式、业务和个人交往、在企业和社区中的地位与声望等方面。如果借款人是公司法人，其品德主要体现在管理的完善、在企业和金融界的地位和声望、经营方针和政策的稳健等方面。不论借款者是个人还是公司，其履行合同条款的历史记录，在评价其品德情况时都具有非常重要的意义。

② 能力（Capacity）。能力，主要指借款人的偿还能力。偿还能力用借款者的预期现金流量来测定。能力不仅反映预期的现金收入，而且反映建立在这些收入之上的其他需求。如果其他的应付款项、债务或优先索赔款有可能消耗掉预期的收入，那么也就没有资金来偿还贷款了。

③ 资本（Capital）。资本，即借款者的货币价值，通常用净值来衡量。资本反映借款者的财富积累，并在某种程度上表明了借款者的成就。需要注意的是，账面价值有时不能准确反映市场价值。

④ 担保或抵押品（Collateral）。担保或抵押品，指贷款申请者可以用作担保贷款抵押品的任何资产。有时候由保证人联署，保证贷款归还，作为资产抵押的补充，或替代资产抵押。在这种情况下，还要考虑保证人的信誉。

⑤ 环境（Condition）。环境，指厂商得以在其中运营的经济环境或贷款申请者的

就业环境。必须将厂商所面临的经济环境、整个贷款使用期间的经济规划，以及使借款者对经济波动特别敏感的任何特征都包括在信用评估分析之内。

⑥ 连续性（Continuity）。连续性，指借款企业持续经营的前景。现代科技飞速发展，产品更新换代的周期越来越短，产业结构的调整也日趋迅速，市场竞争异常激烈。企业只有适应经济形势以及市场行情的变化，才能继续生存下去。只有这样，银行的贷款才能如愿收回。

（3）贷款风险的控制

贷款风险的控制就是在风险发生之前或已经发生时采取一定的方法，以减少风险损失或制止风险损失继续发生的过程。贷款风险的控制机制包括：

①风险回避

风险回避即商业银行的决策者已经认识到高风险的存在，主动放弃某些贷款业务，拒绝承担该风险的一种事前控制的管理决策。风险回避应该是放弃自己所不熟悉、没把握的，或者是不具备相应条件和能力的某种风险业务，而去经营那些自己熟悉的、有优势的、有能力去管理和控制的业务。商业银行经营者应持有正确态度去衡量风险与权益的关系，主动争取风险收益相匹配的业务，既能保证信贷资金的安全，又能保证信贷资金的效益。

②风险分散

风险分散是为了控制风险过于集中而将风险组合多元化的一种措施，包括贷款对象分散、贷款期限分散、贷款利率分散、贷款参与者分散。

③风险转移

风险转移是指在贷款风险发生前，通过各种手段，把可能的风险转移给其他人承担，从而保证商业银行贷款的安全，包括向客户转移、向保证人转移、向社会保险机构转移三种方式。

④风险补偿

贷款风险补偿是通过建立风险基金，当贷款发生风险损失时，可以通过风险基金弥补，如可以通过强化贷款抵押（质押）、保持较高的资本充足率、提取足够的贷款损失准备金（保证拨备覆盖率达标）等来实现。

商业银行在进行资产业务的管理时既要追求高收益，又要降低和分散风险。因此，商业银行可以通过购买低风险的有价证券来提高资产质量。

商业银行要确保其资产的流动性以备不时之需。尽管一线准备和二线准备收益性可能会低于其他资产，但银行仍要持有，这样才会在存款外流时保证流动性的及时补给，交易成本也不会太高。此过程需要商业银行提高其流动性管理能力，做好流动性与收益性之间的权衡以及资产的相应配置。

3）商业银行负债业务管理

20世纪60年代以前，商业银行普遍奉行资产管理思想，这是因为当时商业银行的资金来源以活期存款为主。20世纪60年代以后，由于西方各国金融监管部门实行严格的利率管制，金融市场上利率高企，商业银行面临“脱媒”现象，存款出现了大量的流失，资金来源受到巨大的冲击。在这种情况下，商业银行被迫采取创新措施，通过积极主动“购买”资金和利用主动型负债扩大资金的来源，以满足流动性需求以及不断适应资产规模扩张的需要。

商业银行在进行负债管理时应考虑两方面的问题：一是负债的稳定性；二是负债的资金成本。

4）商业银行资本业务管理

如前所述，商业银行的资本可以起到营业、保护以及管理的功能。商业银行资本业务管理的核心是保持适度的资本，现阶段主要是保持监管机构所要求的资本充足率，主要管理策略包括：

（1）内源资本策略

内源资本策略是指通过内部留存收益获得资本来源，这意味着必须决定银行的收益多少留存在银行，多少分配给股东。留存比例太低，会使银行的内部资本增加缓慢，增加银行倒闭的风险，延缓银行盈利资产的扩张；留存比例太高，就会减少股东的股息收入，在其他因素不变的情况下，会导致银行股票市场价值降低。因此，银行要根据具体情况来确定留存盈余比例以及通过留存盈余获得合理的银行资本数量。

（2）外源资本策略

当银行内源资本不能满足银行风险管理或资产增长的需要时，就要通过外源资本补充资本金。银行从外部筹集资金可以通过发行普通股、发行优先股、发行次级债券、以股票置换债券、资产售后回租等方式。从根本上说，外源资本策略受制于监管要求和股东价值最大化要求，当银行资本缺口比较大、离监管机构要求的资本充足率较远时，外源资本不失为一个可取的补偿资本的方式。

（3）资产结构调整与市场风险控制策略

资产结构调整与市场风险控制策略对资本金的要求对资本充足率也有一定影响，因此，调整资产结构，控制市场风险及操作风险，是商业银行资本金管理的又一重要策略。

启智增慧 5-2

以金融强国建设推进经济高质量发展

商业银行的资产规模大，种类繁多，每种资产的风险程度不同，高风险资产多，必然使得商业银行的加权风险资产总额大，要求的资本金也就多，因此，商业银行要提高资本充足率，可采取资产结构调整策略，降低高风险资产的占比，提高低风险资产的占比。

本章小结

商业银行是以获取利润为经营目标、以多种金融资产和金融负债为经营对象、具有综合性服务功能的金融企业。商业银行具有信用中介、支付中介、信用创造和金融服务四项基本职能。一般来说，各国中央银行、政策性银行、商业银行和其他金融机构共同构成金融体系，商业银行是金融体系的主体。

信用中介是商业银行最基本、最能反映其经营活动特征的职能。这一职能的实质是通过银行的负债业务（如吸收存款），把社会上的各种闲散资金集中到银行，再通过资产业务（如发放贷款），把资金投放到国民经济的各个部门，即在借贷之间充当中间人的角色。

商业银行为客户办理支付、结算业务时，执行的是支付手段职能，主要方式是账户间的划拨和转移，从而最大限度地节约现钞使用和降低流通成本，加快结算过程和货币资本的周转，为社会化大生产的顺利进行提供前提条件。

商业银行在信用中介职能和支付中介职能的基础上，产生了信用创造职能，即通过吸收存款、发放贷款、转账结算，从而形成派生存款。

商业银行的资本业务是对商业银行自有资本（即核心资本和附属资本）的支配与使用，商业银行资本的功能可归纳为营业功能、保护功能和管理功能。

商业银行的负债业务是指商业银行筹措资金、借以形成资金来源的业务，是资产业务和中间业务的基础，主要来源有吸收存款和短期借入款项等。

商业银行的资产业务是运用吸收的资金，从事各种信用活动，以获取利润。根据资金投放的对象，资产业务可以分为现金资产、信贷资产、证券投资业务和其他资产业务等。

商业银行的表外业务是指商业银行所从事的不列入资产负债表且不影响资产负债表总额的经营活动。有风险的表外业务主要有承诺、担保和类似的或有负债、金融衍生工具的操作等。

商业银行的中间业务是指商业银行通过为客户办理支付、结算和其他委托事项，收取手续费的各项业务，主要包括结算业务、代理业务、信托业务、租赁业务、银行卡业务和咨询业务等。商业银行在这些业务中基本不承担什么风险。

商业银行经营管理必须遵循盈利性、安全性、流动性的“三性”原则。盈利性、安全性和流动性之间既相互矛盾又相互统一。

商业银行管理理论主要包括资产管理理论、负债管理理论、资产负债综合管理理论，随着商业银行业务的拓展，现行的管理理论还有资产负债表外业务管理理论。

关键概念

商业银行　信用中介　资本业务　负债业务　资产业务　表外业务　中间业务　经营原则

综合训练

即测即评5

综合训练参考答案5

1. 商业银行在追求盈利与履行社会责任过程中应如何考量？
2. 商业银行的主动性负债与被动性负债有哪些利弊？
3. 商业银行现金资产的作用是什么？
4. 商业银行证券投资的意义是什么？
5. 商业银行在资产业务运作过程中应关注什么？
6. 商业银行表内业务与表外业务有何关系？
7. 商业银行面临的主要风险有哪些？

第6章

中央银行

牢记嘱托

要建设现代中央银行制度，健全中国特色现代货币政策框架，完善基础货币投放和货币供应调控机制，发挥好货币信贷政策工具的总量和结构功能，有效维护人民币币值和经济金融稳定。

——习近平2024年1月16日在省部级主要领导干部推动金融高质量发展专题研讨班上的讲话

目标引领

价值塑造

结合金融领域的国家战略、法律法规和相关政策，关注金融问题并深入金融实践，思考我国如何“建设现代中央银行制度”，培育学生经世济民、德法兼修的职业素养。

知识传授

描述中央银行的内涵，阐释中央银行产生的原因及中央银行发展阶段的对应特征，解释中央银行的性质、职能与业务，列举中央银行的制度类型。

能力培养

基于央行的资产负债表，解读与分析中央银行的货币政策实施的背景、意图及效果。

思维导图

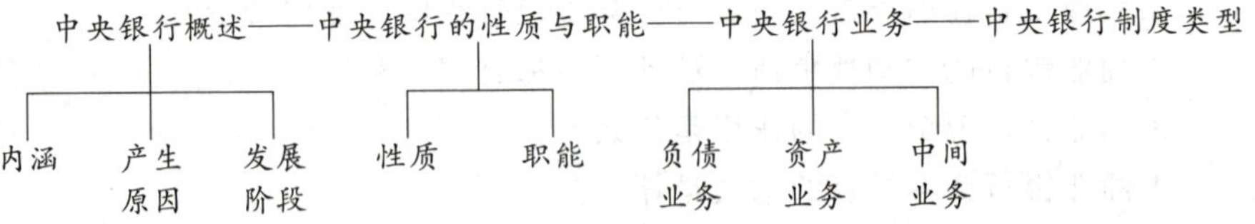

现实问题 相关政策 国家战略

建设现代中央银行制度：加强财政与货币政策、金融改革的协调配合，完善基础货币投放和货币供应调控机制，支持在央行公开市场操作中逐步增加国债买卖，充实货币政策工具箱。

开篇导读

中央银行是现代金融体系的中枢，在制定和执行货币政策，防范和化解金融风险，维护金融稳定中发挥着重要作用。在金融强国建设的六大关键核心要素中，强大的中央银行与其他要素关联紧密，并为其他要素建设提供支持。英格兰银行是世界上第一家现代中央银行，其诞生亦被视为当时最重要的金融革命。1913年，美国总统威尔逊签署《联邦储备法案》，宣告美联储成立，在解决当时的银行业恐慌和应对之后的大萧条中扮演着重要角色。中央银行300多年的历史表明，中央银行制度是在一次次应对金融危机的过程中逐步确立起来的，每一次金融危机都催生中央银行制度的改革与创新。伴随危机的演变，逐渐形成了现代中央银行制度。当前我国已转入高质量发展阶段，需要以现代中央银行制度作为重要支撑，既支持经济转型升级，又防止发生严重通货膨胀或通货紧缩以及系统性金融风险，确保我国现代化进程顺利推进，维护国家金融安全。

资料来源：付英俊. 建设强大中央银行的历史镜鉴［N］. 证券时报，2024-03-12.

金融是现代经济的核心，而中央银行又是一国金融体系的核心。中央银行的产生可追溯至400年前，虽然其形成与发展时间相对短暂，但中央银行却是当今最为重要的金融机构之一。货币政策工具的使用、货币政策执行报告的发布，抑或是央行行长的讲话内容无不深刻地影响着每一个人的生活。

本章简要回顾中央银行产生的背景及其在各个阶段的发展情况，通过对中央银行性质、职能、业务的阐述，使读者能够了解中央银行在经济中扮演的角色与发挥的作用，此外，本章还定位于中央银行现阶段的发展情况，尤其是2008年全球金融危机导致的中央银行职能全面的自我审视。

6.1 中央银行的产生和发展

6.1.1 中央银行的产生

现代商业银行是从货币兑换业发展而来的，而中央银行又是从现代商业银行中分离出来的，并由此演变出一种新的银行制度，几百年来在世界各国的经济与社会发展中发挥着重要的作用。

(1) 统一发行银行券的需要。在银行业发展的初期，商业银行只要拥有足够的金银准备就可以发行银行券。随着商品经济和社会生产力的迅速发展，特别是18世纪工业革命开始以后，商业银行机构数量猛增，贷款需求旺盛，许多银行为了追求盈利，利用银行券的发行来增加自己的资金。随着经济的发展和银行业竞争的加剧，其弊端也日益暴露出来。首先，为数众多的小银行信用能力薄弱，因经营不善而无法兑现银行券的情况时有发生，尤其在危机时期不能兑现的情况更加普遍，从而使货币流通陷入混乱的状态。其次，一般银行限于资金、信用、分支机构等条件，其所发行的银行券有一定的地域限制，这与蓬勃发展的社会化大生产很不适应。而且，在同一地区有多种银行券同时流通，这种情况与货币“一般等价物”的本质特征也是矛盾的。

随着资本主义经济的发展，要求有更加稳定的通货，也要求银行券成为在全国市场上流通的具有一般等价物性质的信用工具，而这样的银行券只能由实力雄厚、信誉卓著、业务遍及全国的大银行集中发行。

（2）票据交换与清算的需要。随着银行业务的不断拓展，银行每天收受票据的数量也迅速增加，各银行之间的债权债务关系日益复杂。不仅异地结算的时间延长，即使同城结算也难以在当日完成，阻碍了商品生产和贸易的发展。因此，客观上需要建立一个全国统一的、权威公正的清算机构来为银行间清算服务。于是，许多商业银行逐渐把现金准备存入发行银行，它们之间的清算也就通过发行银行来办理，发行银行逐渐成为公认的清算中心和现金保管者。

（3）提供支付保证的需要。随着资本主义经济的发展，商业银行仅靠吸收存款已经远远不能满足社会经济发展对借贷资金的需要。贷款的过度发放，使一些实力薄弱的银行丧失清偿力，由于挤兑而破产的情况也时有发生，于是迫切需要把各家银行的准备金集中起来，当某家银行发生支付困难时给予支持，避免其在危机中破产。这样，一些大的发行银行就依靠自己的威望和充足的财力在吸收商业银行存款的同时，对某些在金融危机中资金周转困难的银行和金融机构给予信用上的支持。英国经济学家沃尔特·白芝浩（Walter Bagehot）在1873年出版的名著《伦巴第街：货币市场记述》一书中，极力主张当时规模最大、信誉最卓著的半官方的英格兰银行在金融危机中有责任全力支持危难银行，以避免整个银行业因挤兑风潮而走向崩溃，提出了著名的“最后贷款人”原则，成为现代中央银行理论的基石。

（4）管理全国金融事业的需要。随着资本主义经济的发展，银行数量不断增加，业务范围越来越广，竞争也越来越激烈。客观上需要有一个公平、健全的规则和机制来保证银行和金融业公平有序的竞争。此外，金融对国民经济的影响越来越大。而银行之间的联系日益密切，银行倒闭对经济造成的震动和破坏也越来越大。要保证金融稳定、经济稳定，必须建立专门的机构对金融业的经营活动做必要的管理和监督。

基于当前经济与金融全球化的背景，国际经济金融对话、会议及活动越来越多，我们经常会看到这些活动中有各国央行高层领导者的身影。

（5）为政府融资的需要。政府在市场经济的发展中的作用越来越突出，政府开支的增加也使得其融资成为一个重要的问题。最初成立的中央银行都与解决政府融资的问题密切相关，尽管当今有一些国家不允许中央银行直接为政府垫款（例如我国），但中央银行可以通过公开市场操作间接为政府提供资金支持。

由于上述业务的需要，一些大的商业银行逐渐从商业银行体系中分离出来，演化成中央银行。从中央银行的产生过程来看，最早的雏形是成立于1656年的瑞典银行和1694的英格兰银行，它们成立之初都是商业银行。

6.1.2 中央银行的发展

中央银行的产生既有商品经济和金融业自身的发展的客观内在驱动，又有政府对经济、金融事业管理的外在需要。在不同的历史背景与发展阶段中，中央银行肩负着不同的使命，其职责定位也因此不断调整。

（1）中央银行制度的初步形成

从17世纪中后期到第一次世界大战爆发前的250多年间，中央银行与中央银行制度基本上处于初创时期。这一时期的中央银行大多是由商业银行自然而然地演进而来，例如英格兰银行和瑞典银行。

英国于1844年通过《皮尔条例》，这为英格兰银行独占货币发行权奠定了法律基础，也标志着中央银行制度的正式建立。虽然瑞典银行成立较早，但实际上直到1897年它才独占货币发行权，因此，人们通常把英格兰银行称为现代中央银行的鼻祖。

在英格兰银行成为英国唯一的发行银行以后，中央银行制度在世界上特别是欧洲的一些主权国家受到重视。例如，成立于1800年的法兰西银行，于1848年垄断了全国的货币发行权；成立于1829年的西班牙银行，于1874年垄断了货币发行权；日本银行和德国国家银行也分别于1889年和1912年统一或独享了货币发行权；1913年，一向崇尚自由竞争的美国也终于建立了适合本国国情的中央银行制度——联邦储备系统。

（2）中央银行制度的拓展阶段

第一次世界大战爆发后金本位制开始动摇，并被主要资本主义国家先后放弃，由此导致世界范围内的通货膨胀和币制混乱。在这一背景下，各国政府都意识到只有利用中央银行来加强对货币信用的控制才可补救。1920年在布鲁塞尔召开的国际金融会议更是明确提出：凡未设立中央银行的国家应尽快建立中央银行，中央银行为保持币值稳定应对政府保持独立性。因此，这一时期世界上又有40多个国家建立了中央银行。1924年孙中山领导的国民革命政府在广州成立中央银行，中国历史上第一次出现了“中央银行”这一称谓。1928年南京国民政府在上海重新成立了中央银行，后与中国银行、交通银行组成“法币集团”，共同享有货币发行权。1932年2月1日，中国共产党在江西瑞金成立中华苏维埃共和国国家银行，除经营一般银行业务外，还享有货币发行权。

（3）中央银行制度的强化阶段

第二次世界大战后，各国政治、经济发生了重大变化，大多数参战国受到严重的战争破坏，经济困难，通货膨胀严重。为了医治战争创伤、恢复本国经济、稳定货币、筹集资金，各国都将货币信用政策作为干预生产和调节国民经济的主要杠杆。与此同时，产生于20世纪30年代大萧条后的凯恩斯经济理论受到重视，这种理论认为经济不能自动实现充分就业的均衡，从而强调国家干预经济的必要性。在这种理论的指导下，中央银行逐渐成为政府调控宏观经济的重要工具之一，制定与执行货币政策成为中央银行的突出职能。与此相关，这一时期中央银行制度的新变化是，许多原有的中央银行开始了国有化进程，而新建的中央银行则更多地直接由政府出资设立。尽管有的国家仍维持私有或公私混合所有，但也都在中央银行相对独立的情况下加强了国家控制。

6.2 中央银行的性质与职能

6.2.1 中央银行的性质

从中央银行的产生和发展的客观经济原因以及演变过程中可以看出，它脱胎于商业银行，又被政府利用，这就决定了它既不同于一般的商业银行，又不同于一般的政府机关，兼具二者的部分特征又有自身独具的特性，当代中央银行是代表政府调控经济、管理金融的特殊的金融机构。这种特殊性，首先表现在它与商业银行相比有自己的特点：第一，中央银行的经营活动主要是宏观金融活动，它通过运用货币政策工具，对经济进行调节、管理和干预；而商业银行则主要从事微观经济活动，充当信用中介，直接经营货币信用业务。第二，中央银行的业务对象主要是政府、商业银行和其他金融机构；商业银行则主要为企业和居民提供服务。第三，中央银行的业务活动不以营利为目的，而是以稳定货币、发展经济作为目标；商业银行则完全是追逐利润最大化的金融企业。第四，中央银行在一国金融体系中居于核心地位，与商业银行和其他金融机构之间是调控与被调控、管理与被管理的关系。第五，中央银行享有发行货币的特权和维护币值稳定的责任，而商业银行和其他金融机构则没有这项特权和责任。

其次，中央银行与一般的政府机关也有明显的区别，主要表现为：第一，中央银行的业务仍具有一般商业银行业务的特征，在办理存贷款及清算等业务的过程中，虽然不以营利为目的，但客观上可能产生盈利，这与完全依靠国家财政拨款的政府机关有很大不同。第二，中央银行对经济的宏观调控主要是通过其金融业务活动即经济手段实现的，而一般政府机关主要依靠行政手段进行管理。第三，中央银行与政府的关系是一种相对独立的关系，而一般政府机关在行为决策上必须与政府的意愿相一致。

6.2.2 中央银行的职能

中央银行的职能可以从不同角度来划分，从中央银行在国民经济中所处的地位出发，可以划分为发行的银行、银行的银行、政府的银行三大职能，一般称之为中央银行的基本职能。从中央银行业务活动的功能来分析，又可划分为服务职能、调节职能和管理职能；也有“五大职能”和“八大职能”等划分方法。上述各种表述中，最为普遍的还是“发行的银行“银行的银行”“政府的银行”，这三大职能是对中央银行职能的典型概括。

1）中央银行是“发行的银行”

中央银行是发行的银行，是指国家赋予中央银行集中与垄断货币发行的特权，是国家唯一的货币发行机构。

货币的出现使人们不再被物所羁绊，花花绿绿的钞票也最为人们所熟知，但你知道钞票的来历吗？我们可以看到每一张人民币上都印有“中国人民银行”字样，每一张美元上都印有“FEDERAL RESERVE NOTE”。几乎在每一个国家，钞票发行特权都与中央银行的起源和发展相联系。在商业银行逐步演变成为中央银行的发展进程中，货币发行权的独占与垄断是其性质发生质变的根本标志。从国家最初创设的中央银行看，垄断货币发行权是国家赋予的最重要也是最基本的特权。可以说一部中央银行史，首先是一部货币发行权逐步走向集中垄断和独占的历史。

中央银行独占货币发行权有以下几方面的重要意义：

（1）统一国内的货币形式，避免分散发行所造成的货币流通的混乱。在分散发行情况下，各银行作为发行个体，很难统揽全社会的货币需求，容易造成货币发行失控。即使政府对各发行银行的发行量予以指导或限制，也很难控制各发行银行为了谋求发行收入而竞相发行货币。而且，众多发行银行资信状况良莠不齐，一旦倒闭就会给社会公众和经济带来巨大危害。因此，必须统一国内的货币形式。

（2）中央银行因独享货币发行权，得以成为控制货币流通量的“总闸门”，能够根据经济发展的客观要求，适时灵活地调节流通中的货币总量，使之与国民经济发展对货币的需要量相适应，从而维护币值稳定。

（3）有利于中央银行增强自身的资金实力。货币发行作为一种长期或永久性的负债，是中央银行重要的资金来源，为中央银行执行货币政策、有效实施金融宏观调控提供了资金力量。

（4）在不兑现的信用货币制度下，货币发行能够形成发行银行的净收益，而由中央银行集中垄断货币发行可以使货币发行收益归政府所有，与此相对应，政府必须承担起保证币值稳定的责任，这种责任也只有政府才能够承担。因此可以说，中央银行独占货币发行权，是信用制度发展的客观要求，也是高度发达的现代货币信用经济的必然产物。

2）中央银行是“银行的银行”

归根到底，中央银行也是“银行”，虽然它的业务对象不是一般的企业和个人，而是商业银行和其他金融机构及特定的政府部门，但是中央银行的业务仍具有传统商业银行“存、放、汇”的三大基本业务特征。中央银行为商业银行和其他金融机构提供支持、服务，同时也是商业银行和其他金融机构的管理者，因此，人们称之为“银行的银行”。这一职能最能体现中央银行是特殊的金融机构这一性质，中央银行对商业银行和其他金融机构的活动能够施以有效影响也主要是通过这一职能实现的。其具体表现在以下三个方面：

（1）集中存款准备金

在中央银行成立以前，各商业银行为了保证支付，都根据经验自己保留一部分准备金，但由于经营获利的动机，准备金不可能留得过多，一般都保持在尽可能低的水平上。一旦遇到放款不能按时收回等情况，银行的支付便会出现困难，甚至被迫破产倒闭。因此，在中央银行产生之后，为了保证商业银行和其他金融机构的支付和清偿能力，从而保障存款人的资金安全及合法权益，也为了保障商业银行和其他金融机构自身运营的安全，各国一般都通过法律规定，凡吸收存款的商业银行和其他金融机构必须按存款的一定比例向中央银行缴存存款准备金。在商业银行和有关金融机构出现支付和清算困难，并在中央银行认定必要的条件下，允许商业银行和有关金融机构动用其在中央银行的存款准备金。可见，中央银行集中存款准备金的初始目的是维持商业银行体系的清偿力。随着中央银行制度的发展及职能的拓展，中央银行开始利用存款准备金率影响信用规模和控制货币供应量。因为法定存款准备金率的变化直接改变商业银行和其他存款机构的信用创造能力，于是，存款准备金率政策发展成为中央银行调控货币供应量的最有力的货币政策工具。

（2）组织全国的清算

中央银行是全国银行间票据交换与清算的中心。由于各商业银行都在中央银行开立存款账户并缴存存款准备金，这样就可以通过存款账户划拨款项，办理结算。由中央银行集中清算，能够迅速结清各商业银行之间的债权债务，并直接增减各商业银行的存款金额，从而大大提高了票据交换和清算的效率。同时，又使中央银行能够及时了解和监督各商业银行的业务经营状况，为中央银行加强金融监管和分析金融流量提供了条件。早在19世纪中期，英格兰银行就开始发挥资金清算中心的功能。1854年英格兰银行采取了对各银行之间每日清算差额进行结算的做法，大大简化了各银行之间资金往来的清算程序。这种做法后来被其他国家相继效仿并推广开来。目前，大多数国家的中央银行都已成为全国资金清算中心。随着资金清算数量的不断扩大和科技成果在清算体系中的运用，中央银行对清算方法也做了技术性改进，如大量采用电子数据处理系统等，使清算的准确性、时效性有了极大提高。尽管现代支付清算体系结构发生了一些变化，如一些国家的支付清算功能已部分社会化，但中央银行作为支付清算的组织、管理和监督者的地位与作用日益重要。

（3）充当商业银行等金融机构的“最后贷款人”

在商业银行发生资金困难而无法从其他商业银行或金融市场筹措资金时，向中央银行融资是最后的办法，中央银行对其提供资金支持则是承担“最后贷款人”的角色，否则便会发生有资金困难银行破产倒闭的情况。“最后贷款人”的作用除了防止金融恐慌，也是中央银行调节货币供应量的重要工具之一。中央银行通过对商业银行等金融机构提供票据再贴现、再抵押、直接贷款等多种资金支持方式，调节银行信用和货币供应量，实施金融调控。中央银行根据宏观经济政策和金融政策的需要，可以主动采取降低或提高再贴现率和贷款利率的措施，以调节商业银行的信用规模。由于金融恐慌只是偶尔发生，并且许多国家还建立了存款保险制度以防止发生此类事件，于是中央银行的“最后贷款人”职能往往被人们忽略。可是一旦发生大规模的银行倒闭，连存款保险机构也无力赔偿时，中央银行的这一职能就显现出强大的威力。“最后贷款人”的角色确立了中央银行在金融体系中的核心和主导地位，确定了中央银行对金融机构实施监督管理的必然性和必要性。尽管随着金融制度的发展，有些国家对金融机构的管理不是由中央银行一家承担，而是与另外专设的金融监管机构共同分工负责，但中央银行作为“最后贷款人”及由此决定的中央银行对金融机构实施监督管理的基本属性并未改变。

3）中央银行是“政府的银行”

所谓政府的银行，是指中央银行代表国家制定和实施货币政策，代为管理财政收支以及为政府提供各种金融服务等。这一职能主要通过以下几个方面体现：

（1）经理国库

国家财政收支的具体业务一般不另设机构经办，而是交由中央银行代理。政府的收入和支出均通过财政部门在中央银行开立的各种账户进行。

（2）为政府融通资金

在政府财政收支出现失衡、收不抵支时，中央银行一般都负有向政府融通资金、提供信贷支持的义务。其方式主要有两种：①在法律许可限度内，直接向政府提供贷款或透支。这通常是为了弥补政府财政收支的暂时性不平衡（如先支后收等矛盾）而采取的措施，是短期性融资。除特殊情况外，各国中央银行一般不承担向财政提供长期贷款或透支的责任。政府长期性的资金需要大多通过发行长期政府债券或其他途径解决。目前，许多国家都明确规定，中央银行应竭力避免用发行货币的方式弥补财政赤字。因此，中央银行向政府提供贷款或透支都有严格的规定。②购买政府债券。这有两种情况：一是直接购买，即中央银行在一级市场上购买。中央银行在发行市场上直接购买政府债券，其资金便形成财政收入，流入国库，这等于向政府提供了融资。二是间接购买，即中央银行在二级市场上购买。中央银行在二级市场上购买政府债券，就意味着资金间接流向了财政。这种购买方式虽不是直接向政府融资，但也是中央银行的基础货币投放，向社会提供了货币供应量。同时，由于中央银行购买政府债券，扩大了政府债券的市场容量，也增强了社会对政府债券的购买能力。因此，无论中央银行是在一级市场上购买政府债券还是在二级市场上购买政府债券，都意味着政府融资的增加。从中央银行某一时点的资产负债表看，只要持有政府债券，就是对政府的一种融资。

（3）代表政府管理国内外金融事务

这主要包括：①制定和实施货币政策。货币政策是政府对经济实行宏观调控的基本政策之一。世界各国一般都是通过法律赋予中央银行货币政策制定和实施的职责，货币政策必须与国家经济社会发展的根本利益和长远利益保持一致，并通过货币政策的具体实施达到稳定币值和物价、促进经济增长等目的。②对金融业实施金融监督管理。政府对金融业实施监督管理，一般由中央银行及其他金融管理机构进行。中央银行对金融业的监督管理包括：制定并监督执行有关金融法规、基本制度、业务活动准则等；监督管理金融机构的业务活动；管理、规范金融市场。③为国家持有和经营管理外汇、黄金和其他资产形式的国际储备。世界各国的国际储备一般都是由中央银行持有并经营管理。国际储备包括外汇、黄金、在国际货币基金组织中的储备头寸、国际货币基金组织分配的尚未动用的特别提款权等。中央银行对国际储备的管理包括：对储备资金总量进行控制，使之与国内货币发行和国际贸易等的支付需要相适应；对储备资产结构特别是外汇资产结构进行调节；对储备资产进行经营和管理，负责储备资产的保值和经营收益；保持国际收支平衡和汇率基本稳定。④代表国家政府参加国际金融组织和各项国际金融活动。国家对外金融活动，一般都授权中央银行作为国家的代表。国家的对外金融活动包括：参加国际金融组织，代表政府签订国际金融协议，参与国际金融事务与活动等。

（4）为政府提供经济金融预测和决策建议，向社会公众发布经济金融信息

由于中央银行处于社会资金运动的中心环节，是货币、信用的调剂中心、社会资

金清算中心和金融管理中心，因此，中央银行能够掌握全国经济金融活动的基本信息，能够比较及时地反映整个经济金融运行状况。在政府的经济决策中，中央银行一般都扮演重要角色，发挥重要的作用。

6.3 中央银行的主要业务

中央银行的职能主要通过其具体业务活动来实现，而其业务活动所带来的资金运动关系可以从资产负债表反映出来。中央银行的负债业务、资产业务和中间业务有其特定的领域和特定的对象，而且其业务活动的原则不同于商业银行和其他金融机构，它的业务活动以非营利性、流动性、主动性和公开性为基本原则。

6.3.1 负债业务

中央银行的负债业务主要包括货币发行业务、存款业务、发行中央银行债券以及资本业务。

1）货币发行业务

统一货币是中央银行制度形成的最基本动因，也是“发行的银行”职能的直接体现。中央银行通过再贴现、贷款、购买证券、收购金银外汇等业务将纸币投入市场，从而形成流通中的货币。同时，流通中的货币也会通过相反的渠道流回发行银行。因此，从动态上讲，货币发行可以定义为货币从中央银行通过商业银行流到社会的过程；从静态上看，货币发行是指货币从中央银行流出的数量大于从流通中回笼的数量。货币是一种债务凭证，当中央银行发行货币时，它实际上是在创造一种债务关系。持有货币的个人或机构有权要求中央银行兑换等值的货物或服务，尽管在当今不兑现的信用货币制度下，这种兑换通常不会直接发生。

各国为保持本国货币流通的基本稳定，防止中央银行滥用发行权，造成过多货币流通量，分别采用了不同方法对货币发行数量加以限制。例如，比例发行准备制度、最高发行限额制度、外汇准备制度、有价证券保证制度等。我国人民币的发行并无发行保证的规定，其实际上的保证是国家信用和中央银行信用。

我国人民币的发行和回笼是通过中国人民银行的发行基金保管库（简称发行库）和各商业银行业务库进行的。所谓发行基金，是人民银行保管已印好而尚未进入流通的人民币票券。发行库在人民银行总行设总库，下设分库、支库。各商业银行对外营业的基层行处设立业务库。业务库保存的人民币作为商业银行办理日常收付业务的备用金。为避免业务库过多存放现金，通常由上级银行和中国人民银行为业务库核定库存限额。

当商业银行基层行处现金不足以支付时，可到当地中国人民银行的存款账户内提取现金。于是，人民币从发行库转移到商业银行基层行处的业务库，这意味着这部分人民币进入流通领域。当商业银行基层行处收入的现金超过业务库库存限额时，超过的部分应自动送交中国人民银行，该部分人民币进入发行库，意味着退出了流通领域。这一过程如图6-1所示。

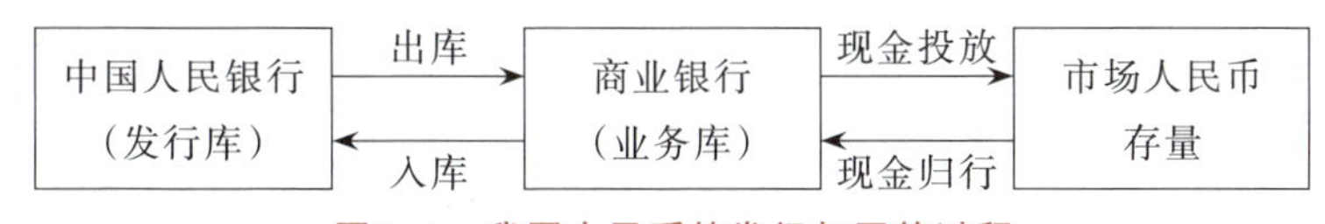

图6-1　我国人民币的发行与回笼过程

2）存款业务

中央银行的存款业务完全不同于商业银行和其他金融机构的存款业务，中央银行的存款主要来自两个方面：一是政府和公共部门，二是金融机构。政府和公共部门在中央银行的存款也包括两部分：一是财政金库存款，二是政府和公共部门经费存款。由于中央银行代理国家金库和财政收支，所以国库的资金以及财政资金在收支过程中形成的存款也属于中央银行存款。金融机构在中央银行的存款包括法定准备金存款和超额准备金存款，在现代存款准备金制度下，中央银行集中商业银行和其他金融机构的存款准备金。此外，商业银行和其他金融机构通过中央银行办理它们之间的资金清算，所以为清算需要也必须把一定数量的存款存在中央银行，这部分存款称为超额准备金存款。

（1）代理国库

中央银行经办政府的财政收支，执行国库的出纳职能，如接受国库的存款，兑付国库签发的支票，代理收解税款等。此外，国家财政拨给行政经费的行政事业单位的存款，也都由中央银行办理。财政金库的财政性存款，是中央银行的重要资金来源，构成中央银行的负债业务。中央银行代理国库业务，可以沟通财政与金融之间的联系，使国家的财源与金融机构的资金来源相连接，充分发挥货币资金的作用，并为政府资金的融通提供一个有力的调节机制。

（2）集中存款准备金

各商业银行吸收的存款不应全部贷出，必须保留一部分现款，以备存款人提取。但商业银行的现金准备并不能都存在自己的金库里，必须按照规定的比率将其一部分存储于中央银行。这样就使商业银行的现金准备集中于中央银行，形成法定存款准备金。中央银行掌握了各商业银行的存款准备金，形成中央银行的资金来源，便可运用这些准备金支持银行的资金需要。现金准备集中存放于中央银行，除了增强整个银行系统的后备力量，防止商业银行倒闭外，更主要的是中央银行通过存款准备金可以控制商业银行的贷款量。中央银行降低法定存款准备金率，可扩大商业银行的贷款和投资；提高法定存款准备金率，可减少商业银行的贷款和投资。

3）发行中央银行债券

发行中央银行债券是中央银行的一种主动负债业务。中央银行债券发行的对象主要是国内金融机构。中央银行一般在以下两种情况下发行债券：一种情况是当金融机构的超额准备金过多时，发行债券以减少金融机构的超额准备，以便调节金融机构多余的流动性，并为央行提供可供调度的资金来源；另一种情况是以此作为公开市场操作的工具之一，通过中央银行债券的市场买卖行为，灵活地调节货币供应量。一般而言，中央银行债券的发行可以减少商业银行超额储备，回笼基础货币；债券到期时，体现为商业银行超额储备增加，货币供应量增加。

经世济民6-1

我国的中央银行票据

在我国，中央银行债券在2002年9月以前主要采取“中央银行融资券”的形式，之后主要采用“中央银行票据”的形式。中央银行票据是中央银行为调节商业银行超额准备金而向商业银行发行的短期债务凭证，其实质是中央银行债券，之所以叫“中央银行票据”，是为了突出其短期性特点（从已发行的中央银行票据来看，期限最短的3个月，最长的也只有3年）。中央银行票据是适合我国国情的货币政策工具，其在不同的历史时期都发挥了重要作用。

2002年9月24日，为吸收因外汇占款投放而增加的流动性，并进一步丰富中央银行公开市场业务操作工具，中国人民银行将公开市场业务未到期的正回购转换为相同期限的中央银行票据，发行总量为1 937.5亿元，包括3个月、6个月和1年期三个品种。此举为央行票据发行起始的标志。此后，中央银行票据不断发行，2003年4月22日，中国人民银行正式通过公开市场操作发行了金额50亿元、期限为6个月的中央银行票据。4月28日，中国人民银行发布当年第六号《公开市场业务公告》，决定自4月29日起暂停每周二和每周四的正回购操作，并固定于每周二发行中央银行票据。从此，中央银行票据开始逐渐成为中国人民银行货币政策日常操作的一项重要工具。

2011年，外汇占款出现了连续3个月度的净减少，而到2012年，平均每月的新增外汇占款由之前的几千亿元骤降至几百亿元，长达十年的外汇占款强劲增长不复存在，2011年12月26日，中央银行暂停发行中央银行票据，在时隔近一年半之后，2013年5月8日重启央行票据发行，至2013年6月20日再次暂停发行。

2018年末以来，在外部冲击不确定性加大、影响人民币国际化的关键时期，中国人民银行再次启用货币政策工具箱内的央行票据，而此次是在离岸市场发行，这不仅能够丰富中国香港高信用等级人民币金融产品，还能完善中国香港人民币收益率曲线。2019年11月16日，中国人民银行发布2019年第三季度中国货币政策执行报告。报告提出，下一步，中国人民银行将继续完善在中国香港发行人民币央行票据的常态化机制，根据市场需求合理安排发行规模和期限品种，带动其他发行主体在离岸市场发行人民币债券，促进离岸人民币市场持续健康发展。截至2023年末，中国人民银行在中国香港累计发行央票7 250亿元。未来，央行票据在推进金融供给侧结构性改革和推动人民币国际化方面还可发挥重要作用。

启智增慧6-1

中国货币政策执行报告2023年第四季度

4）资本业务

中央银行的资本业务实际上就是筹集、维持和补充自有资本的业务。中央银行与其他银行一样，为了保证正常的业务活动必须拥有一定数量的自有资本，中央银行自有资本的形成主要有三个途径：中央政府出资、地方政府或国有机构出资、私人银行或部门出资。

6.3.2 资产业务

中央银行的资产是指中央银行在一定时点上所拥有的各种债权。

1）对金融机构的债权

（1）再贴现

全国商业银行缴存在中央银行的存款准备金，构成中央银行吸收存款的主要部分。当商业银行资金短缺时，可从中央银行取得借款。其方式是把工商企业贴现的票据向中央银行办理再贴现，或以票据和有价证券作为抵押向中央银行申请借款。中央银行再贴现是解决商业银行短期资金不足的重要手段，同时也是中央银行实施货币政策的重要工具之一。

（2）再贷款

向商业银行等金融机构融通资金，保证商业银行等金融机构的支付能力，是中央银行作为“银行的银行”最重要的职能之一。贷款是履行这一职责最主要、最直接的手段，也是最能体现中央银行“最后贷款人”职能的业务行为。随着金融市场的发展和金融创新的深化，商业银行的融资渠道增多，融资方式多样化，但中央银行贷款仍是商业银行等金融机构扩大其信用能力的重要渠道。

（3）创新型货币政策工具

为提高货币调控效果，有效防范银行体系流动性风险，增强对货币市场利率的调控效力，近几年央行陆续采取了一些创新型货币政策工具。这些创新型货币政策工具主要包括短期流动性调节工具（short-term liquidity operations，SLO）、常备借贷便利（standing lending facility，SLF）、中期借贷便利（medium-term lending facility，MLF）、抵押补充贷款（pledged supplementary lending，PSL）。SLO实质上相当于超短期的逆回购操作，通过逆回购央行向公开市场一级交易商注入流动性，且操作期限、方向和选时更加机动（2016年2月18日逆回购变成每日例行操作后基本没有使用过SLO）；SLF是央行正常的流动性供给渠道，其主要功能是对地方法人金融机构按需足额提供短期流动性支持。此外，常备借贷便利利率还能发挥其作为利率走廊上限的作用，促进货币市场平稳运行。MLF是中央银行提供中期基础货币的政策工具，对象为符合宏观审慎管理要求的商业银行、政策性银行，可通过招标方式开展。发放方式为质押方式，并需提供国债、央行票据、政策性金融债、高等级信用债等优质债券作为合格质押品。PSL是指政策性银行通过向央行抵押资产从而获得融资，其主要功能是为支持国民经济重点领域、薄弱环节和社会事业发展而向金融机构提供的期限较长的大额融资。

2）对政府的债权

（1）购买债券

中央银行在从事公开市场业务时，购买政府发行的国库券和公债，事实上相当于为政府提供间接融资。许多国家不允许政府向中央银行透支，我国就是如此，禁止中央银行直接认购、包销国债和其他政府债券，但允许中央银行通过公开市场业务购买政府债券。中央银行通过公开市场业务购买政府债券的主要目的是调节流通中的货币量，实现对市场利率的引导。

（2）短期贷款

在特殊情况下，中央银行也向财政部门发放贷款或透支以解决财政收支困难。不过如果这种贷款数量过多、时间过长易引起信用扩张、通货膨胀。因此，正常情况下，各国对此均加以限制。美国联邦储备银行对政府需要的专项贷款规定了最高限额，而且要求财政部提供担保。英格兰银行除少量的政府隔日需要可以融通外，一般不为政府垫款，政府需要的资金通过发行国库券的方式解决。

《中华人民共和国中国人民银行法》规定，中国人民银行不得对政府财政透支，不得直接认购、包销国债和其他政府债券，不得向地方政府、各级政府部门提供贷款。

3）证券买卖业务

各国中央银行一般都经营证券业务，但这并不是出于投资获利的目的，而是公开市场操作的结果，中央银行在公开市场上主要是买卖政府发行的长期或短期债券，以实现调节货币和信用的目的。一般说来，在金融市场不太发达的国家，中央政府债券在市场上流通量小，中央银行买卖证券的范围就要扩大到各种票据和债券，如汇票、地方政府债券等。

各国中央银行买卖政府债券业务的做法基本上是一致的。在德国，法律规定德意志联邦银行为了调节货币，可以进入公开市场买卖汇票。我国中央银行从1996年4月1日开始进行公开市场操作，目前主要是买卖政府债券、政策性金融债券和中央银行票据。

经世济民6-2

充实货币政策工具箱

2023年10月30日至31日，中央金融工作会议在北京举行。会议指出，高质量发展是全面建设社会主义现代化国家的首要任务，金融要为经济社会发展提供高质量服务。要着力营造良好的货币金融环境，切实加强对重大战略、重点领域和薄弱环节的优质金融服务。始终保持货币政策的稳健性，更加注重做好跨周期和逆周期调节，充实货币政策工具箱。

中国人民银行行长潘功胜在2024陆家嘴论坛上表示，逐步将二级市场国债买卖纳入货币政策工具箱。中国人民银行将这一工具定位为基础货币投放渠道和流动性管理工具，与发达经济体的量化宽松政策有本质区别。业内认为，我国央行将国债买卖与其他工具综合搭配，有助于加强流动性管理的精细程度；在二级市场买卖国债，还可实现对收益率曲线的整体调控。

资料来源：常佩琦．拓宽基础货币投放渠道 央行买卖国债将稳妥推进［N］．上海证券报，2024-07-02.

4）金银、外汇储备业务

目前各国政府都赋予中央银行掌管全国国际储备的职责。所谓国际储备，是指具有国际性购买能力的货币，主要有：黄金，包括金币和金块；白银，包括银币和银块；外汇，包括外国货币、存放外国的存款余额和以外币计算的票据及其他流动资产。此外，还有特别提款权和在国际货币基金组织的头寸等。中央银行执行这一职责的意义是：

（1）有利于币值稳定。不少国家的中央银行对其货币发行额和存款额都保持一定比例的国际储备，以保证币值的稳定。当国内物资不足、物价波动时，可以使用国际储备进口商品或抛售黄金，回笼货币，平抑物价，维持货币对内价值的稳定。

（2）有利于稳定汇价。在浮动汇率制度下，各国中央银行在市场汇率波动剧烈时，可以动用国际储备进行干预，以维持货币对外价值的稳定。

（3）有利于保证国际收支平衡。当外汇收支发生逆差时，中央银行可以使用国际储备抵补进口外汇的不足。当国际储备充足时，中央银行可以减少对外借款，用国际储备清偿债务或扩大资本输出。

由此可见，金银、外汇不仅是稳定货币的重要储备，而且也是用于国际支付的国际储备，因而成为中央银行的一项重要资产业务。当前世界各国国内市场上并不流通和使用金银币，纸币也不兑换金银，而且多数国家实行不同程度的外汇管制，纸币一般也不与外汇自由兑换，在国际支付中发生逆差时一般也不直接支付黄金，而是采取出售黄金换取外汇来支付。因而，各国的金、银、外汇自然要集中到中央银行储存，买卖金、银、外汇是中央银行的一项业务。截至2023年年底，世界各国的黄金储备分布很不均衡，美国最多，约为8 100吨，德国约有3 300吨，我国的黄金储备约为1 900吨。

6.3.3　中间业务

中央银行的中间业务是指中央银行为商业银行和其他金融机构办理资金划拨清算和资金转移的业务。由于中央银行集中了商业银行的存款准备金，因而商业银行彼此之间由于交换各种支付凭证所产生的应收应付款项，就可以通过中央银行的存款账户划拨来清算，从而使中央银行成为全国清算中心。各国中央银行都设立专门的票据清算机构，处理各商业银行的票据并结清其差额。参加中央银行票据结算的银行均须遵守票据交换的有关章程，并在中央银行开立往来账户，缴纳清算保证金并支付清算费用，只有清算银行可以参加中央银行的票据交换，非清算银行要办理票据清算只能委托清算银行进行。

中央银行的清算业务大体可分为三项：①办理票据集中交换，主办票据交换所；②办理交换差额的集中清算，通过各行在中央银行开设的账户划拨；③办理异地资金转移，提供全国性的资金清算职能。

1）票据集中交换

这项业务是通过票据交换所进行的，票据交换所是从事银行之间支票清算的服务性机构。商业银行在每天营业中都要收付若干张支票，收进、付出巨额的资金。其中，有大批结算业务的收付双方不在同一商业银行开户，需要通过票据交换所转给有关银行。票据交换所一般每天交换两次或一次，根据实际需要而定。所有银行间的应收应付款项，都可相互轧抵后收付其差额。各行交换后的应收应付差额，即可通过其在中央银行开设的往来存款账户进行转账收付，不必收付现金。

2）办理异地资金转移

各城市、各地区间的资金往来，通过银行汇票传递，汇进汇出，最后形成异地间的资金划拨问题。这种异地间的资金划拨，必须通过中央银行统一办理。办理异地资金转移，各国的清算办法有很大不同，一般有两种类型：一是先由各金融机构内部自成联行系统，最后各金融机构通过中央银行总行办理转账结算；二是将异地票据统一集中传送到中央银行总行办理轧差转账。

6.3.4 中央银行的资产负债表

在国际经济一体化的背景下，为了使各国间相互了解彼此的货币金融运行状况，并使其数据具有可比性，国际货币基金组织定期编印《国际金融统计》，以相对统一的口径公布各成员的货币金融和经济发展的主要统计数据，其中就包括中央银行的资产负债表（称为“货币当局资产负债表”）。表6-1提炼出货币当局资产负债表中的主要资产和负债业务。

表6-1 货币当局资产负债表概览

资产	负债
国外资产 贴现和放款 政府债券和财政借款 外汇、黄金储备 其他资产	流通中通货 商业银行等金融机构存款 国库及公共机构存款 对外负债 其他负债和资本项目
合计	合计

虽然各国货币当局资产负债表的格式与主要项目基本一致，但各项目的实际金额与所占的比重却有明显不同。

中国人民银行从1994年起根据国际货币基金组织规定的基本格式编制“中国货币当局资产负债表”并定期向社会公布。表6-2是2023年12月中国货币当局资产负债表。

表6-2 2023年12月中国货币当局资产负债表 单位：亿元人民币

资产		负债	
国外资产	233 548.51	储备货币	389 036.93
外汇	220 453.85	货币发行	118 660.94
货币黄金	4 052.88	金融性公司存款	245 687.45
其他国外资产	9 041.78	其他存款性公司存款	245 687.45
对政府债权	15 240.68	其他金融性公司存款	
其中：中央政府	15 240.68	非金融机构存款	24 688.54
对其他存款性公司债权	185 561.01	不计入储备货币的金融性公司存款	6 038.42
对其他金融性公司债权	1 310.90	发行债券	1 250.00
对非金融性部门债权		国外负债	3 062.34
其他资产	21 283.04	政府存款	42 691.74
		自有资金	219.75
		其他负债	11 044.96
合计	456 944.14	合计	456 944.14

资料来源：中国人民银行网站。

经世济民6-3

我国基础货币投放渠道的变化

以往，在经济稳定繁荣时期，人们对央行资产负债表的关注度较低，而20世纪90年代以来的金融冲击使得人们对央行资产负债表的关注度有所提高。1997—1998年的亚洲金融危机使亚洲各国当局明白必须建立充足的外汇储备来应对未来的危机。以中国为例，2002—2014年外汇储备实现了巨额增长，如图6-2所示。

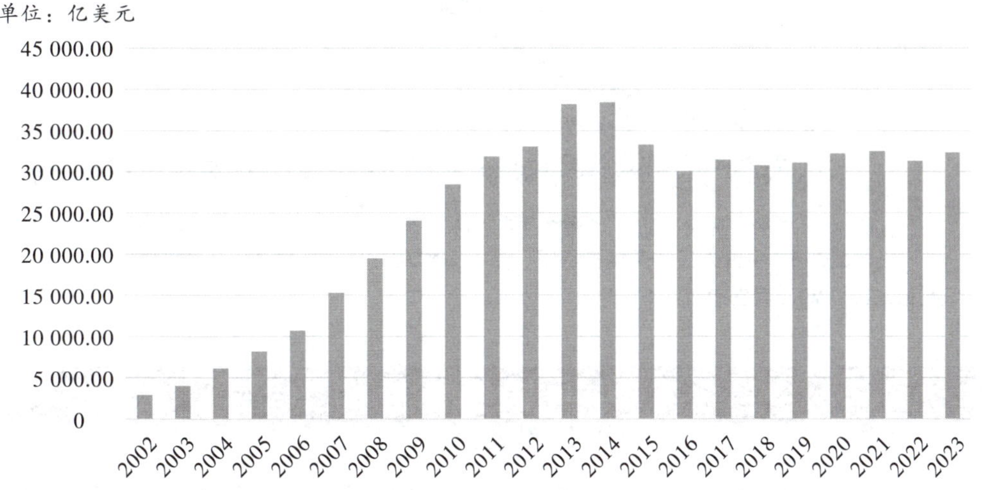

图6-2　2002—2023年我国外汇储备情况

数据来源：Wind数据库。

如此规模的巨大增长使得外汇占款成为中央银行投放基础货币的最主要渠道，同时，为防止货币投放过多，央行通过提高法定存款准备金率以及公开市场操作（如正回购、发行央行票据等）回笼货币。以上种种无疑会改变中央银行资产负债表中的资产与负债业务规模，而社会公众则可以通过资产负债表的变化来解读中央银行货币政策工具的使用情况。2014年以后，我国外汇储备有所下降，随之而来的问题是如何填补由于外汇占款下降而导致的基础货币减少的缺口。由图6-3可以看出央行外汇资产下降的同时，“对其他存款性公司债权”有较快的增加，央行除了以再贷款、再贴现这些传统方式投放基础货币之外，还通过常备借贷便利（SLF）、中期借贷便利（MLF）、定向中期借贷便利（TMLF）等创新型货币政策工具来提供流动性，中国人民银行在探索创新型货币政策工具更多可能性的同时，也能适应市场的需要，在其调节货币供应的过程中发挥自主性。

资产负债表除了能够真实地反映中央银行的业务运作状况，还可以作为中央银行货币政策制定与执行的重要一环。中央银行可以通过调整自身资产负债的规模或结构对实体经济和金融部门产生影响。例如2008年全球金融危机发生后，美联储实施了一系列非常规手段，进行了大规模金融资产购买，调整其资产负债表的规模和结构，以便有力地干预信贷以及其他相关市场，应对金融体系失灵带来的负面影响。

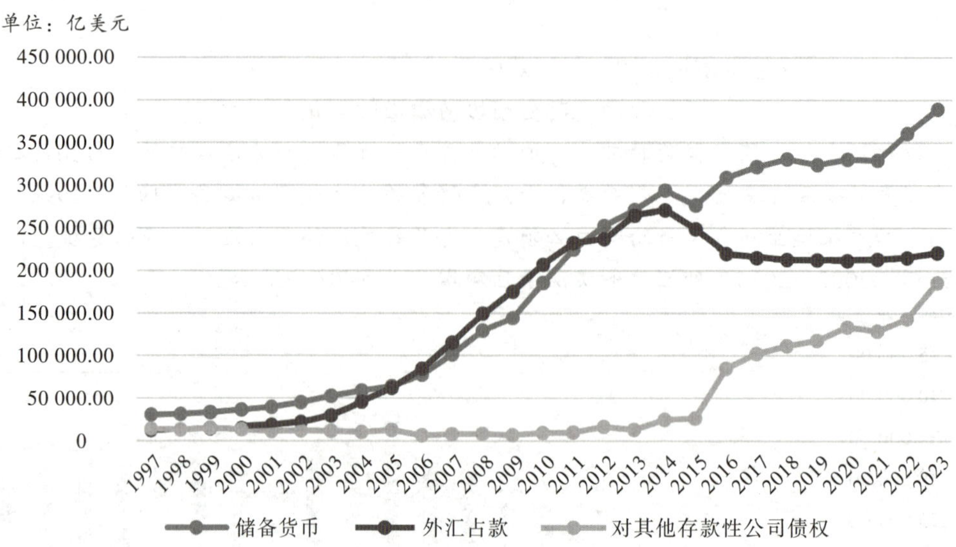

图6-3 中国人民银行储备货币、外汇占款及对其他存款性公司债权情况

数据来源：Wind数据库。

6.4 中央银行制度的类型

从中央银行制度的形成与发展可以看出，早期中央银行的出现主要表现为商业银行自然演进的结果，而后越来越多国家或经济体中央银行的建立更多地带有人为设计的色彩。因此，世界各国的中央银行制度并不存在一个统一的模式，中央银行的选择与设置受到各国政治、经济、历史及法律等诸多因素的影响。归纳起来，中央银行制度大致可以分为四种类型：单一式中央银行制度、复合式中央银行制度、准中央银行制度和跨国中央银行制度。

6.4.1 单一式中央银行制度

单一式中央银行制度是指国家单独设立中央银行机构，并由其专门行使中央银行全部职能的制度。因各国的政治体制不同，这种单一式的中央银行在机构设置上又分为两种类型：

第一种类型是一元式中央银行制度（Unit central bank system）。在这种体制下，国内只设立一个中央银行，其机构设置采取总分行制。总行一般设在首都或经济金融中心城市，根据需要在全国范围内设立若干分支机构。一元式中央银行制度的特点是权力集中，职能齐全，分支机构较多。目前，世界上大多数国家实行这种制度，如英国、日本、法国等，我国目前的中央银行制度也属此类。

红色金融

中国人民银行的诞生

1931年11月，在江西瑞金召开的中华苏维埃第一次全国代表大会上，通过决议成立“中华苏维埃共和国国家银行”（简称苏维埃国家银行），并发行货币。从土地革命到抗日战争时期一直到中华人民共和国诞生前夕，人民政权被分割成彼此不能连接的区域。各根据地建立了相对独立、分散管理的根据地银行，并各自发行在本根据地内流通的货币。

1948年12月1日，中国人民银行在河北省石家庄市宣布成立，图6-4是中国人民银行旧址（石家庄“小灰楼”）。华北人民政府当天发出布告，由中国人民银行发行的人民币在华北、华东、西北三区统一流通，所有公私款项收付及一切交易，均以人民币为本位货币。1949年2月，中国人民银行由石家庄市迁入北平，图6-5是中国人民银行在北平西交民巷挂牌营业。1949年9月，中国人民政治协商会议通过《中华人民共和国中央人民政府组织法》，把中国人民银行纳入政务院的直属单位系列，接受财政经济委员会指导，与财政部保持密切联系，赋予其国家银行职能，承担发行国家货币、经理国家金库、管理国家金融、稳定金融市场、支持经济恢复和国家重建的任务。

图6-4　中国人民银行旧址

图6-5　中国人民银行在北平西交民巷挂牌营业

资料来源：佚名．中国人民银行历史沿革［EB/OL］．［2024-06-10］．http：//www.pbc.gov.cn/rmyh/105226/105433/index.html.

第二种类型是二元式中央银行制度（Dual central bank system）。在这种体制下，国家在中央和地方两级设立中央银行机构，按照规定分别行使金融管理权。中央一级机构享有最高决策和管理权力，而地方一级机构也拥有一定的独立性。这些机构组成中央银行体系，共同履行中央银行职能。其特点是权力和职能相对分散，分支机构不多。一般地，在实行联邦政治体制的国家，较多地采用这种组织形式。美国和德国的中央银行就是二元式中央银行制度的典型。

学海拾贝 6-1

美国联邦储备体系

美国的中央银行称为联邦储备体系，该体系既包括设在中央一级的联邦储备委员会、联邦公开市场委员会和联邦咨询委员会，也包括设在地方一级的12家联邦储备银行。美国联邦储备委员会设在华盛顿，负责管理联邦储备体系和全国的金融决策，对外代表美国中央银行。美国联邦储备体系将50个州和哥伦比亚特区划分为12个联邦储备区，每一个区设立一家联邦储备银行。联邦储备银行在各自的辖区内履行中央银行职责，具体如图6-6所示。

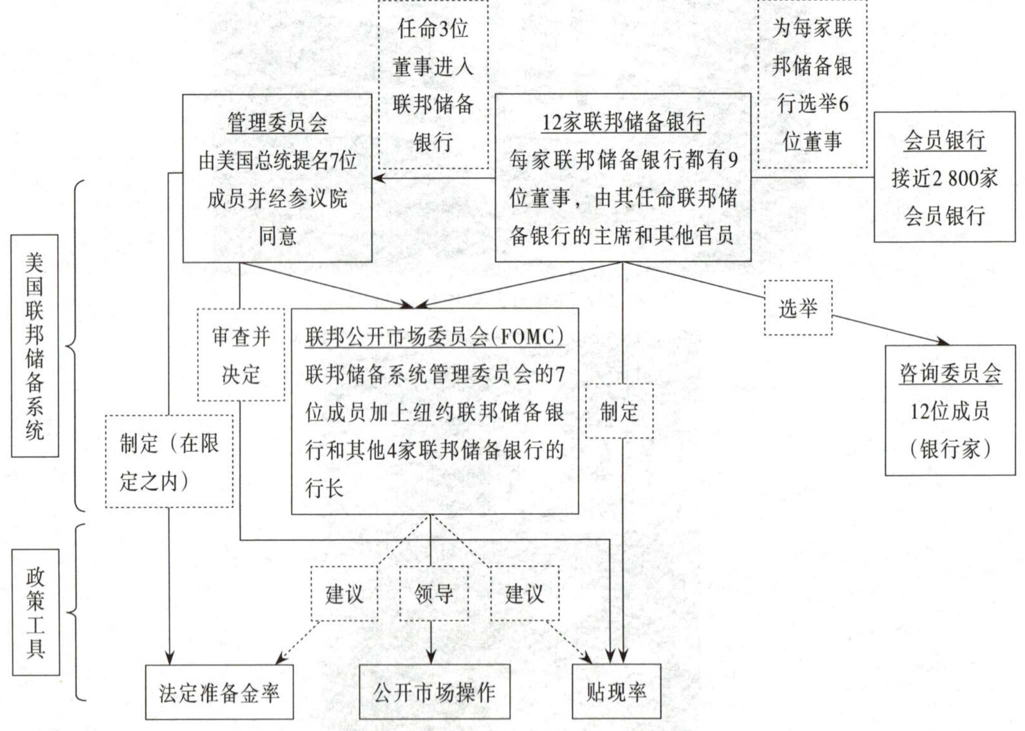

注：虚线表示FOMC对准备金要求和贴现率提供建议。

图6-6 美国联邦储备体系结构

资料来源：张健华. 美国金融制度［M］. 北京：中国金融出版社，2016.

6.4.2 复合式中央银行制度

复合式中央银行制度（Compound central bank system）是指一个国家没有专司中

央银行职能的银行，而是由一家大银行集中央银行职能和一般存款货币银行职能于一身的银行体制。从严格意义上讲，这类中央银行不是典型的中央银行。这种体制主要存在于实行计划经济体制的国家，如苏联、1990年以前的东欧国家以及我国1983年以前的中央银行制度。

6.4.3 准中央银行制度

准中央银行制度（Quasi central bank system）是指一个国家或地区还没有建立通常意义上的中央银行制度，只是由政府授权一个或几个商业银行行使部分中央银行职能，或者设置类似中央银行的机构。其特点是一般只发行货币，为政府服务，提供最后贷款援助和资金清算。新加坡和中国香港是实行这种制度的典型代表。新加坡设有金融管理局和货币政策委员会两个机构来共同行使中央银行的职能。其中，金融管理局负责制定和执行货币政策，管理和监督银行和其他金融机构，行使除货币发行以外的中央银行一切职能；货币政策委员会主要负责发行货币、保管发行准备金。中国香港现行的中央银行职能由以下几个机构承担：成立于1993年4月的金融管理局，集中行使货币政策、金融监管和支付体系管理等中央银行职能；成立于1981年的中国香港银行公会参与协调货币和信贷政策；港币发行由汇丰银行、渣打银行和中国银行负责。辅币则由香港特别行政区政府自己发行，其中汇丰银行独家管理票据交换所。此外，斐济、马尔代夫、利比里亚、莱索托等也都实行准中央银行制度。

6.4.4 跨国中央银行制度

跨国中央银行制度（Multinational central bank system）是指两个以上主权独立的国家共同拥有一个中央银行的制度。其主要职能有：发行统一货币、为成员国政府服务，执行共同的货币政策及有关成员国政府一致决定授权的事项。这些国家一般在地域上相邻，经济状况比较接近，联系密切。这种中央银行制度的最初出现是与特定的世界政治经济背景相联系的。20世纪60年代，一些国家摆脱殖民统治取得了民族独立，在经济发展水平较低、金融制度落后的情况下根据地区的特点共同形成了以货币联盟形式为主的跨国中央银行，主要有成立于1962年的西非货币联盟（8个成员国）、中非货币联盟（6个成员国）以及成立于1965年的东加勒比海通货管理局（8个成员国）。

1998年7月欧洲中央银行（European Central Bank，ECB）的成立再次使跨国中央银行制度受到世人的关注。由于欧洲中央银行成立的背景与原有的跨国中央银行大不相同，引起了人们对中央银行制度的新思考，而欧元的出现更是对传统货币制度提出了挑战。

1999年1月1日，欧洲货币联盟中的11个国家开始使用欧盟单一货币——欧元（EURO）；2002年年初，欧元纸币和硬币进入流通，半年后，成员国各自的通货逐步收回。货币联盟的支持者们提出：单一货币可以带来消除各国之间在互换货币时发生交易成本的好处。其更深层次的动机还希望以此推动欧洲国家经济一体化。

传统的货币制度都与国家的主权不可分割地结合在一起，但欧元是超越欧洲各国传统边界的货币；欧洲中央银行是超越各国货币主权的统一的中央银行。

学海拾贝 6-2

欧洲中央银行

欧洲中央银行成立于1998年7月，总部设在德国的金融中心法兰克福。按照《马斯特里赫特条约》的规定，欧洲中央银行的基本任务是：①确定和实施欧洲货币联盟的货币政策；②按照条款规定从事外汇交易；③拥有和管理成员国的官方外汇储备；④促进国际收支体系的正常运行。

欧洲中央银行与各成员国中央银行组成了欧洲中央银行体系，其主要职责是发行欧元，制定和执行统一的货币政策和汇率政策，对成员国金融体系的管理提出意见。欧洲中央银行的特点是：

（1）欧洲中央银行的首要目标是稳定物价。它必须根据自由竞争的市场经济原则，遵循物价稳定、公共财政健全、支付平衡的方针，采取有力的措施，支持共同体的经济政策。

（2）欧洲中央银行体系由欧洲中央银行和各成员国央行组成，其决策机构为理事会（Governing Council）和执行委员会（Executive Board）。理事会成员由欧洲理事会和19国的中央银行行长组成。理事会制定欧洲货币联盟的货币政策，由执行委员会负责实施。

启智增慧6-2

易纲：建设现代中央银行制度

（3）《马斯特里赫特条约》确保了欧洲中央银行的独立性，规定欧洲中央银行和各成员国的中央银行不可以寻求或采纳欧洲货币联盟或各国政府的指示，各国政府也不应该试图对欧洲中央银行施加影响。欧洲中央银行的独立性体现在制定政策、人事任免、行使职能、资金运用等方面。

本章小结

中央银行制度是商品、信用经济发展到一定阶段的产物。中央银行是在商业银行的基础上发展演变而来的。从商业银行发展为中央银行，经历了一个较长的历史演变过程。中央银行制度的演变大体可分为初创、拓展和强化三个阶段。

中央银行是不以营利为目的的特殊金融机构，是一国金融体系的领导与核心。中央银行传统的三大职能是：发行的银行、银行的银行和政府的银行。当代中央银行的突出职能是制定货币政策、进行金融监管、提供支付清算服务。近年来，一些国家将中央银行的金融监管职能分离出去，这似乎成为一种潮流。

中央银行的性质决定了其业务与商业银行和其他金融机构有区别。中央银行业务操作情况集中反映在一定时期的资产负债表上。中央银行可以通过调整自身的资产负债结构，影响存款机构准备金数额，间接调节金融机构的信贷规模，实现对金融系统的宏观调控。

当今世界中央银行制度可以分为四种类型：单一式中央银行制度、复合式中央银行制度、准中央银行制度和跨国中央银行制度。1998年欧洲中央银行的成立是这方面最新的变化。

关键概念

中央银行　发行的银行　银行的银行　最后贷款人　政府的银行　单一式中央银行制度　复合式中央银行制度　准中央银行制度　跨国中央银行制度

综合训练

即测即评6

综合训练参考答案6

1.中央银行与商业银行有何区别？为什么说中央银行是一国金融体系的核心？

2.中央银行的“最后贷款人”职能有何重要意义？

3.为什么目前各国都赋予中央银行掌管国际储备的职责？

4.“银行监管职能是否应从中央银行分离”是近年来颇有争议的一个问题，你支持哪一种观点？为什么？

第7章

货币供给

牢记嘱托

要着力营造良好的货币金融环境，切实加强对重大战略、重点领域和薄弱环节的优质金融服务。稳定货币是做好金融工作的重要基础。我说过，去杠杆，千招万招，管不住货币都是无用之招。随着经济从高速增长转向高质量发展，货币信贷要从外延式扩张转向内涵式发展，总量上保持合理充裕，结构上有增有减。要始终保持货币政策的稳健性，货币供应量和社会融资规模要与名义经济增速基本匹配，更加注重做好跨周期和逆周期调节。要充实货币政策工具箱，在央行公开市场操作中逐步增加国债买卖。优化资金供给结构，首先要做好加法，把更多金融资源用于促进科技创新、先进制造、绿色发展和中小微企业，大力支持实施创新驱动发展战略、区域协调发展战略，确保国家粮食和能源安全等。其次要做好减法，在一些领域从紧配置金融资源，支持严控地方债务增量，盘活被低效占用的金融资源，促进“僵尸企业”出清，避免局部资金淤积，提高资金使用效率。

——习近平2023年10月30日在中央金融工作会议上的讲话

目标引领

价值塑造

理解我国基础货币投放方式的变化。

知识传授

理解货币供给和货币供给量的概念，理解二阶银行体制下货币供给的实现机制，掌握商业银行存款创造机制和货币供给模型。

能力培养

能够分析现实中不同国家、不同时间货币供给的影响因素，并分析其对地区经济的影响。

思维导图

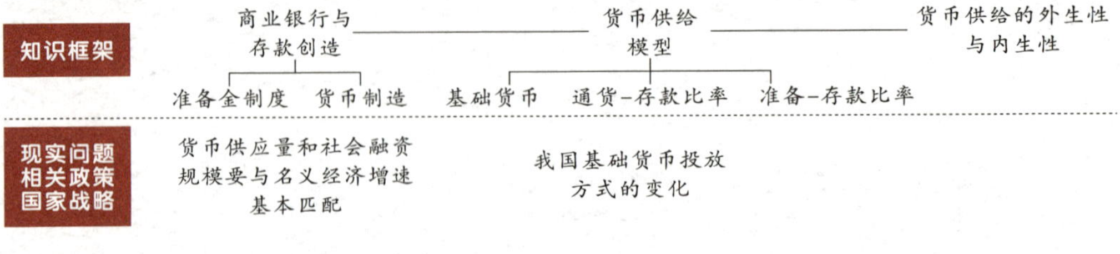

知识框架

商业银行与存款创造 —— 货币供给模型 —— 货币供给的外生性与内生性

- 商业银行与存款创造：准备金制度、货币制造
- 货币供给模型：基础货币、通货-存款比率、准备-存款比率

现实问题 相关政策 国家战略

- 货币供应量和社会融资规模要与名义经济增速基本匹配
- 我国基础货币投放方式的变化

开篇导读

导致清政府于1838—1839年在广州中止中英贸易并最后演变为鸦片战争的一个重要因素是鸦片贸易。在当时以及现在，许多人都认为鸦片贸易引起中国白银大量外流，后者又引起“银贵钱贱”，进而威胁到中国宏观经济的稳定和清政府的财政基础。道光皇帝领导下的清政府似乎不仅有充足的道义上的理由，而且有完全合理的经济依据对当时开始蔓延开来的鸦片贸易以及与此有密切关系的中英贸易采取极端措施。

19世纪30年代清朝政府体系出现一场有关鸦片贸易与白银外流的大讨论，这场讨论的一个结果是朝廷决定对中英贸易关系采取极端措施以制止鸦片贸易。从现代经济学的观点来看，这场争论的实质是国内货币供给的稳定性与对外贸易平衡（甚至可以在扩大的意义上说国内货币供给稳定与国际收支平衡）之间的关系问题。

资料来源：贺力平.鸦片贸易与白银外流关系之再检讨——兼论国内货币供给与对外贸易关系的历史演变［J］.社会科学战线，2007（1）.

货币供给体现了一个国家对宏观经济的调控，剖析货币供给对国家宏观政策实施具有重要意义，因此本章将展开论述商业银行存款创造、货币供给模型等内容。

7.1 货币供给概述

7.1.1 货币供给与货币供给量

1）货币供给

货币供给（money supply）是指货币供给主体向社会公众供给货币的经济行为。在现代经济社会中，能够向社会公众提供信用货币（现金货币和存款货币）的主体有中央银行、商业银行及特定的存款金融机构[①]。全社会的货币供给量都是通过这些金融机构的信贷活动形成的。例如，中央银行根据社会需要发行现金，使得流通中的现金货币增加；商业银行向企业发放贷款，使得企业的存款货币增加等。以上两个过程的结果都使流通中的货币增加，货币供给量扩大；反之，当现金货币回笼到中央银行，或商业银行收回贷款，企业存款货币减少时，货币供给量就会收缩。从货币供给过程看，现金货币供给与存款货币供给是两个相互区别又相互联系的过程，总体来说，它是由中央银行和商业银行共同完成的。它以中央银行供给基础货币为起点，以商业银行运用基础货币为中间环节，以非银行部门转移、结算货币为终点，形成一个复杂的货币供给系统。

2）货币供给量

货币供给量是指在企业、个人以及各金融机构中的货币总存量。货币供给量是一

① 为叙述方便，本章用“商业银行”这一名词指代存款货币银行以及特定的存款金融机构。

个时点数，是一定时点的货币存量。

启智增慧 7-1

首季金融数据怎么看？经营主体活力如何激发？中国人民银行、国家外汇局回应热点问题

第1章已经介绍过货币供给量的层次划分，主要有$M0$、$M1$、$M2$和准货币。尽管各国对货币层次的划分标准不尽相同，但都是以货币的流动性为主要依据。货币的流动性是指某种能够充当货币的资产转换为现金或银行存款的能力的高低，包括交易成本的高低和变现时间的长短等。转换成本越低、时间越短，损失越小，该资产的流动性越强；反之，货币层次就越低。而且，货币层次的划分要有利于宏观监测和调控。

信用货币是债务货币，货币供给量是非银行部门持有的银行的负债凭证；现金是中央银行的负债，存款货币是商业银行的负债，而这些负债是通过银行部门的资产业务实现的。

7.1.2 二阶银行体制下货币供给的实现机制

1）二阶银行体制

我们已经学习过中央银行和商业银行两章，明白现代银行体系是二阶银行体制，整个银行系统分为中央银行和商业银行两个层次。在二阶银行体制下，货币供给有以下特点：

首先，中央银行不直接与个人和企业发生业务往来，一般是与商业银行有直接的资产负债业务，由商业银行办理与个人和企业有关的业务。也就是说，中央银行的交易对手是商业银行，商业银行的交易对手是中央银行、企业和个人。

其次，中央银行垄断货币的发行权。对整个经济社会而言，中央银行的负债——现金，是法定货币，具有无限法偿能力，因此是流动性最强的资产。商业银行作为经营信用的特殊企业，具有信用中介和创造存款货币的职能。但是存款货币不是法定货币。无论是满足客户提现的要求，还是银行之间的资金清算，商业银行都必须通过持有的中央银行的负债凭证（现金）或者中央银行存款准备金进行。因此，中央银行负债——现金和存款准备金就成为社会货币供给量运行的基础——基础货币。虽然中央银行有权发行货币，但是由于它不直接与个人和企业发生业务往来，因此，货币进入流通领域要借助商业银行业务的开展。

最后，中央银行通过实施存款准备金制度，对商业银行的负债业务与资产业务进行一定的管理。商业银行在吸收存款后，必须按照中央银行规定的法定存款准备金率，把一部分存款以准备金形式缴存中央银行。超过法定存款准备金的部分，也即超额存款准备金部分，商业银行才可以运用（例如放贷等），形成企业和个人所持有的存款负债。因此，商业银行能够提供存款货币的能力要受到中央银行的约束。

2）基础货币和货币供给

基础货币由公众持有的现金和商业银行的准备金构成。基础货币是中央银行的负债，是商业银行存款货币扩张的基础，因此基础货币又被称为高能货币或强力货币。从整个商业银行系统来看，中央银行通过自己的资产业务和法定存款准备金率的变动，调整基础货币的数量。例如中央银行可以通过购买商业银行持有的债券，增加商业银行的准备金。基础货币进入商业银行系统后，通过贷款转账等业务，会被多家银行循环往复地使用。1元的基础货币，经过整个银行系统运用后，最终会形成数倍于1元的商业银行负债（存款货币）。

这个过程可以通俗地表述为，现代货币更多的是存款货币，即存款也是一种货币（例如$M1$）。存款如果不被提取成现金，在形态上就只是债务债权的记录。也即存款和贷款记录的是银行与企业、个人的债务债权关系，而一笔债权可以生成下一笔债权，进而形成很多债权。例如，商业银行A用超额准备金先给企业甲贷了一笔钱，企业甲可以将这笔钱存入商业银行B，这样商业银行B就多了一笔存款，商业银行B可以将这笔存款贷给企业乙，企业乙存入商业银行C……该过程持续下去，我们就可以发现存款“变多了”，这意味着货币供给变多了。这个将基础货币放大的过程就是存款派生机制，这个过程受中央银行、商业银行和社会公众行为的共同影响。

货币供给过程是银行主体通过其货币经营活动而创造出货币的过程。它包括商业银行通过派生存款机制向流通领域供给货币的过程和中央银行通过调节基础货币量影响货币供给的过程。总而言之，中央银行通过调节基础货币的数量可以数倍扩张或收缩货币供给。如果上述文字没有看懂，可以先看第二节商业银行与存款创造和第三节货币供给模型，然后再看这一节。因为知识接受的过程，需要反复思考和理解。

7.2 商业银行与存款创造

在二阶银行体制下，存款货币是商业银行的负债，商业银行在货币供给方面起着重要的作用。把小额的、零散的资金汇聚成大额的资金集中运用，是商业银行的基本业务，能够体现其作为信用中介的功能。在这一过程中，通过转账和发放贷款，并通过多家商业银行的运作，存款总额数倍增加，这是商业银行创造信用的功能。因此，商业银行的信贷活动是货币供给机制运作的基础。

7.2.1 准备金制度

1）存款准备金的扩张与收缩

中央银行通过资产业务增加和减少商业银行在中央银行的存款准备金，主要有以下途径：

（1）中央银行收购黄金与外汇，增加商业银行存款准备金。例如，出口企业把赚取的外汇到商业银行进行兑换，把收到的人民币存入自己的银行账户。这样，商业银行的存款与外汇资产同时增加。如果商业银行把外汇出售给中央银行，中央银行的外汇资产增加，同时中央银行“付给”商业银行人民币资金，中央银行是商业银行的银行，因此资金存入商业银行在中央银行的账户，商业银行的准备金就会增加。反之，商业银行的存款准备金就会减少。

（2）中央银行代理国库收支。中央银行是政府的银行，因此财政的投资、拨款等各项支出要通过中央银行进行。中央银行负责把财政资金拨给单位或个人委托的商业银行，因此财政资金的使用使得商业银行的存款准备金增加；反之，商业银行的客户向财政缴纳税、费等，财政收入存入中央银行，则减少商业银行的存款准备金。

（3）中央银行向商业银行提供资金。中央银行的资金运用，即资产业务，主要用于再贴现、再贷款、证券回购、公开市场操作等，这些都是向商业银行提供资金的方式，因此会增加商业银行在中央银行的存款准备金。反之，商业银行归还再贷款、再贴现或购回证券等，都会减少存款准备金。

（4）现金的存取。若商业银行将现金缴入中央银行，则存款准备金增加；反之，则减少。

2）法定存款准备金

在二阶银行体制下实行的法定存款准备金政策是指中央银行在法律所赋予的权力范围内，通过调整商业银行缴存中央银行的存款准备金比例，改变货币乘数和商业银行信用创造及存款创造的能力，间接地控制货币供给量的一种措施。对商业银行的准备金，各国一般都以法律形式规定最低保留数量，这就是法定存款准备金。商业银行实际持有的准备金超过法定部分的，则是超额准备金，它是商业银行可以自由运用的资金。

7.2.2 货币创造

1）存款货币的创造过程

从商业银行创造存款的角度看，商业银行存款的来源有两种：一是原始存款，二是派生存款。

所谓的原始存款（primary deposit），狭义的是指客户以现金形式存入银行的直接存款。对整个商业银行系统来说，广义的也包括能同时增加存款准备金的存款。例如，财政拨款、黄金、外汇占款等形成的存款，是银行吸引的最初存款。商业银行获得原始存款后，除按法定存款准备金率保留一部分作为法定存款准备金以外，其余部分可用于放款或购买证券。

派生存款（derivative deposit）是指由商业银行发放贷款、办理贴现或投资等业务活动转化而来的存款，也称为衍生存款。派生存款产生的过程，就是商业银行吸收存款、发放贷款，形成新的存款额，最终导致银行体系存款总量增加的过程。

原始存款是与派生存款相对称的，是商业银行存款的重要组成部分。通过对原始存款的吸收和放贷，商业银行系统又可创造出数倍于原始存款的派生存款。原始存款是商业银行扩张信用的基础，中央银行通过法定存款准备金率来控制这部分存款用于放贷或购买债券的数量，以达到调节信贷规模和控制货币供应量的目的。

商业银行存款创造的前提条件包括以下几点：

（1）实行部分准备金制度

部分准备金制度是指商业银行在经营活动中，只需要按存款的一定比例保留准备金，包括库存现金和中央银行存款，其余部分可以发放贷款或投资。在实行部分准备金制度的情况下，商业银行才有可能动用客户存款进行贷款的发放，才可能有存款创造的过程。如果实行全部准备金制度，则银行根本不可能利用所吸引的资金去发放贷款。例如，假设某企业存入100 000元，则银行的负债增加100 000元，同时如果其资产方的准备金必须等量增加，银行不能把这笔资金贷放出去，就没有存款创造的过程。

（2）采用转账结算的方式

在转账结算的方式下，企业通过银行完成交易活动款项的支付与收取。这样，一方面，商业银行的负债凭证——存款货币如同法定货币——现金一样发挥流通手段和支付手段作用；另一方面，收款单位将资金存入银行，银行提留法定准备金之后，发放贷款给企业。这样循环往复下去，商业银行的资产与负债规模都得到扩大，也使货币供给量增加。如果不通过银行结算，资金游离在银行系统之外，银行能吸引到的资金减少，就限制了贷款的发放，存款创造的能力也受到影响。仍用上例，如果企业在获得贷款后全部提现，并持有这部分现金而不存入银行，没有新的存款生成，银行也就不能扩大贷款的规模，存款创造的过程因此受到影响。

为了说明商业银行创造存款货币的过程，首先做出如下假设：①银行只保留法定准备金，其余资金全部贷出去，超额准备金为零；②客户的资金全部通过银行结算，没有提现的行为；③法定存款准备金率为10%。

现假设有A企业将销售所得100 000元存入开户银行甲。按照法定存款准备金率10%的要求，甲银行只需持有10 000元（100 000×10%）的存款准备金，其余的90 000元用于发放贷款，B企业得到贷款后向C企业支付购货款，C企业将收到的90 000元存入乙银行，甲银行和乙银行的账户情况分别如表7-1和表7-2所示。

表7-1 甲银行的账户情况

资产		负债	
存款准备金	10 000	A企业存款	100 000
B企业贷款	90 000		

表7-2 乙银行的账户情况

资产		负债	
存款准备金	90 000	C企业存款	90 000

乙银行在活期存款增加90 000元后，同样留9 000元（90 000×10%）作为存款准备金，余下的81 000元贷款给D企业。D企业通过银行支付贷款给E企业，若E企业继续将资金存入丙银行，则乙银行与丙银行的账户情况如表7-3和表7-4所示。

表7-3 乙银行的账户情况

资产		负债	
存款准备金	9 000	C企业存款	90 000
D企业贷款	81 000		

表7-4　　丙银行的账户情况

资产		负债	
存款准备金	81 000	E企业存款	81 000

存款增加的丙银行将会继续采用上述两家银行的做法，除了保留必要的存款准备金以外，将剩余的款项贷放出去，则其需要保留的存款准备金是8 100元（81 000×10%），发放贷款72 900元……依此类推，只要满足存款派生的前提条件，这个过程将循环往复下去，如表7-5所示。

表7-5　　派生存款的创造过程　　单位：元

银行 （1）	存款总额 （2）	法定存款准备金 （3）＝（2）×10%	贷款发放数 （4）＝（2）－（3）
第一家银行	100 000	10 000	90 000
第二家银行	90 000	9 000	81 000
第三家银行	81 000	8 100	72 900
第四家银行	72 900	7 290	65 610
⋮	⋮	⋮	⋮
总计	1 000 000	100 000	900 000

经过这个派生过程，100 000元的原始存款使得银行存款总额增加到1 000 000元，增加贷款900 000元。观察上述过程，各家银行的存款总额表现为一个无穷等比数列：100 000元、90 000元、81 000元、72 900元，该数列的求和可用以下公式表示：

$$S=\frac{a_1}{1-q} \tag{7-1}$$

所以，存款总额为：

$$\frac{100\,000}{1-0.9}=\frac{100\,000}{0.1}=1\,000\,000\text{（元）} \tag{7-2}$$

即原始存款乘以法定存款准备金率的倒数。

根据上述过程，我们可以更清晰地看出原始存款与派生存款的区别。派生存款是商业银行系统资金运用所创造出来的存款，是存款总额超过原始存款的部分。如果用D表示存款总额，以ΔD表示经过派生的存款变动额，以ΔR表示原始存款变动额，以r_d表示法定存款准备金率，则存在以下计算公式：

$$D=\Delta D+\Delta R \tag{7-3}$$

$$D=\frac{\Delta R}{r_d}\text{或}\frac{D}{\Delta R}=\frac{1}{r_d} \tag{7-4}$$

式中，$\frac{D}{\Delta R}$或$\frac{1}{r_d}$表示存款总额与原始存款变动额之间的倍数，我们用k表示。k表示单位原始存款的变动可能引起的存款总额的最大扩张倍数，称为派生倍数。它是法定存款准备金的倒数。法定存款准备金率越低，派生倍数就越高，商业银行存款创造的能力就越强；法定存款准备金率越高，派生倍数就越低，商业银行存款扩张的能力就越弱。商业银行存款创造的原理在相反方向上也适用，也就是说，如果原始存款减少，可以引起存款总额的成倍减少。

对存款创造的几点说明：

（1）存款创造理论推导的结果是“可能”形成的最大存款。观察存款创造的过程，有许多是理想化的假设条件。用公式推导的结果只是理论上的讨论，是可能出现的最大值，并不是一个必然的数值。例如，在讨论中，假设商业银行只保留最低的存款准备金，其余全部放贷出去。在通常情况下，出于安全与经营谨慎的需要，银行一般不会把存款准备金压到最低限度。再者，就银行来说，贷款是利润之源，但是贷款需求并不是银行能够完全控制的。如果贷款需求不足或者贷款发放的风险较大，银行也没有机会把资金全部运用出去，想把存款准备金压到最低限度也是不现实的。

（2）存款创造过程中的任何一笔款项都是真实的。一笔存款以及与之相对应的存款准备金可以派生出数倍于原始存款的存款总额，这是商业银行系统整体运作的结果。就其中每一笔资金的转移来看，都有实实在在的资金在银行与客户之间运动，没有凭空创造的意味。客户到银行存款，如果用现金，则存款的增加有等额的现金收入与之相对等。

然而，从总体上看，货币供给确实增加了，新的货币被创造出来了。从商业银行来说，它们并没有刻意去做什么，经营的是一般的存款与贷款业务。这其中的关键在于部分准备金制和转账结算，而且，当各家银行的行为形成一个系统后，量变生成了质变，派生存款被创造出来，这正是现代银行体系的奥妙所在。

2）两层次的资产负债表

假设中央银行从商业银行A那里买进了100万元政府债券，中央银行和商业银行A因此而发生的变化如表7-6和表7-7所示。

表7-6 中央银行 单位：万元

政府债券	+100	银行准备金	+100

表7-7 商业银行A 单位：万元

准备金	+100		
政府债券	−100		

商业银行A新增存款准备金100万元，这100万元为超额准备金，商业银行A可全部贷放出去，相当于下一家银行多了100万元的原始存款。假定法定存款准备金率为20%，考虑简单存款乘数的情况，整个商业银行系统货币最终可以扩张到500万元的规模，如表7-8所示。

表7-8 商业银行系统 单位：万元

存款准备金	+100		
贷款	+400		

7.3 货币供给模型

7.3.1 货币供给的基本模型

根据前面讨论的内容，对于货币供给可作如下概括：

（1）在二阶银行体制下，货币供应量有两种形式：现金货币和存款货币。现金是由中央银行发行的，由商业银行投入流通；存款货币是由商业银行系统创造出来的。现金货币与存款货币可以相互转化。

（2）商业银行存款创造的基础是准备金，包括在中央银行的存款准备金和库存现金，现金和在中央银行的存款准备金可以相互转化。

（3）现金和商业银行的存款准备金的变化，要受制于中央银行的行为。

从总体上来说，现金和商业银行的存款准备金是整个货币供给的基础，通常称之为基础货币，或者高能货币；而现金和存款货币构成货币供给量。因此，把货币供给量与基础货币相比较，就形成最基本的货币供给模型。如果把基础货币用字母B表示，货币供给量用字母M表示，用k表示货币供给量与基础货币之间的倍数关系，则有以下的基本公式：

$$M = k \cdot B \tag{7-5}$$

如果C代表现金，D代表存款货币，R代表商业银行存款准备金，代入上式，则可推导出以下表达式：

$$M = \frac{C + D}{C + R} \cdot B \tag{7-6}$$

式中，k即$\frac{C + D}{C + R}$，被称为货币乘数，表示货币供给量与基础货币之间的倍数。图7-1是基础货币与货币供应量的关系。

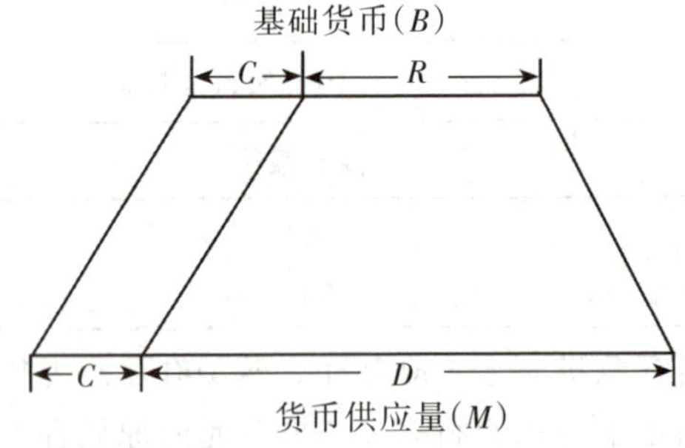

图7-1　基础货币与货币供应量的关系

观察图7-1，特别值得一提的是现金。现金是基础货币的组成部分，又是货币供给量的组成部分。虽然现金在创造存款货币的过程中起着不可或缺的作用，但是，在这个货币供给的过程中，现金的数量并没有变化，中央银行发行多少，流通中就只能有多少。

7.3.2 货币供给模型中的三个决定因素

对货币乘数k进行整理，有两种表达方式：

（1）分子、分母同时除以D，得到：

$$k=\frac{C+D}{C+R}=\frac{1+\frac{C}{D}}{\frac{C}{D}+\frac{R}{D}} \tag{7-7}$$

（2）整理得出：

$$k=\frac{D}{R}\cdot\frac{1+\frac{D}{C}}{\frac{D}{R}+\frac{D}{C}} \tag{7-8}$$

从上式可以看出，与货币乘数密切相关的是两个比率：C/D或D/C，R/D或D/R。C/D是现金与存款货币之比，R/D是存款准备金与存款货币之比。

加上基础货币这个关键因素，决定货币供给的是三个因素：基础货币B，C/D以及R/D，这三个因素分别与中央银行、社会公众和商业银行的行为相关。中央银行控制基础货币的数量，公众决定提现的多少，即通货-存款比率（Currency-Deposit Ratio），商业银行保存多少比例的准备金，即准备-存款比率（Reserve-Deposit Ratio）。因此，在货币供给过程中，中央银行不是唯一的决定因素。

1）基础货币

20世纪60年代以后，随着货币供给成为经济学界的热点课题，对基础货币的讨论也开始更为深入。基础货币受到理论界的关注始于货币学派的兴起。在货币学派的货币供给理论中，基础货币是决定性因素，影响整个货币供给过程。

基础货币来源于中央银行，决定其变动的主要因素有：对金融机构的再贷款、再贴现，黄金外汇占款，购买政府债券等。在理论上中央银行可以控制基础货币的增长，但实际上，如果一国的金融体制或金融运行机制存在缺陷，则中央银行不仅不能有效地控制基础货币，而且还会成为基础货币盲目扩张的源头。如果政府财政可以在发生赤字时向中央银行透支，带来基础货币的投放；由于行政干预体制的存在，商业银行为满足地方的经济增长需要盲目扩大贷款，倒逼中央银行再贷款，投放基础货币；这些基础货币的过量投放，通过乘数作用大大增加了货币供应量，使通货膨胀不可避免地发生。我国1994年开始的金融体制改革，以及《中华人民共和国中国人民银行法》的实施，从根本上改变了基础货币不合理投放的机制，使我国货币供给的运行机制正常化，奠定了币值稳定的有效基础。

2）通货-存款比率

通货-存款比率是指流通中的现金与商业银行全部存款的比率。这一比率反映了居民和企业等部门的持币行为。通货-存款比率越高，表明居民和企业等部门持有的现金越多，或者说商业银行存款中的现金漏损越多，从前一节存款货币的创造过程可知，商业银行创造存款货币的能力就越弱。因为这部分货币无法参与下一轮的商业银行转账借贷；反之则相反。一般来说，通货-存款比率的变化反向作用于货币供给量的变动：通货-存款比率越高，货币乘数越小；通货-存款比率越低，货币乘数越大。

通货-存款比率与经济的货币化程度、居民的支付习惯、科技的发展程度、持有现金的机会成本有关，因此中央银行难以有效控制该比率。

3）准备-存款比率

准备-存款比率是指商业银行法定存款准备金和超额存款准备金的总和占全部存款的比重，其主要取决于中央银行和商业银行。中央银行直接控制法定存款准备金率，商业银行根据自身情况决定超额存款准备金率。准备-存款比率的变化也反向作用于货币供给量的变动：准备-存款比率越高，货币乘数越小，因为作为准备金的货币没有参与银行体系对存款货币的多倍创造过程，反之，货币乘数越大。

学海拾贝 7-1

中国的基础货币、准备金率和货币乘数

1）准备金率和货币乘数

观察图7-2，时间区间是1999—2019年，最上边的线是中国大型存款类金融机构（工商银行、农业银行、中国银行、建设银行、交通银行、邮政储蓄银行）的法定存款准备金率。中间的线是货币乘数，最下边的线是金融机构的超额存款准备金率。从长期趋势来看，法定存款准备金率、超额存款准备金率和货币乘数呈现负相关关系。

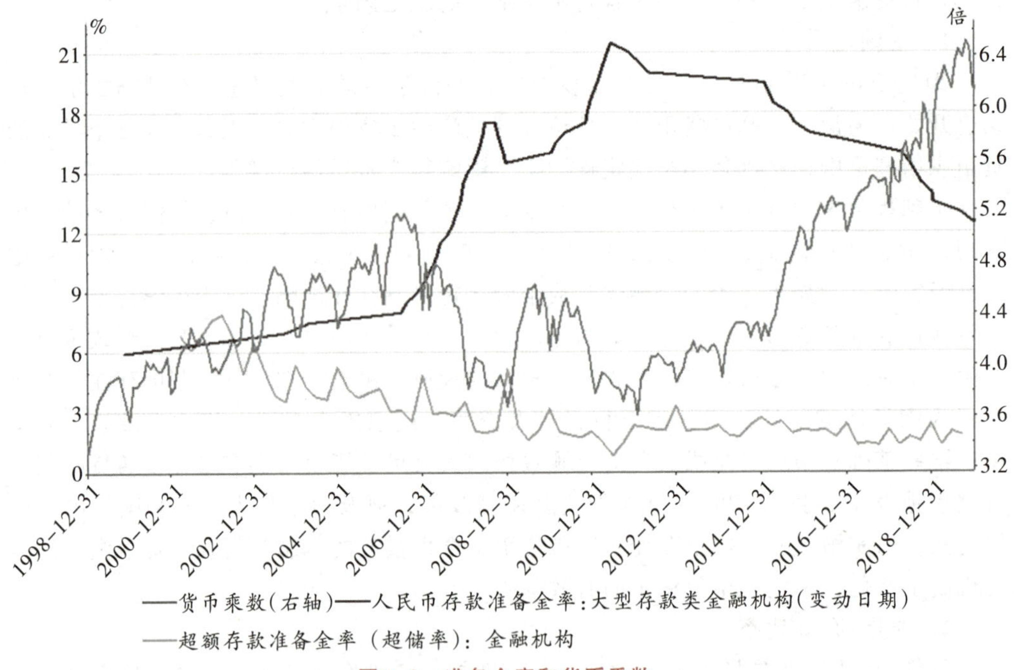

图7-2 准备金率和货币乘数

数据来源：Wind。

2）中国的基础货币

图7-3显示的是中国的基础货币余额同比，时间区间是2001—2019年。可以发现基础货币余额同比增速的中枢在2013年左右开始下降。标志性事件是中国人民银行于2013年年初创设了常备借贷便利（SLF）。它是中国人民银行正常的流动性供给

渠道，主要功能是满足金融机构短期的大额流动性需求。这标志着央行投放基础货币的方式发生转变。

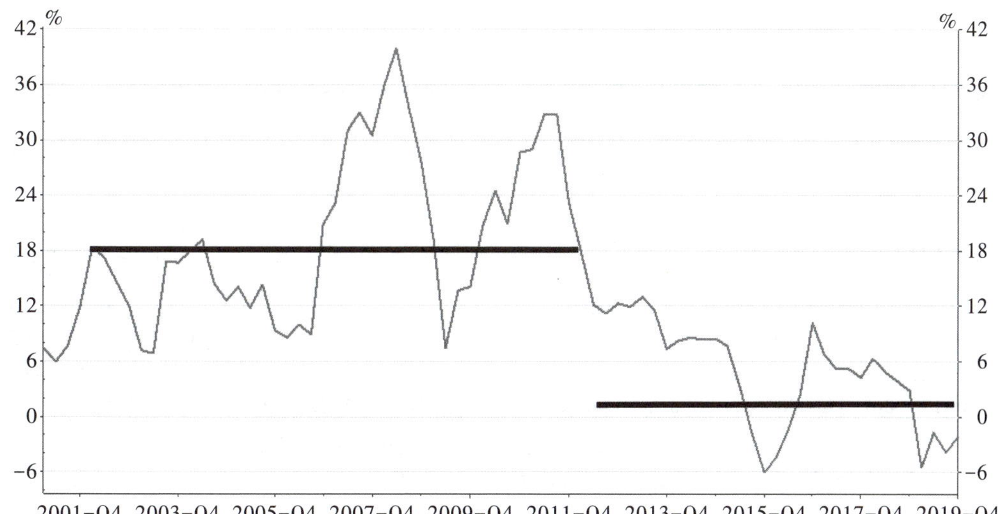

图7-3　基础货币余额同比

数据来源：Wind。

图7-4是中国人民银行资产项目外汇占款的数量，图7-5是外汇占款数量的同比（外汇占款是指本国中央银行收购外汇资产而相应投放的本国货币）。观察图可以发现，在2013年附近，外汇占款数量同比增速在0附近，增速的中枢也一直在下降。说明央行通过外汇占款投放基础货币的方式发生转变。因此导致基础货币增速的中枢下降。中国人民银行近年货币政策的改革之一就是探索新的基础货币投放方式。

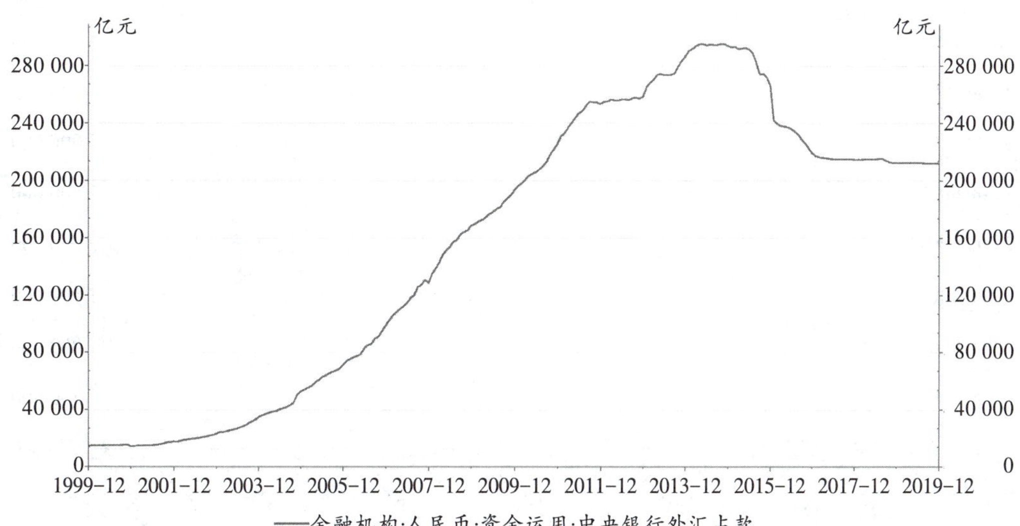

图7-4　中央银行外汇占款

数据来源：Wind。

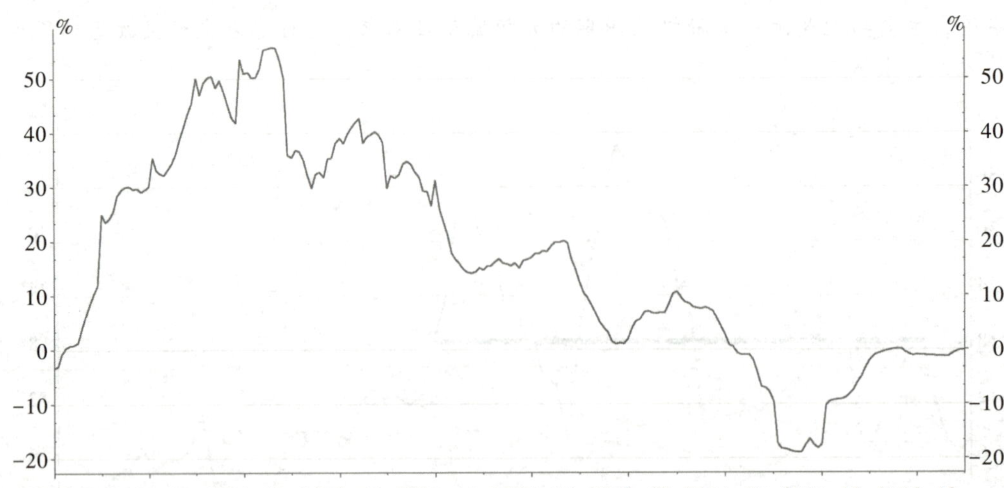

图7-5　中央银行外汇占款同比

数据来源：Wind。

学海拾贝 7-2

美联储启动QE政策

量化宽松（quantitative easing，QE）主要是指中央银行在实行零利率或近似零利率政策后，通过购买国债等中长期债券，增加基础货币供给，向市场注入大量流动性资金的干预方式，鼓励开支和借贷，也被不严格地形容为“开动印钞机”。

观察图7-6，可以发现2008年以后美国基础货币余额发生了4次明显的向上跳跃，因为美联储启动了4轮量化宽松政策投放基础货币。

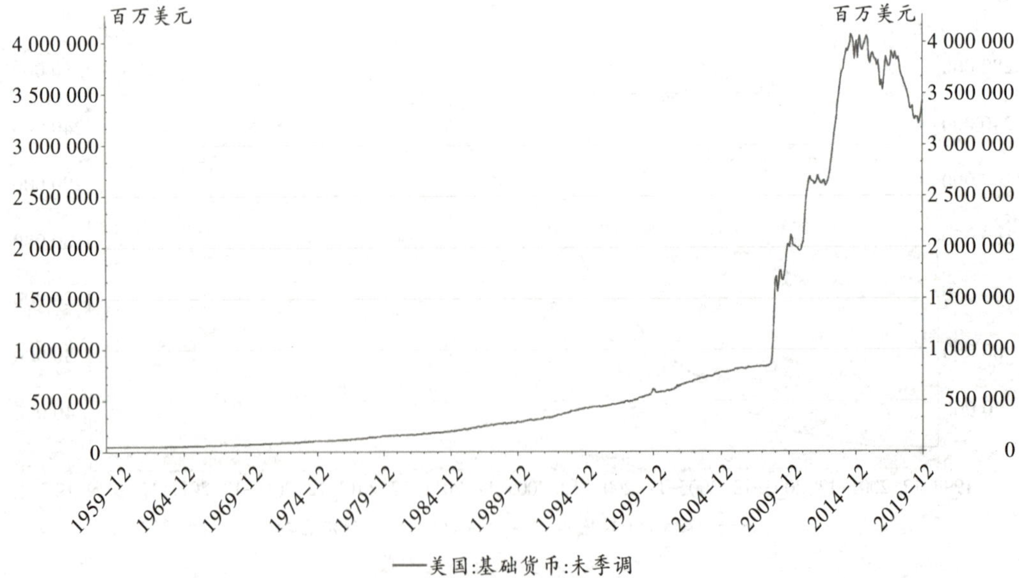

图7-6　美国基础货币余额

数据来源：Wind。

2008年11月25日，美联储首次公布将购买机构债和抵押贷款支持证券（MBS），标志着首轮量化宽松政策（QE1）的开始。2010年4月28日，美联储的首轮量化宽松政策正式结束。QE1主要购买政府支持企业（简称GSE）房利美、房地美、联邦住房贷款银行与房地产有关的直接债务，并且购买由两房、联邦政府国民抵押贷款协会所担保的抵押贷款支持证券。至2009年3月18日，对机构抵押贷款支持证券的采购额最高增至1.25万亿美元，对机构债的采购额最高增至2 000亿美元。此外，为促进私有信贷市场状况的改善，美联储还购买了约3 000亿美元的较长期国债。美联储在首轮量化宽松政策的执行期间共购买了1.725万亿美元资产。

2010年11月4日，美联储宣布启动第二轮量化宽松政策（QE2），计划在2011年第二季度之前进一步收购6 000亿美元的较长期美国国债。

启智增慧7-2

超宽松货币政策与贫富极端分化——基于美国的分析与启示

2012年9月14日凌晨，美联储下属的联邦公开市场委员会（FOMC）在结束为期两天的会议后宣布，0～0.25%超低利率的维持期限将延长到2015年中，将从15日开始推出进一步量化宽松政策（QE3），每月采购400亿美元的抵押贷款支持证券，现有扭曲操作（OT）等维持不变。

2012年12月13日凌晨，美联储宣布推出第四轮量化宽松政策（QE4），每月采购450亿美元国债，替代扭曲操作，加上QE3每月400亿美元的宽松额度，美联储每月资产采购额达到850亿美元。除了量化宽松的猛药之外，美联储还保持了接近零利率的政策，把利率保持在0～0.25%的极低水平。

7.4 货币供给的外生性与内生性

7.4.1 内生变量与外生变量

内生性和外生性又被称为内生变量和外生变量。

内生变量又称为非政策性变量。它是指在经济机制内部由纯粹的经济因素所决定的变量，不为政策所左右。外生变量又称为政策性变量，是指在经济机制中易受外部因素影响，由非经济因素所决定的变量。它是能够由政策制定者控制，并用作实现其政策目标的变量。

7.4.2 货币供给的外生性与内生性分析

货币供给的内生性分析：认为货币供给量是内生变量，也就是认为中央银行不能完全直接控制货币供给量，货币供给量的变动是由经济体系内各经济主体的行为所共同决定的，因此，货币供给量是经济体系中的内生变量，中央银行对货币供给量的控制只能是相对的。从金融领域来看，一方面商业银行的存款和资产规模要受到存款者的资产偏好、银行贷款、投资机会的影响；另一方面其他非银行金融机构存款创造能力也会随着其贷款融资活动的增加而提高，而社会公众资产偏好导致的资产结构又是现实经济运行经常调整变化的结果，这就使货币供给的变化具有内生性。力主货币供给的内生性并不等于否认中央银行控制货币供给量的有效性。只不过货币资产与其他

启智增慧7-3

基于DSGE模型的货币供给内生性检验——兼对非常规货币政策效果的解释

金融资产之间、商业银行的货币创造能力与非银行金融机构的货币创造能力之间的替代性会大大地降低中央银行对货币供给量的控制效应。

货币供给的外生性分析：这种观点认为，货币供给量主要是由经济体系以外的货币当局即中央银行决定的，是经济系统运行的外生变量，中央银行可通过发行货币、规定存款与准备金比率等方式来控制货币供给量。因而，中央银行只要确定了经济发展所需合理货币需求量，然后再由中央银行供给适量货币，货币供需就能实现均衡。如果货币需求量是合理的，则当货币失衡时，完全可以由中央银行通过政策手段加以矫正。强调货币供给的外生性分析并不否认经济系统中实际经济活动对货币供给量的重要影响，只是表明实际经济活动对货币供给量的影响远不如中央银行对货币供给量的影响那么强。

货币供给量：融内生性和外生性于一体的复合变量。货币供给量首先是一个外生变量。因为货币供给量形成的源头——基础货币——是可以由中央银行直接控制的。中央银行能够按照自身的意图运用政策工具对社会的货币供给量进行扩张和收缩。货币供给量在很大程度上为政策所左右。货币供给量并不完全是纯粹的外生变量，在现代中央银行体制和部分准备金制度下，决定货币供给量的因素，不仅包括货币当局的政策变量，还包括其他经济因素（例如商业银行、社会公众的偏好和资产选择等），尤其是货币乘数更是一个由多重经济主体操作、多重因素影响的复杂变量，这表明，货币供给还是带有内生变量性质的。

红色金融

红色金融路

1947年，随着解放战争的推进和解放区的日益扩大，我国北方的解放区逐渐连成一片，各解放区的军民交往、物资交流日益频繁。然而当时各解放区的财政金融还没有统一，各解放区都有自己的银行，各自发行货币。成立解放区统一的银行和发行能在各解放区流通的货币，成为当时亟待解决的问题。在1947年的春天，来自全国各个解放区的55名代表，走进了河北省武安市的冶陶镇，著名的华北财经会议就在这里召开。由于解放战争的爆发，在抗日根据地基础之上建立起来的各解放区，依然停留在原来的自给自足、自然分散的状态。各解放区的货币有个特点，就是仅限于在本地流通。会议决定在太行成立华北财经办事处，落实会议决定，统一华北各解放区财经政策，调剂各区财经关系和收支。在统一各解放区财政经济的过程中，党中央领导的财政经济管理机构，统一掌握货币发行权，控制货币发行量，保持解放区货币比价基本稳定，从而稳定物价，受到了群众的拥护。各解放区财政经济的统一，全力支援了解放战争，物资流通和商业贸易也更为便捷。华北财经会议为新中国财政经济工作的建立，以及中国人民银行的成立，积累了宝贵的经验。

资料来源：佚名．这场会议，意义重大！它为建立新中国财政经济工作积累宝贵经验［EB/OL］．［2024-06-09］．http：//www.pbc.gov.cn/redianzhuanti/118742/4248835/4248875/4283759/index.html.

本章小结

货币供给是指货币供给主体向社会公众供给货币的经济行为。货币供给量是指在企业、个人以及金融机构中的货币总存量。

根据货币流动性的不同，可以对货币供给量进行层次划分。各国具体的层次不尽相同，这与一国经济金融的发达程度有关。

在二阶银行体制下，中央银行和商业银行在货币供给中起着重要作用。中央银行通过发行现金货币和提供存款准备金，形成中央银行债务货币——基础货币，这是商业银行系统创造存款货币的基础。作为中央银行传统调控工具之一——存款准备金制度的调整也直接决定货币供给能力的大小。

基础货币进入商业银行系统形成原始存款。因为实行部分存款准备金制度、发放贷款以及采用转账结算方式，原始存款经过数家商业银行的运作创造出数倍的派生存款。由于受到诸多因素的影响，派生存款创造过程不是商业银行一方可以控制的。

通过对货币供给模型的分析，可以看出中央银行、社会公众以及商业银行的行为都会影响到货币供给量。通过分析基础货币、货币乘数与货币供给量的关系，可以更好地揭示经济运行中的各种因素都作用于货币供给。

关键概念

货币供给　二阶银行体制　法定存款准备金　基础货币　派生存款　原始存款　部分准备金制度　货币乘数

即测即评7

综合训练

1.“货币乘数肯定大于1”这个表述正确吗？

2.如果现金比率迅速上升，预测货币供给将发生怎样的变化。

3.有人认为现代货币供给机制天生就具有通货膨胀倾向，你是否同意这一观点？

综合训练参考答案7

第8章

货币需求

牢记嘱托

继续深化供给侧结构性改革，持续推动科技创新、制度创新，突破供给约束堵点、卡点、脆弱点，增强产业链供应链的竞争力和安全性，以自主可控、高质量的供给适应满足现有需求，创造引领新的需求。

——习近平2023年1月31日在主持中共中央政治局第二次集体学习时的讲话

目标引领

价值塑造

从货币需求理论的发展体会经济理论构建的探索过程。

知识传授

理解货币需求的概念，掌握古典学派、凯恩斯主义学派和弗里德曼的货币需求理论。

能力培养

理解不同学派由于对货币需求认知的不同，所导致的对通胀原因、货币供给选择等观点的不同。

思维导图

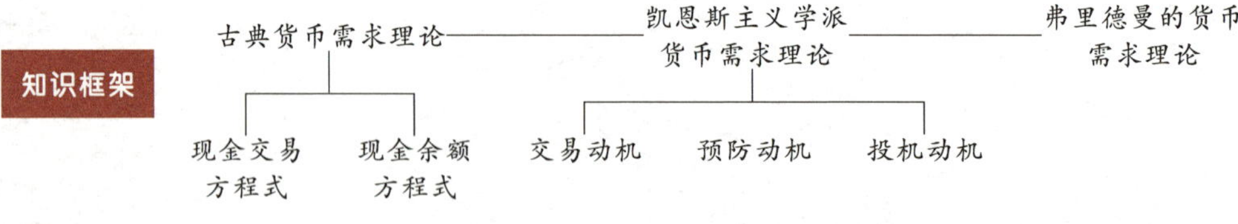

现实问题
相关政策
国家战略

通货膨胀和货币的关系

开篇导读

白银是人类历史上最早的金属货币之一，公元前3 000年前苏美尔人已经开始使用白银。13世纪以后，黄金和白银逐步成为欧亚大陆各国普遍使用的货币，特别是从13世纪到18世纪，白银一直是最重要的国际货币。直到19世纪中叶之后，黄金才逐渐超过白银，成为最主要的国际货币。在中国历史上，白银的货币化与货币的白银化是一个长期的过程。宋代以后，白银的价值尺度功能开始强化。明代建立后，政府发行“洪武通宝”铜钱和“大明通行宝钞”纸币作为法定货币，禁止金银作为货币流通交易。但由于宝钞发行过滥、持续贬值，1436—1487年，白银逐步取代官方的纸币和铜钱，成为民间市场交易的主要媒介，实现了货币白银化。

1.5亿两的白银存量和30万两的年产量是否能够满足货币需求？在考虑发展中国家的货币需求时，除了正常的交易需求和预防性需求外，还须考虑货币化进程所引起的额外货币需求。因此，对于明代和清代前中期社会这样的前现代经济体，白银需求不仅取决于人口和GDP规模，也要考虑到经济的货币化程度和货币白银化程度（白银在全部货币中的占比）。

资料来源：张翼，蒋晓宇.1550—1830年中国白银流入及其影响［Z］.中国人民银行工作论文，2020-12-02.

从古至今，关于货币需求的讨论从未间断，古典货币需求理论、凯恩斯学派货币需求理论以及弗里德曼货币需求理论等对于我们研究货币需求具有重要借鉴意义，因此本章将展开论述这些货币需求理论。

8.1 古典货币需求理论

8.1.1 现金交易方程式

1）交易恒等式

美国经济学家欧文·费雪（Irving Fisher，1867—1947年）在其1911年出版的《货币的购买力》（Purchasing Power of Money）一书中，提出了著名的现金交易方程式。费雪首先考虑的是货币总量M与经济体名义总支出PY之间的关系。其中，P代表物价水平，Y代表总产出（收入）。名义总支出PY也可以看成经济体的名义GDP。费雪建立了货币流通速度（velocity of money）这个概念，即一年中，1美元货币用来购买经济体所生产的最终产品和劳务的平均次数（货币周转率）。将名义总支出PY除以货币数量M即可以定义货币流通速度V。

$$V = \frac{P \times Y}{M} \tag{8-1}$$

例如某一年的名义GDP，即名义总支出PY是20万亿美元，货币数量M为10万亿美元，那么货币流通速度就是2，即在购买经济体所生产的最终产品和劳务时，每1美元平均被使用2次。

将公式（8-1）两边同时乘以M，就得到交易方程式（equation of exchage）

$$M \times V = P \times Y \tag{8-2}$$

需要注意的是，交易方程式是一个恒等式，此时代表一种恒等关系，即货币数量乘以该年货币被使用的次数必定等于该年商品和劳务的交易总量。

费雪进一步认为，货币流通速度 V 是由经济体中影响个体交易方式的制度决定的。如果人们通过转账和信用卡进行交易，那么在交易的时候就会使用较少的货币，相对于 PY，M 下降，流通速度 V 上升；相反，如果交易时使用现金较多，则由同样名义收入所产生的交易就需要使用较多的货币，货币的流通速度就会下降。由于经济体中的制度和技术特征只有在较长时间里才会对货币流通速度产生影响，所以在短期内，货币流通速度是稳定不变的。

2）古典货币数量论

由于费雪认为货币流通速度在短期内是稳定不变的，即 $V=\overline{V}$，此观点标志着古典货币数量论（quantity theory of money）的建立。该理论的核心结论包括两个：名义收入和物价水平仅仅取决于货币数量的变动；货币需求仅仅是收入的函数，利率对货币需求没有影响。

古典经济学家（包括费雪）认为工资和价格具有完全弹性，因此在正常年份，经济体的总产出 Y 总是维持在充分就业水平上，因此在短期内 Y 是相当稳定的。由 $M\overline{V}=PY$，同时 Y 稳定可知，短期内如果 M 翻番，$M\overline{V}$ 也翻番，因此 PY 也翻番，P 必定翻番。因此名义收入和物价水平仅仅取决于货币数量的变动，即货币数量的变动可以引致物价水平成比例变动。

将交易方程式 $MV=PY$ 两边同时除以 V，交易方程式变为：

$$M=\frac{1}{V}\times PY \tag{8-3}$$

由于 V 是常量，因此可以用常量 k 代替 $\frac{1}{V}$，当货币市场均衡时，人们持有的货币数量就等于货币需求量 M^d，因此公式（8-3）可以改写为：

$$M^d=kPY \tag{8-4}$$

该公式说明，货币需求仅仅是收入的函数，利率对货币需求没有影响。古典货币数量论的结论源于人们持币的动机在于交易，而名义收入 PY 决定交易的规模，而且货币流通速度由交易方式的制度决定，货币流通速度短期内稳定不变。

学海拾贝 8-1

货币的流通速度是常数吗？

持古典货币数量论的经济学家之所以会得出两个结论：名义收入和物价水平仅仅取决于货币数量的变动；货币需求仅仅是收入的函数，利率对货币需求没有影响。这是因为他们将货币流通速度视为常量。那么货币流通速度是否为常数？图 8-1 反映了 1915—2008 年间美国货币流通速度逐年变动的情况。其中阴影部分表示美国经济衰退之年。

从图 8-1 可以观察到，即使在短期，货币流通速度的变动也相对强烈，因此不能将其视为常数。1950 年之前，货币流通速度的波动相当大，或许这反映了该时期

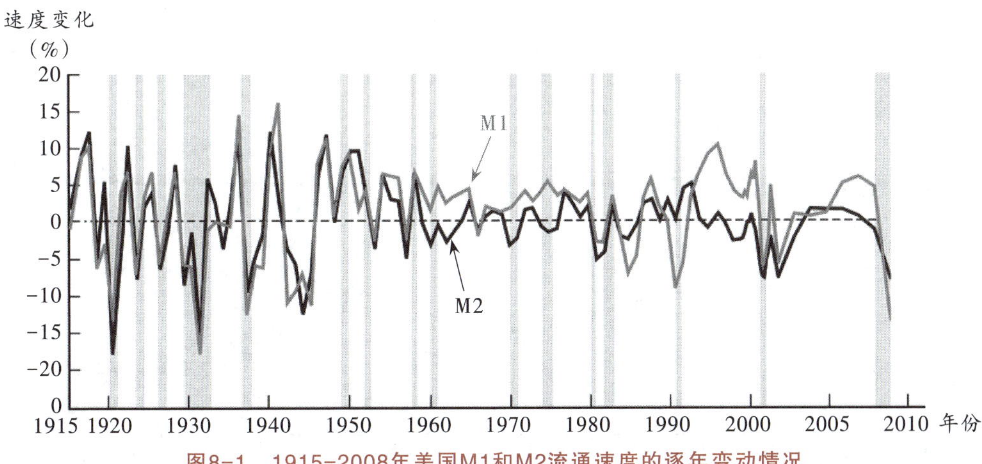

图8-1　1915-2008年美国M1和M2流通速度的逐年变动情况

经济状况极其不稳定的事实，在这段时间内发生了两次世界大战和大萧条（在经济出
现从图 8-1 可以观察到，即使在短期，货币流通速度的变动也相对强烈，因此不能将其视为常数。1950 年之前，货币流通速度的波动相当大，或许这反映了该时期经济状况极其不稳定的事实，在这段时间内发生了两次世界大战和大萧条（在经济出现衰退的年份里，实际的货币流通速度下降，或者至少是增长率下降）。1950 年以后，货币流通速度的波动比较缓和，然而各年间货币流通速度增长率的差异仍然很大。1982 年以后，M1 流通速度的波动更为剧烈。在研究人员对货币需求进行实证研究时，这一事实常常让他们感到十分困惑。1982 年以后，M2 的流通速度一直都比 M1 的流通速度更稳定，结果导致美联储在 1987 年放弃 M1 指标，开始更集中于 M2 指标。但是 20 世纪 90 年代初期 M2 流通速度的不稳定，又使得美联储在 1993 年 7 月宣布包括 M2 在内的任何货币总量指标都不能作为可靠的货币政策指标。

在大萧条之前，经济学家没有意识到，在严重的经济紧缩时期，货币流通速度将会下降。在图 8-1 中大萧条之前的时期，很容易看到这一事实，为什么古典经济学家没有发现呢？这或许是因为在第二次世界大战前，还没有准确的 GDP 和货币数量的数据，因而经济学家无法知道他们将货币流通速度视为常量是错误的。

综上所述，短期内货币流通速度变化这一事实无情地宣告古典货币数量论的推导过程是错误的（将 V 视为常数），但是是否古典货币数量论的结论就是错误的呢？请看学海拾贝 8-2。事实上，本章接下来介绍的弗里德曼的货币需求理论也被称为现代货币数量论，弗里德曼的推导方法借鉴了部分凯恩斯主义学派的方法，但是结论却与古典货币数量论保持一致。

学海拾贝 8-2

古典货币数量论的实证检验

图 8-2 为 1986—2019 年中国 CPI 当月同比和 M2 的同比。图 8-2 显示，有时通货膨胀率和货币数量增长率正相关，例如 1992—1996 年，但是有时两者并不正相关，例如 2007—2008 年。但是在长期，二者趋势正相关。例如 1986—1996 年间，货币增速较高，通胀率也较高。

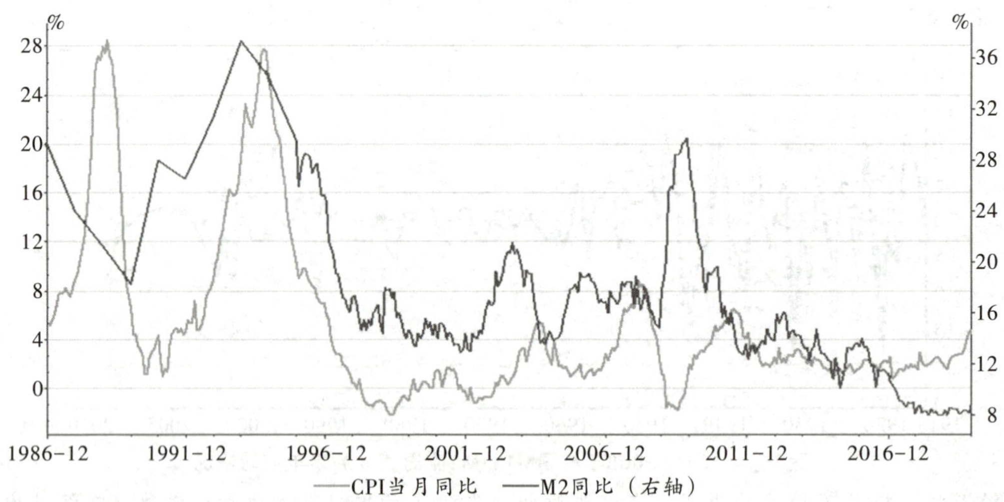

数据来源：Wind。

图8-2 1986—2019年中国通货膨胀率和货币增长率

观察图8-2，可以得到结论：从长期看，货币数量论是很好的通货膨胀理论，但是在短期内并非如此。也可以说，弗里德曼的论断“无论何时何地，通货膨胀无一例外都是货币现象”，在长期内是准确的，但是在短期内无法得到数据支持。这也说明，古典理论假定工资和价格具有完全弹性无法应用于通货膨胀和总产出短期波动的情况。

8.1.2 现金余额方程式

在欧文·费雪发展古典货币数量论观点的同时，英国剑桥大学的一些经济学家也在研究同样的课题。由于主张现金余额方程式的学者多曾在剑桥大学任教，如马歇尔、庇古等人，因此该学说也称剑桥方程式。

现金余额方程式虽然得出了和现金交易方程式相同的结论，但是出发点和分析过程完全不同。它将货币视为一种资产，然后探讨决定人们对货币这种资产需求的因素。剑桥学派的货币需求理论研究对象是个体的货币需求，重视个人微观主体的行为，探讨人们愿意持有的货币数量。他们认为，人们出于资产需求保留在身边的现金余额就是货币需求，所以剑桥学派的货币需求理论也称为现金余额数量说（cash balance approach）。与费雪只关注货币的交易功能不同，剑桥学派的经济学家认为以下两个属性促使人们持有货币：交易媒介和财富储藏。

第一，交易媒介。货币是交易的媒介，被人们用于日常交易，所以货币需求与交易规模相关，由交易引起的货币需求与名义收入成正比。

第二，财富储藏。货币的财富储藏功能关系到人们的财富水平，因而也影响到人们的货币需求。随着财富的增加，人们需要持有更多的货币。剑桥学派的经济学家认为名义财富与名义收入成正比，因此，由财富储藏引起的货币需求也与名义收入成正比。

因此庇古和马歇尔提出了现金余额方程式：

$$M^d = kPY \tag{8-5}$$

其中M^d为货币需求量，P为物价水平，Y为总收入，k为以货币形式持有的财富与名义总收入的比例。该式说明，货币需求取决于k、P、Y三个变量，当k、P一定时，总收入越多，货币需求就越多；当k、Y一定时，价格水平越高，货币需求越多；当P、Y一定时，以现金形式持有的财富越多，货币需求越多。根据剑桥学派的分析，在短期内，k、Y都是相对稳定的，因而货币需求数量与一般物价水平是同方向、等比例变动的。

由于包括古典货币数量论在内的古典经济学家认为经济可以自动趋于均衡，因此货币供给M^s与货币需求M^d也会自动趋于均衡，因此可以得出剑桥方程式：

$$M^s = M^d = M = kPY \tag{8-6}$$

式（8-6）与式（8-4）在表述形式上是一致的，二者得到的结论也是一致的。在充分就业的条件下，Y是常数，当货币供给相对货币需求增加时，为使得货币供给和货币需求继续保持均衡，物价水平需要上升；反之亦然。即货币数量的变动会引起物价水平的同方向、等比例变化；货币需求取决于名义收入水平。

8.1.3　现金交易方程式和现金余额方程式的比较

虽然费雪的现金交易方程式和剑桥的现金余额方程式都将货币数量作为物价变动的原因，并且方程式的形式和所得出的结论也相同，但是二者之间仍存在很多不同：

第一，研究的视角不同，现金交易方程式强调客观因素，不考虑经济主体在决定货币需求中的作用，重视影响交易的货币流通速度等金融因素。现金余额方程式重视资产的选择，即持有货币的成本与满足程度之间的比较，强调人的主观意识及对经济形势的预期。

第二，强调的货币功能不同。现金交易方程式强调货币的交易媒介职能，认为人们需要货币是为了交易；而现金余额方程式强调货币的价值储藏职能，认为货币是具有充分流动性的财富储藏工具，人们不仅交易需要货币，而且保留货币也是持有财富的一种形式。

第三，现金交易方程式把货币需求与支出流量联系在一起，重视货币支出的数量和速度，着重分析支出流；现金余额方程式则把货币需求当作以货币形式保有资产来处理，把货币看成资产存量的一种，持有货币自然成了资产选择理论的一部分。

第四，现金交易方程式中的$\frac{1}{V}$和现金余额方程式中的k虽然在数学形式上相似，但是有着不同的决定机制。$\frac{1}{V}$取决于制度因素，而k的大小着重反映的是经济主体的资产选择行为。

第五，从分析方法上看，现金交易方程式使用的是一种宏观经济学方法，它试图在货币供应量与价格总水平之间建立一种数量关系。现金余额方程式使用的是一种微观经济学方法，它要说明的问题是，当居民和厂商需要用现金进行交易时，是什么因素决定了他们的现金持有量。

学海拾贝 8-3

货币数量论中的“货币”定义

货币数量论中的货币是指一种为公众普遍接受用来作为商品、服务和其他有价值的资产的支付手段和债务的清偿手段的东西。这样定义的货币也就是我们现在所说的狭义的货币（M1），它包括现金（含硬币）和银行活期存款，而不包括定期存款、储蓄存款（有息）和各种公债券这些“近似货币”。根据这种狭义的货币定义，在任何时点上货币的总供给必然等于公众手头持有的现金和活期存款数量（对货币的总需求）。

货币数量论至少可以追溯到18世纪的大卫·休谟（David Hume，1711—1776年）。休谟在1752年发表的《论利息与货币》一文中就提出了比较系统的货币数量论。此后，李嘉图、詹姆斯·穆勒（James Mill，1773—1836年）、马歇尔、费雪、庇古、哈耶克（Friedrich August von Hayek，1899—1992年）和20世纪30年代以前的凯恩斯都是货币数量论的追随者。

实际上，货币数量论的两个方程式表示的都是一种恒等关系或均衡关系。在交易方程式中，等式左边MV表示名义总需求，等式右边PY表示名义总供给。在现金余额方程式中，等式左端M表示货币需求量，它等于既定总收入为PY时应该持有的货币数量；当货币市场均衡时，人们手头持有的货币数量就等于货币需求量。正是由于货币数量论表示的一种相等的关系，所以凯恩斯在《就业、利息和货币通论》中把货币数量论所表述的关系称作“不言自明的常识”。

资料来源：方福前．当代西方经济学主要流派［M］．2版．北京：中国人民大学出版社，2014.

启智增慧 8-1

2023年支付体系运行总体情况

费雪的现金交易方程式和剑桥学派的现金余额方程式都属于古典的货币数量论，因此二者都无法摆脱古典经济学的局限，例如传统货币数量论是以充分就业为前提的，而这种假定是不符合短期现实情况的。而且传统的货币数量论忽略了利率对货币需求的影响，在这方面，凯恩斯做出了重要理论贡献。

红色金融

创新探索农村信贷

在货币斗争之外，边区银行的另一个重大金融活动是开展信贷——向广大农民发放贷款，支持生产自给。

1941年以后，外援断绝，边区财政陷入了困境，边区银行原本为数不多的财政借款急剧增加。尽管大量的财政借款弥补了财政赤字，让当时的财政困难得以缓解，但这显然还不够。

1941年8月6日，毛泽东给“延安五老”之一、时任边区中央局副书记的谢觉哉写信提出：“今年的八百万投资仅顾及公营事业，全没有顾及私人农业贷款与合作社贷款，仅是迫不得已的过渡时期的办法，今后必须停止公业投资，发动私业投资，即大放农贷与合作社贷款，兼放畜牧业贷款与私商贷款，以达增加粮食产量，牛羊产量，与相当繁荣商业之目的。”

农业贷款业务被迅速提上日程。12月，边区政府成立了农贷委员会，由当时的边区政府代主席高自立任主任，边区银行行长朱理治任副主任，并确定了农贷方针。次年春天，农业贷款开始向广大农民发放，种类包括耕牛贷款、植棉贷款、水利贷款、青苗贷款、农具贷款等。创新之处在于，农业贷款不仅可以贷钱，还能贷实物。在边区银行纪念馆里，人物雕像和背景图还原了当时的真实场景：在陕北农家小院里，农贷工作人员用耕牛贷款给农民买来了一头大黄牛。

这种根据实际情况推出的多样化贷款方式，既提高了党和政府在群众中的威信，也调动了农民的生产积极性，更是被视为"实事求是"精神的体现。

魏协武提到了边区银行信贷的特点之一，即主要贷给当时不一定有偿还能力的贫穷劳动者，以帮助他们解决生产难题。这为当今的普惠金融提供了重要借鉴。

为了更好地贯彻当时的农贷方针，边区银行职工辛波还编写了《农村贷款三项纪律八大注意歌》。其中，三项纪律包括："第一反对包办耍私情，民主讨论群众来决定"；"第二贷款数字要公布，区乡负责不许打埋伏"；"第三到期保证要收回，有借有还年年有贷款"。

刘平认为，《农村贷款三项纪律八大注意歌》蕴含的理念，对当代普惠金融的开展颇具参考价值。

而在还款方面，除了不允许归还法币外，其他都是灵活并且人性化的——借贷者可归还实物，归还多少可根据实际收成而调整，可以少还而无须多还。而不少农民在用小米、大豆等实物还款时，主动比应还的数量多还了一些，只因感恩于银行发放贷款帮助他们发展了生产。

为了更精准地了解农民需求，陕甘宁边区从1943年起还建立各种信用社80多个，资金达7亿多元。信用社贯彻银行的金融政策，配合银行放贷，促进了农业发展。在刘平看来，边区银行颇具创新性的探索实践，尤其是实事求是的工作作风，对当今金融业务的开拓与发展无疑会带来不少启迪。

资料来源：段思宇，缪琦，张健，等.薪火|从窑洞银行到货币斗争，抗日根据地的红色金融路［EB/OL］.［2021-06-25］.https：//www.yicai.com/news/101092655.html.

8.2 凯恩斯主义学派货币需求理论

在1936年出版的《就业、利息和货币通论》一书中，约翰·梅纳德·凯恩斯（John Maynard Keynes）放弃了古典学派将货币流通速度视为常量的观点，发展了一种强调利率重要性的货币需求理论。凯恩斯对货币需求的分析是从分析人们的持币动机开始的，即为什么人们会持有货币？凯恩斯认为：货币需求是指一定时期经济主体能够而且愿意持有的货币数量。人们取得货币收入后，通常做出两种选择：一种是消费和储蓄之间的选择，又叫时间偏好选择；另一种是储蓄形式的选择（包括现金储蓄和债券储蓄），又称流动性偏好选择。凯恩斯认为，人们普遍存在着流动性偏好的心理倾向，人们愿意持有流动性最强的货币而不愿意持有其他缺乏流动性的资产。这一流动性偏好便构成了对货币的需求。所以凯恩斯主义学派货币需求理论又称为流动性偏好理论（liquidity preference theory）。

8.2.1 凯恩斯的流动性偏好理论

凯恩斯认为人们之所以愿意持有现金，即流动性偏好形成的对货币的需求，取决于三个方面的动机：交易动机、预防动机和投机动机。其中投机动机是凯恩斯独创的重要贡献。正是以投机动机为出发点，凯恩斯的货币理论走上了和古典货币数量论截然不同的道路。

1）交易动机（transaction motives）

交易动机为进行日常交易而产生的持有货币的愿望。在这一动机上凯恩斯遵循古典理论的传统，因为古典理论假定人们之所以持有货币，是因为货币所具有的交易媒介职能。同时，凯恩斯强调这一动机决定的货币需求量取决于人们的交易规模，而交易规模与收入成正比。因此交易动机决定的货币需求的强度取决于收入的大小。基于交易动机而产生的货币需求为交易性货币需求。

2）预防动机（precautionary motives）

凯恩斯还认为，人们之所以持有货币，不仅是为了完成当期交易，而且还用来预防意料之外的需求，这一认识使得凯恩斯超越了古典分析的框架。例如个人和家庭应对失业、患病等意料不到的需要；这类需求即预防性货币需求。

凯恩斯认为，人们持有的预防性货币余额的数量主要取决于人们对未来交易规模的预期，并且这些交易同样与收入成正比。因此，他假定出于预防动机的货币需求规模与收入成比例。

3）投机动机（speculative motives）

如果凯恩斯的货币需求理论仅仅停留在交易动机和预防动机上，则收入将是决定货币需求的唯一重要因素，那么凯恩斯的研究就不会具有开创式的意义，也就不可能大大丰富古典货币需求理论的内容。凯恩斯仔细地分析了影响人们为了储藏财富而持有货币数量的重要因素，这一因素就是利率。凯恩斯将人们用来储藏财富的资产分为两类：货币和债券。

投机动机即指人们根据对市场利率变化的预期，选择需要持有货币以便满足从中获利的目的。由于利率的变化将造成债券价格的升降，这使得人们有机会在货币与债券之间进行选择。由这一动机产生的货币需求被称为投机性货币需求。

假如持有货币的预期回报率大于持有债券的预期回报率，则人们愿意持有货币。凯恩斯假定货币的预期回报率为零，但是债券的预期回报率可能为负，因为利率上升则债券价格下降。如果预期利率上升，则债券价格下跌，从而资本利得为负，即出现资本损失。假如预期利率大幅上升，资本损失足以超过利息收入，则债券的预期回报率将变为负值。此时，人们愿意持有货币来储藏财富，因为货币的预期回报率更高（零回报超过了债券的负回报）。

凯恩斯假定，微观经济主体认为利率会趋向某个正常值。如果利率低于这一正常值，则经济个体预期未来债券利率将会上升，从而将遭受资本损失。这预示着个体货币需求增加。

当利率超过正常值时，人们将预期未来利率趋于下降，债券价格趋于上升，可以获得资本利得。利率越高，人们就越预期持有债券的回报率为正，从而超过持有货币的预期回报率。此时人们将更愿意持有债券而非货币，从而货币需求很低。

同时，也可以从持币的机会成本分析。由于视货币为资产，持有货币意味着损失利息收入。利率越高，机会成本越大，从而投机性货币需求也越少。因此，凯恩斯的货币需求投机动机即为利率上升导致货币需求下降，货币需求同利率水平负相关。

8.2.2 货币需求函数

凯恩斯在将持有货币余额的三种动机综合起来推导货币需求函数时，对名义数量和实际数量进行了严格的区分。货币的价值应当用它能够购买到的东西来衡量。例如，假设经济中所有的价格都上涨了一倍，那么同样数量的名义货币所能购买到的商品数量只相当于原来的一半。因此，凯恩斯推断人们要持有的是一定数量的实际货币余额（real money balances，用实际值表示的货币数量）。假设$\frac{M_1}{P}$为满足交易动机和预防动机所需要的实际货币量，Y为收入，L_1为与收入对应的流动性偏好函数，即：

$$\frac{M_1}{P}=L_1(Y)\ \left(\frac{d(\frac{M_1}{P})}{dY}>0\right) \tag{8-7}$$

设$\frac{M_2}{P}$为投机性货币需求，i为利率，L_2为相应的流动性偏好函数，则投机性货币需求L_2主要取决于利率水平的高低，因此：

$$\frac{M_2}{P}=L_2(i)\ \left(\frac{d(\frac{M_2}{P})}{di}<0\right) \tag{8-8}$$

总的货币需求函数为：

$$\frac{M}{P}=\frac{M_1}{P}+\frac{M_2}{P}=L_1(Y)+L_2(i) \tag{8-9}$$

这种关系可以用图8-3加以说明。在图8-3中，横坐标表示货币需求量（Q），纵坐标表示利率（i）。当收入水平一定时，由交易动机和预防动机引起的货币需求也是一定的，所以L_1为平行于纵轴的一条直线；L_2为一条向右下方倾斜的曲线。两条曲线值加在一起就构成了总的货币需求曲线。

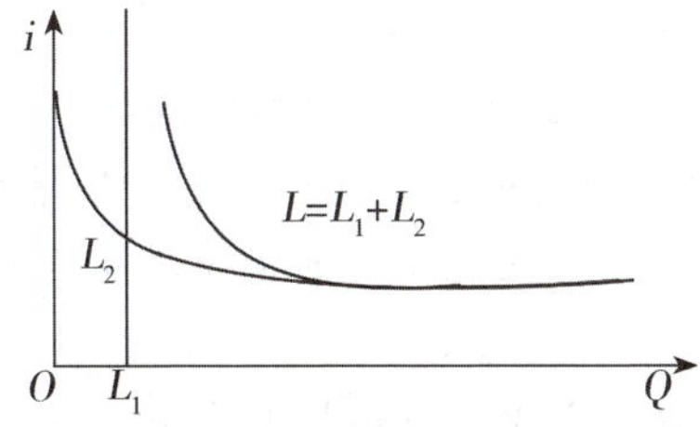

图8-3　流动性偏好货币需求曲线

凯恩斯货币需求理论的创新是基于投机动机的流动性偏好L_2，它和利率呈反向关系。因为，货币的作用主要有两个：一是充当商品的交换媒介；二是作为储藏财富的手段。货币作为交换的媒介，只提供交易的便利。货币作为储藏财富的手段，它将通过利率而影响投资进而影响产出、就业和收入。传统的货币数量论只注意到货币的第一个作用，而没有注意到第二个作用，因此得出货币中性的结论。而凯恩斯正是因为看到并强调货币的第二个作用，所以才得出货币影响经济增长和就业等结论。

启智增慧 8-2

名义负利率传导机理与传导效果：文献综述

凯恩斯在分析货币需求过程中还提出了著名的“流动性陷阱”（liquidity trap）。**所谓流动性陷阱就是指当利率水平降低到不能再低时，人们就会产生利率上升从而债券价格下跌的预期，货币需求弹性就会变得无限大，此时无论增加多少货币，都会被人们储存起来。**

8.2.3 凯恩斯货币需求理论的发展

凯恩斯对货币理论的最重要贡献是认为人们持有货币的原因除了交易动机、预防动机外，还有投机动机。人们持有货币不仅是为了作为交换媒介，还作为价值储藏手段。前者基本与利率无关，后者主要取决于利率。货币需求与货币供给一起决定利率水平，而利率又是决定投资和就业的重要因素。20世纪50年代以后，一些凯恩斯主义学派经济学家在深入研究凯恩斯货币理论的基础上，进一步丰富和发展了凯恩斯的货币需求理论，成为当代西方货币理论的重要组成部分。其中比较有影响的是：鲍莫尔（W.J.Baumol）等人对凯恩斯关于交易性货币需求理论的发展；惠伦（E.L.Whalen）等人对预防性货币需求理论的发展；托宾等人对投机性货币需求理论的发展。

1）鲍莫尔-托宾模型

鲍莫尔-托宾模型（Baumol-Tobin model）是在20世纪50年代由经济学家威廉·鲍莫尔和詹姆斯·托宾（James Tobin）建立的，现在仍然是一种主要的货币需求理论。

鲍莫尔-托宾模型认为持有货币存在收益与成本。持有货币的收益就是便利性，避免了每次购买东西时都要到银行取款，但是成本是人们放弃了如果把货币存入支付利息的储蓄账户本可以得到的利息。因此，理性人需要权衡该成本和收益，选择最优的持币规模。鲍莫尔-托宾模型的结论是交易性货币需求也与利率负相关，拓展了凯恩斯认为的交易性货币需求与利率无关的结论。

学海拾贝 8-4

鲍莫尔-托宾模型的推导

考虑一个计划在一年中逐渐支出Y元的人。为了简单起见，假设价格水平不变，因此一年中的实际支出也不变。那么他选择的最优持币数量是多少？也即他平均现金余额的最优规模是多少？

第一种可能是他可以在年初把Y元全部提取出来，并逐渐花掉这笔钱。他的货币持有量在年初时是Y，在年底时是0，一年平均为$Y/2$。

第二种可能的计划是去银行两次。在这种情况下，他在年初提取$Y/2$元，并在这一年的上半年逐渐花掉这笔钱，然后又到银行提取$Y/2$供下半年花费。一年间货币持有量在$Y/2$与0之间变动，平均为$Y/4$。这个计划的优点是平均持有的货币更少，因此放弃的利息也更少，但是不利之处是要去银行两次而不是一次。

更一般地，假定这个人一年内去N次银行。每去一次，提取Y/N元；然后他在一年的$1/N$年里逐渐花掉这笔钱。货币持有量在Y/N与0之间变动，平均为$Y/(2N)$。

现在的问题是，N的最优选择是多少？N越大，个人平均持有的货币越少，他所放弃的利息也就越多。但是，随着N增加，经常去银行的成本也会增加。假定去银行的成本为固定量F，例如我们可以把F看作代表往返银行和排队等时间价值，如果去一次银行需要15分钟，一个人每小时的工资是32元，那么F为8元。还有持币的机会成本，用i代表利率，因此i衡量持有货币的机会成本。

现在分析N的最优选择，它决定了货币需求。对于任何一个N，平均持有的货币量是$Y/(2N)$，因此放弃的利息是$iY/(2N)$。由于F是每去一次银行的成本，所以去银行的固定成本为FN。个人承担的总成本是放弃的利息机会成本和去银行的固定成本之和。去银行的次数N越大，放弃的利息越少，而去银行的成本就越大。

总成本C=放弃的利息+去银行的成本

$$=iY/(2N)+FN \tag{8-10}$$

总成本C对N求导，得到$(dC/dN)=-(iYN^{-2}/2)+F$，令$(dC/dN)=0$，

$$N^*=\sqrt{\frac{iY}{2F}} \tag{8-11}$$

$$\text{平均货币持有量}=Y/(2N)=\sqrt{\frac{YF}{2i}} \tag{8-12}$$

鲍莫尔-托宾模型的启示之一是，去银行的固定成本F的任何变动都会改变货币需求函数。因为它改变了任何给定利率和收入时的货币需求量。设想一些可能影响这一固定成本的情况，例如自动取款机和网上银行的普及可以减少提款等待时间而减少了F。实际工资的增加通过增加时间价值而提高了F，银行手续费的增加也直接增加了F。因此，尽管鲍莫尔-托宾模型给我们提供了一个很具体的货币需求函数，但是并不能使我们有理由相信这个函数随着时间的推移是稳定的。

启智增慧8-3

移动支付对家庭货币需求的影响——来自中国家庭金融调查的微观证据

对鲍莫尔-托宾模型的质疑还有，一些人对自己持有的货币量斟酌的处置程度并不像模型假设的那样理性或严格。例如，考虑一个必须一周去一次银行存自己工资的人，去银行时，他利用这次机会提取下一周所需要的现金。那么对于这个人来说，去银行的次数N并不对支出或利率的变动做出反应。

2）惠伦模型

1966年，美国经济学家惠伦在其发表的《现金的预防需求的合理化》一文中，提出了预防动机的货币需求与利率有关，并且证明了也是利率的递减函数。

该理论认为，影响预防性货币需求的主要因素有三个：①非流动性成本。非流动性成本是指因低估在某一支付期间内的现金需要而付出的成本，即少持有或不持有预防性货币余额而可能发生的损失，该成本之高甚至是难以估计的。当人们因缺少现金而无法应付时，便会产生三种可能：陷入经济困境甚至破产，此时非流动成本很高；若能及时得到银行贷款，则非流动成本为银行贷款成本；若人们手中持有容易转换为现金的资产，则非流动性成本为将非现金资产转换为现金的手续费。公众要避免破产情况发生，同时在不能保证随时得到所需贷款的情况下，第三种情况应作为理论分析

的一般情况。②持有预防性现金余额的机会成本。它是指持有这些现金而放弃的利息收益。③收入与支出的平均值和变化情况。

非流动性成本和持有预防性现金余额的机会成本构成了持有预防性现金余额的总成本。此时，货币持有者面临两难选择：若为预防意外而持有较多货币，减少了预期的非流动性成本，却增加了持有预防性现金余额的机会成本；反之，若持有较少的货币，增加了预期的非流动性成本，却减少了持有预防性现金余额的机会成本。因此，要实现利润最大化目标，货币持有者就必须选择最适宜的预防性现金余额，以使这两种成本之和达到最小。惠伦模型就是描述这一最优预防性货币余额的，即最适合预防性货币需求。

与鲍莫尔-托宾模型一样，惠伦模型的基本结论——预防性货币需求也受到利率变动的影响，同样细化和丰富了凯恩斯的货币需求理论。但惠伦模型对影响预防性货币需求的诸因素所做的定量分析，同样存在商榷。

根据鲍莫尔-托宾模型和惠伦模型，凯恩斯的货币需求函数被修正为：

$$\frac{M}{P}=L_1(i,\ Y)+L_2(i) \tag{8-13}$$

并可进一步简化为：

$$\frac{M}{P}=L(i,\ Y) \tag{8-14}$$

3）托宾模型

凯恩斯学派货币理论的另一重大发展，是将凯恩斯的流动性偏好理论发展和修正为资产偏好或资产组合理论。

凯恩斯对投机性货币需求的分析也有其不完善之处。他认为当债券的预期回报率低于货币的预期回报率时，人们只持有货币来储藏财富；反之，当债券的预期回报率高于货币的预期回报率时，人们只持有债券。这就意味着，在凯恩斯的分析中，投机性货币需求实际上排除了人们同时持有债券和货币作为财富储藏手段的可能性。然而，这是不符合事实的，因为在现实生活中，投资者往往是进行多样化的投资，即既持有货币又持有债券。

为了弥补凯恩斯投机性货币需求的这一缺陷，托宾发展了新的投机性货币需求理论。托宾的基本观点是，人们做持有哪些资产的决策时，不仅会比较各种资产之间的相对预期回报率，而且还要考虑持有各种不同的资产所面临的风险。在托宾的模型中，托宾假定资产只有两种形式：货币和债券。持有债券可以得到利息，但是也要承担由于债券价格下跌而遭受损失的风险，因此债券是风险资产；持有货币虽然没有收益，但是也没有风险，所以称为安全性资产。

托宾认为，大多数人都是风险规避者，因此与货币相比，债券价格波动，因而风险较大。因此，即使债券的预期回报率超过货币的预期回报率，人们也还是愿意将货币作为财富储藏的手段。因此，根据托宾的资产选择的货币需求理论，人们对投机性货币的需求不仅取决于利率的高低，还取决于各种金融资产的相对收益率和风险状况。这样，资产选择理论就解释了凯恩斯的流动性偏好理论所无法说明的人们同时持有货币、债券以及其他多种资产的现象。

总之，对凯恩斯货币需求理论的修正和进一步发展一直在进行，希望对货币的交易、预防和投机需求做出更精确的阐释。凯恩斯学派的货币需求理论的基本结论是：货币需求与利率相关，货币需求对利率敏感，货币流通速度非常数，名义收入可能受货币数量外其他因素的影响。这些结论与古典货币数量论的结论存在分歧。

8.3 弗里德曼的货币需求理论

美国经济学家弗里德曼作为货币主义学派的代表人物，承袭了古典货币数量论的观点，即非常看重货币数量与物价水平之间的因果关系，借鉴了凯恩斯对公众货币需求动机和影响因素的分析方法，更加深入地发展了微观货币需求理论。

8.3.1 货币需求的决定因素

弗里德曼认为，人们在众多资产中选择货币，要考虑以下三个因素：一是效用。由于效用是一种主观评价，因此个人偏好对效用影响很大。二是以收入或财富水平为代表的规模变量。货币需求与收入水平成正比，货币需求与物质财富占总财富的比例成反比。三是机会成本。人们选择持有货币，就意味着一定程度上减少了其他资产的持有，因此包括存款利率、股票的收益率、债券的收益率和实物资产的收益率都是持有货币的机会成本。弗里德曼对这三种影响货币需求的因素进行了详细的分析。

1）收入或财富

在诸多影响货币需求的因素中，弗里德曼认为收入和财富是决定货币需求量的首要因素。由于财富总额很难计算，所以用收入作为财富的代理变量，而现期收入又常受各种因素的影响经常发生变动，弗里德曼开创式地提出恒久性收入。恒久性收入（Y）是指一个人在较长时间内的平均收入，具有稳定性的特征。货币需求与恒久性收入成正比关系。恒久性收入不包括带有偶然性的临时收入，这是与凯恩斯等理论的收入因素的区别。

弗里德曼进一步把财富分为人力财富和非人力财富两大类。人力财富即人力资本，是指个人获得收入的能力，包括体力、智力等，其大小与受教育程度密切相关。非人力财富即物质资本，是指各种能带来收入的生产资料及其他物质财富，如房屋、生产资料等。这两种财富都能带来收入，但是人力财富会受到劳动力市场供求状况等制约，而非人力财富能给人们带来较为稳定的收入。因此，如果恒久性收入主要来自人力财富，则人们就需要持有更多的货币以备不时之需。因此，人力财富和非人力财富的比例（w）越高，这部分货币需求就越多。

2）持有货币的机会成本

持有货币的机会成本是指“其他资产的预期收益率”。弗里德曼认为，货币的名义收益率（r_m）可能等于零（现金），也可能大于零（存款等），而其他资产的名义收益率通常大于零。这样，其他资产的名义收益率就成为持币的机会成本。其他资产的预期收益率主要包括以下部分：以债券为代表的预期固定收益率（r_b），以股票为代表的预期非固定收益率（r_e），以及预期物价变动率（$\frac{1}{P}\frac{dP}{dt}$）。货币需求量与持有货币的预期收益成正比，而如果其他资产的收益率高于货币的预期收益率，货币需求就会减少；反之，货币需求就会增加。

3）持有货币给人们带来的效用（其他因素μ）

弗里德曼认为，人们的嗜好、兴趣等也是影响货币需求的因素。

8.3.2 货币需求函数

综合上述三类因素，弗里德曼将其货币需求函数表示为：

$$\frac{M}{P}=f(Y,\ w,\ r_m,\ r_b,\ r_e,\ \frac{1}{P}\frac{dP}{dt};\ \mu) \tag{8-15}$$

其中$\frac{M}{P}$为实际货币需求，下面再来分析一下弗里德曼货币需求函数中的各个变量，以及它们对货币需求的意义。

第一，货币需求同弗里德曼提出的恒久性收入呈正相关关系，收入增加，货币需求也会相应增加；反之，则减少。因为恒久性收入仅反映长期收入的波动，因而在短期内波动较少。例如，在产业周期的繁荣阶段，收入增加很快，但是这种增长中某些部分是临时性的，平均长期收入并没有很大的变动。因此，在繁荣阶段，恒久性收入的增长比收入增长要少。同理，在经济萧条期，恒久性收入的下降也比收入下降要少得多。

第二，除了货币以外，弗里德曼将人们持有的资产划分为三种：债券、股权和实物资产。当债券和股票的预期收益率增加时，持有货币的机会成本增加，对货币的需求就会减少。实物资产的收益率就是物价水平的变动率，当物价水平发生变动时，实物资产的价值就发生变动。例如，当发生通货膨胀时，实物资产的预期收益率相对于货币的收益增加，对货币的需求就会减少。

第三，非人力财富与人力财富的比例与货币需求呈负相关关系。对于大多数财富持有者来说，其主要资产来自个人的能力，即人力财富。但人力财富给人们带来的收入是不稳定的。在总财富中，人力财富占比越大，出于谨慎动机的货币需求就越大；而非人力财富占比越大，货币需求则相对越小。

8.3.3 弗里德曼货币需求理论与凯恩斯货币需求理论的区别

从分析思路上看，二者采用的都是资产选择分析法，从货币需求函数的形式上看，二者都将货币需求的最终决定因素定位在收入和利率上。但是弗里德曼货币需求理论和凯恩斯货币需求理论存在着重大的差异，差异主要表现在以下四个方面：

第一，在流动性偏好理论中，凯恩斯把资产只分为货币和债券两种。而弗里德曼认为，债券、股票和实物资产都是货币的替代品。

第二，弗里德曼将货币和商品视为替代品，即人们在决定持有多少货币时，会在两者之间进行选择。因此，弗里德曼将商品相对于货币的预期回报率作为货币需求函数中的一项。商品和货币互为替代品的假设表明，货币数量的变动可能会对总支出产生直接的影响。

第三，在流动性偏好理论中，凯恩斯认为持有货币的预期收益率为常数。而弗里德曼认为货币的预期收益率并不是一个常数。利率上升时，银行可从贷款中获得更高的利润，银行将设法吸收更多的存款，以扩大贷款规模，赚取更多的利润。若没有利率管制，银行将会支付更高的利率吸收存款。因此，银行存款的回报率将随着债券和贷款利率的上升而上升，银行对存款的竞争一直会持续到没有超额利润为止。因此，债券与货币的回报率之差会保持相当的稳定。若存在利率管制，虽然银行不能通过提高存款利率来争夺存款，但可通过改善服务质量来提高隐含的货币回报率，从而使债券与货币的回报率之差保持相当的稳定。也就是说，利率上升对持有货币的机会成本的影响很小，所以弗里德曼认为利率对货币需求的影响很小；相反，在凯恩斯学派的货币需求中，利率是决定货币需求的重要因素。

在弗里德曼看来，货币需求之所以对利率不敏感，不是因为货币需求对其他资产相对于货币的机会成本的变动不敏感，而是因为利率变动对货币需求函数中各项机会成本影响很小。因为，当利率的上升引起其他资产的预期回报率增加时，货币的预期回报率也会相应上升，二者抵消后，货币需求函数中各项机会成本保持相对不变，所以利率变动对货币需求的影响甚微。

第四，虽然凯恩斯与弗里德曼的货币需求函数中都有收入变量，但弗里德曼强调的是恒久性收入，即未来长期收入预测值的平均值，它的波动很小。再加上他认为利率变动对货币需求的影响很小，因此货币需求的随机波动很小，可以通过货币需求函数准确地预测货币需求。因为货币需求是可以预测和稳定的，因此货币流通速度也是可以预测和相对稳定的。这样，货币供应量的变化就会影响总支出和物价水平的变动（$MV=PY$，V可测），从而得出了和古典货币数量论一致的结论。因此，弗里德曼的货币需求论又称为“现代货币数量论”。

学海拾贝 8-5

货币需求理论与货币政策主张

凯恩斯学派的流动性偏好理论与货币数量论的根本分歧在于两点：一是货币需求对利率变动是否敏感；二是货币需求函数是否是稳定的。

（一）利率和货币需求的关系

凯恩斯学派的货币需求理论表明，货币需求对利率是敏感的，那么货币需求就变得难以确定。货币供给与总支出之间的关系也将变得不甚清晰。而货币主义学派经济学家认为货币需求主要受恒久性收入的影响，对利率不敏感，因此利率对货币需求影响很小。

（二）货币需求函数的稳定性

凯恩斯认为货币需求因为受利率的影响，不仅不稳定，而且具有不可预测性。而弗里德曼认为货币需求主要受恒久性收入影响，因此货币需求函数是稳定的。

理论界对货币需求的研究是要为货币政策服务的。因此，凯恩斯学派强调利率对货币需求的影响，论证了货币需求由于人们主观预期利率变化的影响而变化莫测，因此中央银行调控货币供给量无法与货币需求保持一致。因此，中央银行货币政策的中介目标不应盯住货币供给量，而应该选择利率。货币主义学派强调恒久性收入对货币需求的影响，表明货币需求因恒久性收入的稳定而具有稳定性，因此中央银行可以盯住货币供给，将其作为货币政策的中介目标。而且，为了避免货币供给对经济的扰动，应该保持货币供给的稳定增长，保持一个相对固定的货币供给增长率，即单一规则。

不同的研究人员对货币需求与利率敏感性的实证研究结论相当一致，即货币需求对利率敏感，但是几乎没有证据表明出现过流动性陷阱，也即货币需求对利率敏感，但是又不是极其敏感。20世纪70年代，实证结论支持货币需求函数是稳定的，但是1973年以后，金融创新的飞速推进改变了货币所包含的内容，货币需求函数出现了极大的不稳定。因此，为控制经济总产出而制定严格的货币供给指标可能不是货币政策实施的有效途径。

本章小结

费雪提出了以交易为基础的货币需求理论。该理论认为，货币需求同收入成比例，但是对利率不敏感。该理论还认为货币流通速度是常数，这导致了货币数量论的产生，货币数量论认为总支出仅仅取决于货币数量的变动。

凯恩斯提出持有货币的三种动机，因此形成的流动性偏好理论认为，货币需求的交易动机和预防动机与收入成正比，但是投机动机不仅对利率敏感，而且对利率未来变动的预期也很敏感，因此，凯恩斯货币需求理论认为货币流通速度并不稳定，不能视为常量。

弗里德曼的货币需求理论借鉴了凯恩斯的分析方法，但是结论和古典货币数量论一致。弗里德曼采用资产需求理论，推导出货币需求是其他资产相对于货币预期收益率和恒久性收入的函数。弗里德曼认为货币需求稳定，且对利率不敏感。

关键概念

现金交易方程式　现金余额方程式　流动性偏好理论　交易动机　预防动机　投机动机　流动性陷阱　鲍莫尔-托宾模型　弗里德曼的货币需求函数

综合训练

即测即评8

1. 为什么弗里德曼的货币需求理论认为货币需求不受利率变动的影响，而凯恩斯认为货币需求受利率变动的影响？

2. 根据凯恩斯的投机性货币需求理论，试分析如果人们认为利率的正常水平已经下降，则货币需求会发生什么变化，为什么？

3. 何为流动性陷阱？你能在现实经济生活中找出流动性陷阱的例子吗？

综合训练参考答案8

第9章

通货膨胀与通货紧缩

牢记嘱托

当前，一些重要产业链供应链遭到人为干扰，大宗商品价格高位波动，全球通货膨胀居高不下，国际金融市场持续动荡，世界经济复苏势头不断走弱。

——习近平2022年6月22日在金砖国家工商论坛开幕式上的主旨演讲

目标引领

☑ 价值塑造

了解中国改革开放后通胀和通缩的历史。

☑ 知识传授

理解通货膨胀、通货紧缩的概念；掌握通货膨胀、通货紧缩的原因、效应及治理对策。

☑ 能力培养

能够分析现实中通货膨胀或者通货紧缩的原因。

思维导图

知识框架

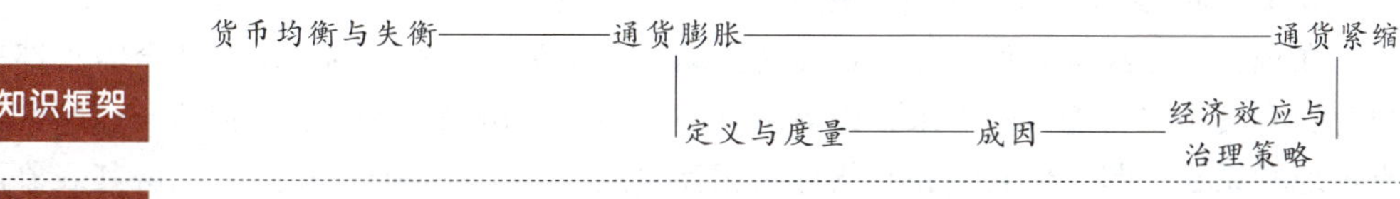

现实问题 相关政策 国家战略

通货膨胀和货币的关系

开篇导读

20世纪最著名的一次通货膨胀发生在20世纪20年代的德国。1920年6月，40马克相当于1美元，但到了1923年11月，4万亿马克才值1美元。虽然通货膨胀带来的问题已有几个世纪之久，但在某些时间和地点，通货紧缩也会产生许多问题，其中有些甚至是毁灭性的。

从1873年到1896年，英国的物价水平下降了22%，美国下降了32%。当时，英国、美国及其他工业化国家都实行金本位制，而且这些国家的产出比世界黄金供应增长得更快。虽然现有产出和投入的价格一直在下降，用货币计算的债务却保持不变——实际上，以真实购买力衡量的贷款和其他债务比它们发生时的负担更重。当债务人不再偿还债务并违约时，债务人的问题就变成了债权人的问题。

为了在货币进一步丧失价值之前购买商品，人们会比以往更快地花掉贬值的货币，这就让通货膨胀雪上加霜；同样，人们持有货币的时间更长也会让通货紧缩进一步恶化，特别是在经济萧条时期，大范围的失业导致人们的工作或生意得不到保障。1929年到1932年的经济低迷时期，不仅流通中的货币减少了，而且货币流通速度也减慢了，这就进一步减少了对产品和服务的需求，进而减少了对生产产品和服务的劳动者的需求，从而引起大规模的失业。

资料来源：索维尔.经济学的思维方式［M］.张莹，译.南昌：江西人民出版社，2018.

9.1 货币均衡与失衡

9.1.1 货币均衡及其度量

货币均衡的实质是总供求均衡的一种反映。总供给决定货币需求，总需求取决于货币的总供给。货币供给的变化在保持国民经济持续、稳定发展和总供给与总需求的均衡中起到重要作用。

货币均衡是用来说明货币供给与货币需求的关系，货币的需求与供给既相互对立，又相互依存，货币的均衡是这两者对立统一的结果。货币均衡即货币供求均衡，是指在一定时期经济运行中的货币需求与货币供给在动态上保持一致的状态。货币均衡可以表示为：

$$M_d=M_s$$

式中：M_d表示货币需求量；M_s表示货币供给量。

在现代商品经济条件下，一切经济活动都必须借助于货币的运动，社会需求都表现为拥有货币支付能力的需求，即需求都必须通过货币来实现。货币把整个商品世界有机地联系在一起，使它们相互依存、相互对应。整个社会再生产过程，就其表象而言，就是由各种性质不同的货币收支运动构成的不断流动的长河，货币的运动反映了整个商品世界的运动。因此，货币供求的均衡，也可以说是由这些货币收支运动与它们所反映的国民收入及社会产品运动之间的相互协调性一致。

我们对货币均衡要有正确的认识。货币均衡是货币供求作用的一种状态，是货币供给与货币需求的大体一致，而非货币供给与货币需求在价值上的完全相等；货币均衡不是货币供给量和实际货币需求量一致，而是货币供给量与适度货币需求量基本一致。

货币均衡的标志体现在以下几个方面：①商品市场物价稳定；②商品供求均衡，社会上既没有商品供给过多引起的积压，也没有商品供给不足引起的短缺；③金融市场资金供求平衡，形成均衡利率。

首先，物价水平（总指数）能较好地反映货币供求关系的变动状况。在信用货币流通条件下，流通中货币数量与商品流通中货币的需要量不适应时，会引起币值的变化。而币值的变化，又会通过物价水平变动反映出来。货币供应量如果超过商品流通所需要的货币量，单位信用货币代表的价值量就会下降，表现为商品价格水平上涨；反之，货币供应量如果低于商品流通所需要的货币量，单位信用货币代表的价值量提高，商品价格水平基本稳定，则说明货币供求均衡。运用物价总指数衡量货币供求是否均衡，既简便直观又具有科学性。

其次，社会总供求平衡是商品市场和货币市场的统一平衡。商品供求与货币供求之间的关系可用图9-1来简要描述。

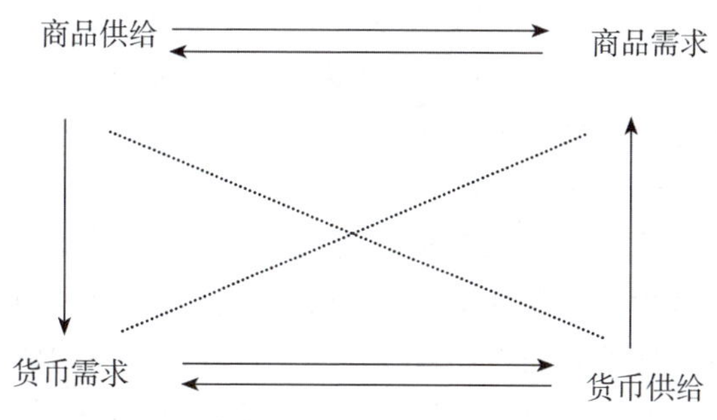

图9-1 商品供求与货币供求之间的关系

图9-1中包括了四层含义：①商品的供给决定了一定时期的货币需求。有多少商品供给，必然就需要相应的货币量与之对应。②货币的需求决定了货币的供给。货币的供给必须以货币的需求为基础，中央银行控制货币供给量要与货币需求相适应，以维持货币的均衡。③货币的供给形成对商品的需求。在货币周转速度不变的情况下，一定时期的货币供给水平，实际上就决定了当期的社会需求水平。④商品的需求必须与商品的供应保持平衡，这是宏观经济平衡的出发点和复归点。

在这个关系图中，货币供求的均衡是整个宏观经济平衡的关键。如果货币供求不平衡，整个宏观经济的均衡就不可能实现。而要使货币供求保持均衡，就需要中央银行控制的货币供给与客观的货币需求保持一种相互适应的关系，以保证经济的发展有一个良好的货币金融环境，从而促进宏观经济的均衡协调发展。

最后，在市场经济条件下，利率不仅是货币供求是否均衡的重要信号，而且对货币供求具有明显的调节功能。因此，货币均衡便可以通过利率机制的作用而实现。就货币供给而言，当市场利率提高时，一方面，社会公众因持币机会成本加大而减少现金提取，这样就使现金比率缩小，货币乘数加大，货币供给增加；另一方面，银行因贷款收益增加而减少超额准备来扩大贷款规模，这样就使超额准备金率下降，货币乘数变大，货币供给增加。所以，利率与货币供给量之间存在着同方向变动关系。就货币需求来说，当市场利率升高时，人们的持币机会成本加大，必然导致人们对金融生息资产需求的增加和对货币需求的减少，所以利率同货币需求之间存在反方向变动关系。当货币市场上出现均衡利率水平时，货币供给与货币需求相等，货币均衡状态便得以实现。当货币均衡利率变化时，货币供给与货币需求也会随之变化，最终在新的均衡货币量上实现新的货币均衡。

9.1.2 货币失衡

货币失衡是同货币均衡相对应的概念，又称货币供求的非均衡，是指在货币流通过程中，货币供给偏离货币需求，从而使二者之间不相适应的货币流通状态。其基本存在条件可以表示为：在货币流通过程中，$M_d \neq M_s$。

由于在信用货币流通条件下，银行作为唯一的货币供给者，在技术上可以强制地将货币投入流通，这就为计划失误、政策失误造成的信贷失控、货币供给过多提供了条件，使货币的供给量并不总能与社会对货币的需求量保持基本一致。不管什么原因，一旦货币供给量与客观经济过程中货币的需求量不一致，就会出现货币失衡现象。货币失衡总是表现为货币供给量小于或大于货币需求量两种情况中的一种，所以，对货币失衡原因的一般分析也分几种情况来讨论。

1）货币供给量小于货币需要量的原因

经济发展了，商品生产和商品流通的规模扩大了，但货币供给量没有及时增加，从而导致流通中的货币紧缺。在纸币流通时代，这种情况出现的概率是比较小的，因为增加纸币供给量对于货币管理当局来说，是一件轻而易举的事情。

在货币均衡的情况下，货币管理当局仍然紧缩银根，减少货币供给量，从而使得本来均衡的货币走向供给小于需求的失衡状态。

2）货币供给量大于货币需求量的原因

在纸币流通时代，出于向赤字政府提供贷款等原因，货币管理当局可以轻易增加货币供给量，货币供给量大于货币需求量是一种经常出现的失衡现象。

3）货币失衡的深层原因

货币失衡的深层原因主要有：①货币运动的相对独立性和物资运动存在着矛盾。②财政、信贷再分配杠杆的使用和配合失灵。受种种因素的影响，财政和信贷再分配杠杆的使用和配合往往失灵。③国际收支的影响。国际交往形成国际收支，它对国内物资供求平衡也会产生影响。如进口的技术设备数量太多和出口消费品过多，可能最终都会导致总需求的扩张，从而造成货币供求失衡。

9.1.3 货币均衡（失衡）与经济均衡（失衡）的关系

正如货币均衡部分中所讲，货币供求的均衡是整个宏观经济平衡的关键。现代信用经济就是货币经济，货币均衡与经济均衡密切相关。从形式上看，货币均衡不过是货币供求相互平衡的一种货币流通状态，但从实质上说，则是社会总供求平衡的一种反映。货币均衡反映的是货币供求关系，经济均衡反映的是社会总供求的关系，因此货币供求与社会总供求之间存在相互影响与制约的关系。

在现代商品经济条件下，任何需求都表现为有货币支付能力的需求。任何需求的实现，都必须支付货币，如果没有货币的支付，没有实际的购买，社会基本的消费需求和投资需求就不能实现。因此，一定时期内，社会的货币收支流量就构成了当期的社会总需求。

社会总需求的变动，一般来说，首先是来源于货币供给量的变动，但是，货币供给量变动以后，能在多大程度上引起社会总需求的相应变动，则取决于货币持有者的资产偏好和行为，即货币持有者的资产选择行为。当货币供给量增加以后，人们所持有的货币量增加，如果由于种种原因，人们不是把这些增加的货币用于消费或投资，而是全部用于储藏，则对社会总需求不会产生影响，因为，这些增加的货币量并没有形成现实的追加购买支出，所以对商品市场和资本市场都没有直接的影响。如果货币供给量增加以后，人们不是将这些增加的货币用于储藏，而是用于增加对投资品的购买，从而增加了社会总需求中的投资支出，会直接影响到投资品市场的供求状况。

如前所述，在现代商品货币经济条件下，社会总需求表现为有现实的货币支付能力的需求，总供给是市场上以货币表示价格的一切商品的供给。社会的总需求和总供给之间要协调平衡，这是现代经济学的一般常识。通常，现实的总需求与现实的总供给之间的平衡，只反映了简单再生产的客观要求。而现代商品经济发展的一个内在的动因是现实的总需求略大于现实的总供给。问题是，在社会总供求关系中，货币扮演了什么样的角色，怎样通过对社会总需求的影响，从而改变社会总供给。

第一，货币供应量变动通过对社会总需求的影响，由两个途径传导到社会的总供给：一是货币供应量增加，社会总需求相应增加。这时，如果社会有闲置的生产要素，货币量的增加将促使生产要素结合，社会总供给增加，对货币的需求也相应增加，从而货币市场和商品市场恢复均衡。二是货币供应增加，社会总需求增加，但由于种种原因的存在，没有引起生产的发展，而是引起物价的上涨，从而引起总供给价格总额增加，而对货币的实际需求并没有增加，货币市场和商品市场只是由于物价的上涨处于一种强制的均衡状态。这两条途径中，显然前者是最佳的，是社会最愿意接受的，而后者则是不可取的，社会只能被迫接受。

第二，既然前一条途径是最佳的、社会最愿意接受的，那么，怎样才能实现呢？其基本的前提条件就是社会潜在生产要素的开发和利用，这也是社会总供求平衡的重要条件。我们认为，现实的总需求大于现实的总供给，必须与一定时期内现实的潜在生产要素相适应。潜在的生产要素指的是与现有生产力水平、生产结构和社会经济制度等因素相适应的，短期内可利用的能源、矿藏以及劳动力资源等。这些潜在的生产要素通过货币的作用，就能很快地转化为现实的生产要素，形成生产能力，生产出产品，即商品的短期供应弹性很大。但是，那些由于与现有生产力水平、产业及技术结构以及社会经济制度等不相适应而闲置的生产要素，应排除在潜在的生产要素之外。

第三，货币供应量变动以后，通过对社会总需求的作用，怎样影响到总供给呢？如果更接近现实地分析，货币供应量增加引起社会总需求增加，通过两条途径对总供给产生影响，可能有以下几种情况：

一是直接引起商品供给增加。在货币量适度增加所引起的社会总需求增加与潜在生产要素完全相适应的情况下，社会总需求的增加就会导致社会生产的发展和市场商品供给量的增加，因而不会对物价水平产生大的影响。在生产力水平没有较大提高的条件下，生产的发展和实际产出的增加，会导致产品的边际成本上升，从而引起物价的上涨。但是，其上涨的幅度一般很小，属于正常的物价波动。在这种情况下，实际产出对货币的弹性很大，而价格对货币的弹性很小，这说明，货币量的增加引起商品供给的增加，这标志着市场货币量适度增加和社会经济效益趋好。

二是过度需求会导致物价上升。在货币量增加引起社会总需求增加，从而超过了潜在生产要素量的情况下，一方面会促使生产的发展，实际产出增加；另一方面则会引起物价水平的上涨。因为，那些适量的货币已经将那些潜在生产要素动员了起来，转化为现实的生产要素，投入到现实的生产过程之中，促使生产规模扩大和实际产出增加，而多余的那一部分货币形成了过度需求。这部分过多的需求必然会冲击社会再生产过程，从而导致一般物价水平的上升。也就是说，在这种情况下，实际产出和价格对货币的弹性都比较大。货币量的增加所引起的总有效需求量的增加，一方面能在短期内引起市场商品供给的增加，另一方面也会导致物价水平的迅速上涨。

三是潜在生产要素利用不平衡，物价会上涨。在货币量增加所引起的社会总需求增加与潜在生产要素在量上是相适应的，而在比例和结构上不相适应的情况下，社会总需求增加以后，一方面，只能部分地把潜在生产要素动员起来，投入到现实的生产过程中去，扩大生产规模，增加实际产出；另一方面，有一部分潜在生产要素不能被充分动员起来，以转化为现实的生产要素。这部分增加的总需求就会由于结构和比例的不合理，形成货币过多，从而引起物价的上涨。也就是说，由于货币量的增加所形成的社会总需求的比例与潜在生产要素的比例不相适应，潜在生产要素并没有得到很好利用，物价开始上升，首先是紧缺商品或资源的价格上涨，然后引起一般物价水平的上涨。

在现实经济生活中，货币均衡与经济均衡不是经济运行的常态，失衡主要表现为通货膨胀与通货紧缩。

经世济民 9-1

货币政策在两难中寻求平衡

2015年2月5日，央行全面下调金融机构存款准备金率0.5个百分点。这是2012年5月份之后央行首次全面降准。在全面降准的同时，部分城商行、农商行以及农业发展银行还获得了额外的定向降准，以支持它们向小微企业和“三农”放款。这次全面加定向降准估计能够向银行间市场释放逾6 000亿元的资金。

由于存款准备金率调整的频率很低，这次两年多来的首度全面降准吸引了各方关注。市场中宽松货币政策的预期也随之升温。不过，这次降准更应该被视为调节银行间市场流动性的“中性”货币政策动作，主要是对冲近期国内资本的流出。

事实上，从2014年11月降息以来的货币政策操作都可用“中性”来加以概括，而并非像之前市场所预期的那样快速进入放松通道。在降息之后，银行间市场的资金价格反而明显走高，2015年1月短期利率水平已显著高于上年降息之前。

这种“中性”的政策态势是因为货币政策所面临的两难处境。

一方面，货币政策正面临着越来越大的放松压力。经济增速下滑和通缩加剧，要求货币政策采用较为宽松的态势来稳增长。毕竟，就业稳定以及不发生系统性和区域性金融风险是必须坚守的底线。而随着人民币贬值压力上升，国内资本流出也明显加剧。这也需要央行在金融市场投放流动性加以对冲。从这个角度来说，货币政策不松不行。

另一方面，货币政策的宽松也面临不少约束。

首先，长期来看，货币政策宽松成本不低。宽松货币政策的确能刺激总需求，稳定增长，但它只在短期内有效。我国经济目前面临的其实是表现为货币问题的结构问题。增长疲弱看起来是由于货币政策偏紧而起，但实质是产能过剩等结构性因素所生。对这些问题，宽松货币政策只能治标，而不能治本。相反，货币政策的过度宽松还可能暂时掩盖深层次问题，延缓结构调整的进程。另外，宽松货币政策在长期带来的通胀和资产价格泡沫化风险也不能忽视。把这些长期成本考虑进来，宽松货币政策的吸引力并不算大。

其次，在经济转型过程中，货币政策向实体经济的传导变得更加复杂，宽松货币政策更容易产生不利后果。目前，我国经济中存在着为数不少的财务软约束和重债企业。这些企业对利率的敏感性较低，在货币全面宽松中反而会通过标高利率来抢夺融资，从而将更加市场化的企业挤出金融市场。在这种情况下，货币政策的全面宽松很可能固化经济结构失衡。

最后，2014年11月降息之后资本市场的加杠杆态势，也给货币政策进一步宽松设置了障碍。降息之后，社会融资总量增长已经明显加快。但因为增量资金大量进入股市，实体经济里资金到位状况反而进一步恶化，导致金融与实体的脱节更为明显。在这样的情况下，货币宽松有可能给股市火上浇油，进而加重实体经济的“融资难”问题。

将这些约束条件考虑进来，货币政策就并非越松越好。在松与不松的两难中，货币政策需要找寻平衡。经济差一些，就在稳增长方面多发一些力。经济好一点，就多考虑宽松货币的副作用。这样一来，“中性”基调下的“相机抉择”就是货币政策的较好选择。在此次全面降准之后，货币政策预计仍然会沿着这样的轨道推进，视经济状况而灵活调整。

资料来源：徐高．货币政策在两难中寻求平衡［N］．经济参考报，2015-02-06.

9.2　通货膨胀

9.2.1　通货膨胀的定义及度量

1）通货膨胀的定义

普通人对于通货膨胀的认识无外乎“物价涨了”“钱不值钱了”。而经济学家对通货膨胀的定义则因人因时而异，并没有取得一致的看法。如凯恩斯（J.M.Keynes）在《就业、利息与货币通论》中指出，通货膨胀为有效需求增加程度超过生产增加程度，而物品与劳务并未成比例增加所发生的现象，亦即货币数量超过现有物品与劳务按市价计量的数量。弗里德曼（M.Friedman）认为，物价普遍上涨就叫作通货膨胀，并认为通货膨胀总是货币现象。萨缪尔森（P.A.Samuelson）则用时期的概念来解释，认为通货膨胀是物品和生产要素的价格普遍上升的时期。罗宾逊（J.Robinson）对通货膨胀的解释是：由于对同样经济活动的工资报酬率的日益增长而引起的物价直升变动。

经济学家之所以对通货膨胀的定义颇多分歧，实际上涉及通货膨胀的成因及治理这两个更深层次的问题。而一个被普遍接受的描述性定义是：通货膨胀是在一定时间内一般物价水平的持续上涨现象。这里包含三层含义：第一，通货膨胀是指一般物价水平的持续上涨。所谓一般物价水平是指包括所有商品和劳务价格在内的总物价水平，而不是指个别物价或部分物价的上涨。第二，通货膨胀所引起的物价上涨是一个持续的过程，要经过一定的时间才能被人们所认识，因此，季节性的、偶然的或暂时的物价上涨均不能被称为通货膨胀。第三，通货膨胀是一般物价水平的明显上升，而轻微的物价上涨，就很难说是通货膨胀。当然，一般物价水平上升多大幅度才算是通货膨胀，这取决于人们对通货膨胀的敏感程度，实际上是一个带有主观性的概念。

2）通货膨胀的度量

既然通货膨胀是一般物价水平的持续上涨现象，那么，通货膨胀的程度就可以用一般物价水平的上涨程度来表示。在实际的经济分析中，一般物价水平的变动是通过物价指数来衡量的。物价指数是本期物价水平对基期物价水平的比率，通常人们将基期物价指数设定为100（%）。物价指数多以样本商品或劳务的价格为基础，采用加权平均方法计算。其计算公式如下：

$$I_t = \frac{\sum_{i=1}^{n} P_{it} Q_{i0}}{\sum_{i=1}^{n} P_{i0} Q_{i0}} \times 100$$

式中，I_t表示计算期物价指数；P_{i0}和Q_{i0}分别表示第i种商品的基期价格和基期数量；P_{it}表示第i种商品的计算期价格；n表示样本数量。

利用物价指数就可以计算出一般物价水平的上涨幅度即通货膨胀率：

t时期的通货膨胀率为：

$$\pi_t = \frac{I_t - I_{t-1}}{I_{t-1}} \times 100\%$$

有时候我们会发现，在不同资料中同一时期通货膨胀率会是不同的数字，因为根据所选的样本数量和范围的不同，通常使用的物价指数有三个：

一是消费物价指数（consumer price index，CPI），也称为零售物价指数或生活费用指数。它是以消费者的日常生活支出为对象，反映消费品价格水平的变化情况。这种指数是由各国政府根据本国的主要食品、衣物和其他日用消费品的零售价格以及水、电、居住、交通、医疗、娱乐等服务价格加权平均计算出来的。由于CPI能够灵敏地反映居民日常生活成本的变化，而且资料容易搜集，所以在衡量通货膨胀时被多数国家所采用。但是，消费物价指数也有其缺点，如无法考虑商品质量的改进、新产品对消费者福利的增进以及商品间的相互替代性等，因而存在夸大物价上涨幅度的

启智增慧9-1

居民消费价格指数（CPI）是如何编制的

可能。

二是批发物价指数（wholesale price index，WPI）。它是根据大宗商品包括最终商品、中间产品及进口商品的批发价格编制的指数，反映大宗批发交易的物价水平变动情况。这一指数的优点是对商业周期反应敏感，可以用它来衡量物质生产部门生产成本的变化；缺点是与居民生活没有直接联系，而且不包括劳务的价格，不能准确反映总体物价水平的变动情况，而且大宗商品多为原材料或零部件，其价格波动幅度常常小于零售商品的价格波动幅度，未必能真正反映社会总供给与总需求的对比关系。

三是GNP（国民生产总值）平减指数（GNP deflator）。它是按当年价格计算的GNP与按不变价格计算的GNP的比率。该指数以构成国民生产总值的所有最终产品和劳务为对象，因而能够较全面地衡量一国总体物价水平的变化程度。

9.2.2　通货膨胀的成因

关于通货膨胀的成因，各国经济学家有多种不同的理论解释，但主要是从需求和供应两个方面入手进行分析的，概括起来，主要有以下几种理论解释：

1）需求拉上说

这一理论认为通货膨胀是由于总需求超过总供给，以至于“太多的货币追逐太少的商品”而引起的。或者说，因为社会对商品和劳务的需求超过了按现行价格可得到的供给，从而引起一般物价水平的上涨。由于经济学中所讨论的需求是有货币支付能力的需求，因此从需求的角度寻找通货膨胀的成因，就必然涉及货币供应量对总需求的影响问题。在西方经济学中，“需求拉上”论是产生最早、流传最广、影响力最大的通货膨胀理论。凯恩斯学派和货币学派都从不同的角度论述了这一观点。

在《就业、利息与货币通论》中，凯恩斯从分析货币量变动的传导机制出发，认为货币量对物价的影响是间接的，影响物价的因素除货币量外还有成本单位和就业量等多种因素，因此不能把通货膨胀仅仅解释为物价上涨，应当区分两种不同的情况：

一是在达到充分就业分界点前，货币数量每增加一次，有效需求尚能增加，故其作用一部分在提高成本单位，一部分在增加产量。造成这种结果的原因，一方面是由于存在闲置的劳动力，工人被迫接受低于工资品价格上涨比例的货币工资，故成本单位的提高幅度小于有效需求的增加；另一方面是尚有剩余生产资源，供给弹性大，增加有效需求仍有刺激产量增加的作用。这种情况下货币数量的增加不具有十足的通货膨胀性，而是在物价上涨的同时增加就业量和产量，而且物价上涨幅度小于货币供应量的增加，凯恩斯称之为“半通货膨胀”。

二是当达到充分就业点后，货币量增加产生了显著的膨胀性效果。因各种生产资源都已被充分利用，总供给的弹性趋近于零，这时货币供给量增加所引起的社会总需求的增加，就只能影响物价，而对产量几乎不起作用，物价水平将随货币供给量的增加而同比例上升，形成绝对的通货膨胀。“当有效需求再增加时，已无增加产量之作用，必使成本单位随有效需求作同比例上涨，此种情况，可称为真正的通货膨胀。”

应当说明的是，在凯恩斯的理论中，增加货币数量只会出现利多弊少的半通货膨胀，而不会出现真正的通货膨胀，这成为他提倡膨胀性货币政策的理论基础。但从20世纪50年代以后，通货膨胀在各主要发达国家加速蔓延，不仅没有起到刺激经济的作用，反而使经济增长速度减慢，甚至陷入经济停滞或衰退。失业与通货膨胀并存的现象用凯恩斯的理论无法解释，于是现代凯恩斯主义不再以充分就业为界限来判断是否发生真正的通货膨胀，而是重点强调总供给与总需求的平衡。

凯恩斯学派偏重研究实际因素引起的需求膨胀，在凯恩斯学派的模式里，有效需求包括政府支出、消费需求、投资需求和净出口。在总产出不变时，其中任何一项的自发增加都会产生通货膨胀缺口。货币主义则强调货币因素对通货膨胀的决定作用，认为通货膨胀纯粹是一种货币现象。传统的货币数量说把货币数量看作决定一般物价水平的唯一因素。假设经济总量处于充分就业水平，货币数量的增加或减少必然引起一般物价水平作同比例的上升或下降。以弗里德曼为代表的现代货币数量说对传统理论进行了修改，但仍强调货币数量对通货膨胀的作用，认为“通货膨胀主要是一种货币现象，是货币量比产量增加更快造成的。货币量的作用为主，产量的作用为辅。许多现象可以使通货膨胀率发生暂时的波动，但只有当它们影响到货币增长率时，才产生持久的影响”。如果货币数量增长率超过产量的增长率，势必造成通货膨胀。一旦人们对这种物价上涨产生预期之后，整个经济就会陷入工资-物价循环上升的过程，致使通货膨胀愈演愈烈。

无论实际因素还是货币因素，需求拉上说对通货膨胀成因的解释都是强调总需求方面，而忽略了总供给方面的变动，尤其不能正确地解释通货膨胀与失业并存的现象。因此，从20世纪50年代后期起，经济学家的注意力开始转向总供给方面，提出了通货膨胀成因的成本推进说。

2）成本推进说

成本推进说主要从总供给或成本方面分析通货膨胀的生成机理。该理论认为，通货膨胀的根源并非由于总需求过度，而是由于总供给方面生产成本上升所引起。因为在通常情况下，厂商的产品定价一般采取成本加成的方法，即商品的价格等于生产成本加上一个既定的利润率。因此，生产成本的上升必然导致物价水平的上升。

成本推进说还进一步分析了导致产品成本上升的原因，指出在现代经济社会中存在着强有力的两大集团，即工会组织和垄断性大公司，它们对成本和价格具有影响能力，是提高生产成本并进而提高价格水平的重要力量。工会要求企业提高工人的工资，企业则会因人力成本的加大而提高产品价格以转嫁工资成本的上升，而在物价上涨后工人又会要求提高工资，再度引起物价上涨，形成工资-物价的螺旋上升，从而导致“工资推进型通货膨胀”（wage-push inflation）。垄断性企业为了获取垄断利润也可能人为提高产品价格，使商品的价格上涨快于成本的增加，由此引起“利润推进型通货膨胀”（profit-push inflation）。此外，现代企业为了加强竞争、扩张市场，必须增加许多间接成本开支，如技术改进费、广告费、新产品开发费等，这种增加的间接成本转嫁到商品价格上去，也会引起物价上涨；由于汇率变动引起进出口产品和原材料成本上升以及石油危机、资源枯竭、环境保护政策等造成原材料、能源生产成本提高也会引起成本推进型通货膨胀。

3）供求混合推进说

需求拉上说不考虑供给分析通货膨胀的成因，而成本推进说则以总需求给定为前提条件来解释通货膨胀，二者都具有一定的片面性和局限性。因此，有的经济学家认为，“成本推进”或“需求拉上”的概念存在缺陷，其只能说明由于需求曲线或供给曲线的位移而发生的物价水平的一次性上涨，但不适宜对持续的物价上涨进行分析。在现实经济生活中，大量存在的是总供给和总需求共同作用下的供求混合推进型通货膨胀。

供求混合推进说认为任何单方面的作用只会暂时引起物价上涨，并不能引起物价总水平的持续上涨，只有总需求与总供给互相推动，才会导致通货膨胀的发生，即“拉中有推，推中有拉”。例如，通货膨胀可能从过度需求开始，但由于需求过度所引起的物价上涨促使工会要求提高工资，因而转化为成本推动的因素。通货膨胀也可以从成本方面开始，如迫于工会的压力而提高工资等。但是，如果不存在需求和货币收入的增加，这种通货膨胀过程是不可能持续下去的。因为工资上涨会导致失业增加或产量减少，结果将会导致“成本推进”的通货膨胀过程终止。可见，“成本推进”只有加上“需求拉上”才有可能产生一个持续性的通货膨胀。

4）“结构型”通货膨胀说

由于需求拉上或成本推进的通货膨胀理论不足以充分说明一些国家的长期通货膨胀问题，于是，一些经济学家转而从经济结构及其变化方面求解通货膨胀的成因。他们认为，即使整个经济生活中的总需求和总供给处于平衡状态，但由于经济结构方面的因素变动，一般物价水平的上涨也会发生，这就是所谓的“结构型通货膨胀”（structural inflation）。

这种理论的核心思想是：经济中存在两大部门——先进部门与保守部门（或需求增加部门与需求减少部门，扩展部门与非扩展部门，开放部门与非开放部门），由于需求转移、劳动生产率增长的不平衡或世界通货膨胀率的变化，导致一个部门的工资、物价发生变动时，往往会通过部门之间相互看齐的过程而影响到其他部门，由于工资与物价存在向下的刚性，结果会引起物价总水平的普遍持续上升。

具体地说，这种类型的通货膨胀又可分为三种情况：①需求转移型，即指在总需求不变的情况下，由于消费者偏好的变化，部分需求转移到其他生产部门，而各种生产要素却不能及时转移，于是，需求增加的部门工资和产品价格上涨，而需求减少的部门工资和产品价格由于“刚性”特点又未能下降，因此导致物价总水平上涨。这种理论最先由舒尔兹（C.L.Schultze）在 1959 年发表的《最近美国的通货膨胀》一文中提出。②部门差异型。先进部门与落后部门的劳动生产率的增长率存在差异，当先进部门因劳动生产率提高而增加货币工资时，由于攀比，保守部门的货币工资也以同样的比例提高，从而引起整个经济出现工资推进的通货膨胀。这一理论先由鲍莫尔（W.Baumol）于 1967 年发表的《不平衡增长的宏观经济学：城市危机的解剖》一文中提出，之后托宾（J.Tobin，1972）和希克斯（J.R.Hicks，1974）也有类似的见解。这一理论同样适用于一些传统农业部门和现代工业部门并存的发展中国家，在农业落后条件的制约下，政府为促进经济发展，往往不得不通过增加农业开支或提高农产品价格来促进农业的发展，从而引发价格总水平的上涨。③外部输入型。这种理论把一国经济区分为两大部门，即开放部门和非开放部门。在国际贸易中，小国一般是国际市场价格的承受者，世界通货膨胀会通过一系列机制传递到小国的开放经济部门，引起这些部门的物价上涨，然后又引起非开放部门的物价上涨，进而导致全面的通货膨胀。该理论最初由挪威经济学家奥克鲁斯特（O.D.Aukmst）提出，后经瑞典经济学家德格伦（G.T.Edgren）、法克森（K.O.Foxen）以及奥德纳（C.E.Odhner）等人加以发展和完善。

5）通货膨胀预期说

通货膨胀预期说主要通过对通货膨胀预期心理作用的分析来解释通货膨胀的发生。该理论认为，在完全竞争的市场条件下，如果人们普遍预期一年后的价格将高于现在的价格，就会在出售和购买商品时将预期价格上涨的因素考虑进去，从而引起现行价格水平提高，直至达到预期价格以上。这种在市场预期心理作用下发生的通货膨胀被称为“预期的通货膨胀”。

预期心理引致或加快通货膨胀的作用过程可从三个方面说明：一是加快货币流通速度。当人们产生对通货膨胀的预期后，会尽快地购买实物资产，而不愿意持有货币，因此货币流通速度加快，相当于增加了货币流通数量，从而引起通货膨胀。二是提高名义利率。当储蓄者有了通货膨胀预期时，为了保证实际利息收入不变，会要求按照其预期通货膨胀的幅度提高名义利率，名义利率的提高更进一步增加了商品生产者的成本，为转嫁成本或维持利润水平，厂商会提高产品价格，从而导致通货膨胀。三是提高对货币工资的要求。在通货膨胀预期的作用下，工人或企业经营者会要求提高工资和其他福利所得，从而提高生产成本，导致商品价格上涨。

经济学家对通货膨胀预期的形成方式有两种不同的观点。一种观点认为，人们在形成预期时是“向后看”的，即主要根据以往的经验来形成对未来的预期，这种观点被称为“适应性预期假说”；另一种观点则认为，人们在形成预期时是“向前看”的，即主要根据各方面的信息，分析所有相关变量发展变化的可能，从中形成对未来的预期，这种观点被称为“理性预期假说”。实际上，人们在形成通货膨胀预期时是二者兼而有之的。在物价持续上涨时期，一旦人们形成通货膨胀预期，就会在各种经济活动中将预期的通货膨胀考虑进去，政府也会根据预期的通货膨胀率制定财政、货币政策，从而使通货膨胀产生惯性。这种由于通货膨胀预期的作用而持续存在的通货膨胀被称为“惯性通货膨胀”。预期通货膨胀率会随着市场供求关系的变化和政府调控政策的实施而相应调整。其惯性力的大小主要取决于预期形成的方式。适应性预期会导致通货膨胀有较大的惯性；而理性预期则会使通货膨胀具有较小的惯性。

经世济民 9-2

猪肉、蔬菜价格上涨不会引起全局性通货膨胀

2016年一季度中国的猪肉、蔬菜价格上涨较快。3月份鲜菜价格同比上涨较多，涨幅达35.8%，影响CPI上涨约0.92个百分点。猪肉价格同比上涨28.4%，影响CPI上涨约0.64个百分点。市场调侃，“猪坚强”又回来了，每年其都会在市场走一遭，从而引发连番的市场波澜。

对此，时任国家统计局局长宁吉喆认为，猪生产有一个猪周期，在中国来讲一般是三四年时间。2014—2015年猪肉价格下跌较多，养殖户就减少了养殖量，但是猪肉的需求量没有减少，所以2016年恰恰处在猪周期的产量减少以后的价格上涨期。这个信号会传导到猪的生产商，这就会刺激养殖户再次调整养殖结构，增加猪肉供应。因此，从长期来看，猪肉价格继续大幅上涨是没有基础的。

他同时表示，蔬菜也是这样。蔬菜受到季节天气的影响，2016年天气冷热变化很不均匀，忽冷忽热，蔬菜都坏死了。但是蔬菜恢复时间较短，天气一转暖，蔬菜供应马上就会好起来。

“就这两个产品的价格上涨情况，百姓担心会不会引起全局性的通货膨胀，肯定说，是不会的。”宁吉喆表示。

宁吉喆分析，虽然这两个产品涨价幅度比较大，但是在整个居民消费当中占的比例还是有限的，它会影响一些中低收入者的生活，但不会引起全面的通货膨胀，从整个农产品供应来看是充足的。另外，工业产品价格总的还是在下降的，因为产能过剩。产能过剩不光是钢铁等资源型产品过剩，有些日常消费品也是供应很充足的。中国在世界上有220多种工业产品的产量第一，我国的工业品不仅仅供应国内，也供应国外，全世界的一般工业消费品的30%～40%都是中国供应的，所以不必担心全局性通货膨胀。

宁吉喆说，通常大家用CPI来衡量通货膨胀，2016年一季度CPI上涨2.1%。但是从核心CPI看，也就是扣除能源和食品以后的物价指数看，一季度才上涨1.4%。现在，各级政府也在采取一些措施保持物价水平稳定，例如，调整农业结构，保证流通畅通。随着农牧业生产调节和天气转暖，蔬菜价格在上半年将会改善，猪肉价格可能在下半年会改善。政府相关政策的力度加大一点，改善就会快一点。我们国家实行菜篮子市长负责制。相信在各级政府共同努力下，菜篮子一定会得到保障。

资料来源：李彦丽. 统计局局长：猪肉蔬菜价格上涨不会引起全局性通货膨胀［EB/OL］.［2016-04-19］. http：//finance.sina.com.cn/roll/2016-04-19/doc-ifxriqqx3056177.shtml.

9.3　通货膨胀的经济效应与治理策略

9.3.1　通货膨胀的经济效应

通货膨胀对经济的影响是多方面的，具体表现为以下几个方面：

1）收入分配效应

在通货膨胀时期，人们的名义货币收入与实际货币收入之间会产生差距，只有剔除物价的影响，才能看出人们实际收入的变化。由于各社会成员收入增长多少并不一致，因此，在物价总水平上涨时，有些人的实际收入水平会下降，有些人的实际收入水平反而会提高。这样，通货膨胀实际上在社会成员之间强制进行了一次国民收入再分配。这就是通货膨胀的收入分配效应。

2）资产结构调整效应

资产结构调整效应也称财富分配效应。它是指通货膨胀会通过储蓄率和部分有形资产价格的变化而影响社会成员原有资产比例的现象。

社会成员拥有的资产可分为实物资产和金融资产两种形式。许多人同时还有负债，如借有汽车抵押贷款、房屋抵押贷款和银行消费贷款等。因此，一个家庭的财产净值是它的资产价值与债务价值之差。

每个社会成员的资产负债结构不尽相同，所受通货膨胀的影响也会有差异。这最终要看其在持有的实物资产、货币资产和负债三方面所得的收益和损失的净差额而定。如果粗略地说，在居民、企业和政府三者当中，居民部门在总体上是货币多余者，处于净债权人地位，在通货膨胀中是受害者；而企业和政府两个部门总体上是货币不足者，处于净债务人地位，在通货膨胀条件下是受益者。

3）产出效应

通货膨胀的产出效应实际上就是通货膨胀对经济增长的影响。尽管人们对恶性通货膨胀必然损害经济增长的认识基本一致，但对于温和通货膨胀的产出效应却存在争议，其观点大体可以分为三类：促进论、促退论和中性论。

（1）促进论

促进论认为温和通货膨胀具有正的产出效应，可以促进经济的增长。新古典综合派的大多数学者都倾向于这种观点。他们认为通货膨胀能通过强制储蓄，扩大投资来实现增加就业和促进经济增长。首先，若政府将膨胀性收入用于实际投资，就会增加资本形成，尽管存在“挤出效应”，但只要私人投资不降低或者降低幅度小于政府投资，就能提高社会总投资水平，并通过投资的乘数效应促进经济的实际增长。其次，由于人们普遍存在货币幻觉，对通货膨胀的预期调整比较缓慢，在这个过程中，工资上涨率会低于物价上涨率，企业的利润会相应提高。在货币幻觉尚未破灭的情况下，通货膨胀会刺激私人投资的积极性，进而促进经济增长。最后，一般情况下，通货膨胀是一种有利于富裕阶层的收入再分配，高收入富裕阶层的边际储蓄倾向比较高，从而通货膨胀会通过提高储蓄率而促进经济增长。

新古典综合派的经济学家们虽然对通货膨胀持促进论观点，但他们并不认为通货膨胀率越高越好。相反，他们对通货膨胀的“度”是十分重视和谨慎的。他们认为，通货膨胀只是在适度时才有利于经济发展。他们根据菲利普斯曲线的替代关系，只是在“究竟是降低失业率重要还是保持物价稳定重要”二者之间进行选择时，才认为以适度的通货膨胀来抑制失业率上升是可取的。相比之下，通货膨胀并不是可怕的魔鬼，适度的通货膨胀不仅可以降低失业率，其本身还对经济增长有一定的促进作用。

（2）促退论

促退论认为无论是温和的还是奔腾式的或恶性的通货膨胀都是一种病态的货币现象，必然会损害经济增长，所不同的仅仅是破坏程度而已。通货膨胀肯定阻碍经济增长和导致经济低效率。这是因为：①较长时期的通货膨胀会增加生产性投资的风险和经营成本，使生产性投资下降。②它会打乱正常的资金分配流向，使资金流向非生产部门，这不利于经济的长期增长。③它会造成社会对资金的过度需求，迫使金融体系增加信贷量，降低金融体系的效率。④在公众对通货膨胀产生预期后，政府采取的

启智增慧9-2

不一样的通胀

价格管制措施，会使经济的运行更加缺乏竞争力和活力。

（3）中性论

中性论认为通货膨胀对经济增长既无正效应，也无负效应，它是中性的。在温和的通货膨胀环境中公众会形成通货膨胀的预期，他们会对物价上涨作出合理的行为调整，使有关通货膨胀的各种效应相互抵消，从而对经济增长不产生作用。

9.3.2　通货膨胀的治理对策

由于通货膨胀严重影响了一国经济的正常发展，因此，各国政府都十分重视通货膨胀的控制和治理，经济学家们也将其作为宏观经济中的重大课题加以研讨，形成了一系列治理通货膨胀的对策措施。

1）需求管理政策

通货膨胀往往是由总需求过度膨胀引起的，如果能够肯定地判断这一成因，那么顺理成章的对策就是抑制总需求，这就是所谓需求管理政策的核心思想。需求管理政策是迄今为止在治理通货膨胀中运用最多也最为有效的政策措施。其主要内容包括紧缩性财政政策和紧缩性货币政策。

紧缩性财政政策通常包括：①削减政府支出，包括减少军费开支和政府在市场上的采购；②限制公共事业投资和公共福利支出；③增加赋税，以抑制私人企业投资和个人消费支出。总之，一方面压缩政府支出形成的需求，另一方面抑制私人部门的需求。但是，财政支出有很大的刚性，教育、国防、社会福利的削减都是阻力重重，有时并非能由政府完全控制。增加税收更会遭到公众的强烈反对，并且，目前世界上大多数国家税收方面的制度，都是通过立法程序确定的，政府财政部门实际上并不掌握税率的调整权。

紧缩性货币政策的实质可以归结为控制货币供应量。但这种控制通常并不是指货币存量的绝对减少，而只是减缓货币供应量的增长速度，以遏制总需求的急剧膨胀。货币学派代表人物弗里德曼认为，正因为过多地增加货币量是通货膨胀的唯一原因，所以，降低货币增长率也是医治通货膨胀的唯一方法，即只有将货币增长率最终下降到接近经济增长率的水平，物价才可能大体稳定下来，即中央银行运用货币政策工具抽紧银根。

从世界各国的实践来看，紧缩总需求以制止通货膨胀往往会导致经济增长速度下降，失业率上升。并且，开始紧缩的力度越大，衰退就越严重，但持续时间较短，通货膨胀率也能较快地降下来；反之，采取比较温和的措施，开始时衰退并不严重，但拖延的时间长。因此，政府就面临着两难选择：是付出较大代价以求迅速见效，还是为避免过度衰退而使其成为一个较为漫长的过程。

2）收入政策

收入政策是指政府制定一套关于物价和工资的行为准则，强制性或非强制性地要求价格决定者（劳资双方）共同遵守。其目的在于降低通货膨胀率而又不致造成大规模的失业。

显然，收入政策主要针对成本推进型的通货膨胀。具体措施主要包括以下三种形式：①指导性为主的限制。对特定的工资或物价进行“权威性劝说”或施加政府压力，迫使工会或雇主协会让步；对一般性的工资或物价，政府根据劳动生产率的提高等因素，制定一个增长标准，作为工会和雇主协会双方协商的指导线，要求它们自觉遵守。②以税收为手段的限制。政府以税收作为奖励和惩罚的手段来限制工资和物价的增长。如果工资和物价的增长率保持在政府规定的幅度之内，政府就以减少个人所得税和企业所得税作为奖励；如果超过界限，就增加税收作为惩罚。③强制性限制，即政府颁布法令对工资和物价实行管制，甚至实行暂时冻结。

但是，收入政策也存在缺陷：①对非强制性的指导性政策以及税收政策而言，其效果取决于劳资双方能否与政府通力合作。②强制性的收入政策会妨碍市场机制对资源的有效配置。因为市场是通过价格信号来引导生产要素流动的，价格限制也就必然使资源的转移和配置发生扭曲。③如果在价格管制的同时没有采取相应的紧缩需求的措施，那么，公开的通货膨胀将变为隐蔽型的，一旦重新放开价格，通货膨胀便会以更大的力量爆发出来。

3）收入指数化政策

收入指数化政策又称收入指数连动政策，是指在货币性契约中订立物价指数条款，使工资、利息以及其他货币收入按照物价水平的变动进行调整。一些经济学家认为这种措施主要有两个优点：一是能借此剥夺政府从通货膨胀中获得的收益，杜绝其制造通货膨胀的动机；二是可以消除物价上涨对个人收入水平的影响，减弱由通货膨胀所带来的分配不均问题，从而有利于社会稳定。

瑞典学派经济学家还认为，收入指数化政策对面临世界性通货膨胀的开放经济小国来说尤其具有积极意义，是这类国家应对输入型通货膨胀的有效手段。比利时、芬兰和巴西等国曾广为采用，美国也曾在20世纪60年代实行过这种措施。我国在1988—1991年以及1993—1996年实行的保值储蓄，也属于这一类政策，其目的就是使人们不必担心通货膨胀会使货币购买力下降，从而降低通货膨胀预期，停止抢购。

但是，指数化也存在问题。假如，由于劳动生产率的增长下降或其他类似石油危机时的供给方面的冲击，产出下降，这就要求国民收入中工资的份额必须下降。但是由于指数化保护了工人的实际工资，反而加剧了成本推进型的通货膨胀。因此，该政策通常被当作一种适应性的反通货膨胀措施，不能从根本上对通货膨胀起到抑制作用。而且，全面实行指数化在技术上也有很大的难度。

4）供给政策

供给学派认为，虽然通货膨胀的直接原因是货币量过多，但从根本上说，货币过多所导致的需求膨胀是相对总供给过少而言的。因此，治理通货膨胀，摆脱滞胀困境，根本的方法在于增加生产和供给。增加供给不但能够满足过剩的需求，从而克服通货膨胀，而且可以避免单纯依靠紧缩总需求引起衰退的负面效应。要增加生产和供给，一个最关键的措施就是减税。减税可以提高人们的储蓄和投资能力与积极性。同时，配以其他政策措施，一是削减政府开支增长幅度，争取平衡预算，消灭财政赤字，并缓解对私人部门的挤出效应；二是限制货币供应量增长率，抑制社会总需求。

总而言之，治理通货膨胀是一个非常复杂的问题，并没有十全十美的治理对策。更多的情况是政府要权衡利弊得失，灵活运用各种治理手段，找到适合本国实际情况的行之有效的方法。

红色金融

新中国如何打赢经济上的"淮海战役"

因连年战争，经济遭到严重破坏；通货膨胀严重，投机商人兴风作浪，社会经济秩序极度混乱；战争使人民政府财政负担严重，不得不大量发行货币，加重了市场物价波动和社会经济动荡。在这样的经济环境下，1949年，陈云出任中央财政经济委员会主任，采取一系列的措施。

(1) 让人民币站住脚，打赢"银元之战"

当时金融秩序混乱，特别是银元市价不断飞涨，人民币成为银元的辅币，严重威胁人民币的信誉，且带动物价上涨，严重影响了生产和市场。为整顿金融秩序，平抑物价，陈云指导进行了一系列措施。例如，集中抛售银元；在京、沪、杭等地区宣布禁用银元；铁路交通事业及市政公用事业、税收一律征收人民币等若干措施；同时华东地区包括上海人民政府对金融市场实施强硬管制措施。"银元之战"的胜利，基本结束了中国近代国内货币流通市场长期混乱的局面，银元黑市完全消失，人民币流通范围扩大，信誉日益巩固。

(2) 调控物资，"米棉之战"初战告捷

在"银元之战"后，资本家的投机活动转向商品流通领域。平沪直达列车通车后，上海投机商赴平津大量抢购物资，促使物价迅速上涨。陈云先领导中财委集中力量统筹调拨全国物资，以掌控市场物资供应，特别是粮食与纱布；然后利用市场吞吐政策，打击投机商人，稳住物价涨势。陈云明确提出，稳定市场、控制物价的重点在大城市。通过上述措施综合发力，陈云领导中财委平抑了7月物价涨风，取得与投机资本家"米棉之战"的初步胜利。

(3) 综合施策，根治旧中国恶性通货膨胀痼疾

当时经济面临严重的通货膨胀，上海问题尤其严重。为了解决财政困难，治理物价，陈云赴沪调查，从金融、物价、财政、贸易、管理以及军事和政治多角度确定了解决通货膨胀和财政困难的方针与政策，对解决旧中国持续多年的恶性通货膨胀，产生了重大作用。之后还提出调运物资、紧缩银根、集中抛售、打击投机商人四项治理物价猛涨的综合措施。物资的高效调运和收购，货币和税收的管控，市场物价及商品的吞吐和集中抛售，强而有力地发挥着作用。

毛泽东高度评价，平抑物价、统一财经斗争胜利的意义"不下于淮海战役"。

资料来源：迟爱萍. 新中国如何打赢经济上的"淮海战役"[J]. 党员文摘，2021（8）：21-23.

9.4 通货紧缩

9.4.1 通货紧缩的定义

通货紧缩是与通货膨胀相对立的概念。国外学者普遍地将其定义为价格水平普遍地、持续地下降。美国经济学家希勒在其《宏观经济学》（1989）教科书中将通货紧缩定义为“商品和服务的平均价格水平的下降”。萨缪尔森和诺德豪斯在1992年出版的《经济学》中则认为：“与通货膨胀相反的是通货紧缩，它发生于价格总水平的下降中。”斯蒂格利茨在其《经济学》（1997）中将通货紧缩表示为价格水平的稳定下降。巴塞尔国际清算银行提出的标准是：一国消费品价格连续两年下降可被视为通货紧缩。

关于通货紧缩的定义目前有三种观点：第一种观点为“单因素”论，认为通货紧缩是物价水平的普遍持续下降，它与国外经济学界关于通货紧缩的主流观点比较接近。第二种观点是“二因素”论，认为通货紧缩是指价格水平和货币供应量均出现持续下跌的趋势，其实质是强调通货紧缩是一种货币现象。第三种观点则是“三因素”论，认为通货紧缩不仅是物价持续下跌、货币供应量持续下降，而且伴随着经济的全面衰退。这种观点强调通货紧缩是经济衰退的货币表现。

在实际经济中，判断某国经济是否出现了通货紧缩，一看通货膨胀率是否由正转变为负；二看这种下降是否超过了一定期限。这个期限有的国家以1年为界，有的国家以半年为界。

按通货紧缩的程度不同，可将其分为轻度通货紧缩、中度通货紧缩和严重通货紧缩。轻度通货紧缩是指通货膨胀率持续下降，由正值变为负值的情况。通货膨胀率负增长超过1年且未出现转机的情况视为中度通货紧缩。中度通货紧缩继续发展，持续时间达到2年左右，或物价降幅达到两位数，这种情况就是严重通货紧缩。严重的通货紧缩往往伴随着经济衰退。20世纪30年代美国经济大萧条、90年代日本“失去的二十年”就是最典型的例子。

9.4.2 通货紧缩的度量

对于通货紧缩的度量方法，主要从以下几个方面进行考虑：

第一，物价水平的下降是判断通货紧缩的重要标志，但这里不能只考虑个别商品的价格变动，科技进步、劳动生产率提高等因素都会导致商品价格由于成本降低而出现下降。货币供给量过少会导致对市场商品需求的严重脱节，从而造成市场物价总体水平的下降，这是通货紧缩的本质原因。与通货膨胀一样，通货紧缩也可使用消费物价指数、批发物价指数、国民生产总值平减指数和居民生活费用指数等物价总水平指标来衡量。

第二，物价总水平下降的持续时间：一般认为持续6个月的物价水平的下降说明出现了通货紧缩，而6个月的时间跨度可以排除那些偶然的、暂时的或短期的物价水平下降，也可以防止对通货紧缩的迟判，避免贻误宏观调控的时机。

第三，社会有效需求不足，以货币计量的商品总需求不断下跌，生产相对过剩。

第四，真实利率不断上升。

第五，有利可图的投资机会减少，企业的投资边际收益下降，生产性投资减少。

第六，失业率大幅飙升。

学海拾贝 9-1

正确理解经济衰退与通货紧缩

严重的通货紧缩往往伴随着经济衰退。20世纪30年代美国经济大萧条是最典型的例子。从1929年10月24日股票市场崩溃开始，美国经济陷入严重的通货紧缩和衰退之中，一直延续到1933年，这期间消费价格指数年均下降6.5%，实际国内生产总值年均下降8.2%，失业率连续几年超过20%。但是，不能据此认为只有出现经济衰退才可判定为通货紧缩。通货紧缩并不一定导致经济衰退，轻度通货紧缩一般不会造成经济下滑，如得不到治理，发展成严重的通货紧缩，才可能导致经济衰退。但是，通货紧缩只是经济下滑或经济衰退的一个原因，而不是唯一原因。我们可以用经济下滑或衰退来判断通货紧缩的严重程度和危害程度，但不能用经济是否下滑、是否衰退作为判断通货紧缩是否存在的依据。总之，尽管关于经济增长、货币供应状况的分析和其他的一些因素对于判断通货紧缩非常重要，但通货紧缩的最终判断标准还是物价的普遍持续下跌。

9.4.3　通货紧缩的成因

通货紧缩可能由各种各样的原因引起，从世界经济发展的历史总结，通货紧缩更多的是与有效需求不足、政府支出缩减、技术进步和生产成本降低、供给结构不合理、汇率制度僵化、金融体系效率低、不良贷款问题严重等因素有关。

1）有效需求不足

当预期实际利率进一步降低和经济走势不佳时，消费和投资会出现有效需求不足，导致物价下跌，形成需求拉下型通货紧缩。

2）紧缩性的货币财政政策可能导致有效需求不足

政府在治理通货膨胀的过程中，由于大量减少货币供应或削减政府开支，会导致总需求不足，从而走向通货膨胀的反面，引起物价下跌，出现政策紧缩型的通货紧缩。也就是说，紧缩的货币财政政策是有惯性作用的，往往要付出高昂的代价。弗里德曼和舒瓦茨（1963）认为，美国1920—1921年出现的严重的通货紧缩完全是货币紧缩的结果。这是因为，在1919年4月到1920年6月期间，美国联邦储备银行曾多次提高贴现率，将贴现率由4%提高到7%。1929—1933年大萧条期间，通货紧缩的出现也是同样的原因。

3）生产力水平的提高和生产成本的降低

技术进步提高了生产力水平，放松管制和改进管理降低了生产成本，因而会出现成本压低型的通货紧缩。迈耶（1999）认为，日益激烈的全球竞争和降低成本的科技创新是导致生产率出现增长趋势、供给增加和物价下降的重要的结构性因素。同样，格林斯潘（1999）也指出，由技术推动导致的劳动生产率的不断提高，尤其是信息技术的发展所引发的仍在进行的结构性变化，使价格的抑制过程在一定程度上得到自我加强，而近几年较低的通货膨胀也明显地改变了人们的心理预期。

4）结构性因素

由于产业结构不合理或投资、消费需求结构的变化，出现结构性的生产过剩，从而造成了过多的无效供给，当积累到一定程度时必然会加剧供求之间的矛盾，使许多商品价格下跌，导致结构型通货紧缩。

5）本币汇率高估和其他外部因素的冲击

一国实行钉住强势货币的汇率制度时，本币汇率高估，会减少出口，扩大进口，加剧国内企业经营困难，促使消费需求相对不足，导致物价持续下跌，出现外部冲击型的通货紧缩。克鲁格曼（1999）认为，当一个国家“希望”其货币贬值，但又由于联系汇率制的约束不能贬值的时候，通货紧缩就发生了。国际市场的动荡也会引起国际收支逆差或资本外流，形成外部冲击型的通货紧缩压力。

6）金融体系效率低或不良贷款问题严重

金融体系的效率降低或出现大量不良资产和坏账时，信用的紧缩，也会减少社会总需求，导致通货紧缩。例如，当银行业存在严重不良贷款问题时，需要重新增加资本金以防止银行倒闭，因而导致银行业不愿发放贷款，提高信贷标准，从而出现“信贷紧缩”，抑制了社会总需求，形成通货紧缩，并最终产生经济衰退。

9.4.4 通货紧缩的经济效应与治理对策

1）通货紧缩的经济效应

一般来说，适度的通货紧缩，通过加剧市场竞争，有助于调整经济结构和挤去经济中的“泡沫”，也会促进企业加强技术投入和技术创新，改进产品和服务质量，对经济发展有积极作用。

但通货紧缩的历史教训和全球性通货紧缩的严峻现实迫使人们认识到，过度的通货紧缩与通货膨胀一样，会对经济发展造成严重危害，具体分为以下几个方面：

（1）加速经济衰退

通货紧缩导致的经济衰退表现在三个方面：一是物价的持续、普遍下跌使得企业产品价格下跌，企业利润减少甚至亏损，这将严重打击生产者的积极性，使生产者减少生产甚至停产，结果社会的经济增长受到抑制。二是物价的持续、普遍下跌使实际利率升高，这将有利于债权人而损害债务人的利益。而社会上的债务人大多是生产者和投资者，债务负担的加重无疑会影响他们的生产与投资活动，从而对经济增长造成负面影响。三是物价下跌引起的企业利润减少和生产积极性降低，将使失业率上升，实际就业率低于充分就业率，实际经济增长低于自然增长。

（2）导致社会财富缩水

通货紧缩发生时，全社会总物价水平下降，企业的产品价格自然也跟着下降，企业的利润随之减少。企业盈利能力的下降使得企业资产的市场价格也相应降低。而且，产品价格水平的下降使得单个企业的产品难以卖出，企业为了维持生产周转不得不增加负债，负债率的提高进一步使企业资产的价格下降。企业资产价格的下降意味着企业净值的下降和财富的减少，在通货紧缩的条件下，供给的相对过剩必然会使众多劳动者失业，此时劳动力市场供过于求的状况将使工人的工资降低，个人财富减少。即使工资不降低，失业人数的增多也使社会居民总体的收入减少，导致社会个体的财富缩水。

(3) 分配负面效应显现

通货紧缩的分配效应可以分为两个方面来考察，即社会财富在债务人和债权人之间的分配以及社会财富在政府与企业、居民之间的分配。从总体而言，经济中的债务人一般为企业，而债权人一般为居民。因此，社会财富在债务人与债权人之间的分配也就是在居民和企业之间的分配。

企业在通货紧缩的情况下，由于产品价格的降低，企业利润减少，而实际利率升高，使作为债务人的企业的收入又进一步向债权人转移，这又加重了企业的困难。为维持生计，企业只有选择筹集更多的债务来进行周转，这样企业的债务总量势必增加，其债务负担更加沉重，由此企业在财富再分配的过程中将处于更加不利的位置。如此循环往复，这种财富的分配效应不断得到加强。

(4) 可能引发银行危机

与通货膨胀相反，通货紧缩有利于债权人而不利于债务人。通货紧缩使货币越来越昂贵。这实际上加重了借款人的债务负担，使借款人无力偿还贷款，从而导致银行形成大量不良资产，甚至使银行倒闭，金融体系崩溃。因此，许多经济学家指出："货币升值是引起一个国家所有经济问题的共同原因。"

2) 通货紧缩的治理对策

通货紧缩发生的根本原因是宏观经济的供求关系发生了变化，致使供给相对过剩，或需求相对不足。企业生产的产品难以按照合理的价格售出，不得不压低价格。为此，要治理通货紧缩，就要采取扩张性政策，努力增加货币供应量，刺激有效需求，使一般物价水平得到合理回升。国外的经验说明，治理通货紧缩的措施犹如治理通货膨胀一样是综合性的，并根据各国具体的情况而选择最适宜可行的对策。概括地说，包括财政税收和货币政策在内的国内宏观经济政策、对外经济政策、产业关系调整政策和金融体系合理化政策都是基本的相关政策领域。

(1) 扩大总需求的财政政策、货币政策

通货紧缩的一个重要原因是有效需求不足，因此治理通货紧缩应主要从增加需求着手，主要运用财政政策与货币政策两大需求管理政策。

实施扩张性财政政策，主要是扩大财政开支，兴办公共工程，增加财政赤字，减免税收。扩张性财政政策常常被作为解决通货紧缩的处方。同货币政策相比，财政政策具有以下优点：①动员迅速。财政政策作为政府手中的工具，其决策程序相对简单，可以通过发行国债等手段迅速筹集资金。②作用直接。财政资金可以根据宏观经济调节需要指定投向，在短时间内转化为购买支出，直接消化行业过量库存或形成新的生产能力及设施建设。③以公益目的为主，因此财政政策在扩张社会总支出水平方面的作用难以替代。政府在治理通货紧缩而扩张财政支出时，应避免财政政策产生的

“挤出效应”，真正发挥积极财政政策的作用。在美国1929—1933年的大萧条中，罗斯福采取的一系列“新政”措施主要就是这类政策。其中包括：政府发行巨额国债，大力兴办公共工程，刺激国内需求；由美联储购进银行持有的政府债券，扩大货币发行；控制过剩农产品生产，增加农民收入；暂停实施反托拉斯法，避免市场萎缩中的恶性竞争；实行最低工资制和社会救济；运用税收手段调节居民收入差距；降低税率，鼓励出口。罗斯福“新政”取得了明显效果。

扩张性的货币政策，主要是通过调整法定存款准备率、再贴现率、公开市场业务等手段，增加商业银行提供贷款的能力，扩大货币供应量。虽然按照货币政策工具的调控机理来说，货币政策可以在增加或减少货币供应量方面发挥重要作用，但更多的理论分析（如凯恩斯的“流动性陷阱”）和各国实践（如日本“失去的二十年”）表明，以治理通货紧缩为目标的扩张性货币政策并不一定是有效的。因此，在治理通货紧缩的对策中，货币政策有时配合财政政策来运用。

（2）引导预期行为

治理通货紧缩之所以困难，主要是因为预期心理发挥较大的作用。通货紧缩初期，投资者预期价格进一步下降，价格下跌的压力较大。此时，经济活动中投资冲动很微弱，投资需求大幅下降。消费者预期收入下降，并相应减少消费支出，出现持币待购的倾向。其中，投资者和消费者对未来经济消极的预期心理起着重要作用。

治理通货紧缩，要努力促进社会消费需求和投资需求的回升，通过政策引导，调整人们对未来的预期行为。无论是采取宽松的货币政策还是扩张性财政政策等办法，不引起投资决策行为的变化是难以启动经济的。为此，政府公开宣布有关治理通货紧缩的政策措施，引导消费需求和投资需求，可以起到一定的导向作用。

（3）鼓励消费

通货紧缩从根本上来说是由消费需求不足所产生的，因此，要治理通货紧缩，就必须努力提高消费需求，其中个人收入和消费支出的稳定上升是防止物价持续下跌的重要条件。鼓励消费的政策应该是综合的，要充分利用各种政策组合，从财政政策、货币政策、产业政策等方面，创造增加社会消费的条件，引导社会消费的稳定增长。一方面要取消各种不利于增加消费的政策措施和制度约束，另一方面要在经济力量允许的情况下，使居民收入能够稳定增加，增强居民对未来收入的预期和信心，以增加居民的消费需求。

（4）改革汇率制度或实施汇率调节

通货紧缩可能由僵化的汇率制度所导致，这种汇率制度容易使本币过高估值，产生输入型通货紧缩。如果是这样，就需要对汇率制度进行改革，采取灵活的汇率制度，使汇率自由浮动或者扩大浮动范围，减轻外部冲击对通货紧缩的压力。

经世济民 9-3

1997—2002年的通货紧缩及对策

1997年7月东南亚金融危机爆发以后，我国国民经济开始感到需求不足的压力，其明显特征是：经济增长速度放缓，物价水平（消费价格指数）在低位运行，就业压力日渐增大，出口下降。

出现需求不足的原因是：（1）1993年治理通货膨胀措施的惯性因素。改革开放以来，中国经济大体按照“增长—膨胀—治理—紧缩—停滞—放松—扩张”的轨迹发展。1992年中国出现了新一轮的通货膨胀，1993年夏季开始实施以抑制通货膨胀为主要内容的紧缩政策，1996年年底成功实现了“软着陆”。这些紧缩政策在1997年、1998年继续出现滞后效应。（2）一系列改革政策特别是住房制度改革和社会保障制度改革的出台，改变了人们对未来的预期，人们的储蓄倾向增加，即期消费减少，导致消费需求不足，同时银行存款在利率不断下调的同时保持快速增长。（3）国有企业改革的推进导致部分行业、部分企业下岗工人增加，同时乡镇企业在变革中竞争力减弱，吸纳就业的能力下降，农村转移富余劳动力数量增加等，这些因素增加了全社会的就业压力。（4）亚洲金融危机造成周边国家和地区购买力降低，造成中国产品出口下降，同时这些国家和地区对中国的境外直接投资也大量减少。

启智增慧9-3

中国经济“通缩”之辩

中国政府针对这种情况，1998年提出了扩大内需、拉动经济增长的方针。其主要政策包括：（1）增加国债发行，实施积极的财政政策。仅1998—2001年就发行长期建设国债5 100亿元，用于高速公路、交通、水利和发电等工程的建设，刹住了投资下滑的势头。（2）实施稳健的货币政策，在实际操作中是适度扩张。中央银行7次降低存贷款利率，增加了货币供应。（3）四大国有商业银行对国债投资项目的配套资金与财政拨款总额也大致相等。

经过中国政府的努力，2000年年初，经济增长速度下滑的势头得到遏制，2000年、2001年、2002年和2003年GDP分别增长8%、7.5%、8.3%和9.3%。

资料来源：国家统计局．中国统计年鉴2004［M］．北京：中国统计出版社，2004.

本章小结

通货膨胀是总的物价水平持续上升的过程。

通货膨胀按不同标准，可分为多种类型，也有多种度量的方法。

依据不同类型的通货膨胀，其成因可以有不同的解释，但都可归结为货币的总供给大于货币的总需求，所以主要的治理方法还是采取宏观紧缩政策。

通货紧缩是与通货膨胀相对立的一个概念，尽管在定义上有争议，但在一般物价水平的持续下跌这一点上已形成共识。与通货膨胀一样，通货紧缩通常按其持续时间、严重程度和形成原因等也有各自不同的分类。

通货紧缩与通货膨胀都是社会总供给与总需求不平衡的结果，通货紧缩发生的一般性原因是紧缩的财政货币政策、生产能力相对过剩、产出供过于求、投资和消费的有效需求不足等。

关键概念

货币均衡　通货膨胀　需求拉上型通货膨胀　成本推进型通货膨胀　强制储蓄　收入指数化政策　通货紧缩

综合训练

1. 你如何判断经济当中是否出现了通货膨胀？

2. “在我国实行计划经济体制时期，物价水平持续保持稳定，这说明当时并不存在通货膨胀。”你是否同意这种说法？

即测即评9

3. 如何度量通货膨胀？

4. 你认为应该如何评价通货膨胀对国民经济的影响？

5. 试述西方经济学对通货膨胀成因的几种理论解释。

综合训练参考答案9

6. 成本推进型通货膨胀是因工人要求增加工资而发生的，这是否可以说明“通货膨胀并不是一种货币现象”？

7. 针对不同类型的通货膨胀，通常有哪些治理对策？

8. 你如何理解通货紧缩的含义？通货紧缩有何危害？

第10章

货币政策

牢记嘱托

稳健的货币政策要灵活适度、精准有效。要保持流动性合理充裕，使社会融资规模、货币供应量同经济增长和价格水平预期目标相匹配。要发挥好货币政策工具总量和结构双重功能，盘活存量、提升效能，引导金融机构加大对科技创新、绿色转型、普惠小微、数字经济等方面的支持力度。促进社会综合融资成本稳中有降。要畅通货币政策传导机制，避免资金空转。保持人民币汇率在合理均衡水平上的基本稳定。要增强资本市场内在稳定性。密切关注境内外利差扩大和国内存贷款利差缩小等新情况新问题，完善金融宏观调控，促进内外均衡。

——习近平2023年12月11日在中央经济工作会议上的讲话

目标引领

价值塑造

理解中国货币政策常用工具的选择和主要传导机制。

知识传授

掌握货币政策工具、中介目标和最终目标的概念；掌握货币政策工具的机理，中介目标的选择标准，最终目标之间的对立统一关系；掌握主要的货币政策传导机制、货币政策效应及其影响因素。

能力培养

能够解读世界主要经济体中央银行货币政策操作的机理和政策意图。

思维导图

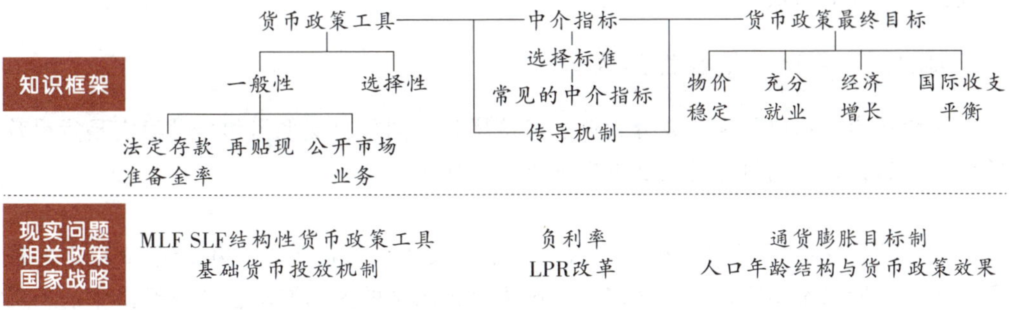

知识框架

货币政策工具——中介指标——货币政策最终目标

- 货币政策工具
  - 一般性
    - 法定存款准备金率
    - 再贴现
    - 公开市场业务
  - 选择性
- 中介指标
  - 选择标准
  - 常见的中介指标
  - 传导机制
- 货币政策最终目标
  - 物价稳定
  - 充分就业
  - 经济增长
  - 国际收支平衡

现实问题 相关政策 国家战略

MLF SLF结构性货币政策工具
基础货币投放机制

负利率
LPR改革

通货膨胀目标制
人口年龄结构与货币政策效果

开篇导读

1948年12月1日，党中央决定组建中国人民银行并发行第一套人民币，标志着构建新中国货币政策体系迈出了决定性的第一步。在党中央的领导下，我国的货币政策体系历经了探索（1949—1978年）、形成（1979—2017年）和完善（2018年至今）三个历史时期。

在探索时期，主要表现为计划经济时期的货币管理体系；形成阶段始于1979年，虽然中国人民银行1977年便从财政部分立出来，但货币政策是市场经济条件下的宏观调控政策，所以，只有在1978年年底召开了党的十一届三中全会，改革开放大幕开启，各项经济活动逐步引入市场机制之后，才能推进形成真正意义上的货币政策体系。

党的十九大之后，我国将宏观审慎管理与货币政策相配合，提出建立双支柱架构，这在传统货币政策体系中是没有的，也没有其他国家这么做，因此，货币政策体系进入了创新发展的完善阶段。

新中国成立70年来，虽然经历了不少困难和曲折，但“稳健”始终是货币政策的主基调。坚持这一主基调，我国的货币政策实践既有效支持了国民经济健康可持续发展和人民生活水平提高，维护了经济社会生活秩序稳定，又积极推进了金融体制的市场化改革，抵御了多次国际金融危机的严重冲击，取得了举世公认的伟大成就，给发展中国家制定货币政策、完善宏观调控提供了可供借鉴的宝贵经验。

资料来源：人民网.新中国70年践行稳健货币政策的历史经验［EB/OL］.［2019-09-17］. https：//baijiahao.baidu.com/s？ id=1644879321401157313&wfr=spider&for=pc.

我国一直践行稳健的货币政策，在不断探索过程中总结经验，创造出了许许多多有效的货币政策工具，这些货币政策工具对维护国家金融稳定发挥着重要作用，因此本章将深入探究其中的奥秘。

10.1　货币政策目标

货币政策指中央银行为实现特定的宏观经济目标，运用金融工具调控货币供应量和利率的方针和措施的综合。货币政策目标又称为最终目标，指的是货币政策在一定时间内要实现的目标。

10.1.1　货币政策目标的内容

一般认为，物价稳定、充分就业、经济增长、国际收支平衡和金融稳定是货币政策的主要目标，它们对经济发展都发挥着重要作用。

1）物价稳定

物价稳定是指一般物价在一段时间内不会发生显著波动，以维持币值稳定的现象。人们之所以希望物价保持稳定，是因为物价水平的大幅波动会造成经济中的不确定性。保持较低水平的通货膨胀率，实现稳定的物价水平有助于促进经济增长。这里的物价是指物价的一般水平或总体水平，而不是某种或某类商品的价格。很多国家的中央银行将物价稳定作为货币政策首要的长期目标。

那么，中央银行究竟应该把一般物价控制在什么水平上才算稳定呢？这个问题要依据各国不同时期的具体情况而定。一般认为，把通货膨胀率控制在2%~3%的水平就算是达到了货币政策中对物价稳定的要求。

2）充分就业

充分就业问题之所以重要，有两个原因：首先，高失业给人们带来了很多痛苦，如生计困难、社会犯罪增加。其次，高失业造成经济资源的大量闲置，这不仅是劳动力资源的闲置，而且伴随着工厂关闭、设备闲置，从而使经济的总产出大幅降低。以2009年为例，身处经济危机“泥潭”的美国，当年失业率达到了惊人的10%，直到2016年1月才恢复到5%，前后历时共八年。因此，充分就业是任何一个国家的政府都想实现的目标。

经济学中的充分就业并不是消除失业百分之百就业。因为经济社会中总存在着摩擦性失业以及结构性失业，这类失业一般是短期的，而且对经济发展来说必然也是有益的。经济学家称之为“自然失业”。因此，充分就业不等于失业率为零，应当允许一个不为零的自然失业率的存在，在这个自然失业率水平上，劳动力的供给（愿意并且能够提供的劳动力）等于劳动力的需求。只要劳动市场处于供求稳定的状态，就可以说该经济社会达到了充分就业。

3）经济增长

社会生产是人类赖以生存和发展的基础，是社会进步的动力。因此，经济增长是货币政策的目标。经济增长是指一国在一定时期内所生产的商品和服务总量的增加，通常用GDP或GNP的年增长率或人均年增长率来衡量。经济增长也与充分就业的目标密切正相关。因为充分就业意味着资源被充分利用，经济社会的生产能力增加。尽管长期以来，经济学家对货币政策能在多大程度上影响经济增长还始终存在争议，但可以确定的是，增加货币供给量和降低实际利率所创造的适宜的金融环境，是促进投资、实现经济增长的重要手段之一。还需注意的是，仅仅由于价格上涨也会引起GNP或GDP的增加，但这并不是经济的真实增长，目前对经济增长指标的衡量，常常要剔除通货膨胀因素的影响。

4）国际收支平衡

国际收支是指在一定时期内（通常为一年）一国与其他国家之间由于政治、经济、文化往来所引起的全部货币收支，这是一国国民经济的重要组成部分，反映了一国对外经济活动的范围、规模和特点，也反映了该国在国际经济中的地位和作用。国际收支平衡是指一国的国际收入与国际支出大致相等。换言之，国际收支平衡也就是保持外汇市场的稳定。

真正达到国际收支相等是很困难的，短期的不平衡并不一定就是坏事。中国经历过国际贸易长期顺差，人民币升值压力也随之“水涨船高”，外汇储备增加造成外汇资源闲置或浪费，且因为购买大量的外汇而持续增发人民币，又会加剧我国的国内通货膨胀。因此，应当努力避免长期的大量顺差或逆差，保持在国际贸易中的收支大致上平衡。正是由于这个原因，各国都把国际收支平衡作为货币政策的主要目标之一。

5）金融稳定

维护金融体系与金融市场的稳定，这对于建立一个良好的货币金融环境以促进经济发展十分重要。

中央银行维护金融市场稳定的做法是保持利率和汇率稳定。利率不稳定会引发经济中的不确定性，使人们对未来的计划变得更加困难。利率的波动会给金融机构带来很大的不确定性，利率上升造成长期债券和抵押资产的大量损失，这些损失可能引起持有这些资产的金融机构的倒闭。汇率的不稳定，比如货币大幅贬值，使得企业和银行所借的大量短期外债的本币偿债成本大幅上升，也可能造成企业和银行的倒闭。中央银行作为一国金融体系的核心，有责任督促和引导银行与其他金融机构沿着健康、健全的轨道开展业务活动，维护金融体系和金融市场的稳定。在必要时刻，中央银行也可以通过发挥它的最后贷款人作用防止金融恐慌。

10.1.2　货币政策目标之间的关系

货币政策各个目标之间是既统一又矛盾的关系：从长期看，这些目标之间是统一的、相辅相成的。但从短期看，这些目标之间常常存在矛盾和冲突。

1）物价稳定与充分就业之间的矛盾

1958年，新西兰经济学家菲利普斯（A.W.Phillips）发表了一篇题为《1861—1957年英国失业率与货币工资变动率之间的关系》的论文，画出了一条向右下方倾斜的曲线，即著名的菲利普斯曲线（如图10-1所示），得出结论：失业率与通货膨胀率之间存在着此消彼长的关系。这才让人们第一次注意到，失业与通货膨胀之间存在某种关系。

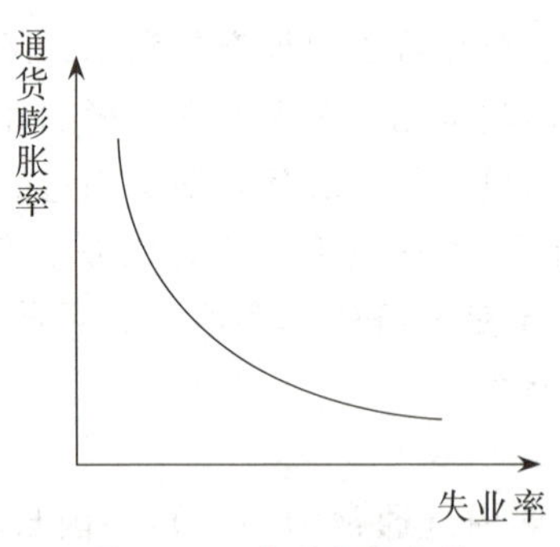

图10-1　菲利普斯曲线

在图10-1中，纵轴代表名义工资上升率或通货膨胀率，横轴代表失业率。菲利普斯曲线表明，一个国家要实现充分就业，就必须增加货币供应量，降低税率，增加财政支出，以刺激总需求的增加。而总需求的增加，在一定程度上必然引起物价总水平的上升；相反，要降低物价上涨率，就必须缩减货币供应量，提高税率，削减政府支出，这又会导致失业率的提高。因此，失业率和通货膨胀率之间只能有三种选择：一是通货膨胀率较高的充分就业；二是失业率较高的物价稳定；三是物价上涨率和失业率两极之间的组合。显然，中央银行的货币政策目标只能是在物价上涨率和失业率之间进行相机抉择。

2）物价稳定与经济增长之间的矛盾

各国的实践表明，经济增长常常伴随着物价的上涨。在经济衰退时期采取扩张性货币政策，以刺激总需求、促进经济增长和减少失业，但这常常造成流通中的货币数量相对过多，导致物价上涨。从另一个角度讲，在治理通货膨胀的过程中也通常要牺牲经济增长。因为这种情况下采取的紧缩性货币政策，会抑制投资和消费，往往阻碍经济增长并使就业机会减少。例如，美国在1980—1984年间治理通货膨胀的代价是：通货膨胀率每降低1个百分点，就会损失1 000亿~2 200亿美元的GNP。可见，物价稳定与经济增长之间有一定的矛盾，选择这两个目标的一个最优结合点，便成为货币政策选择的一个重要问题。

3）物价稳定与国际收支平衡之间的矛盾

对于开放经济条件下的宏观经济，以物价稳定为目标的货币政策措施常常会影响到国际收支平衡。如果针对国内发生的通货膨胀，中央银行采取紧缩性货币政策，提高利率或降低货币供应量，那么，在资本自由流动的条件下，利率的提高有可能导致资本的流入，资本项下出现顺差，同时由于国内物价上升的势头减缓和总需求的减少，出口增加，进口减少，经常项目下也可能会出现顺差，这样就会导致国际收支失衡。相反，片面地追求贸易平衡而人为制造货币贬值以刺激出口，也可能导致国内通货膨胀的加剧。

4）物价稳定与金融市场稳定之间的矛盾

中央银行为了实现物价稳定的目标而调节货币供应量时，一个常用的手段就是在金融市场上买卖债券（公开市场业务），而这种手段的实施必然会影响债券价格，进而使利率发生波动，金融市场变得不稳定。但当中央银行以稳定利率为目标而变动货币供应量时，又会通过对总需求的作用而导致物价的不稳定。另外，中央银行为了稳定金融体系，救助濒临倒闭的商业银行而发挥最后贷款人职能时，也可能因为货币供应量的增加而导致物价不稳定。

5）充分就业与国际收支平衡之间的矛盾

就业人数增加，收入水平提高，这使得国内对外国商品的进口增加，国内商品的出口相对减少，从而扩大了国际收支逆差。为了减少逆差，采用紧缩性货币与财政政策，来抑制国内需求，这又导致就业机会减少，使失业增加。因此，从短期来看，充分就业与国际收支平衡这两个目标也存在着相互矛盾的地方。

6）经济增长与国际收支平衡之间的矛盾

国内经济增长会导致国民收入的增加和支付能力的增强，从而增加对进口商品的需求，同时国内本来用于出口的一部分商品也因此而转为国内需求。如果出口贸易的增长不足以抵消这部分需求，必然会对贸易收支产生逆差性的影响。当然，经济增长对外资的吸引也是一个需要考虑的因素。虽然外资的流入会导致国际收支中资本项目出现顺差，在一定程度上可以弥补由贸易逆差造成的国际收支失衡，但也并不能确保经济增长与国际收支平衡目标同时实现。

货币政策各目标之间的冲突关系，是当代各国政府及经济学家所面临的一个难题。为了实现一个目标而采取的货币政策措施，可能会损害另外一个目标的实现，或者会破坏另外一些已达到很好状态的目标。所以，金融调控面临的任务是，要在这些既相互统一又相互矛盾的目标之间做出选择，进行目标的最优组合。因此在货币政策的选择问题上出现了两种主张：一是以物价稳定为最重要的甚至是唯一目标的“阶梯目标论”；二是主张物价稳定和经济增长同等重要的“双重目标论”。各国由于经济发展水平和经济结构的差异，在不同时期也有不同的货币政策目标的选择。

学海拾贝 10-1

物价稳定是否应该作为最主要的货币政策目标

物价稳定目标与之前提到的其他目标之间在长期内并不存在不一致的问题。高通货膨胀不会有助于降低自然失业率，因此，在长期内，高通货膨胀不能降低失业率或者增加就业，也即通货膨胀和就业在长期内并不存在此消彼长的关系。物价稳定、金融稳定在长期内都有利于促进经济增长。但在短期内，物价稳定常常与高就业率和利率稳定等目标发生冲突。例如，如果经济处于扩张期，失业率下降，经济体可能会出现过热，导致通货膨胀率上升。为了实现物价稳定的目标，中央银行会通过提高利率的方式，阻止经济过热，这样的措施起初会减少就业和加剧利率的不稳定。那么中央银行应该如何抉择呢？

由于物价稳定对经济体系的长期健康发展至关重要，许多国家将物价稳定作为中央银行首要的长期目标。例如，创立了欧洲中央银行的《马斯特里赫特条约》有这样的表述——欧洲中央银行体系（ESCB）首要的目标是保持物价稳定。欧洲联盟的总体经济政策只有在不与物价稳定冲突的前提下，才能获得支持。这种将物价稳定置于优先地位的目标，被称为阶梯目标（hierarchical mandates）。这种目标指引了英格兰银行、加拿大银行、新西兰储备银行以及欧洲中央银行等中央银行的行为。事实上，许多想保持物价稳定的国家（1990年新西兰、1991年加拿大、1992年英国、1993年瑞典和芬兰、1994年澳大利亚和西班牙等）采用了通货膨胀目标制（inflation targeting）的货币政策制度。

通货膨胀目标制包括以下几个组成部分：①公布中期通货膨胀目标的数值；②制度上承诺物价稳定是货币政策的首要和长期目标，以及承诺实现通货膨胀目标；③在这个集合了各种信息的货币政策战略中，不只货币总量，多个变量被用于货币政策决策；④通过向公众和市场传递货币政策制定者的计划和目标来提高货币政策战略的透明度；⑤增强中央银行实现通货膨胀目标的责任。

与此相对应，法律对美联储的使命是这样规定的，“联邦储备体系委员会与联邦公开市场委员会应当追求货币和信贷总量的长期增长，以及发挥经济长期潜力以增加产出，目的是实现就业最大化，物价稳定和适当的长期利率”。因此，在实践中这样的表述被称为双重目标（dual mandates），即将物价稳定和就业最大化两个目标放到平等的位置上。

10.1.3 中国货币政策目标的选择

自1984年中国人民银行专门行使中央银行职能，到1995年3月《中华人民共和国中国人民银行法》(以下简称《中国人民银行法》)颁布之前，我国事实上一直奉行的是双重货币政策目标，即经济增长和物价稳定。这种做法符合中国过去的计划经济体制，特别是把银行信贷作为资源直接分配的情况下，货币总量控制与信贷投向分配都按计划安排，经济增长和物价稳定这两个目标相对容易协调。但是随着改革开放的推进和计划性的递减，货币政策的双重目标越来越难以同时实现。

1995年3月颁布的《中国人民银行法》确定我国的货币政策目标是“保持货币币值的稳定，并以此促进经济增长”。2003年12月27日生效的重新修订的《中国人民银行法》再次确认了这一目标。这一目标体现了不能把稳定币值与经济增长放在同等的位置上。从主次上来看，稳定币值始终是主要的；从顺序来看，稳定币值优先。中央银行应该以保持币值稳定来促进经济增长。

红色金融

中国共产党统一财经的缘起与初步实施

在中国共产党经济工作史上，中华人民共和国成立前后完成的统一财经和稳定物价具有里程碑意义。它使“国内外那些对共产党能否搞好经济持怀疑态度的人，也不能不表示赞佩，叹为‘奇迹’”，毛泽东称其意义“不下于淮海战役”。正因如此，这一时期发生的“银元之战”“米棉之战”等经济战线的斗争以及政务院于1950年3月3日颁布的《关于统一国家财政经济工作的决定》，往往成为中国共产党统一财经的叙史起点。不过，“历史从哪里开始，思想进程也应当从哪里开始”，对于统一财经的历史意义的定位，还应回到其历史进程中去。这就有必要在更长的时间轴上作进一步的延展考察。早在抗日战争时期，中国共产党即走出一条相对独立的经济工作路子。特别是在皖南事变后，根据地政权断绝与国民党政府之间的上下级关系，不仅“自设银行，自发货币，自定法规法令，自行其是，完全脱离国民政府而自行存在”，而且与国民党政权、汪伪政权、侵华日军展开了卓有成效的货币战。这方面的斗争经验自然延续到抗战胜利后，但解放战争的迅速发展和解放区的不断扩大，对中共经济工作能力的要求已非同往常。在保障大兵团作战和发展解放区经济的目标之下，中国共产党逐步形成统一财经的决策部署，而其实施并行于解放战争的全过程，直至1950年3月才最终完成统一财经大业。这个过程不啻于财经领域的一次“解放战争”。中华人民共和国成立后财经管理体制的统一，是这场“解放战争”的战果。统一财经能够结束国民党统治时代长期的恶性通货膨胀和物价飞涨局面，确实证明中国共产党不仅在军事上、政治上是强有力的，在经济上也是完全有办法的，只是这个“完全有办法”有其历史源头和发展逻辑。“在历史的源头，‘国家建构’的成败与时机是决定一个国家走向的第一推动力。”审视和理解中国共产党统一财经的缘起和初步实施的历史进程，在一定程度上有助于解释“中国共产党做对了什么”的问题。

资料来源：闫茂旭. 中国共产党统一财经的缘起与初步实施[J]. 中共党史研究，2021(3).

10.2 货币政策工具

货币政策工具（instrument of monetary policy）是中央银行为了实现货币政策目标而采取的措施和手段。货币政策中介目标和最终目标都是通过中央银行对货币政策工具的运用来实现的。其中，最重要的是能够对整个国民经济产生普遍影响的一般性货币政策工具，此外还有选择性货币政策工具、直接信用控制工具和间接信用控制工具等。

10.2.1 一般性货币政策工具

一般性货币政策工具，是指对货币信用总量进行调节的工具，主要包括法定存款准备金率政策、再贴现政策和公开市场业务，其通常被称为货币政策的“三大法宝”。

1）法定存款准备金率政策

（1）法定存款准备金率政策的内容

法定存款准备金率政策是指中央银行通过调整商业银行缴存中央银行的法定存款准备金比率，从而影响货币供应量。

这一政策工具的基础是法定存款准备金制度。商业银行保留存款准备金，最初是出于保证清偿能力的考虑，是一种自发的行为。中央银行诞生以后，出于防止银行大批倒闭、保护存款人利益的目的，最早在英国出现了将存款准备金集中于中央银行的做法，1913年的美国《联邦储备法案》则第一次以法律形式规定商业银行必须向中央银行缴存存款准备金，于是出现了“法定存款准备金制度”。而法定存款准备金率作为中央银行的货币政策工具，则始于20世纪30年代的大萧条以后。目前凡是实行中央银行制度的国家，一般都实行存款准备金制度。

法定存款准备金率的变动直接引起货币乘数变动从而影响货币供应量，法定存款准备金率提高，实际上减少了一定水平基础货币所能支持的存款额，从而导致货币供应收缩。相反，法定准备金率的降低会使货币供应量扩大。

（2）法定存款准备金率政策的效果评价

使用法定存款准备金率来控制货币供应量的主要优点是：对所有银行的影响是平等的，并且对货币供应有很强的影响。但是，它作为一项强有力的工具，主要表现出以下两个方面的缺点：

① 由于效果强烈，中央银行难以准确把握调整准备金率的时机和调整幅度。特别不适合对货币供应量进行微调。

② 对于超额准备金率很低的商业银行来说，提高法定存款准备金率可能会立即引起流动性问题。为了迅速调整准备金以符合提高的法定限额，许多商业银行被迫在不利的市价水平上抛售有价证券。

正因为法定存款准备金率政策具有上述特点，所以它只能作为调节货币信用工具库中一件威力巨大而不能经常使用的武器。2014年5月30日，国务院常务会议再次提出“定向降准”的概念，并针对性地加强“三农”和小微企业的扶持力度，切实增强金融服务实体经济的能力。相比于以往的“全面降准”，“定向降准”创新性地消除了“降准”的不利影响而突出了“定向”的有利影响，这对实现中国经济“新常态”和“总量稳定、结构优化”的经济发展方向都是极为有利的。

经世济民 10-1

“三档两优”存款准备金率新框架

2019年5月6日，中国人民银行宣布将服务县域的农村商业银行存款备金率与农村信用社并档，简化准备金率档次，分三次于7月15日实施到位后，我国存款准备金制度“三档两优”的新框架将确立。“三档”是指根据金融机构系统重要程度、机构性质、服务定位等，将存款准备金率设为三个基准档：第一档是大型银行存款准备金率，目前为13.5%，满足防范系统性风险和维护金融稳定的要求。大型银行包括中国工商银行、中国农业银行、中国银行、中国建设银行、中国交通银行和中国邮政储蓄银行6家商业银行。第二档是中型银行存款准备金率，较第一档略低，目前为11.5%，中型银行主要包括股份制商业银行和城市商业银行。第三档是小型银行存款准备金率，目前为8%。小型银行包括农村信用社、农村合作银行、村镇银行和服务县域的农村商业银行。“两优”是指在三个基准档的基础上还有两项优惠：一是第一档和第二档银行达到普惠金融定向降准政策考核标准的，可享受0.5或1.5个百分点的存款准备金率优惠；二是服务县域的银行达到新增存款一定比例用于当地贷款考核标准的，可享受1个百分点的存款准备金率优惠。考虑到服务县域的银行作为普惠金融机构已经享受了低档的存款准备金率，因此不再享受普惠金融定向降准考核的优惠。享受“两优”后，金融机构实际的存款准备金率水平要比基准档更低一些。

资料来源：中国人民银行．2019年第一季度货币政策执行报告［J］．中国金融，2019（5）．

2）再贴现政策

再贴现政策，是指中央银行通过变动再贴现利率，影响再贴现贷款的数量，从而调节市场货币供应量的一种货币政策。再贴现是商业银行融资的途径之一，当商业银行急需资金时，可以将其从工商企业贴进的票据向中央银行进行再贴现。中央银行向商业银行收取的利息率叫作“再贴现率”。由于再贴现是西方国家商业银行从中央银行借款的最传统、最常用的方式，因此，再贴现往往笼统地代指中央银行对商业银行各种方式的贷款。再贴现政策也是中央银行最早拥有的货币政策工具。

（1）再贴现政策的内容及调控机制

中央银行的再贴现政策之所以能够影响货币供应量，主要是通过影响商业银行借入资金成本来实现的。再贴现政策一般包括两方面的内容：一是再贴现率的调整；二是贴现窗口管理。这使商业银行在向中央银行借款时面临着两类成本：再贴现率所代表的利息成本；不符合贴现窗口管理政策而遭受拒绝或损失信誉的成本。

① 调整再贴现率。中央银行提高再贴现率，直接导致商业银行融资成本上升，限制了商业银行向中央银行借款的愿望，可引起商业银行的超额准备金水平下降，或转而提高对企业放款的利率，从而收缩信贷规模，提高市场利率水平，最终达到减少货币供给量的目的。相反，降低再贴现率，则会出现货币扩张的效果。调整再

贴现率还有一种所谓的“告示效应”，即再贴现率的变动，可以作为向银行和公众宣布中央银行政策意向的有效办法，从而通过对公众心理预期的影响，加深货币政策的效果。

② 贴现窗口管理，即商业银行申请再贴现资格的规定与调整。中央银行对再贴现资格的规定（包括对贴现票据的规定和对申请机构的规定）与调整，能够改变或引导资金流向，可以发挥抑制或扶持作用，主要着眼于长期的经济结构调整。

（2）再贴现政策的效果评价

①再贴现政策的优点。

从前文的分析中可以看出，再贴现政策既可以调节货币供应量，对信贷结构的调整也有一定效果，并能够在一定程度上反映中央银行的政策意图，产生“告示作用”。除此以外，再贴现政策还有一个非常重要的作用，那就是中央银行可以利用它来履行最后贷款人的职能，防止金融恐慌。在银行危机时期，中央银行凭借强大的资金实力向银行体系提供贷款，常常是一种最为有力的救助手段。

②再贴现政策的局限性。

第一，中央银行处于被动地位，往往不能取得预期效果。因为尽管中央银行可以通过降低贴现率影响商业银行的借款成本，但是不能强迫商业银行向中央银行申请再贴现。事实上，当市场利率低于再贴现率，且利差足以弥补市场借款所承担的风险和银行放款的管理费用时，商业银行更愿意到金融市场上融资。而且，由于货币市场的发展和高效率，商业银行对中央银行贴现窗口的依赖性大大降低；贴现政策只能影响前来贴现的银行，对其他银行只是间接发生作用；该政策缺乏弹性，中央银行若经常调整再贴现率，会引起市场利率的经常性波动，使得企业或商业银行无所适从。

第二，再贴现率的调节作用是有限的。经济繁荣的时候，商业银行可能对经济预期乐观，贷款需求旺盛，即使提高再贴现率也不一定能够抑制商业银行的再贴现需求和资产扩张；在经济萧条时期，商业银行可能对经济预期悲观，贷款需求不足，降低再贴现率也不一定能够刺激商业银行的再贴现需求。

第三，告示作用的局限性。再贴现率的调整有时不能准确反映中央银行的政策意图，并可能会引起公众误解。当市场利率高于再贴现率时，贴现贷款量也将增加，中央银行为使贴现总量不至于过多，不得不提高再贴现率，以保证二者的差额不变，尽管此时中央银行并没有要紧缩货币的意图，但再贴现率的提高会使公众误以为中央银行正在转向紧缩政策。

第四，中央银行通过再贴现政策发挥最后贷款人职能，容易引发道德风险。由于商业银行知道在自己陷入困境时中央银行会来救助，商业银行在经营中就倾向于冒更大的风险，这就是道德风险问题。越来越多的中央银行已经认识到，应当在防止金融恐慌与防范道德风险之间进行权衡。

学海拾贝 10-2

SLF、MLF、PSL与TMLF创新型工具

1.SLF

从国际经验看，中央银行通常综合运用常备借贷便利和公开市场操作两大类货币

政策工具管理流动性。常备借贷便利的主要特点：一是由金融机构主动发起，金融机构可根据自身流动性需求申请常备借贷便利；二是常备借贷便利是中央银行与金融机构"一对一"交易，针对性强；三是常备借贷便利的交易对手覆盖面广，通常覆盖存款金融机构。

借鉴国际经验，中国人民银行于2013年年初创设了常备借贷便利（Standing Lending Facility，SLF）。常备借贷便利是中国人民银行正常的流动性供给渠道，主要功能是满足金融机构期限较长的大额流动性需求，对象主要为政策性银行和全国性商业银行，期限为1~3个月，利率水平根据货币政策调控、引导市场利率的需要等综合确定。常备借贷便利以抵押方式发放，合格抵押品包括高信用评级的债券类资产及优质信贷资产等。

2.MLF

2014年9月，中国人民银行创设了中期借贷便利（Medium-term Lending Facility，MLF）。中期借贷便利是中央银行提供中期基础货币的货币政策工具，对象为符合宏观审慎管理要求的商业银行、政策性银行，可通过招标方式开展。中期借贷便利采取质押方式发放，金融机构提供国债、央行票据、政策性金融债、高等级信用债等优质债券作为合格质押品。中期借贷便利利率发挥中期政策利率的作用，通过调节向金融机构中期融资的成本来对金融机构的资产负债表和市场预期产生影响，引导其向符合国家政策导向的实体经济部门提供低成本资金，促进降低社会融资成本。

3.PSL

为支持国家开发银行加大对"棚户区改造"重点项目的信贷支持力度，2014年4月，中国人民银行创设抵押补充贷款（Pledged Supplementary Lending，PSL）为开发性金融支持棚改提供长期稳定、成本适当的资金来源。抵押补充贷款的主要功能是支持国民经济重点领域、薄弱环节和社会事业发展，并对金融机构提供期限较长的大额融资。抵押补充贷款采取质押方式发放，合格抵押品包括高等级债券资产和优质信贷资产。

4.TMLF

2018年12月，为加大对小微企业、民营企业的金融支持力度，中国人民银行决定创设定向中期借贷便利（Targeted Medium-term Lending Facility，TMLF），根据金融机构对小微企业、民营企业的贷款增长情况，向其提供长期稳定的资金来源。支持实体经济力度大、符合宏观审慎要求的大型商业银行、股份制商业银行和大型城市商业银行，可向中国人民银行提出申请。定向中期借贷便利资金可使用三年，操作利率比中期借贷便利利率优惠15个基点。

3）公开市场业务

公开市场业务又称公开市场操作，是指中央银行在金融市场上买进或卖出有价证券，以改变商业银行等存款货币机构的准备金数量，进而影响货币供给量和利率，实现货币政策目标的一种政策措施。公开市场业务在金融市场发达的国家是最重要也是最常用的货币政策工具。公开市场业务的对象主要是政府债券，特别是国库券。这类债券的安全性高，流动性强，交易规模巨大，中央银行对这类债券的买卖不会对该市场产生破坏性的冲击。

（1）公开市场业务的政策目的

公开市场业务的政策目的有两个方面：

一是防卫性目的，即为了维持既定的货币政策，抵消其他方面对基础货币的影响。因为除了中央银行的公开市场业务外，影响商业银行体系准备金的因素还有很多，如税收的季节性影响、公众持有通货数量的改变等，而这些因素并非中央银行能够直接控制的，因此，要避免这些因素变动对银行体系准备金和货币供应量的影响，中央银行必须预测这些因素的变化，并在其变动方向和幅度不符合既定的货币政策意向时，采取相应的公开市场业务来抵消其变化的影响。

二是主动性目的，即中央银行为了实现货币政策的转变，主动改变银行体系的准备金水平和基础货币。如经济萧条时期，中央银行主动买入有价证券，扩大货币供应；通货膨胀时期，中央银行卖出有价证券，收缩货币供应。

（2）公开市场业务的调控机理

①中央银行通过买卖有价证券对货币供应量进行调控。

假设中央银行从商业银行A那里买进了100万元的政府债券，商业银行A新增准备金100万元，商业银行系统新增原始存款100万元，假定法定存款准备金率为20%，考虑简单存款乘数的情况，整个商业银行系统的存款货币最终可以扩张为500万元的规模。只要中央银行在公开市场上买入政府债券，就会导致商业银行存款准备金也相应增加，并由此导致货币供应量的倍数扩张。相反，可以推出，只要中央银行在公开市场上卖出有价证券，就会引起货币供应量的收缩。

②改变利率水平与结构。

一方面，传统的中央银行公开市场业务改变了货币供应量，进而会影响市场利率水平；另一方面，新型的扭转操作影响利率结构。扭转操作是指中央银行在证券市场上同时反方向操作不同期限的债券，实现长短期利率水平结构的调整。例如，中央银行在公开市场上买进100万元的政府长期公债，同时卖出100万元的短期国库券，此时货币供给量将不受影响，但是长期利率趋于下降，而短期利率趋于上升。然而，在实际操作过程中，中央银行对长期利率的影响不如对短期利率的影响那样显著。

（3）公开市场业务的效果评价

与其他货币政策工具相比，公开市场业务具有以下优点：

① 公开市场业务的主动权完全在中央银行，其操作规模大小完全由中央银行自己控制，这就比再贴现政策优越。

② 公开市场业务可以灵活精巧地进行，可以适时适量地按任何规模进行调节。中央银行既可以大量买卖有价证券，又可以在很小程度上买进卖出，可以进行经常性、连续性的操作，这就比法定准备金率政策灵活得多。

③ 公开市场业务具有极强的可逆转性，当中央银行在公开市场操作中发现错误时，可立即逆向使用该工具，以纠正其错误。而其他货币政策工具则不能迅速逆转。

④ 公开市场业务操作迅速，不会有延误。当中央银行决定要改变银行储备和基础货币时，只要向公开市场交易商发出购买或出售的指令，交易便可立即执行。

当然，公开市场业务作为一种货币政策工具也有其缺陷：

① 对大众预期的影响较弱。在对大众预期的影响方面，虽然对中央银行买进或

卖出各种政府债券加以观察，大致可以看出中央银行的政策趋同，从而影响人们的心理预期。但由于公开市场业务是持续发生的，随时可以改变，同时很难判断公开市场业务是改变政策的主动性操作，还是抵消其他影响的防卫性操作，所以其告示效果不大。

② 对商业银行强制性影响比较微弱。在对商业银行的影响力方面，中央银行虽然决意买进或卖出政府债券，但商业银行是否愿意交易仍取决于自己的判断，难以产生强制性的影响。

尽管在一般性货币政策工具当中，公开市场业务的优点比较突出，但要使这项工具充分发挥作用，需要具备以下基础条件：

① 中央银行处于领导地位，且有雄厚的资金力量；

② 要赋予中央银行弹性操作的权力，即在买卖证券的数量、种类等方面有一定的机动权限；

③ 金融市场较发达，组织也较健全；

④ 证券的数量和种类要适当，长期、中期及短期兼具，便于选择买卖；

⑤ 信用制度要相当发达。

这些条件通常只有少数发达国家才具备，因此，发展中国家的中央银行还很难将其作为主要的货币政策工具。随着我国经济市场化程度的加深，宏观调控方式逐步由直接调控转向间接调控，公开市场业务近年来得到了较大的发展。

（4）公开市场操作的工具

从交易品种看，中国人民银行公开市场业务债券交易主要包括回购交易、现券交易和发行中央银行票据。其中回购交易分为正回购和逆回购两种，正回购为中国人民银行向一级交易商卖出有价证券，并约定在未来特定日期买回有价证券的交易行为，正回购为央行从市场收回流动性的操作，正回购到期则为央行向市场投放流动性的操作；逆回购为中国人民银行向一级交易商购买有价证券，并约定在未来特定日期将有价证券卖给一级交易商的交易行为，逆回购为央行向市场投放流动性的操作，逆回购到期则为央行从市场收回流动性的操作。现券交易分为现券买断和现券卖断两种：前者为央行直接从二级市场买入债券，一次性投放基础货币；后者为央行直接卖出持有债券，一次性地回笼基础货币。中央银行票据即中国人民银行发行的短期债券，央行通过发行央行票据可以回笼基础货币，央行票据到期则体现为投放基础货币。

10.2.2 选择性货币政策工具

选择性货币政策工具是指中央银行针对某些特殊的经济领域或特殊用途的信贷而采用的信用调节工具，主要是为了实现结构性控制目标。常用的选择性政策工具包括以下几类：

（1）证券市场信用控制。证券市场信用控制，是指中央银行对有价证券的交易，规定应支付的保证金比率，目的在于限制用借款购买有价证券的比重。这种工具存在的前提是证券市场上存在信用交易，即保证金交易。保证金比率为购买者在买进证券时必须支付现款的比率。例如，在保证金比率为50%时，证券购买者就必须支付

50% 的现金，其余 50% 才能向银行借款。中央银行根据金融市场及经济形势，有权随时改变证券保证金比率，以控制证券市场的信用规模。

（2）消费者信用控制。消费者信用控制，是指中央银行专门针对消费者的不动产以外的耐用消费品分期付款或贷款的管理措施，目的在于影响消费者对耐用消费品有支付能力的需求。这项政策工具主要是通过调整最低付现比率和最高偿还期这两个指标来实现的。在需求过旺及通货膨胀时，中央银行可以要求提高首次付现的最低比率，或缩短分期付款的最高偿还期，从而抑制人们对以耐用消费品为目的的消费信贷的需求；反之在需求不足及经济衰退时，中央银行可以进行相反的操作，以刺激消费量的增加。

（3）不动产信用控制。不动产信用控制，是指中央银行对金融机构向客户提供不动产抵押贷款的管理措施。其目的主要在于限制房地产投机、抑制房地产泡沫。其调控方式与消费者信用控制类似。

（4）优惠利率。优惠利率作为一项货币政策工具，是指中央银行对国家要求重点发展的经济部门，制定较低的贴现率或放款利率，以鼓励这些部门发展的措施。优惠利率多被经济较落后国家所采用。

启智增慧10-1

结构性货币政策工具介绍

（5）预缴进口保证金制度。这项制度是指为保证国际收支平衡，抑制进口过度增长，中央银行要求进口商按照进口商品总值的一定比例，预缴进口商品保证金，存入中央银行。中央银行也可以改变预缴保证金比例。预缴进口保证金多为国际收支经常出现逆差的国家采用。

10.2.3 直接信用控制

直接信用控制是指中央银行以行政命令方式或其他方式，直接对商业银行的信用活动进行控制。常用的手段包括：利率最高限额、信用分配、流动性比率、直接干预及开办特种存款等。

（1）利率控制。规定商业银行存贷款利率或利率的最高限额，是比较常见的直接信用控制工具，如在 1980 年以前，美国银行法中的 Q 条例和 M 条例，规定活期存款不准付息，定期及储蓄存款的利率不能超过最高限额，其目的在于防止银行用抬高利率的办法竞相吸引存款，以及为了取得高回报在资产运用方面承担过高的风险。这一规定从原则上讲有利于银行业的稳健经营和中央银行对货币供应量的控制，但也存在明显的负面效应。比如在通货膨胀条件下实行利率最高限额控制很可能会引起银行资金“脱媒”。

（2）信用配额管理。这是指中央银行根据金融市场状况及客观经济需要，对各个商业银行的信用规模加以分配，分别限制其最高数额。信用配额管理是一种计划控制手段，在资金供给相对紧张的大多数发展中国家被广泛采用。它也是我国计划经济时期和从计划经济向市场经济转轨初期主要的信用控制手段。但是，随着社会经济从计划经济向市场经济的逐步转变，金融市场的逐步发展，金融工具的逐步增加，信用规模控制的作用已经大大降低。1998 年 1 月 1 日，中国人民银行取消对国有商业银行的贷款规模限额控制，中央银行对货币供给总量的控制转变为通过对基础货币的调控来实现。

（3）流动性比率。流动性比率即商业银行流动资产占存款的比率。一般说来，流动性比率与收益率成反比。商业银行为了保持中央银行规定的流动性比率，就必须缩减长期放款，扩大短期放款，并增加应付提现的资产。这样中央银行也就达到了限制商业银行信用扩张的目的。

（4）直接干预。这是指中央银行直接对商业银行的信贷业务、放款范围等加以干预，如直接限制放款额度；直接干涉商业银行对活期存款的吸收；对业务经营不当的商业银行拒绝贴现或采取高于一般利率的惩罚性利率；明确规定各家银行的放款或投资的范围等。

（5）特别存款。这种措施通常出现在高通货膨胀时期，中央银行为紧缩货币供应量、限制信用进一步扩张，要求商业银行临时存入中央银行一定数额的存款，而且一般不付利息，以此紧缩商业银行的放款规模。

10.2.4 间接信用控制

中央银行还可以采用道义劝告、窗口指导等方式对信用活动实施间接信用控制。

所谓道义劝告，是指中央银行利用其特殊的声望和地位，对商业银行和其他金融机构经常发出通告、指示或与各金融机构的负责人举行面谈，劝告其遵守和观察中央银行政策。这类措施不仅在西方国家采用，在我国也较多地采用，如各种工作会议、“吹风会议”等。从1998年3月开始，中央银行还每月与各商业银行一起召开经济金融形势分析会。这对于各金融机构正确理解中央银行的货币政策意图，正确贯彻和实施货币政策都具有积极的意义。

窗口指导的概念来自日本，日本中央银行根据产业行情、物价走势和金融市场动向，规定商业银行每季度贷款的增减额，并要求其执行。如果商业银行不按规定的增减额对产业部门贷款，中央银行可削减向该行的贷款额度，甚至采取停止提供信用等制裁措施。我国在取消贷款规模控制以后，更加重视窗口指导的作用，于1998年颁发了产业投资指导政策，以指导商业银行的贷款方向。此外，央行还定期对国有商业银行下达贷款增量指导性计划。

间接信用控制是通过中央银行的影响力加以实施的，为了保证其政策效果，中央银行必须在金融体系中拥有较高的地位和威望，以及拥有控制信用的足够法律权力和手段。

10.3 货币政策的传导机制

货币政策传导机制（conduction mechanism of monetary policy）是指中央银行运用货币政策工具，进而影响中介指标，最终实现既定政策目标的传导途径与作用机理。

货币政策传导是一个复杂的过程。对于这个过程的认识以及对其中各个环节之间关系的研究存在很多争论，但有一点是基本的，即经济中的微观主体都是在利益机制的作用下对货币政策工具作出反应。在此我们主要介绍这方面最具代表性的理论，即凯恩斯学派和货币主义学派的传导机制理论。

10.3.1 凯恩斯学派的货币政策传导机制理论

1）利率渠道

凯恩斯在《就业、利息和货币通论》中较早地从利率的角度对货币政策传导机制进行了专门的分析。他认为，货币供应 M 相对于货币需求突然增加后，首先发生的影响是使利率 i 下降，利率下降后，通过资本边际效益的影响又促成投资 I 增加，在消费倾向既定的情况下，投资增加会通过乘数作用，促成国民所得 y 增加，即 $M\uparrow\rightarrow i\downarrow\rightarrow I\uparrow\rightarrow y\uparrow$。

当然，这种效果的取得要以失业资源的存在为前提，经济一旦达到充分就业，投资乘数就不起作用，这时货币供应的增加只能引起价格的上升。

2）信贷渠道

信贷渠道是指通过三大货币政策工具进行调控，改变商业银行的超额准备金，进而影响商业银行的可用资金数量，在信贷传导较为顺利的条件下，会改变贷款数量，进而影响主体的投资、消费行为。

这种效果的取得要以商业银行和借款者借贷意愿的强弱为前提条件，阻碍信贷渠道传导的主要有以下方面：

一是商业银行进行放贷的收益低于投资于金融市场的机会成本。

二是商业银行进入金融市场存在较高的门槛与较低的权限。

三是金融市场流动性不足，且由于信息不对称带来的外部摩擦成本较高，不适合交易。

3）资产价格渠道

当货币投放增加，带来利率的下降时，资产价格会上升，一方面增加居民的财富，另一方面增加抵押品价值，增加消费和投资，影响实体经济。

这些研究的共同点在于，都是着眼于货币供应影响经济活动的途径，通过建立一个结构模型来考察货币对经济活动的影响。在这个模型中，凯恩斯学派利用一系列描述企业和消费者行为的方程式来描述经济运行。概括而言，其思路可以归结为如图10-2所示的过程。

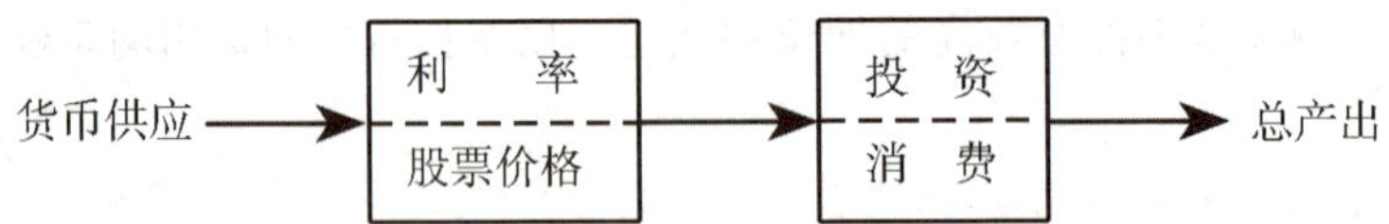

图10-2　凯恩斯学派的货币政策传导机制

对于这些传导机制的分析，凯恩斯学派还不断增添一些内容，主要集中在货币供给到利率之间和利率到投资之间的更具体的传导机制以及一些约束条件。现实经济生活是复杂的，新的问题不断出现，有必要使分析具体化。但不论有何进展，从总体上讲凯恩斯学派传导机制理论的突出特点是特别重视“利率”这一环节的作用。

尽管结构模型的分析让我们得以了解经济是如何运行的，并可以帮助我们更加准确地预测货币供应对总产出的影响。但只有在传导机制的全部过程都能被充分了解的情况下，采用结构分析才是最好的做法。如果结构模型中漏掉了一两个有关的货币政策传导机制，那么这种分析将可能大大低估货币供应对总支出（总产出）的影响。比如，如果货币供应传导机制与消费支出有关，而不是与投资支出有关，那么投资支出的凯恩斯结构模型（$M\uparrow \rightarrow i\downarrow \rightarrow I\uparrow \rightarrow y\uparrow$）可能会低估货币对经济活动的重要性。货币学派认为，凯恩斯学派把货币作用的途径规定得太窄，无法充分认识货币政策的重要性。针对结构模型分析的不足，货币学派提出了与凯恩斯学派截然不同的货币政策传导机制理论。

10.3.2 货币学派的货币政策传导机制理论

货币学派没有去描述货币供应影响总产出的具体途径，而是观察总产出变动是否与货币供应变动高度相关，由此来诊断货币对经济活动的影响。这就是货币学派采用的简化的分析方法。他们认为，既然实证研究表明，总产出的变动与货币供应的变动高度相关，就没必要过多地关心货币供应到总产出中间的传导机制。而且，由于货币供应变动影响总产出变动的具体途径是多种多样和不断变化的，人们实际上很难知道货币政策的全部传导机制。在这种情况下，使用结构模型进行分析就很有可能低估货币的重要性。因此，货币学派的货币政策传导机制理论可用图 10-3 表示。

图10-3 货币学派的“魔术箱”理论

与凯恩斯学派不同，货币学派认为，利率在货币传导机制中不起重要作用，而更强调货币供应量在整个传导机制上的直接效果。这种分析遭到一些凯恩斯主义者的批评，被称为“魔术箱”理论——进去的是货币量的增加，出来的是总产出的增加，中间的过程却被掩盖起来。的确，简化形式的分析存在着不足之处，那就是：当总产出的变动并不是由货币供应变动引起的时候，简化形式分析会使人产生误解。两个变量之间的相关关系并不是因果关系，两个变量密切相关不能说明其中一个变量是因，另一个变量是果。另外，两个一起变动的变量背后可能存在另外一种作为推动力的未知因素。如果存在一种能够引起货币供应量和总产出同时变动的未知因素，那么控制货币供应变动将无助于改进对总产出的控制。

学海拾贝 10-3

凯恩斯货币政策传导机制及其不确定性

凯恩斯传统货币政策传导机制，即通过改变货币市场均衡，影响利率变动进而引起经济领域的相关变化，最终使国民收入按照预期目标发生变化。以扩张性货币政策为例：$B\uparrow \rightarrow R\uparrow \rightarrow Ms\uparrow \rightarrow i\downarrow \rightarrow I\uparrow \rightarrow E\uparrow \rightarrow Y\uparrow$。

其中 B 是基础货币，R 是准备金，Ms 是货币供给，i 是利率，I 是投资，E 是支出，Y 是收入。

这一传导过程的核心是利率。从货币政策的传导机制来看，货币政策作用的发挥要经过诸多环节，若一个环节出现问题，则货币政策无效。

不确定性分析：

$Ms \to i$：货币供给增加不一定会导致利率的下降。这主要看货币需求的收入弹性和货币需求的利率弹性，以及是否存在流动性偏好陷阱。

$i \to I$：利率下降能否促进投资还要考虑投资收益预期（受制于整体经济环境、经济前景）以及投资的利率弹性。

$I \to E$：投资增加对支出的影响要考虑投资乘数以及边际储蓄倾向的影响。

$E \to Y$：支出增加是否意味着产出增加还要考虑通胀因素，即名义产出在实际产出与通货膨胀之间的瓜分比例。

10.4 货币政策中介指标

货币政策传导机制理论表明，从货币政策工具的运用到货币政策目标的实现之间有一个相当长的作用过程。在过程中有必要及时了解政策工具是否得力，估计政策目标能不能实现，这就需要借助于中介目标的设置。事实上，货币当局本身并不能直接控制和实现诸如稳定、增长这些货币政策的目标，它只能借助于货币政策工具，并通过对近期中介指标与远期中介指标的调节和影响最终实现政策目标。

10.4.1 货币政策中介指标的选择标准

自20世纪60年代以来，中介指标成了货币政策作用过程中一个十分重要的中间环节，对它们的选择是否正确以及选定后能否达到预期调节效果，关系到货币政策最终目标能否实现。通常认为中介目标的选取要符合如下三个基本标准：

第一，可控性，即是否易于为货币当局所控制。通常要求中介指标与所能适用的货币政策工具之间要有密切的、稳定的和统计数量上的联系。

第二，可测性，其含义包括两个方面：一是中央银行能够迅速获取有关中介指标的准确数据；二是有较明确的定义并便于观察、分析和监测。

第三，相关性，是指只要能达到中介指标，中央银行在实现或接近实现货币政策目标方面不会遇到障碍和困难。也就是说，要求中介指标与货币政策的最终目标之间有密切的、稳定的和统计数量上的联系。

10.4.2 常用的货币政策中介指标

根据以上几个条件所确定的中介指标一般有利率、货币供应量、超额准备金和基础货币等。根据这些指标对货币政策工具反应的先后和作用于最终目标的过程，又可分为两类：一类是近期指标，即中央银行对它的控制力较强，但离货币政策的最终目标较远；另一类是远期指标，即中央银行对它的控制力较弱，但离政策的最终目标较近。

1）价格型中介指标——利率

作为中介指标，利率的优点是：①可控性强。中央银行可直接控制再贴现率，而通过公开市场业务或再贴现政策，也能调节市场利率的走向。②可测性强。中央银行在任何时候都能观察到市场利率的水平及结构。③货币当局能够通过利率影响投资和消费支出，从而调节总供求。

但是，利率作为中介指标也有不理想之处。作为内生经济变量，利率的变动是顺周期的：经济繁荣时，利率因信贷需求增加而上升；经济停滞时，利率因信贷需求减少而下降。然而作为政策变量，利率与总需求也应沿同一方向变动：经济过热，应提高利率；经济疲软，应降低利率。这就是说，利率作为内生变量和作为政策变量往往很难区分。比如，确定一个利率提高的目标，为的是抑制需求；但经济过程本身如把利率推向了这个高度，作为一个内生变量，它却是难以直接抑制需求的。在这种情况下，中央银行很难判明自己的政策操作是否已经达到了预期目的。

2）数量型中介指标

（1）货币供应量

以货币供应量作为中介指标，首先遇到的困难是确定哪种口径的货币供给作为中介指标：是现金，还是$M1$，抑或是$M2$？就可测性、可控性来说，三个指标均可满足。它们随时都分别反映在中央银行和商业银行及其他金融机构的资产负债表上，可以进行测算和分析。现金直接由中央银行发行并注入流通，通过控制基础货币，中央银行也能有效地控制$M1$和$M2$。问题在于相关性，到底哪一个指标更能代表一定时期的社会总需求和购买力，从而通过对它的调控就可直接影响总供求。至于抗干扰性，货币供应量的变动作为内生变量是顺周期的，而作为政策变量则是逆周期的。因此，政策性影响与非政策性影响，一般来说不会相互混淆。

是选用货币供应量，还是选用利率，这里没有哪个绝对好哪个绝对差的定论。如何选择要看条件，才能判断怎样的选择对本国条件来说较为理想。比如20世纪70年代中期以后西方各国中央银行纷纷将中介目标由利率改为货币供应量；而进入90年代以来，一些发达国家又先后放弃以货币供应量作为中介指标，转而采用利率（如七国集团中除德国中央银行外均如此）。原因是20世纪80年代末以来的金融创新、金融放松管制和全球金融市场一体化，使得各层次货币供应量之间的界限更加不易确定，使得基础货币的扩张系数失去了以往的稳定性，也使得货币总量同最终目标的关系更难把握。结果是中央银行失去了对货币总量强有力的控制，故而纷纷改弦更张，重新采用利率作为中介指标。

此外，有一些经济、金融开放程度高的国家及地区，是以汇率作为其货币政策的中介指标。这些国家或地区的货币当局确定其本币同另一个较强国家货币的汇率水平，并通过货币政策操作，钉住这一水平，以此实现最终目标。

以上常见的利率和货币供应量两种指标一般被视为远期指标。这类中介指标离货币政策最终目标较近，但中央银行对这些指标的控制力弱于像超额准备金和基础货币这样的短期指标。

（2）超额准备金

超额准备金对商业银行的资产业务规模有直接决定作用。存款准备金、公开市场业务和再贴现率等货币政策工具，都是通过影响超额准备金的水平而发挥作用的。但是作为中介指标，超额准备金往往因其取决于商业银行的意愿和财务状况而不易为货币当局测度、控制。

（3）基础货币

基础货币是流通中的现金和商业银行的存款准备金的总和，它构成了货币供应量倍数伸缩的基础。不像超额准备金，它可满足可测性和可控性的要求，数字一目了然，数量也易于调控。不少国家把它视为较理想的近期指标。

货币政策通过中介指标的操作，可简单表示为如图10-4所示的过程。

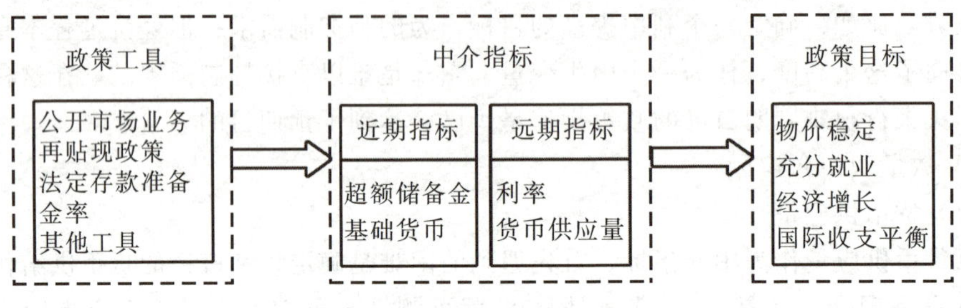

图10-4 货币政策的传导结构

经世济民10-2

改革完善贷款市场报价利率（LPR）形成机制

按照国务院决策部署，2019年8月17日中国人民银行发布改革完善贷款市场报价利率（LPR）形成机制公告，推动贷款利率市场化，利率市场化改革取得重要进展。

此次改革完善LPR形成机制，体现了六个“新”：一是新的报价原则。要求各报价行真正按照自身对最优质客户执行的贷款利率报价，充分体现市场化报价形成原则。二是新的形成方式。LPR改按公开市场操作利率加点形成的方式报价，其中公开市场操作利率主要是指中期借贷便利（MLF）利率，LPR报价的市场化和灵活性明显提高。三是新的期限品种。在原有1年期一个期限品种基础上，增加了5年期以上的期限品种，为银行发放住房抵押贷款等长期贷款的利率定价提供参考。四是新的报价行。在原有10家全国性银行基础上，增加城市商业银行、农村商业银行、外资银行和民营银行各2家，扩大到18家，有效增强了LPR报价的代表性。五是新的报价频率。将原来的LPR每日报价改为每月报价一次，提高报价行的重视程度，提升LPR的报价质量。六是新的运用要求。要求各银行尽快在新发放的贷款中主要参考LPR定价，同时坚决打破过去部分银行协同设定的贷款利率隐性下限，并将LPR运用情况纳入宏观审慎评估（MPA）和自律机制管理中。

2019年8月20日首次发布了新的LPR，至10月21日第三次发布新的LPR，1年期LPR已较同期限贷款基准利率降低了15个基点，5年期LPR较同期限贷款基准利率降低了5个基点。同时，中国人民银行督促金融机构抓紧运用LPR定价，推动LPR成为金融机构贷款的主要定价基准。总体来看，改革完善LPR形成机制已取得阶段性成效。9月份新发生贷款中运用LPR定价的占比已达到46.8%，其中主要运用于企业贷款。随着LPR改革效果的逐步显现，市场利率向贷款利率的传导效率提升，带动企业贷款利率下降，9月份新发放企业贷款利率较2018年高点下降0.36个百分点，初步体现了以市场化改革的方式降低贷款实际利率的政策效果。

下一步，中国人民银行将继续做好LPR报价和运用工作，引导和督促金融机构合理定价，进一步打破贷款利率隐性下限，疏通市场利率向贷款利率的传导渠道，并抓紧研究出台存量贷款利率基准转换方案。同时，维护好存款市场竞争秩序，保持银行负债端成本基本稳定。

10.5 货币政策效应

货币政策效应是指货币政策的实施对社会经济生活产生的影响，是货币政策经过传导过程之后的必然结果。制定和实施货币政策的目的是实现调节经济的政策目标，而目标能否实现以及能够在多大程度上实现，即货币政策效应如何，既是货币政策制定者十分关心的问题，也是经济理论界长期争论的问题。概括而言，有两种基本对立的观点：一是认为货币政策是无效的；二是认为货币政策在某种程度上是有效的。对这两种观点的争论实际上是与经济自由主义和政府干预主义两大经济思潮的交替起伏相伴而生的。正如当今世界上市场经济再发达的国家，也不能完全抛弃政府干预一样，人们更普遍地接受第二种观点，即货币政策既不是万能的，也不是完全多余和无效的。货币政策在制定、实施以及传导的过程中由于受到种种因素的影响，其效果可能会打折扣，政策制定者只有充分了解货币政策的这些局限，才能更好地行使自己的职能。

10.5.1 影响货币政策效应的主要因素

影响货币政策效应的因素有多种，除了主观因素，如货币政策目标的确定、货币政策工具的选择、施行货币政策的时机、货币政策执行过程中的偏差等，还存在许多客观因素：货币政策时滞、货币流通速度、微观主体预期、其他因素等。

1）货币政策时滞

任何政策从制定到获得主要的或全部的效果，都必须经过一段时间，这段时间即称为时滞。判断货币政策作用的时滞对于研究货币政策的有效性问题有着十分重要的意义。假设货币政策的时间长度有限，并且非常均匀，可以进行较为准确的预测，那么货币政策自然能够发挥应有的作用。但假设货币政策有长期且不稳定的时间差，那么由于时间差难以预测，货币政策或者将在错误时间内发生作用，或者将使经济形势更加恶化，那么相机抉择的货币政策自然不能信赖。因此，货币政策的时间差及其可测性与货币政策的有效性有着密切关系。

关于时滞可以分两部分来了解：第一是时滞的性质；第二是时滞的长度及其变异程度。先就时滞的性质来说，因为货币政策作用过程比较复杂，所以只能区别若干可能发生的时滞现象，做简单的讨论。如图10-5所示，货币政策时滞可区分为三大类：内部时滞、中期时滞、外部时滞。

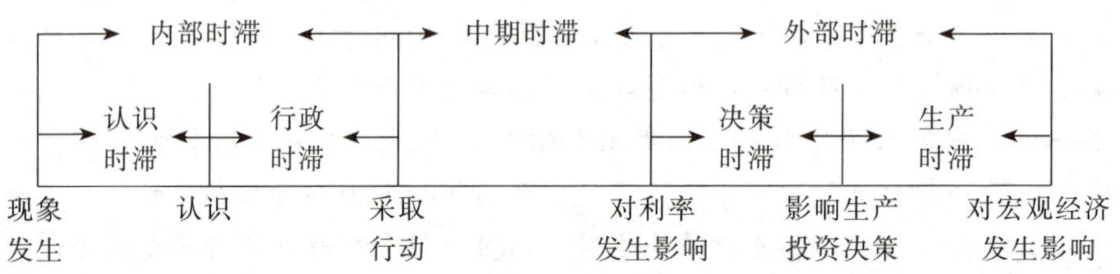

图10-5　货币政策时滞的分类

内部时滞（inside lag）：是指自经济现象发生变化，需要采取对策加以矫正始，直至中央银行实施货币政策工具为止的时间过程。这一过程又可分为两部分：第一，认识时滞（recognition lag），即当经济现象发生变化时，有些中央银行由于经济资料缺乏或决策者反应较慢，不能明确判断此种经济形势变化的意义及其可能产生的影响，直到经过若干时间后，中央银行才能获取准确资料，取得明确认识，决定开始研究对策。这段时间就是认识时滞。第二，行政时滞（administrative lag），即中央银行明确经济形势变化的性质及其将产生的影响后，将立即对此种经济形势研究可行的对策，但研究与行动都需要耗费时间，在决定实施何种政策工具之前的时间过程叫作行政时滞。

整个内部时滞所需时间长度取决于中央银行收集资料、研究形势及采取行动的效率，但是也取决于当时的政治和经济的目标。特别是当所希望实现的目标较多，必须对其优先顺序有所选择时，更需要花费较多时间去取舍某种政策。

中期时滞（intermediate lag）：严格地说，中期时滞属于广义的外在时滞的一部分，由于其情况较特殊，所以单独提出进行讨论。简单地说，所谓中期时滞，是指中央银行采取行动以致对金融机构产生影响，所以有时也称之为信用市场时滞（credit market lag）。这段时间的长度取决于商业银行及其他金融机构的反应以及金融市场的敏感程度。这一时间过程已不是中央银行当局能够操纵的了。

外部时滞（outside lag）：自金融机构改变其利率和信用供给量始，至对实质经济产生影响的时间过程，叫作外部时滞。这段过程又可分成两个部分：第一，利率和信用条件改变后，个人与厂商面对新形势，改变自己的投资决策或支出决策，在采取行动之前，这段时间称为决策时滞（decision lag）。第二，个人和厂商决定其支出意向后，对整个社会的生产和就业将产生影响，这段影响过程所需要的时间称为生产时滞（production lag）。

外部时滞因为经济结构及行为因素都不是稳定而可测的，所以时间长度变异很大。我们已经知道，各经济部门对货币政策的反应不一，所受影响有很大差异，所以外部时滞是整个货币政策的时滞中最为复杂的问题。

自20世纪60年代以来，经济学家们对货币政策时滞有很多的实证研究，由于研究方法不同，各国的具体情况也不同，得出的结果相差很大，基本情况是：第一，货币政策的中期时滞比较稳定，是可测的，一般认为在2个月左右；第二，内部时滞长度较小，但不同经济学家得出的结果相差很大，一般在2~6个月；第三，外部时滞最长，一般在4~20个月。

假定货币政策的时滞只是平均时间过程较长的问题，那么对货币政策的有效性不会产生致命的影响。因为不论时间长度如何，只要有确定的范围，中央银行便能根据预期时滞的间隔，预先采取影响将来某一时期经济状况的货币政策。但是遗憾的是，货币政策的时滞有很大的变异性，因而使得中央银行相机抉择政策常常不能实现预期目标，甚至会出现与目标背道而驰的结果。因此，弗里德曼主张放弃相机抉择的货币政策，代之以“简单规则”，主张消极地维持一定的货币供应量增长率，以避免由于人为的错误加剧经济波动。但另一些经济学家则认为货币政策时滞尽管变异性很大，但是可以把货币政策与财政政策混合使用，这样可以弥补时滞不稳定的缺陷。

2）货币流通速度

对货币政策有效性的另一主要限制因素是货币流通速度。对于货币流通速度一个相当小的变动，如果政策制定者未能预料到或在估算这个变动幅度时出现小的差错，都可能使货币政策效果受到严重影响，甚至有可能使本来正确的政策走向反面。假设预测GDP增长幅度，再假设根据以前一些年份有关数据的实证分析，只要包括货币流通速度在内的其他条件不变，货币供给等比增加即可满足GDP增长对货币的追加需求。如果货币流通速度在预测的期间加快了10%，如果货币当局没有预见到货币流通速度的变化，而是按流通速度没有多大变化的考虑决定增加货币供给，那么新增的货币供给量必将成为助长经济过热的因素。

但是，在实际生活中，对货币流通速度变动的估算，很难做到不产生误差，因为影响它变动的因素太多。这当然也就限制了货币政策的有效性。

3）微观主体预期

对货币政策有效性或效应高低构成挑战的另外一个因素是微观主体的预期。当一项货币政策提出时，各种微观经济主体立即会根据可能获得的各种信息预测政策的后果，从而很快地形成对策，而且极少有时滞。货币当局推出的政策面对微观主体广泛实施的抵消其作用的对策，政策可能归于无效。例如，政府拟采取长期的扩张政策，人们通过各种信息预期社会总需求会增加，物价会上涨，在这种情况下，工人会通过工会与雇主谈判提高工资，企业因预期工资成本的增大而不愿扩大经营。最后的结果只有物价的上涨而没有产出的增长。鉴于微观主体的预期，似乎只有在货币政策的取向和力度没有或没有完全为公众知晓的情况下才能生效或达到预期效果。但是这样的可能性不大，货币当局不可能长期不让社会知道它所要采取的政策。即使采取非常规的货币政策，不久之后也会落在人们的预期之内。假如货币当局长期采取非常规的货币政策，则将导致微观经济主体做出错误判断，并会使经济陷入混乱之中。但实际的情况是，公众的预期即使是非常准确的，要实施对策也要有个过程。这就是说，货币政策仍可奏效，但公众的预期行为会使其效应打很大的折扣。

4）其他因素

除上述合理预期对货币政策的有效性产生影响之外，体制因素、政治性经济周期因素和其他一些政治性因素也会对货币政策效果产生影响。

（1）体制因素

①政治体制。一般来讲，高经济增长和低失业会给执政党带来不少选票，所以执政党在大选之前都力图刺激经济，而新政府一般在大选后便及时采取收缩政策，使国民经济平稳下来，这被称作“政治性经济周期”。但由于大多数西方国家中央银行负

责人任期与政府首脑不一致，因此，在大选之前往往出现货币政策与财政政策大相径庭的局面。总统力图刺激国民经济，降低失业率，中央银行力图稳定国民经济，抑制通货膨胀率。所以，政治性经济周期的存在可能会在一定程度上影响货币政策的效果。

此外，由于任何一项货币政策的贯彻，都可能会给不同阶层、集团、部门或地方的利益带来一定的影响。这些主体如果在自己利益受损时做出较强烈的反应，就会形成一定的政治压力。这些压力足够有力时，就会迫使货币当局对货币政策进行调整。政治因素影响货币政策效果的严重性如何，目前尚无定论，但它肯定会导致社会利益的一定损失。然而大多数经济学家认为这些因素不至于从根本上妨碍货币政策对国民经济产生的净效果。

②经济体制。一国的经济体制特别是金融体制的状况也会对货币政策效果产生影响。比如，发展中国家的货币金融制度都不同程度地存在着“货币化”程度低、现代部门与传统部门同时并存的“二元金融结构”、金融体系发展不平衡和效率低下等特征，政府对经济金融进行不适当干预，再加上发展中国家通常存在的资金短缺现象，利率和金融资产的价格不能正确反映资金的供求状况。货币政策和传导机制严重扭曲，从而难以发挥预期的效应。

（2）金融创新

金融创新的蓬勃发展对世界范围的金融业都产生了全面而深刻的影响，使货币政策的工具、中介指标、传导机制都发生了明显的变化，因此也极大地影响着货币政策效应，这主要表现在：

①对三大货币政策工具的影响。

首先，金融创新的发展会削弱法定存款准备金制度的效力。因为金融创新的发展使得资本市场、货币市场逐渐成熟，银行金融机构与非银行金融机构之间的界限变得模糊。例如，通过发行理财产品，发展同业存款，银行可以有效规避存款准备金的要求，而且金融创新改变了金融机构的负债结构，存款所占比例逐渐下降，这些都缩小了法定存款准备金的作用范围。而且金融创新增强了金融机构超额准备金的弹性。一般情况下，我们讨论调节法定存款准备金率来调节借贷或者货币供给量，其前提是超额准备金率不变，但是金融创新的发展破坏了这个前提。金融创新的发展使得银行调整超额准备金的途径丰富而便利，其结果是削弱了法定存款准备金率的效力。同时，金融创新的发展使得现金比率下降，导致货币乘数趋于上升，部分抵消了法定存款准备金率上调减小货币乘数的影响。

其次，金融创新的发展削弱了再贴现政策的效果。货币当局调整再贴现率，其作用大小与金融机构对中央银行再贴现的依赖程度成正比。而金融机构是否有意向到中央银行申请再贴现，以及申请再贴现的具体数额，主要取决于金融机构所处的融资环境，也就是金融机构通过其他途径短期融资的难易程度和代价。金融创新的发展使得金融机构融资渠道多元化，降低借入成本，提高借入便利，使得再贴现率的作用降低。

但是我们也应该看到，金融创新的发展强化了公开市场操作的作用。金融创新为公开市场提供了更多的可供买卖的工具，金融机构在补充流动性资产或者进行资产组合调整中日益依赖公开市场，在客观上配合了货币当局的操作，有助于增强货币政策效果。

②削弱货币供给量的可测性。

金融创新快速发展之前，货币的定义和计量相对容易，因为货币与其他金融资产的界限比较分明。但是在金融创新迅速发展之后，新型金融工具不断出现，金融资产之间替代性增强，交易账户与投资账户、广义货币与狭义货币、本国货币与外国货币之间的界限逐渐模糊，货币的定义与计量日益困难与复杂化。

例如，电子支付方面的金融创新减少了狭义货币的需求，使得狭义货币的流通速度加快。从短期来看，金融创新使得金融资产之间的替代性增加，各个层次之间的货币流动性差别已经不那么明显，并且金融创新的发展降低了其转换成本，经济环境一旦发生变化，货币资产与非货币资产之间可能会发生大规模转移，从而造成各货币总量的流通速度越来越不稳定。

③削弱货币供给量的可控性。

首先，欧洲货币市场的发展削弱了各国中央银行对国内货币的控制。当存在不利于金融机构的管制措施时，金融机构就会利用欧洲货币市场规避本国政策的管制，使货币政策失效。

其次，金融创新使得货币乘数也变得不稳定，因此货币供给量可控性下降。任何时点上的货币供给量都是基础货币和货币乘数的乘积，当中央银行提供的基础货币既定时，货币乘数就成为决定货币供给的关键变量。而对货币乘数起重要作用的因素是现金比率、法定存款准备金率和超额存款准备金率，金融创新可以作用于这三项因素影响货币乘数。

总之，金融创新使得货币供给的内生性增强。货币供给内生性是指货币供给受经济体系运行中内在因素影响，内生性强意味着中央银行对货币供给的可控性下降。金融创新通过扩大货币供给主体，加大货币乘数，使得货币供给在一定程度上脱离了中央银行控制，越来越多地受制于经济体系内在因素的支配。金融创新使得货币供给不再是中央银行绝对控制的外生变量，除基础货币以外，受经济内生变量的影响越来越大，削弱了中央银行对货币供给的控制能力。

④削弱货币供给量与最终目标的相关性。

金融创新改变了人们的持币动机，金融创新中的存款账户还具有投资功能，具有良好的支付功能和变现能力，影响货币流通速度，增加了货币与其他金融资产之间的可替代性，因此金融创新造成货币需求不稳定，即使货币供应量达到中介指标的要求，也不一定能够实现稳定币值等目标。而且，金融创新造成金融脱媒日益严重，对最终目标的影响力逐渐减弱，加大了中央银行通过调控货币供给量以实现货币政策最终目标的难度。

（3）全球经济金融一体化

全球经济一体化是第二次世界大战后全球经济领域最引人注目的趋势，主要表现为市场一体化、生产一体化和金融一体化。金融一体化的过程一方面使发达国家自身的金融结构发生变化，另一方面也使发达国家高层次的金融结构逐渐渗透到发展中国家。金融结构的变化必然影响货币政策工具的作用过程，也使国内的货币政策因跨国金融机构的大量存在而削弱了效果，因为跨国金融机构有条件在国际市场的范围内调节资产负债表，而不一定按一国中央银行的政策意图来改变贷款规模。

由于全球经济金融一体化导致资本跨国流动更加方便和自由，从而通过利率-汇率机制的作用，使一国的货币政策越来越受到国际资本流动的影响，或者受到其他国家货币政策的影响。也就是说，一方面，货币政策在国内的效果可能会被外部的影响削弱；另一方面，货币政策的效果也可能延伸到国外。

10.5.2 货币政策效应的衡量

在假定其他宏观政策中立的条件下，货币政策调节方向和力度的选择是否适当，要靠经济运行的结果来检验。货币政策效应的衡量，实际上就是对实施的货币政策所取得的效果与预期所要达到的目标之间是否一致进行估价。

宏观调节的最终目的是通过政策变量的操作，使目标变量尽可能接近预期的理想水平。从中央银行货币调节的实施顺序看，是用工具变量影响中介指标，再通过中介目标影响最终目标。

根据一般规律，经济增长与物价稳定之间在短期内存在一定的矛盾。政策目标之间的冲突使得货币当局在进行政策调节目标优先次序排列时必须花费某种代价。例如，如果将物价稳定作为首要目标，在一定条件下，就必须牺牲经济高速增长。如果将经济增长作为货币政策的第一调节目标，那么，在追求经济高速增长过程中就不能不付出一定的通货膨胀代价。因此，在评价货币政策效果时，应该看是否以较小的代价实现了首要的调节目标。

启智增慧10-2

货币政策的自主性、有效性与经济金融稳定

以评估扩张政策为例，如果社会总需求小于社会总供给，货币政策以纠正供求失衡为目标，那么这项扩张政策效应的大小就可以从以下方面加以考察：

（1）如果通过货币政策的实施，增加了货币供给，并抑制了经济增长速度的下滑，或者促进了经济回升，同时又没有引起物价的上涨，那么可以说这项扩张性货币政策的有效性最大。

（2）如果通过货币供应量的增加在抑制经济增长速度下滑或促进经济回升的同时，也导致了物价水平的上升，那么扩张性货币政策有效性的大小，则要视产出变动率与价格水平变动率的对比而定。若产出数量的增加大于价格水平的上升，扩张性货币政策的有效性较大；反之则较小。

（3）如果扩张性货币政策无力遏制经济衰退或促使经济回升，并使物价水平不断上涨，则可以说扩张性货币政策无效。

其他类型的货币政策效应，也可从此思路出发加以衡量。

学海拾贝 10-4

负利率挑战了什么

一年一度的中央银行政策制定者聚会在杰克逊霍尔举行，2019年的研讨主题是货币政策的挑战。在短期利率已经很低甚至是负值的环境下货币宽松的空间有多大、能走多远？这涉及如何理解货币政策框架面临的挑战。

过去40年主流货币政策框架有以下三个特征：

第一，以控制通胀（CPI上涨率）为主要目标，不少央行实行通胀目标盯住制(inflation targeting)，政府给央行一个明确目标，把通胀控制在低水平，同时给予央行货币政策操作的独立性。

第二，货币与金融联系在一起，但与财政分开。金融自由化使得银行信贷成为货币增长的主要来源，财政则注重审慎和收支平衡，主流思维强调区分财政与货币（包括央行与金融），而不是货币（包括央行与财政）与金融。

第三，从数量型（货币信贷总量）调控转变为价格（利率）型调控。央行调控短期利率，通过市场套利传导到中长期利率、资产价格、银行信贷等，进而影响总需求和物价。典型的例子是泰勒规则，政策利率（联邦基金目标利率）和通胀预期以及产出缺口（短期取决于经济增长）直接挂钩。浮动汇率制逐渐成为主流，主流思维认为由市场供求决定的汇率可以避免国际收支持续失衡。

全球金融危机带来对上述框架的反思与冲击，体现在几个方面。首先，低通胀不一定意味着宏观经济稳定，金融自由化带来信贷过度扩张和金融危机，加强金融监管成为新趋势，货币政策与宏观审慎监管成为宏观调控双支柱。其次，财政政策作为逆周期调节的工具在应对金融危机的冲击中发挥了重要作用。最后，利率零下限成为货币政策执行的掣肘，导致非常规货币宽松，包括央行的负利率和量化宽松（购买长期国债）政策。

新的政策框架在金融危机后稳定经济方面取得了不错的成效，但长效机制的形成仍在摸索中。近期的发展显示“非常规”可能正在变为“常规”货币政策，全球范围内低利率和负利率再次成为突出问题。在正常情况下，利率下降有利于降低融资成本，促进投资与消费需求，但负利率的蔓延带来争议，给货币政策带来挑战。

一个直接的问题是利率零下限是否存在。最近美联储前任主席格林斯潘认为零利率只是一个符号，不存在零下限的约束。负利率引导短期利率下行，其影响经济活动的传导机制和正利率环境下的机制没有什么差别。但一个担心是随着负利率的增加，银行的利差下降，可能导致信贷供给减少，与稳增长的初衷相违背。同时，现金零利率所隐含的套利机会是否随着负利率的增加而变成现实，有待观察，即使监管机构和银行设置大规模提现的障碍，由此增加的交易成本也是负面因素。

更重要的问题是，即使技术上不存在利率零下限，货币政策能不能有效稳定经济？货币政策工作的机制是央行引导市场利率趋近其认为合适的水平，如何判断这个合适度呢？经济学有一个自然利率的概念，即经济供给与需求达到平衡时的利率，自然利率可以说是引导货币政策操作的一个锚。这个锚由什么因素决定？过去40年主流经济学认为中长期来讲货币是中性的，不影响实体资源配置的效率，自然利率由基本面因素（比如人口、技术进步等）决定，货币扩张带来的唯一危害是通胀，只要通胀不是问题，央行引导利率下行以促进经济增长就是合理的。

全球金融危机后人们反思货币中性假设，货币在中长期也不是中性的，货币和金融的波动影响实体资源配置，自然利率不仅受实体基本面驱动，也受货币金融的影响。按照这个逻辑，自然利率对货币政策来讲不是外生变量，可能存在一个情形，央行引导市场利率下行导致自然利率本身下降，由此形成一个恶性循环，政策缺少自我稳定的机制。

当前形势下，如何理解影响自然利率的实体和金融层面因素，对我们认识全球低利率环境有帮助。

资料来源：彭文生．负利率：金融之殇、财政之机［EB/OL］．［2019-08-26］．https：//baijiahao.baidu.com/s？id=1642906180082275775&wfr=spider&for=pc.

本章小结

货币政策是中央银行为实现既定的经济目标而采用的各种控制和调节货币供应量或信贷规模的方针和措施的总称。货币政策是国家宏观经济政策的最重要组成部分。货币政策研究的问题包括：货币政策目标、中介指标和政策工具（也称为货币政策的三要素），以及货币政策的传导机制及政策效应问题。

货币政策目标是中央银行通过货币政策的操作而最终要实现的经济目标，它包括物价稳定、经济增长、充分就业、国际收支平衡以及金融稳定等。各目标之间既统一又矛盾，不可能兼顾，重点也并非固定不变。

货币政策工具可以分为一般性工具、选择性工具、直接管制工具和间接管制工具。一般性工具主要是中央银行传统的三大工具，即法定存款准备金率政策、再贴现政策和公开市场业务，它们都有其重要的作用，但也存在局限性，必须不断完善。

货币政策中介指标的选择与传导机制理论密切相关。凯恩斯学派倾向于选择利率作为中介指标，货币学派则倾向于货币供应量指标。

货币政策的有效性问题存在争议，我们应该看到，经济当中确实存在着诸多影响货币政策效果的因素，如货币政策时滞、货币流通速度、微观主体预期、政治经济体制的特点、金融创新、全球经济金融一体化等。

关键概念

货币政策最终目标　菲利普斯曲线　法定存款准备金率政策　再贴现政策　公开市场业务　货币政策中介指标　“魔术箱”理论　货币政策传导机制　货币政策时滞

综合训练

1.试述货币政策目标的内涵以及各目标之间的关系。

2.你如何理解《中国人民银行法》关于我国货币政策目标的表述？

3.为什么要设立货币政策中介指标？什么样的指标适宜充当货币政策中介指标？

4.中央银行可能运用的货币政策工具包括哪些？在扩张性或紧缩性的货币政策

中，它们分别应该如何运用？

5. 什么是法定存款准备金政策？其效果和局限性如何？

即测即评 10

6. 什么是再贴现政策？它有哪些优缺点？

7. 与其他政策工具相比，公开市场业务的优点是什么？

8. 目前我国公开市场业务操作的交易方式主要有哪些？

综合训练参考答案 10

9. 什么是货币政策传导机制？凯恩斯学派和货币学派的传导机制理论有哪些分歧？

10. 什么是货币政策时滞？它由哪些部分组成？

11. 金融创新活动对货币政策效应有哪些影响？

第11章

金融创新

牢记嘱托

创新是引领发展的第一动力。现在，我国经济中技术、知识、专利等“轻资产”比重明显提高，机器设备、厂房等“重资产”比重逐步下降，而银行贷款仍然主要以“重资产”作抵押，这就对金融服务造成很大局限。要适应发展更多依靠创新、创造、创意的大趋势，推动金融服务结构和质量来一个转变。

——习近平2019年2月22日在十九届中央政治局第十三次集体学习时的讲话

目标引领

价值塑造

理解金融创新的重要性与影响力，培养学生的探究精神，增强学生的政治认同和家国情怀。

知识传授

阐释金融创新的内涵，解释金融创新与金融风险、金融管制以及金融深化的关系，列举金融创新的内容。

能力培养

结合我国实际经济状况，分析金融创新给货币政策带来的影响。

思维导图

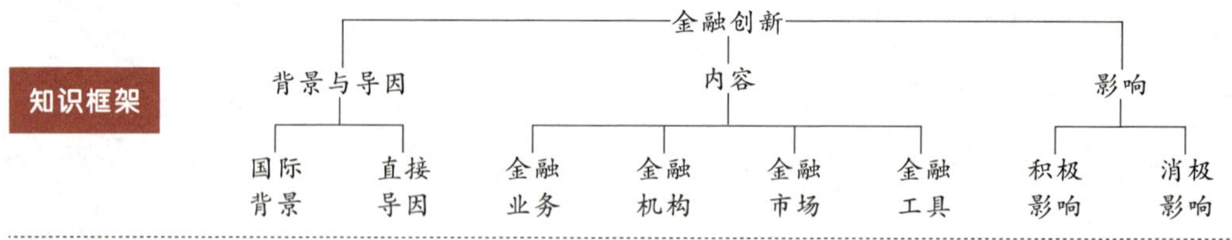

开篇导读

金融创新始于20世纪60年代后期，70年代金融创新发展迅猛，并且在80年代形成全球性趋势。金融创新在金融工具、金融机构、交易策略、金融市场等方面都进行了明显的变革。

中国经济发展新的推动力在于创新。而经济创新需要一个高效且高质量的金融体系作为支撑。总结改革开放40年的经验，实体经济部门每步的发展都和金融部门的发展密不可分。

随着经济的发展和经济结构的调整，金融部门的确也在不断地转型和创新。银行、保险、基金、证券等很多金融业态都有较快的发展，目前中国的银行已有五千多家，其他类型的金融机构也非常多，金融产品的种类也越来越多，发达经济体市场上的各种金融产品在中国市场上都有，甚至还有一些是中国独创的融资模式。毋庸置疑，正是这样的创新成就了中国经济和中国金融发展的核心竞争力和前进的动力。

资料来源：《径山报告》课题组．中国金融创新再出发［M］．北京：中信出版集团，2021.

11.1 金融创新的内涵

11.1.1 金融创新的定义

1912年美籍奥地利经济学家熊彼特首次提出“创新”这一概念，将经济体系中的创新定义为“建立一种新的生产函数，即生产要素的重新组合”。熊彼特研究的对象是经济发展中微观的生产关系与生产力的创新，包括五种情形：①新产品的出现；②新生产方法或技术的采用；③新市场的开拓；④新原材料供应来源的发现；⑤新企业管理方法或组织形式的推行。熊彼特在其《经济发展理论》一书中对创新所下的定义为金融创新定义奠定了基础。

在熊彼特创新的定义基础上，国内学者陈岱孙、厉以宁主编的《国际金融学说史》将金融创新定义为：为了追求利润机会，在金融领域内对各种金融要素进行新的结合，建立“新的生产函数”而形成的市场改革。它泛指金融体系和金融市场上出现的一系列新事物，包括新的金融工具、新的融资方式、新的金融市场、新的支付清算手段以及新的金融组织形式与管理方法等内容。他们认为，整个金融业的发展史就是一部不断创新的历史，金融业的每一次重大发展都离不开金融创新。例如，信用货币的出现、商业银行的诞生、支票制度的推广、数字人民币的推出等都是历史上重大的金融创新。

从金融创新的定义可知，金融创新不能仅仅局限于一种或数种金融工具的发明或使用。在此我们认为，金融创新是指金融领域内各种金融要素实行新的组合。具体而言，是指金融机构为了生存、发展和迎合客户需要而创造出的新的金融产品、新的金融交易方式，以及新的金融市场与新的金融机构的出现。这个概念包括四方面的内容：金融创新的主体是金融机构；金融创新的目的是盈利和效率；金融创新的本质是金融要素的重新组合，即流动性、收益性、风险性的重新组合；金融创新的表现形式是金融业务、金融机构、金融市场、金融工具的创新。

金融创新不仅是一个经济范畴，还是一个历史范畴。自从现代银行业出现以来，无论是银行传统的业务、银行的支付和清算体系、银行的资产负债管理，还是金融机构、金融市场，乃至整个金融体系、国际货币制度都经历了一轮又一轮的金融创新。整个金融业的发展史实际上就是一部不断创新的历史，金融创新一直伴随着金融业的发展。这种金融创新是生产力发展后，反过来对生产关系组成部分的金融结构进行调整而产生的。因此，其具有以下三个鲜明特点：①金融创新是一个动态的过程，它是随着商品经济的发展而出现的。②金融创新的发展是随着人们对经济思想的认识不断深化而相应变化的。它是适应现代经济理论发展对金融领域的新要求而产生的。这里主要包括两个阶段：第一阶段是20世纪30年代的西方国家经济大危机以后，凯恩斯国家干预经济的理论成为主流学派，宏观经济需求管理的实践对金融业务革新产生了深远影响。第二阶段是第二次世界大战结束后，西方经济在布雷顿森林体系框架下稳定运行和20世纪70年代高通货膨胀后，凯恩斯经济思想作为主流学派受到一定程度的挑战，出现了多元化的经济思想，主要包括货币主义、理性预期等经济学派，这种多元化经济思想对金融领域各项业务的发展产生了重大影响。③它是适应金融国际化、市场化、自由化的要求而产生的。在整个金融创新过程中，国际经济环境的变化始终影响金融创新的进程，主要表现是浮动汇率制度下汇率和利率的波动，以及世界性的债务危机推动了世界银行体系的变化与发展，促使其采取更加灵活的利率定价方式，提高了资本流动的自由度，扩大了国际金融市场的容纳量，增强了不同类型金融资产的流动性。世界经济一体化发展促进了金融国际化、市场化和自由化。

金融发展趋势的内在要求说明了金融创新本身就是经济高度市场化内生变量的一个组成部分，而并不是游离于经济市场化之外的外生变量。金融创新是一种商业抉择行为，动机依然受利润最大化影响，参与金融市场的主体突破原有的均衡状态，以获得最大的利润，所以金融创新提高了市场效率，是市场经济与金融业发展到一定程度的必然结果。在市场经济运行中，金融市场的各种要素被重新组合、重新设计和重新开发，从而达到资源配置的最优。更进一步的理论阐述是未来的市场发展本身就是一种内部的创新，而这种创新是在具有竞争性和自动放松金融管制的新的金融体系中成长起来的。因此，从这个意义上讲，金融创新实际上是金融体系不断革新并成长的过程。

11.1.2 金融创新与传统银行业务的衰退

商业银行采取“借短贷长”的传统错息操作方式促进资金融通，充当信用中介。金融创新为银行业创建了一个充满竞争力的环境，从而导致传统银行业务开始出现衰退。

1）传统银行获取资金（负债）的成本优势下降

1980年以前美国银行业存款利率上限受限于Q条例，银行存款对许多投资者的吸引力下降，存款人将资金从低利率的支票存款和定期存款中取出，寻求更高收益率的投资，此时，货币市场共同基金应运而生。由于投资者可以在货币市场共同基金中得到更高的利率，并且可以得到类似支票账户的服务，所以造成银行相对其他金融机构的成本优势下降，直接加速了金融脱媒的进程。随着中国金融业的快速发展，金融脱媒现象也越来越明显，影子银行以及互联网金融的崛起也意味着传统银行获取资金的成本大幅增加。

2）传统银行资金使用（资产）的收入优势下降

货币市场、债券市场等金融市场出现的金融创新，使得银行资产方收入优势下降。相对于这些新市场、新产品，银行收入优势的下降导致了市场份额的损失，促进了影子银行体系的发展。在这种情况下，银行为了维持利润水平，开始追求高利润的表外业务，而这又进一步促进了银行的金融创新。近年来我国以利率市场化为代表的金融改革，也促进了银行业开始大力发展同业业务等金融创新。

11.2　金融创新的背景与导因

11.2.1　金融创新的国际背景

金融创新是近几十年来国际金融界最为重要的发展趋势之一，从当代经济发展史来看，构成金融创新的国际背景主要有三方面：第二次世界大战后国际资本流动及欧洲货币市场的建立；20世纪70年代“石油危机”以及由此产生的“石油美元”回流；20世纪80年代国际债务危机的爆发。

1）欧洲货币市场和资本市场的建立和发展

第二次世界大战后，科学技术的发展促进了生产力的发展，使生产的社会化提高到国际化阶段。生产国际化和市场国际化的形成必然要求资本国际化，日益增大的国外投资和国际资本流动规模呼唤着一个发达、高效的国际融资体系的出现。国际金融市场发展的总体趋势是国内金融市场和国际金融市场一体化。各国国内金融业，特别是银行业，积极向国外寻求发展，在国外增设分支机构等，积极参与国际金融市场上的业务竞争。各国相继开放国内金融市场，特别是原先对外资经营银行业限制很严的国家，也开始允许外国银行来本国设立分支机构。正是在这种背景下，欧洲货币市场和欧洲资本市场相继诞生，从而在更广泛的范围内满足跨国生产和销售，这些市场的成立标志着国际金融市场发展到了一个崭新的阶段。作为一个新型的国际金融市场，欧洲货币市场和资本市场呈现出对市场刺激高度灵敏、对世界经济发展适应性强、对各种金融业务便利灵活等明显特征，从而与传统的国际金融市场有着本质区别。另外，生产资本不断集中，促进了国际性大银行面对日趋激烈的市场竞争，在这样的背景下，金融创新无疑是占领市场的有效工具。可以说，欧洲货币市场与欧洲资本市场的建立，开创了当代金融创新之先河。

2）全球性“石油危机”及“石油美元”的回流

20世纪70年代石油大幅度提价后，石油的供给与需求严重失衡，使得全世界范围内出现了严重的“石油危机”，在“石油危机”中，石油输出国对外收支呈现巨额顺差，从而成为一种流动性极强的世界性资金力量，即“石油美元”。“石油美元”的形成及其回流冲击着国际货币体系和国际金融市场，从而引起20世纪70年代世界经济格局与经济结构发生了巨大变化。一是各国内部行业结构发生变化，一大批新兴的产业开始崛起；二是各工业国经济实力之间的差距逐渐缩小，一些新兴工业化国家开始崛起。石油输出国的“石油美元”及其回流引起世界经济结构发生变化并进而引起国际收支出现失衡。一方面，面对巨额的“石油美元”资金，石油输出国需要寻找合适的融资方式和新型金融工具，以使其不至于受到利率和汇率剧烈波动的影响，因此，这些国家对欧洲货币市场的依赖程度逐渐加深；另一方面，世界经济结构变化过程中出现的国际收支顺差国为了更好地疏导其剩余资金，满足逆差国的资金需求，也只有利用欧洲货币市场和资本市场的融资机制加速其资本流动。这些都推动了欧洲货币市场和资本市场业务不断发展。同时，欧洲货币市场和资本市场也不得不根据国际资本运动的规律及时调整业务结构和业务操作流程，因“石油危机”引起的欧洲货币市场和资本市场的发展本身就孕育了新一轮的金融创新。

3）国际债务危机及其影响

20世纪80年代，墨西哥、巴西、阿根廷等国相继宣布无力偿还外债，从而爆发了世界闻名的“国际债务危机”。1982年8月墨西哥陷入债务危机后，同年9月至12月国际清算银行通过债权国官方渠道向墨西哥提供了过渡性融资。1983年巴西无力偿还外债时，与债权银行签署了一项有关融资的一揽子协议，包括一次性债务重新安排和45亿美元的新货币。1985年5月，智利为了减轻偿债过大的压力开始实施综合性债务股权转换计划。其他一些重债务国在国际金融机构及债权银行的协助下也都采取了与上述各国类似的措施。国际债务危机无论是对发达国家还是对发展中国家都产生了巨大影响，同时也加剧了国际金融的不稳定性。这一重大变化客观上要求金融业务与其相适应，从而导致了大批的融资工具和融资方式的诞生。国际债务危机爆发至今已有40余年，但对国际金融业产生了深远影响。首先，国际商业银行不再以20世纪70年代那样的规模和融资方式进行贷款。其次，债权人和债务人采取自然风险分担的配套方法来改革旧的融资方式。最后，在处理和缓解债务危机过程中，创造出了许多解决债务问题的方法，如债务股权转移、购回旧债发行有抵押条件的新债、债务转换成债券等。虽然国际债务危机造成了国际金融业的动荡不安，但从某种意义上讲，却促成了金融工具和融资方式的创新。

11.2.2 金融创新的直接导因

第二次世界大战后，国际资本加速流动，欧洲货币市场、资本市场得以建立与发展，20世纪70年代出现“石油危机”及“石油美元”的回流，80年代初爆发国际债务危机，如果说这些世界经济发展过程中出现的事件是金融创新的基本背景或间接原因，那么避险和财富增长需要等主观条件，放宽金融管制与金融自由化等客观条件，供给条件方面的科学技术革命和需求方面的规避金融管制，则是金融创新的直接导因。

1）主观条件：避险和财富增长需要

现代商品经济迅猛发展，生产力高度发达，交易关系日益复杂，经济主体财富增加，使得金融创新存在广阔的发展空间。特别是充分的经济货币化后，许多新的金融需求随着金融化程度的提高不断产生，对金融业提供的产品在范围、种类、数量和质量上的要求越来越高。这些新的、更高的标准刺激了金融创新的蓬勃发展。由于20世纪70年代以后布雷顿森林体系的瓦解以及国际金融交易的进一步增加，金融市场风险开始增加。利率、汇率、通货膨胀、国际资本流动以及国家风险的变化引发了大量的金融业务和金融工具的创新。例如，为了规避利率和汇率风险产生了利率（外汇）期货与期权、利率（货币）互换等工具，为了规避通货膨胀风险产生了浮动利率金融工具。

2）客观条件：放松金融管制与金融自由化

20世纪70年代以来，世界经济形势发生了剧变，电子计算机技术的不断进步，国际金融市场的长足发展，终于导致了世界范围的金融管制放松浪潮。放松金融管制本身就是一场革命，无论是对利率的管理、银行自身的资产负债管理、非银行金融机构的发展，还是对金融业务交叉方面的变革都具有决定性的作用。

放松金融管制的根本原因是世界经济剧烈变动使金融机构为适应这种变化而采取的规避管制行为。另外，电子计算机应用技术不断进步和国际金融市场的发展，都迫使各国货币管理当局不得不放松金融管制。20世纪70年代中期，西方各主要工业国几乎同时出现经济形势的重大变化：一是20世纪70年代世界性经济危机之后的高通货膨胀及高名义利率；二是“石油危机”带来油价大幅上涨。在居高不下的通货膨胀形势下，银行原有受管制的存款利率条件以及无息支票存款便利不仅不能吸引更多的存款，反而出现了大量存款从银行流出的迹象。相反，不受管制或受管制较松的其他金融机构则可以利用自身特点争取更多的存款。这种因金融管制造成的存款不正常流动必然形成金融机构与非金融机构之间的职能出现失衡。同时，高通货膨胀带来的名义利率的上升决定了市场利率对利率水平起着真正的主导作用，而受金融管制较严的金融机构的利率管理则与此相悖，因此这无形中诱使大量资金从金融中介流出，通过货币市场进行投资，从而出现了金融机构的“非中介化”现象。上述两方面的因素迫使各国货币当局不得不考虑放松金融管制的问题。

放松金融管制包括以下几个方面的内容：

（1）取消对利率的管制。美国、日本、联邦德国放松金融管制的第一步就是取消对存款利率的限制。美国《1980年存款机构放松管制和货币控制法》废除了Q条例，规定从1980年3月起分6年逐步取消对定期存款和储蓄存款利率的最高限制，为此还专门成立一个存款机构放松管制委员会，负责确定存款利率最高限，使其逐步放松直至最后取消。

（2）允许金融机构业务交叉。各国银行制度不尽相同，但为了维持金融体系的稳定大都实行分业经营，即在商业银行和投资银行之间、银行和证券公司之间、银行和非银行金融机构之间实行严格的业务分工，限制竞争。但20世纪70年代以来，生产国际化和资本国际化严重地冲击了原有的专业化分工，单一的银行业务限制了金融机构的发展，无法满足它们追求利润最大化的愿望。另外，随着金融业对外开放的有序推进，大量外国金融机构进入本国市场，给业务单一的国内金融机构带来了一定的挑战和机遇。此外，电子计算机设备大规模装置使用，对银行的规模经济也提出了新的课题，迫使银行通过发展多种业务来获取更大的利润以补偿成本费用。在这种形势下，放松对金融业务范围的限制，允许金融机构业务交叉和跨地区发展业务的各种法案应运而生。

（3）放松对各类金融市场的管制。20世纪70年代国际金融市场基本处于隔离状况，美、日、法等国家彼此对国内和境外市场作出不同的限制，阻碍了资本的自由流动。20世纪80年代初资本国际化和世界贸易的急剧增长使各国纷纷放松对金融市场的管制，颁布有关债券发行条例，对法人进入国内、国际金融市场的条件、税收政策以及资本流动作出新的规定，并以此开放国内金融市场，促进金融市场之间的联系。

（4）放松外汇管制和放宽对资本流动的限制。国际贸易的增长、资本国际化趋势的加强以及金融市场的发展使各国相继不同程度地放松了对本国外汇的管制。

在世界范围的放松金融管制和金融自由化的浪潮下，金融机构之间的竞争日趋激烈。金融机构资产急剧增加，在金融业垄断竞争的格局和激烈的竞争中，金融机构为了增强自身吸引力，扩大市场份额提高经济利润，开展金融创新是客观的需要。金融机构为了实现业务“三性”的最佳组合，需要通过扩展业务的新领域等金融创新来规避和分散金融风险，保证流动性，提高收益性，确保安全性。所以，金融管制的放松促进了金融竞争，而金融竞争产生了创新行为，因此金融机构应扩展业务的新领域来满足客户需求。

3）供给条件的变化：影响深远的科学技术革命

20世纪70年代发生了新的科学技术革命，即“第四次产业革命”。新科技革命的核心是电子技术的发展和广泛运用，它彻底改变了金融观念，直接导致了金融创新和金融革命。

计算机与通信技术的发展是推动金融创新最重要的供给条件变化。信息技术对金融创新存在两方面影响：一是降低了金融交易的成本。例如，电子支付的创新使得银行不需要专人负责处理纸质版交易，从而降低了信息管理的费用，对于银行来说，电子账单的形式比纸质版的支票更节约成本。二是缓解信息不对称，使投资者更容易获得信息。例如，远程、网络银行、电子银行等自动渠道改变了客户享受金融服务和金融产品的方式。特别是电子资金转移系统的推广，卫星传递信息、调度资金使几乎所有的金融交易更加迅速，成本更加低廉。这样金融机构能节省出大部分管理费用以用于提高对存户的利息支付，展开争取存款资金的竞争。同时，由于计算机与通信技术使借款者和贷款者从市场获得同一信息的速度加快，超过了传统金融中介处理金融业务的速度，金融中介的重要性相对削弱。三是计算机与信息处理过程的改进使得金融机构能够更方便地对金融工具进行设计和定价，并能有效地管理新的金融工具所产生的风险，计算的精确性使得金融工具的定价结构更具有竞争性，有利于金融机构追求更富于创新性的金融工具。因此，金融中介机构积极广泛应用计算机与通信技术，改革传统业务、避开烦琐的规章制度，进行金融业务创新。

总之，计算机与通信技术在金融领域的应用为金融业的变革开拓了道路。如果没有技术进步这个供给条件的保障，金融创新就会缺乏快速推广的条件。因此，新的科技革命直接导致了金融业务的创新，使得金融体系发生了巨大的变化。

4）需求条件的变化：规避金融管制

金融业历来是政府管制最严厉的行业之一，由于监管程度高于其他行业，金融机构为了规避金融管制求得自身的利润，千方百计地创造新的金融工具。也就是说，金融机构对政府管制所造成的利润下降和经营不善等局面做出的反应就是不断创新，以此来规避管制，从而把约束以及由此造成的潜在损失降到最低限度。例如，20世纪

70年代以后在通货膨胀不断加剧的情况下，市场利率不断上升，受利率管制的商业银行存款利率低于金融市场利率，资金开始直接流向金融市场，商业银行存款出现大量流失，资金来源紧缺，所以商业银行开始发行可转让大额定期存单，绕过存款利率的管制，在金融市场上筹集资金。我国部分银行发展同业业务的原因之一也是因为同业业务对资本的占用较少。

规避金融管制成为商业银行金融创新的内在动力。然而，当微观金融机构的金融创新可能危及宏观金融稳定时，监管当局就会加强监管，修改管制的规则，但这会诱导新的金融创新。所以，金融管制和金融创新是交替进行、循环往复的过程，对金融的控制和以此产生的金融创新，也是一个博弈的过程。

11.3 金融创新的内容

当代金融创新，种类繁多，范围极广，速度极快。各种金融创新都有着其自身的目的和需要。按照熊彼特对金融创新的分类，金融创新大致可以划分为五类：第一类是新科技在金融业的应用；第二类是国际新市场的开拓；第三类是国内和国际金融市场上各种新工具、新方式、新服务的出现；第四类是银行业组织和管理方面的改进；第五类是金融机构方面的变革。按照比较广泛的理解，金融创新的主要内容包括金融业务的创新、金融机构的创新、金融市场的创新以及金融工具的创新。

11.3.1 金融业务的创新

银行的负债业务、资产业务和中间业务构成了其三大业务。而这三大业务的每一步发展从本质上说都属于金融业务创新的一个过程，只是随着时间的推移，这些业务创新的意义又被更近期的创新所掩盖。这里我们所指的银行三大业务的创新主要包括第二次世界大战以后特别是20世纪70年代以来所涌现出的银行业务创新行为。

1）负债业务的创新

负债业务的创新主要是各商业银行通过创造新型负债工具，一方面规避政府管制，另一方面也可以增加银行的负债来源，主要有：大额可转让定期存单、可转让支付命令账户、自动转账服务、货币市场存款账户、协定账户，其他创新业务如股金汇票账户、个人退休金账户及货币市场存单等。

2）资产业务的创新

一是消费信用，包括一次偿还的消费信用和分期偿还的消费信用，这一资产业务自问世以来发展迅速，已成为部分商业银行的主要资产项目；二是住宅放款，包括固定利率抵押放款、浮动利率抵押放款和可调整的抵押放款；三是银团贷款；四是其他资产业务的创新，如平行贷款、分享股权贷款、组合型融资等。

3）中间业务的创新

中间业务的创新改变了银行传统的业务结构，增强了竞争力。中间业务的创新主要有：信托业务，包括证券投资信托、动产和不动产信托、公益信托等；租赁业务，包括融资性租赁、经营性租赁、杠杆租赁等。

在银行中间业务的创新中，值得一提的是支付和清算方式的创新。银行利用自己的资产和负债的便利条件为客户提供支付和结算服务，加速自身的资金周转，降低经营成本，促进资产和负债业务的发展。传统的银行支付和清算系统是采取非现金结算方式，即支票、转账结算、信用卡等工具，运用现金、票据、联行往来、邮政汇兑来实现支付和清算。支付和清算方面的创新大致分为两个阶段：第一阶段是对传统的支付和清算系统进行改良；第二阶段是建立以电子计算机网络运行为基础的支付和清算系统。银行支付和清算系统的创新是电子计算机在金融领域运用所带来的最早的金融创新行为，也是从根本上提高银行运营效率、降低成本、提高利润水平最为关键的步骤。而互联网金融的发展迫使传统银行面对金融加速脱媒的局面，使商业银行的支付中介功能弱化，并使其中间业务受到替代。

经世济民 11-1

数字人民币赋能“五篇大文章”，助力国家发展战略

数字人民币自2019年年末开展试点以来，在越来越多的场景中得以应用，并融入各项社会事业及金融业态之中，为我国数字化发展提供了坚实的基础。

“大力发展科技金融、绿色金融、普惠金融、养老金融、数字金融”被写入2024年的政府工作报告。围绕做好“五篇大文章”，数字人民币与国家其他重大发展战略紧密衔接，在支撑数字经济发展、提升普惠金融水平、提高支付体系运行效率等方面发挥了积极作用。

2024年1月22日，中共中央办公厅、国务院办公厅印发的《浦东新区综合改革试点实施方案（2023—2027年）》提出，“在贸易结算、电商支付、碳交易、绿色电力交易等领域试点使用数字人民币”。数字人民币不断提升服务绿色产业发展能力，加大绿色企业支持力度，探索解决绿色企业发展难题。各试点地区政府及运营机构将数字人民币应用于绿色低碳场景，为实施“双碳”目标提供新抓手。

在绿色金融方面，试点地区政府和运营机构将数字人民币应用于绿色企业补贴资金、贷款、贴现业务等领域，助力绿色金融发展。比如，部分银行将面向绿色企业的贴现产品与数字人民币相结合，推进“再贴现+绿票贴现+数字人民币”业务场景落地。

在普惠金融方面，数字人民币深耕普惠金融，服务实体经济。一是持续完善数字人民币对公产品服务，积极满足民营中小微企业信贷等金融需求，支持中小微企业高质量发展。二是各试点地区政府及运营机构积极拓展民生场景应用，提高金融服务覆盖率、可得性和满意度。三是将数字人民币服务扩展至农产品销售、惠农补贴发放等县域农村特色场景，助力乡村振兴。四是加大境外来华人士服务力度。

在养老金融方面，试点地区鼓励运营机构利用数字人民币特性，设计符合老年人特点的支付产品和养老金融产品。引导各机构充分发挥数字人民币产品优势，支持养老机构数字化转型，降低企业经营成本，如中国银行在苏州协助政府创新尝试以数字人民币的形式为吴江某护理院发放纾困补贴资金，是苏州市首笔数字人民币养老服务业纾困补贴金，进一步实现养老场景建设与数字金融的有机融合，为地方养老产业的

数字化转型注入新活力。

此外，还可以利用数字人民币丰富产品体系和先进特性，支持各行业数字化转型，助力提高数字金融治理水平，如为推进数字人民币在文化产业的应用，联合电影局举办“看电影过大年”活动，仅2023年一年就拉动电影消费超3 000万元，有效促进电影文化市场增长，后续持续深化在电影全产业链的应用。目前，淘宝、京东、美团、网易严选、唯品会、携程、滴滴、微信小程序等头部平台均已受理数字人民币。

资料来源：董方冉. 数字人民币 做好五篇大文章 助力国家发展战略 [J]. 中国金融家，2024 (5)：37-38.

经世济民11-2

金融科技与银、保、证的数智化

银行业数智化转型实践：成立金融子公司或金融科技部

随着数字技术的推广，众多银行愈发重视数据资源利用、数据资产管理、数字技术研发等工作，纷纷成立金融科技相关部门，所有的国有银行和股份制银行，包括28家城商银行均设立了金融科技部。同时，共有5家国有银行、9家股份制银行、4家城商银行、1家农商银行、2家省联社成立了金融科技子公司。

未来银行将逐步走向数据标准化、产品化、开放化的阶段，从内部数据的探索挖掘到向开发者和第三方服务输出以及共享客户数据，在相关客户信息交互的过程中双方或者多方通过对用户数据进行不断的开发创新，将金融服务带入更多的用户交易场景。

保险业数智化转型实践：关键技术日趋成熟

在可持续增长与业务创新等诉求的驱动下，多项技术的融合赋能与契合场景需求的创新开发已成为保险机构核心竞争力的构建共识，前沿科技的实践探索正重塑保险各环节价值链，推动保险保障类型、产品内涵、业务模式、行业生态发生根本性变革。大数据与人工智能技术的持续攻坚与相互赋能仍为保险机构决策者最关注的实践内容。

资料来源：中关村互联网金融研究院. 中国金融科技和数字金融发展报告（2024）[EB/OL]. [2023-12-20]. https: //www.163.com/dy/article/IQ4TT6VI051998SC.html.

11.3.2 金融机构的创新

与金融其他领域的创新有所不同的是，金融机构创新本身既是作为与各种金融业务创新相适应的形式而出现的，同时也是各国金融制度创新的有机组成部分。各国的金融制度不尽相同，因而对金融机构的设置分工等各方面的要求也不一致，金融机构创新的形式也就不可能完全一致。但是，综合起来，世界各国的金融机构创新纵有千差万别的原因，但大都离不开以下两个基本原因：一是金融自由化的进展促使金融机构从“专业化”向“综合化”方向发展，从而为各种新型金融机构的诞生创造了条件。20世纪30年代资本主义经济危机以后，各国加强了金融管制，防止经济危机对金融业的影响。特别是第二次世界大战以后，世界各国金融体系专业化程度大大加强，同时，对金融业的管理法规也更加严密。但是，80年代新技术革命的进展和资本国际化的趋势等因素，使金融交易逐渐趋向自由化。这些使金融法规也相应地发生改变，朝着放松管制和促进金融自由化方向不断发展，其结果是促进了金融机构的创新。二是西方各国在第二次世界大战后初期根据经济发展的需要对金融体制进行了改组和整编，也使得其金融体制中金融机构由“专业化”向“综合化”转化，其实质是第二次世界大战后经济活动实际内容发生变化并进而诱使各金融机构突破原有的业务分工，在较大范围内开始综合经营，实行多种金融业务的交叉，因而出现了大批新型金融机构。

11.3.3 金融市场的创新

20世纪70年代，世界性的通货膨胀导致利率和汇率波动更加剧烈，整个金融市场以不确定性为主要特征，金融风险不断增加。在人们要求规避和分散风险以适应变幻莫测的经济形势的呼声中，金融期货市场、期权市场、互换市场等应运而生。金融市场的创新一方面是指欧洲货币市场上金融工具的创新；另一方面是指衍生金融市场上金融工具的创新。

（1）欧洲货币市场的金融工具创新。在欧洲货币市场上的创新金融工具主要是贷款工具，如多种货币贷款、平行贷款、背对背贷款、浮动利率债券、票据发行便利、远期利率协定等。

（2）衍生金融市场上的金融创新。衍生金融市场上的金融工具称为衍生金融工具，这是一种双边合约，其价值取决于基础市场商品或资产的价格及其变化，按合约买方是否有选择权，分为远期类衍生工具和期权类衍生工具。远期类合约有两个特征：一是合约涉及的商品或金融资产的交割日是未来的某一天；二是合约签订时的价值为零，这类合约的形式主要有远期合约、期货合约和互换合约等。期权类合约的特点是合约买方在履行合约上具有选择权，合约签订初期就已经具有价值。这类合约的主要形式有期权合约、利率的上限与下限和互换期权等。我国金融衍生品市场也在逐步发展中，2020年，证券公司场外金融衍生品（收益互换、场外期权）业务新增名义本金4.76万亿元，较上年新增规模增长162.41%；2020年年末，场外金融衍生品存量名义本金1.28万亿元，较上年年末增长105.26%；从场外金融衍生品年度累计新增名义本金来看，2019年和2020年累计新增名义本金增速均在100%以上。

随着金融衍生品的发展，金融市场的交易盈利方法也在发生变化。例如，金融工程的无风险套利、利用金融衍生品和标的资产进行的各种策略对冲交易，以及在成熟金融市场经常使用的量化交易等。传统的股票投资方法集中于基本面分析以及技术分析，而金融衍生品的这些新的交易策略的发展都是对传统金融市场投资方法的创新。

学海拾贝 11-1

CDR制度

2018年3月30日，国务院办公厅转发证监会《关于开展创新企业境内发行股票或存托凭证试点的若干意见》。该意见明确提出，支持创新企业在境内资本市场发行证券上市，助力我国高新技术产业和战略性新兴产业发展提升，推动经济发展质量变革、效率变革、动力变革。按照市场化、法治化原则，开展创新企业境内发行股票或存托凭证试点。并明确，试点企业可以在境内发行股票或存托凭证，对试点涉及的相关发行条件、审核程序、信息披露、投资者保护及法律责任等事项做出了安排。截至目前，证监会、上交所、深交所、中国人民银行、中国结算共颁布了16个配套文件，大致构成了CDR的制度基础。

启智增慧11-1

CDR制度

11.3.4 金融工具的创新

除了上述金融衍生产品的创新，传统金融工具和融资方式也开始创新，朝着证券化的方向不断演进。例如，截至2015年年末，美国资产证券化产品余额达到10.05万亿美元。其中广为人知的债务抵押债券（collateralized debt obligations，CDO）源于美国住宅抵押贷款证券化，为支付大量的购房资金，抵押贷款被组成资产池，发行包含多个不同投资期限的有担保的按揭证券化产品。由于债务抵押债券的利率通常高于定期存款和一般国债，因此具有相当大的吸引力，在美国，债务抵押债券的增长速度非常快，而且有些金融机构将所持CDO再抵押给银行，换取贷款后，再次购买投资银行的CDO，放大投资杠杆，导致房地产领域的风险通过证券化产品传导至金融领域。另一个比较著名的金融创新产品就是信用违约掉期（credit defult swap，CDS），这项金融创新相当于债务抵押债券的保险，当金融机构觉得其持有的债券具有信用风险时，可以向第三方购买信用违约掉期，成功将风险转移。在2008年金融危机期间，美国国际集团（AIG）因开发数额巨大的CDS而濒临破产。

我们可以发现，金融工具的创新可能会带来新的金融风险，因此在激烈的、充满风险的金融竞争环境里，金融当局总会在一定时期后修订原有的法令、条例，对金融机构实行新的监管办法，而金融机构为了实现盈利，也会不断地创造一些使金融当局的管制鞭长莫及的金融工具。这样，就会出现如图11-1所示的金融管制与金融工具创新的交替发展过程。

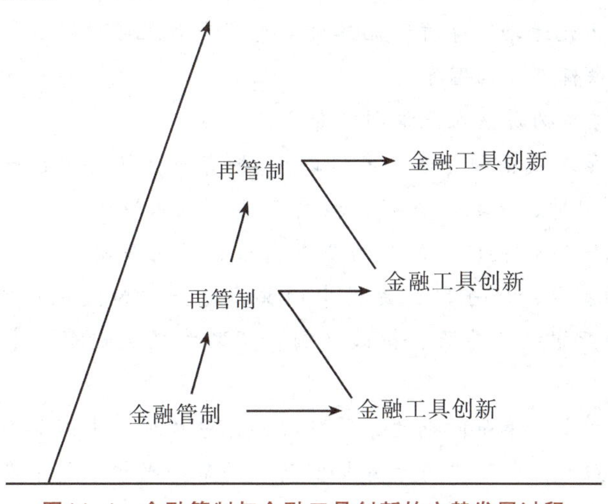

图11-1 金融管制与金融工具创新的交替发展过程

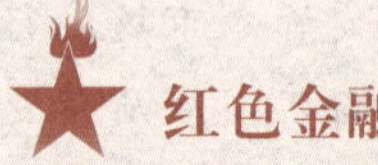

红色金融

苏区股票：中国共产党早期金融创新的生动实践

据《江西红色金融》记载，“从1927年到1934年，中央苏区已有各种类型的合作社12万余个，股金62万余元，发行了多种类型的股票，主要分为生产、粮食、消费、信用合作社股票和银行股票5大类。”尽管苏区股票发行总量较小，但这种集资方式有力推动了合作社经济的发展，促进了银行机构的创办和运转，展示了中国共产党早期的金融创新，在党的百年历史中谱写了光辉的一页。时至今日，挖掘苏区股票特征所体现的中国共产党金融思想仍具有重要现实意义。

（1）苏区股票以合作社形式支援革命

金融的核心是为中心工作服务。为了最大程度联合工农阶层的经济力量，打破敌人的经济封锁，1929年7月，中共东固区委和区革命委员会以群众入股筹集的方式创建了苏区第一家信用合作社——东固平民银行，开创了红色中华金融史。随后，为了更好地团结农民群众，方便农民生活，苏区最早的消费合作社——东固消费合作社也应运而生，合作社以经营布匹、油盐等日常生活用品为主，此外，还经营农具和农资产品。1929年10月，东固消费合作社发展壮大为消费合作总社，并设计出版了“股票”，既作为社员持股权益的证明，又是社员在合作社内以低廉价格购买商品的凭证。

为了更好地支援革命工作，苏区股票在设计上还巧妙地融入了革命性元素，成为旗帜宣传的重要载体。经考证，许多股票的图案是马克思、列宁头像或者中国共产党党徽，如永定县第一区信用合作社股票，在股票的最上方有一个鲜红的大五角星，正中上方位置有两面交叉的红旗，红旗中间各有一个镰刀和铁锤交叉的中国共产党党徽图案，党徽下有个地球仪，地球仪中间标有“世界大同”四个字。闽西列宁书局股票，顶部左右分别印有马克思、列宁头像，头像两边有中国共产党党徽图案，顶部中间有一个鲜红的大五角星，右侧写有“提高马克思列宁主义的政治教育发展社会主义新文化运动”字样。而瑞金县信用合作社股票的中心图案为三颗五角星、一个镰刀和铁锤交叉的图案。

（2）苏区股票成为苏区人民福利“身份证”

苏区股票还是人民福利待遇“身份证”。拥有合作社股票的社员，享有多项福利待遇：购物、卖货、贷款、医疗、教育和生产技术培训，无一不与人民生产生活息息相关，无一不代表广大群众的基本需求，苏区股票的发行既是中国共产党争取群众基础的重要经济手段，更是中国共产党一心为民执政理念的早期体现，对于当代中国共产党执政为民、执政兴国，不断加强执政能力建设具有重要借鉴意义。

产生并发展于土地革命时期的苏区股票，充分体现了中国共产党“为中心工作服务”、“人民利益至上”和“勇于开拓创新”的金融思想，是早期金融改革的成功尝试，在夺取土地革命的胜利中发挥了重要作用。以史为鉴，当代金融建设同样要以人民利益为出发点，以服务中心工作为落脚点，敢于开拓、勇于创新，为实现中华民族伟大复兴的中国梦而努力奋斗。

资料来源：佚名.苏区股票：中国共产党早期金融创新的生动实践［EB/OL］.［2021-06-08］.https：//www.workercn.cn/c/2021-06-08/6576173.shtml.

11.4 金融创新的影响

金融创新的影响包括积极影响和消极影响。其积极影响包括：有利于市场机制发展、满足多样化投资需求和避险需求、促进金融机构的发展和金融制度改革；消极影响包括：削弱货币政策效果、增加金融体系的风险和挑战金融监管的有效性。

11.4.1 积极影响

1）金融创新有利于市场机制发展

金融创新促进了金融市场的一体化，提高了市场运作效率。金融创新使得金融工具更加多样化与灵活化，增加了资产的流动性，降低了交易成本，特别是对国际资本流动的促进，满足了跨市场的国际金融交易。金融创新可以减少信息不对称。现货市场的价格反映当前的市场供求，而未来的市场供求关系可以通过远期或者期货市场来反映。所以，有了相对完整的商品、股票、债券、外汇等现货市场后，还必须有相应的远期和期货市场，这样才能对商品、股票、债券和外汇市场的未来价格有较好的基于市场因素的把握，才能对生产和投资进行更好的决策。

所有股票、债券、外汇等资产价格都有不确定性和市场风险，仅仅掌握这些资产现在和未来价格预期的信息并不够，还需要掌握这些资产价格变化的不确定性，而期权市场最能反映出资产价格的不确定性。期权市场的隐含波动率是不确定性的重要信息，相应地，波动率交易目前已经成为策略交易的重要组成部分。

2）金融创新满足多样化投资需求和避险需求

首先，金融创新为金融机构增加盈利提供了广阔的空间。各种形式的金融创新将各个金融市场联系在一起，为金融机构在全球范围内的经营提供了可能。金融机构可以最大限度地获得交易信息，选择交易伙伴。其次，金融市场竞争的核心是产品的竞争，产品的不断创新既可以提高金融机构的服务水平，也可以满足多样化的客户需求。只有拥有多样化的投资产品，投资者才能根据各自的风险偏好进行投资。金融资产受国内外宏观因素的影响，也受利率、汇率和通货膨胀等价格因素影响，金融资产的市场风险更加显著。面对国内外各种各样的市场风险，投资者需要拥有相应的风险管理工具进行对冲，而各种风险管理功能可以通过各类远期、期货、掉期和期权产品来实现。金融创新可以使金融机构根据自己的需求进行资产负债管理。没有这些金融创新产品，风险对冲难以实现。

3）金融创新促进金融机构的发展

金融创新提升了金融机构的盈利能力。因为金融创新使得新的金融工具和金融服务方式不断涌现，增加了金融机构的业务种类，拓宽了金融机构的经营活动范围和发展空间，降低了交易成本，金融机构盈利能力得到提高。金融创新使得金融体系中不断有新的金融机构加入，特别是促进了非银行金融机构的快速发展，形成多元化金融机构并存的格局。传统金融业务对客户的吸引力下降，强化了金融机构的竞争，提高了金融机构的运作效率。因此，金融创新为金融机构提供了新的业务领域、盈利渠道，促进了金融机构的整体发展。

4）金融创新促进金融制度改革

首先，金融创新促进了金融混业经营。20世纪80年代后，在金融自由化与金融创新的推动下，金融机构之间的竞争加剧，业务交叉越来越广泛，银行业务与证券业务界限变得模糊。在这种背景下，金融管制开始放松，分业经营开始向混业经营发展。其次，金融创新推动区域货币一体化。欧元作为一种货币的创新形式，是货币制度创新的典型案例。所以，金融创新既是金融改革的结果，也是金融改革的动力之一。正是由于金融改革，金融机构才得以多元化发展，金融业务全能化以及金融工具多元化得以同步推进。而这些金融创新又使得传统的金融制度成为金融业进一步发展的障碍。金融创新促使金融制度进行相应的改革和调整，并鼓励和引发新一轮的金融创新。

启智增慧11-2

深化金融供给侧结构性改革增强金融服务实体经济能力

11.4.2 消极影响

1）金融创新削弱货币政策效果

传统的货币政策的制定、执行和传导是建立在中介目标的可测性、可控性和相关性的基础上的，但是金融创新的发展，对货币政策的制定和执行提出了新的挑战。

（1）对三大货币政策工具的影响

首先，金融创新的发展会削弱法定存款准备金制度的效力。因为金融创新的发展使得资本市场、货币市场逐渐成熟，银行金融机构与非银行金融机构之间的界限变得模糊。例如，通过发行理财产品，发展同业存款，银行可以有效规避存款准备金的要求，而且金融创新改变了金融机构的负债结构，存款所占比例逐渐下降，这些都缩小了法定存款准备金的作用范围。而且金融创新增强了金融机构超额准备金的弹性。一般情况下，中央银行通过调节法定存款准备金率来调节借贷或者货币供给量，其前提是超额准备金率不变，但是金融创新的发展破坏了这个前提。金融创新的发展使得银行调整超额准备金的途径丰富而便利，其结果是削弱了法定存款准备金率的效力。同时，金融创新的发展使得现金比率下降，导致货币乘数趋于上升，部分抵消了法定存款准备金率上调减小货币乘数的影响。

其次，金融创新的发展削弱了再贴现政策的效果。货币当局调整再贴现率，其作用大小与金融机构对中央银行再贴现的依赖程度成正比。而金融机构是否有意向到中央银行申请再贴现，以及申请再贴现的具体数额，主要取决于金融机构所处的融资环境，即取决于金融机构通过其他途径短期融资的难易程度和代价。金融创新的发展使得金融机构融资渠道多元化，降低借入成本，提高借入便利，使得再贴现率的作用降低。

但同时也应看到，金融创新的发展强化了公开市场操作的作用。金融创新为公开市场提供了更多的可供买卖的工具，金融机构在补充流动性资产或者进行资产组合调整中日益依赖公开市场，在客观上配合了货币当局的操作，有助于增强货币政策效果。

（2）削弱货币供给量的可测性

金融创新快速发展之前，货币的定义和计量相对容易，因为货币与其他金融资产的界限比较分明。但是在金融创新迅速发展之后，新型金融工具不断出现，金融资产之间替代性增强，交易账户与投资账户、广义货币与狭义货币、本国货币与外国货币之间的界限逐渐模糊，货币的定义与计量日益困难与复杂化。

例如，电子支付方面的金融创新减少了狭义货币的需求，使得狭义货币的流通速度加快。从短期看，金融创新使得金融资产之间替代性增加，各个层次之间的货币流动性差别已经不那么明显，并且金融创新的发展降低了其转换成本，经济环境一旦发生变化，货币与非货币资产之间可能会发生大规模转移，从而造成各货币总量的流通速度越来越不稳定。

（3）削弱货币供给量的可控性

首先，欧洲货币市场的发展削弱了各国中央银行对国内货币的控制。因为欧洲货币正在成为国内货币的替代品，国内货币政策如果存在管制，将导致国内资金转向欧洲货币市场以绕过中央银行的货币控制。

其次，金融创新使得货币乘数也变得不稳定，因此货币供给量可控性下降。任何时点上的货币供给量都是基础货币和货币乘数的乘积，当中央银行提供的基础货币既定时，货币乘数就成为决定货币供给的关键变量。而对货币乘数起重要作用的因素是现金比率、定期存款比率、法定存款准备金率和超额存款准备金率，金融创新可以作用于这四项因素影响货币乘数。

最后，金融创新使得货币供给的内生性增强。货币供给内生性是指货币供给受经济体系运行中内在因素影响，内生性强意味着中央银行对货币供给的可控性下降。金融创新通过扩大货币供给主体，加大货币乘数，使得货币供给在一定程度上脱离了中央银行控制，越来越多地受制于经济体系内在因素的支配。金融创新使得货币供给不再是中央银行绝对控制的外生变量，除基础货币以外，受经济内生变量的影响越来越大，削弱了中央银行对货币供给的控制能力。

（4）削弱货币供给量与最终目标的相关性

金融创新改变了人们的持币动机，金融创新中的存款账户还具有投资功能，具有良好的支付功能和变现能力，影响货币流通速度，增加了货币与其他金融资产之间的可替代性，因此金融创新造成货币需求不稳定，即使货币供应量达到中介指标的要求，也不一定能够实现稳定币值等目标。而且，金融创新造成金融脱媒日益严重，对最终目标的影响力逐渐减弱，加大了中央银行通过调控货币供给量以实现货币政策最终目标的难度。

2）金融创新增加金融体系的风险

从金融创新的起源来说，金融创新的目的就是规避风险。金融创新之所以能够蓬勃发展，其中的一个重要原因也在于其具有转移与分散金融风险的特点，特别是金融工程的出现极大地丰富了现有的金融风险管理工具。20世纪70年代以来创新的金融工具，如NOW账户、金融期货、可转让贷款合同以及证券化资产等，使金融企业在资产流动性大大提高的同时，规避了利率风险、汇率风险、通货膨胀风险和信用风险等。同时，金融创新为分散和转移风险创造了新的途径，如股指期货的推出有利于防范股票市场的系统性风险。此外，从金融制度创新的角度看，金融制度的创新不仅有利于转移金融风险，而且有利于加强金融业监管，维护金融体系稳定。

但是从全球的角度来看，金融创新仅仅是转移或者分散风险，并不意味着减少风险。随着金融创新的复杂化，高杠杆和流动性转换与期限转换创新的出现，导致资产价格和创新产品价格的波动性增加，金融机构在利益机制驱动下会在更广的范围和更大的数量上承担风险，一旦潜在风险变为现实损失，其破坏性会远远超过传统意义上的金融风险。20世纪90年代以来，几乎每次全球金融危机都与金融创新产品有关。究其原因，金融创新作为资产价格、利率、汇率及金融市场波动性的产物，反过来都可能会进一步加剧资产价格和金融市场的波动性。而且随着先进技术应用和新工具效率的提高，国际资本流动性的加强，国际游资在交易成本日益降低的情况下对利率、汇率的变化越来越敏感，引起资产价格易变性加剧，使得金融业的不稳定性增强。其具体表现在：

（1）表外风险增加

金融创新促进金融业务的表外化。因为金融创新使金融机构的经营风险增大，加剧了金融机构间的竞争。金融机构不得不从事高风险的业务增加金融机构的表外风险，表外业务的特点是灵活性和杠杆性强，而且有些金融创新产品缺乏透明性，导致投资者无法正确认识其存在的风险，因而表外业务的风险具有潜伏性和放大性的特点。例如，资产证券化只是缓解了单个银行的资本压力，但是其使得金融风险在信贷市场和证券市场上交易，造成反复传导，使得整体金融体系的系统性风险增加。随着表外业务的开展及其规模的增大，金融企业的表外风险随时都可能转化为真实风险。这导致金融机构经营风险增加，信用等级下降。

（2）伙伴风险增加

金融创新使得金融机构同质化，使得金融机构可以涉足信贷、信托、证券、保险和投资等诸多领域，在这个过程中金融自由化和金融业务的多元化使得各金融机构之间的交易增多，彼此依赖性大大增强，金融链条的脆弱性增加。新的金融工具尤其是衍生金融工具出现后，高杠杆引发的投机性加剧，而且一些金融创新产品在金融市场发生动荡时会失去融资功能，造成市场流动性骤停。

（3）国际风险增加

金融创新引致的国际资本流动和金融市场一体化，使得不同国家的金融机构、金融市场之间的相互联系和依存度大大增强，金融体系中出现的任何差错都会涉及整个金融体系的安全，形成多米诺骨牌效应，酿成全球金融危机。

3）金融创新挑战金融监管的有效性

前面所提到的金融创新削弱了货币政策效果，增加金融机构风险，这些都会增加金融监管的难度。例如，金融创新使得各金融机构之间的业务界限变得模糊，中央银行观测本国的货币供给量也会变得更困难。同时，金融机构为了增加利润和增强竞争力以及规避管制，总是动作迅速，而相对于金融机构的业务和工具创新，金融监管总是显得相对滞后。

本章小结

金融创新是指在金融领域内对各种金融要素实行新的组合。具体而言，它是指金融机构为了生存、发展和迎合客户需要而创造出的新的金融产品、新的金融交易方式，以及新的金融市场与新的金融机构。这个概念包括四方面的内容：金融创新的主体是金融机构；金融创新的目的是盈利和效率；金融创新的本质是金融要素的重新组合，即流动性、收益性、风险性的重新组合；金融创新的表现形式是金融业务、金融机构、金融市场、金融工具的创新。

金融创新的国际背景主要有三方面：第二次世界大战后国际资本流动及欧洲货币市场的建立；20世纪70年代“石油危机”以及由此产生的“石油美元”回流；20世纪80年代国际债务危机的爆发。而避险和财富增长需要的主观条件、放松金融管制与金融自由化的客观条件、影响深远的科学技术革命的供给条件的变化、规避金融管制的需求条件的变化则构成了金融创新的直接导因。

金融创新的主要内容包括银行业务创新、金融市场创新、金融机构创新以及金融工具创新。

金融创新的影响包括积极影响和消极影响。其中积极影响包括：有利于市场机制发展、满足多样化投资需求和避险需求、促进金融机构的发展、促进金融制度改革；消极影响包括：削弱货币政策效果、增加金融体系的风险和挑战金融监管的有效性。

关键概念

金融创新　放松金融管制　金融风险

即测即评 11

综合训练

1. 如何理解金融创新的含义？
2. 如何理清金融创新与金融管制、金融风险、金融深化之间的辩证关系？
3. 如何了解金融创新的国际背景与直接导因？
4. 如何掌握金融创新的内容？

综合训练参考答案 11

第12章

金融风险与金融危机

牢记嘱托

防范化解系统性风险是防控风险的重中之重。系统性风险的典型就是人们常说的“金融危机”。一个国家一旦发生系统性风险，现代化进程往往就被迟滞甚至中断，发展成果被洗劫，还可能带来广泛国际影响。

——习近平2024年1月16日在省部级主要领导干部推动金融高质量发展专题研讨班上的讲话

目标引领

价值塑造

提升学生对金融风险的防范意识，引导学生思考如何防范系统性金融风险，培养金融从业者的职业素养和社会责任感。

知识传授

描述金融风险的内涵，辨析系统性风险与非系统性风险，阐释金融危机的含义，归纳金融危机的种类。

能力培养

结合国内外具体事件，分析金融危机产生的原因及影响。

思维导图

知识框架

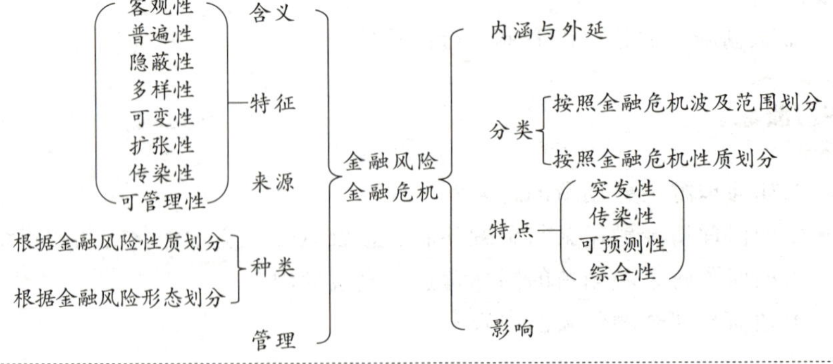

现实问题
相关政策
国家战略

包商银行破产重组　　中国银保监会发布《银行保险机构声誉风险管理办法（试行）》　　瑞银集团收购瑞士信贷银行

开篇导读

2021 年 12 月召开的中央经济工作会议指出，“进入新发展阶段，我国发展内外环境发生深刻变化，面临许多新的重大理论和实践问题，需要正确认识和把握”，其中之一就是“要正确认识和把握防范化解重大风险”。金融风险是重大风险的主要内容。

为此，会议提出“要继续按照稳定大局、统筹协调、分类施策、精准拆弹的方针，抓好风险处置工作，加强金融法治建设，压实地方、金融监管、行业主管等各方责任，压实企业自救主体责任。要强化能力建设，加强金融监管干部队伍建设。化解风险要有充足资源，研究制定化解风险的政策，要广泛配合，完善金融风险处置机制。

2022 年 5 月，中国银保监会党委发表的文章《持之以恒防范化解重大金融风险》指出，站在新的历史起点上，要深入学习贯彻习近平新时代中国特色社会主义经济思想，沉着应对和防范化解重大金融风险，坚定不移推动中国金融高质量发展。

防范化解重大金融风险，特别是防止发生系统性金融风险，是金融工作的核心任务，也是金融工作的永恒主题。

伴随着金融的快速发展和近年来爆发的金融危机，对金融风险和金融危机的研究日益受到重视。金融创新在规避金融风险的同时，也带来新的金融风险，而金融风险的增加可能酿成金融危机，因此提高对金融风险与金融危机的认识具有重要的理论与现实意义。本章将对金融风险与金融危机进行介绍。

12.1　金融风险

在金融系统中，金融风险是客观存在的，对于金融机构和普通投资者而言，规避金融风险与提高盈利能力同样重要。本节学习金融风险，主要包括金融风险的含义、特征、来源、种类和金融风险管理。

12.1.1　金融风险的含义

“风险”一词的由来，最为普遍的一种说法是，在远古时期，以打渔捕捞为生的渔民们，每次出海前都要祈祷，祈求神灵保佑自己能够平安归来，其中主要的祈祷内容就是让神灵保佑自己在出海时能够风平浪静、满载而归，他们在长期的捕捞实践中，深深地体会到了“风”给他们带来的无法预测的危险，他们认识到，在出海捕捞打渔的过程中，“风”即意味着“险”，因此有了“风险”一词。

在当今的社会经济生活中，风险成为一个十分常见且被普遍使用的概念。在现实生活中，人们往往需要在一定的风险情况下做出决策，并在承担一定风险的情况下实现收益的最大化。

风险，就是生产目的与劳动成果之间的不确定性。我们所说的风险通常有两种含义：一种强调了风险表现为收益不确定性；而另一种含义则强调风险表现为成本或代价的不确定性。若风险表现为收益或者代价的不确定性，说明风险产生的结果可能带来损失、获利或是无损失也无获利，属于广义风险，所有人行使所有权的活动，应被视为管理风险，金融风险属于此类；而若风险表现为损失的不确定性，说明风险只能表现出损失，没有从风险中获利的可能性，属于狭义风险。显而易见，与广义风险的定义相比，狭义风险的定义更多地强调风险的负面影响，而弱化了风险带来的潜在收益。

在理解风险这一概念时，首先要明确它与不确定性这一概念的关系。1921年美国经济学家富兰克·奈特（Frank Knight）在《风险、不确定性及利润》中对风险和不确定性的定义及其关系进行了系统阐释。奈特认为，不确定性（uncertainty）是经济主体所面对的影响经济活动的各种无法预知的因素，是造成现实市场和理论上完美市场之间差异的主要原因，其中，不可以度量的不确定性是纯粹的不确定性，即人们无法预知的将来事件；而风险（risk）则主要是指可以度量的不确定性，即人们可以确定其概率分布的不确定性，它是一个二维概念，包括损失出现的概率和损失的大小。因此，是否可以度量是区分不确定性和风险的一个重要标准。

在理解了风险和不确定性关系的基础上，我们给出风险的具体定义，有以下几种：

（1）风险是造成损失的可能性。

这是风险这一概念的传统定义，只强调风险所带来的负面影响，即对人们造成的损失。这种定义将风险获得收益的可能性排除在外，是一种纯粹风险的定义。基于这个定义，风险管理也被应用于经济体中非营利部门中。但从严格意义上讲，风险是一种事前概念，而损失是事后概念，一旦损失发生，那事件结果就成了确定性的，风险也就不复存在。因此，风险和损失是不能并存的两种状态，只强调管理负面影响的风险管理理论已经不适应现代经济发展的特点。

（2）风险是结果的不确定性。

不确定性是指对事物的未来状态，人们不能确切知道或掌握。根据能否在事前估计最终结果，我们又可将不确定性分为可衡量的不确定性和不可衡量的不确定性两种。正如奈特在其书中所说，风险是可测的不确定性，从不确定性的角度出发，事物的结果有好有坏，即潜在损失与盈余机会并存。

许多文献都把风险等同于不确定性。事实上，风险和不确定性是有着严格区别的两个概念。对于微观经济主体来说，风险是其预期收入遭受损失的可能性，而从统计学角度看，不确定性表现为随机事件，它的出现一般具有偶发、突然等特点；任何一种存在风险的情况都是不确定的，但是没有风险的情况下也存在不确定性，即存在不确定性，并不等于没有风险。因此，不确定性是风险的必要条件而非充分条件，并且风险通常与收益相伴而生。例如，金融资产的投资者关于资本收益预期的信心可以用概率来表示，可以用概率来说明这种预期的任何一个既定状态。假定投资行为有n个可能结果，那么，这个概率分布一般有两个特点：一是具有平均值所代表的中心倾向；二是会出现一定的偏差即离中趋势。概率分布的中心倾向就代表着投资者的预期收入值，而离中趋势所代表的就是投资者的收益风险。用概率论的语言可以描述成，投资者的风险就是概率分布中特定的货币收益值与代表投资者预期均值的背离程度。

它可以用标准偏差公式来进行衡量，R代表投资收益，μ代表中值，P（R）代表任意一个选定的投资，公式如下：

$$投资者风险=\sqrt{\sum_{i=1}^{n}\left(R^{i}-\mu\right)^{2}P\left(R^{i}\right)}$$

（3）风险是在一定条件下和一定时期内，由于各种结果发生的不确定性，而导致行为主体遭受损失的大小及损失发生可能性的大小。

风险是包含损失的大小和损失发生可能性（概率）的二维概念。一般认为风险具有双侧性，即上侧风险和下侧风险，下侧风险是指未来发生损失的一种不确定性，上侧风险是指未来盈利的一种不确定性，也即带来损失和盈利的可能性并存。就下侧风险而言，风险是一个二维概念，风险以损失发生的大小与损失发生的概率两个指标进行综合衡量。

根据风险的定义，我们可以通过风险的共性和金融活动的特性对金融风险进行定义。具体而言，从广义角度，金融风险泛指金融活动结果的不确定性，这种结果的不确定性在经济上既可以体现为损失，也可以体现为收益。从狭义角度，金融风险是在金融活动中由于各种结果发生的不确定性，而导致金融参与主体遭受损失的大小及该损失发生可能性的大小。在现实中，当我们谈及金融风险时，通常是指其狭义角度的定义。

如果对全社会的资产进行划分，实物资产和金融资产是两个最基本的构成部分。一般情况下，实物资产为其所有者或支配者提供服务，而金融资产则为其所有者或支配者提供货币收入流量。货币收入流量最直接的表现形式就是利息、股息、红利等。当人们购买金融资产时，这种金融资产提供的收入流量并不是现时的收入流量，而是在未来一定时期内陆续实现的货币收入流量，因此，在这种待实现的货币收入流量转化为实际货币收入流量时必须考虑时间因素。现实世界充满竞争和意外因素，金融资产在未来的一段时期内到底能产生多少货币收入流量，存在不确定性。这种预期收入遭受损失的可能性，就是我们通常所说的金融风险。

综上所述，金融风险，是指在一定的条件下和一定时期内，由于金融市场中各种经济变量的不确定性，造成经济主体在金融活动过程中遭受损失的大小以及这种损失发生的可能性，更一般地讲，金融风险是经济主体的金融活动无法达到预期收益结果的可能性。

12.1.2　金融风险的特征

金融风险的特征大致可以分为：客观性、普遍性、隐蔽性、多样性、可变性、扩张性、传染性和可管理性。

1）客观性

金融风险是伴随着金融活动而产生的，也就是说二者是共生的，金融活动的参与者通过金融活动可以获得一定收益的同时，也要承担不同程度的风险，无论风险是否被识别到，也无论风险大小，金融风险都根植于金融活动当中，这是一切金融活动的内在属性，是不以人的意志为转移的客观事实，是客观存在的。虽然风险可以通过金融工具进行对冲，但是金融工具的创新也意味着新的风险的出现。

2）普遍性

整个金融领域内金融风险无处不在、无时不有。无论是哪一种金融工具，或是哪一次金融交易行为都潜伏着各种各样的金融风险，金融风险是金融体系内生的，是不可避免的，只要在市场经济机制下，只要金融交易存在，金融风险就必然存在，故金融风险具有普遍性特征。

3）隐蔽性、多样性与可变性

金融风险是普遍存在的，存在于特定的时间和空间里，但又是隐蔽的。由于时间点和空间方位的不同，即使同种金融风险，其内容和程度也会出现差异。如果风险积聚到一定程度，超过金融体系所能承受的范围，就会以金融危机的形式爆发。

4）扩张性和传染性

金融风险的扩张性表现为金融风险在时间、空间上具有较强的传播能力。从时间上来看，系统性金融风险一旦出现，可以延续数月，长则要3—5年才能平复；从空间上来看，小的金融风险可能在局部地区形成连续动荡，大的金融风险则可以导致国家、大洲之间甚至是全球范围内的持续动荡，这种“多米诺骨牌效应”在东南亚金融危机中表现得淋漓尽致，所以我们说风险具有扩张性。传染性主要表现为金融风险传导的速度和面积。一方面，通信手段的现代化促进了交易方式的便捷；另一方面，金融衍生工具等金融创新使得资本流动更趋于灵活，上述两方面都导致了金融风险具有传染性。

5）可管理性

金融风险所能带来的后果虽然可怕，但并不是不可控制和管理的。首先，金融市场是有组织有秩序的市场，这个市场是有其规律可循的。只要按照规律，因势利导，就能控制这个市场中的风险。其次，金融风险理论研究和相关管理工具的不断发展给管理金融风险提供了有效手段。因此，在相应的理论知识指导下，通过选择适合的金融风险管理工具可以在一定程度上达到管理金融风险的目的。

12.1.3 金融风险的来源

金融风险的来源可以归为自然原因和人为因素两大类。

1）自然原因

自然灾害和气候变化是导致金融风险的重要自然原因。自然灾害如地震、水灾、风暴和火灾等可能对金融机构和市场造成直接损失，破坏资产和基础设施。气候变化导致的极端天气事件也可能对农作物产量、能源供应和基础设施造成破坏，从而影响金融机构和市场的稳定。

2）人为因素

人为因素也是导致金融风险的重要因素。以下是几个导致金融风险发生的主要人为因素：

①市场波动：金融市场的不稳定性和波动性可以导致金融风险。市场供求关系的变化、利率和汇率的波动、政策变化等因素均可能引发市场价格的剧烈波动，进而导致金融机构和市场面临的风险增加。

②信用风险：信用风险是金融风险的重要组成部分。将资金贷给借款人，存在借款人无法按时偿还本息的风险。信用评级的变化、借款人违约、欺诈行为等都可能导

致金融机构面临的信用风险增加。

③法律和监管风险：法律和监管方面的风险也是金融风险的一部分。法律规定的变化、监管政策的调整以及监管机构的行为等都可能对金融机构和市场产生重大影响。违反规定、违规操作和监管失职也可能导致金融风险的增加。

④操作风险：操作风险是人为因素导致的金融风险。这包括内部操作错误、技术故障、信息安全问题等。这些问题可能导致金融机构的损失，影响其正常运营和破坏其稳定性。

⑤金融创新：金融创新虽然在一定程度上推动了金融行业的发展，但也可能引发新的金融风险。例如，新型金融产品和衍生品的设计和推出可能导致难以评估的风险和不确定性，从而导致市场波动和潜在损失的增加。

12.1.4　金融风险的种类

金融风险种类的划分有很多标准，本书按照金融风险的性质和金融风险的形态进行划分。

1）根据金融风险的性质划分

按照风险能否分散分为系统性金融风险和非系统性金融风险。

(1) 系统性金融风险

系统性金融风险又称为不可分散风险，即一定程度上不可能通过配置资产组合来降低的风险。系统性金融风险的存在是由于某些因素能够通过多种作用机制同时对金融市场上大多数资产的价格或收益造成同向影响，这些因素常常被称为系统性因素。系统性因素一般为宏观层面的因素，主要包括经济周期、政治因素、宏观经济因素、法律因素及某些不可抗力因素。系统性金融风险往往由同一个因素导致大部分资产发生价格变动，而且大多数资产价格变动方向往往是相同的，无法通过分散投资来降低。因此，系统性金融风险是破坏性极大的金融风险，它隐含着发生金融危机的可能性，对整个金融系统，甚至整个地区或国家的经济主体都可能会造成损失。

系统性金融风险主要包括政策性风险、货币风险、国际收支风险等等。其中，政策性风险是指国家的宏观经济政策不当会造成金融业经营发展的不稳定，甚至会引起金融危机。而且政府在对经济进行货币政策和财政政策调整的时候，最终目标往往存在矛盾。政策在实施的时候一般既具有积极作用同时也具有消极作用，如施行宽松的货币政策在刺激就业的同时就可能会造成金融资产价格的波动。因此，对于金融机构来说，如何观察和预测货币当局等政府部门的决策，从而实现自身盈利和规避风险是其重要任务。比较典型的、我们熟悉的案例有：1997年由于泰国错误地采取了固定汇率制度导致了东南亚金融危机的发生；2008年由于美国政府缺乏对大型金融机构的监管导致了次贷危机的发生。货币风险与通货膨胀相关，由于持续的物价上涨而引发的高水平或严重通货膨胀的风险，如2020年开始的津巴布韦的货币危机。

经世济民 12-1

包商银行破产重组

2020年11月23日，银保监会公布《中国银保监会关于包商银行股份有限公司破产的批复》称，原则同意包商银行进入破产程序。

包商银行的风险由来已久，“明天系”持有包商银行89%的股权，通过违规关联交易等方式，占用包商银行的资金高达1 560亿元，均已逾期，难以归还。同时，该行还存在无序发展同业业务、内部管理混乱、数据造假等诸多问题。相关风险无法继续掩盖，接管势在必行。包商银行从被接管至今历时一年半，银保监会同意其破产的公告或将为这家成立了近22年的银行画上“句号”。

2019年5月24日，央行、原银保监会宣布，包商银行出现严重信用风险，决定自2019年5月24日起对包商银行实行接管，接管期限一年。2020年4月30日，银保监会官方网站发布《关于包商银行股份有限公司转让相关业务、资产及负债的公告》。公告指出，包商银行总行及内蒙古自治区内各分支机构的相关业务由蒙商银行承接，内蒙古自治区外各分支机构的相关业务由徽商银行承接。随后，2020年5月23日银保监会办公厅发布公告，实施接管以来，接管组稳步推进包商银行清产核资、改革重组等工作。目前，蒙商银行已设立并顺利开业，运行平稳。蒙商银行、徽商银行收购承接包商银行资产及负债相关业务正在有序进行。

这一次包商银行的破产清算和央行的应对方式可以说向市场释放了一个信号：今后银行的破产程序将向市场化的方向转变，未来银行的破产程序中，可能就没有央行的兜底了，这就需要债权人更为谨慎地选择存款机构。

包商银行的风险处置没有走行政性清理的老路，而是始终坚持市场化、法治化原则。接管后为摸清包商银行“家底”，接管组以市场化方式聘请中介机构，对包商银行实施清产核资，印证了包商银行严重资不抵债的事实。据了解，接管组、相关部门最初也希望引入战略投资者，在政府部门不提供公共资金分担损失的前提下，仅通过收购股权溢价款，抵补包商银行的资金缺口。但由于包商银行的损失缺口巨大，在公共资金承担损失缺口之前，没有战略投资者愿意参与包商银行重组。

整个包商银行接管过程严格依据法律法规，按照市场化原则推进。通过对问题银行严格市场退出，有助于纠正部分金融机构盲目扩张、粗放经营的倾向，重申了市场纪律，为重塑金融业态强化了基础。

资料来源：佚名．2020年十大金融事件［EB/OL］.［2021-01-12］. https：//www.163.com/dy/article/G04GDKMS0519C99L.html.

（2）非系统性金融风险

非系统性金融风险又被称为特定风险、个体风险等，是指可以通过分散化投资来降低的风险。非系统性金融风险是由与某个或某些资产有关的一些特别因素导致的（如决策失误、新产品研发失败等），这些因素只对某个或某些资产的收益造成影响，而与其他资产的收益无关。

2）根据金融风险的形态划分

（1）市场风险

在金融交易的过程中，金融参与者（金融机构等）由于市场价格因素的波动导致资产价值变化而遭受损失的风险，被称为市场风险。这些市场因素可能是直接的对金融参与者造成的影响，也可能是通过对其竞争者、供应商或者消费者间接对金融参与者所造成的影响，往往体现为价格的变化导致金融风险的产生。利率、汇率、股票价格等变量作为金融市场的重要价格，其波动性会造成经济主体预期收益与实际收益偏差的不确定性。

①利率风险。

利率风险反映的是资金价格，指的是由于利率水平的不确定而导致经济主体遭受损失的可能性。首先，由于利率代表资金的使用价格，因此很多金融资产的计价依赖于利率，如债券和金融衍生品。其次，利率还会影响贷款等金融资产收入以及存款等负债的成本，因此利率可以影响金融机构的收入。所以，利率的变动会给投资者带来损失的不确定性。

②汇率风险。

汇率风险反映的是货币的价格，指的是由于汇率的波动而导致经济主体遭受损失的可能性。布雷顿森林体系崩溃后，固定汇率制度被弃用，世界各国开始普遍实行浮动汇率制，再加上国际资本流动的加快，使得汇率波动频繁，如人民币与美元的汇率，签约时，1USD等于8.2765CNY，付款时，1USD等于6.2765CNY，发现人民币在付款的时候出现了升值，反映了货币价值的变化。

对于涉及外汇交易的金融主体来说，由于汇率波动而造成的金融风险主要体现在两个方面：第一是汇率波动可以造成金融实体的现金流价值变化。例如，出口商会因为外币贬值而受到损失，进口商会因为外币升值而受到损失。所有的外汇投资者都可能会因为外汇波动的不确定性无法取得预期收益。第二是涉外企业会计科目中以外币记账的各项科目会因为汇率变动而引起企业账面价值的不确定变动，而这会影响其价值的评估从而承受损失。

③证券价格风险。

证券价格风险指的是由于证券价格波动而导致经济主体遭受损失的可能性。证券种类主要有股票、债券、各种票据等。金融市场每天都有大量的交易发生，证券的价格随着供求关系的变化而上下波动。在金融交易中，证券价格更多地表现为虚拟资产的价格，容易发生大幅的波动，投资者可能会承受巨大的损失。

④大宗商品价格风险。

大宗商品交易经历了现货—中远期—期货的大致历程，现货市场、中远期交易市场和期货市场是相互补充的关系，三者共同构成完整的商品市场体系。现货市场是大宗商品交易的基石，中远期和期货则为套期保值和价格发现功能提供了手段。大宗商品由于市场环境、政策波动、资本冲击、供求关系等价格形成机制复杂，再加上交易规模体量巨大，导致交易价格波动幅度大，且无法对价格趋势进行有效预测和控制，使得大宗商品交易商承受着巨大的价格风险。

（2）信用风险

信用风险指债务人不履行约定的偿还债务的承诺而造成的风险（违约风险）或者由于债务人的信用评级或履约能力变化导致其发行的债务工具市场价值下降而引起债权人损失的可能性（价差风险）。简单地说信用风险就是违约风险加价差风险。由于投资失误、市场变化或债务人有意不偿还债务，会造成企业、银行或个人的呆账损失。信用在金融领域的表现形式是借贷关系，所谓信用是到期履约。信用好，到期能完成交易，收到预期收益但是不会有额外收入。信用不好，到期不能履约，则会造成损失。信用风险是商业银行以及从事债权交易的金融机构面临的主要风险。这里比较典型的信用风险案例有我们比较熟知的2014年3月4日中国企业超日光伏国内首只债券违约事件，其终结了我国公司债无违约的历史，此外，还有大家更为熟悉的2008年雷曼兄弟破产事件、2023年美国硅谷银行破产事件。

经世济民 12-2

“大公事件”

大公国际于1994年经中国人民银行和国家经贸委批准成立，是中国信用评级业的创建者，拥有银行间和证券业两大债券市场，四个国家政府部门认定的中国全部债务工具类信用评级资质，能够对中国资本市场除国债外所有债务工具和参与主体进行信用评级。

大公事件涉及的发债主体有新光控股、东旭集团、南通三建、三胞集团、海王生物等。以大公国际对新光控股的评级调整为例分析，新光控股在违约前1个月左右发了一期新的短期融资券，计划用于偿付即将到期的债券，然而虽然新的债券成功发出，但到期的债券依旧违约。而且，债券违约当天，新光控股早早就宣布了违约的消息，连新闻发言稿也事先有所准备。除上述准备好的违约外，还有一点在市场受到争议，即它的评级变动。新光控股最早在2011年开始发债，先后找中证鹏元、联合评级、大公国际给其评级，其中2016年及以后发行新债基本都是大公国际评级。2018年之前，新光控股评级一直都是AA/稳定，然而在2018年3月，大公国际上调了公司的评级至AA+/稳定。但是，自2017年下半年开始，市场已经开始对新光控股持否定态度，首先是质疑公司房地产业务对其造成的资金流动性负担，2018年公司面临大量债券回售和到期，兑付压力很大，且其上市子公司新光圆成一边处置房地产资产，一边却大额收购进行资产重组新光控股。具体市场表现为，先是1月份公司债出现异常交易，大跌40%而盘中停牌，进而其他债券估值大幅走高，市场对新光控股趋于否定。然而，大公国际在2018年3月却调高新光控股评级，此举为市场广泛不解。由于大公国际上调新光的评级，在一定程度上消减了市场的疑虑，新光的债券一度出现了估值上行的局面，可惜仅仅保持了一个月。从5月份开始，公司债券再次出现异常成交，价格持续走低，直到大公国际被曝出“买卖评级”事件。

在新光控股违约前一个月，2018年8月，证监会和银行间交易商协会同时发布公告，分别对大公国际处以暂停相关市场评级业务一年的措施，原因是大公国际在向发行人提供评级服务的同时，还直接向受评企业收取高额咨询费。

大公国际被罚事件揭露了我国评级买卖的哪几种方式？

① 通过提供大额咨询服务“买卖评级”。

大公国际及其关联公司通过提供大额咨询服务“买卖评级”，具体涉及新光控股、南通三建、三胞集团、海王生物等多家发行企业。大公国际分别与新光控股、南通三建等企业直接签订企业信用管理系统建设的委托服务协议，合同协议金额为970万元，并约定每年需支付一定数量的企业信用管理报告费用。三家发行人很快就支付了全款或者接近全款的费用。收费后，大公国际迅速调升相关企业评级。新光控股在付费后2个工作日，其主体评级即由AA调整至AA+；南通三建在咨询服务签订后几个月，其主体和债项评级均由AA调整为AA+。这种咨询服务从签署到执行都明显不合常理，且严重违规。此外，大公国际工作人员参与了上述咨询服务的营销与实施，在向发行企业提供评级营销服务的同时，向企业营销咨询服务，这样的行为明显违反了行业公认的独立性原则。

② 通过提供可变现资产价值评估咨询服务“买卖评级”。

可变现资产价值评估主要是对企业总资产中能够快速变现以满足债务偿付的价值进行评估，该结果被大公国际作为评级的重要参考，这份报告在深度上并不高于通常意义上的评级报告，但购买金额却高达200万元。另外，大公国际为未购买其咨询服务的企业出具的主体评级报告中，也有可变现资产价值的评估结果。花数百万元资金专门购买一项原本也可享有的服务，实属反常。

③ 通过提供企业融资能力咨询服务“买卖评级”。

企业融资能力评估，主要对企业的债务管理问题进行研究分析，并提出短中长期的优化路径。该分析报告篇幅有30～40页，购买价格为200万元。

交钱就能改评级，最直接的影响就是助推了评级泡沫，扭曲了市场评价的公正性。

资料来源：周虹.“大公事件”与中国信用评级公司的策略选择［EB/OL］.［2020-09-15］. http://case.sf.ruc.edu.cn/alk/zxal/6b70aac8d2e942e08df8f27b9323b5c1.htm.

（3）流动性风险

流动性风险是指经济主体由于金融资产流动的不确定性变动而遭受经济损失的可能性。对于金融机构来说，流动性可以分为资产（市场）流动性与负债（融资）流动性，其中，资产流动性风险，是指资产不能迅速变现或者变现招致大量损失的风险，与降价抛售（fire sale）紧密相关。某项资产的市场流动性差，金融机构大量出售该项资产时，会导致出售价格大幅低于预期价格。负债流动性风险是指在面临流动性需求时，不能迅速获取资金或者遭遇债权人提前抽取资金的风险。从资产流动性风险和负债流动性风险的概念中我们发现，流动性风险涉及两个关键点：时效和成本。金融机构一旦爆发流动性风险，会造成资金链断裂，经营无法进行。例如，商业银行面对“借短贷长”的期限错配，应保证存款人随时提现，如银行现金和可变现资产准备不足或者存款人挤兑，则会引发流动性风险，因此如何管理流动性风险是商业银行的重要任务。开放式基金也面对负债数量和期限的不确定性，即投资者未来赎回开放式基金的时间和数量是不确定的。

（4）操作风险

操作风险的一般定义是由于控制、系统及运营过程中的错误或疏忽而可能引致的潜在损失的风险。巴塞尔委员会在《新资本协议》征询意见稿中提出：操作风险是指由于不完善或失灵的内部程序、人员、系统和外部事件所导致的直接或间接损失的风险。操作风险包括：欺诈风险、流程管理风险、执行风险、电子系统故障风险、物理资产风险等。

（5）其他风险

其他风险一般包括：法律风险、合规风险、战略风险、声誉风险和国家风险。

法律风险是指在金融机构的日常经营过程当中永远无法满足法律要求，导致金融机构无法履行合同引发争议，甚至是法律纠纷，给金融机构带来经济损失的风险。法律风险是一种特殊的操作风险。

合规风险是指金融机构由于违反外部监管规定和原则而招致法律诉讼或遭到监管机构处罚，进而产生不利于金融机构实现商业目标的风险。

战略风险是指金融机构在追求短期商业目的和长期发展目标的系统化管理过程当中，不适当的未来发展规划和战略决策所带来的对金融机构未来发展的潜在威胁。

声誉风险是指由于意外事件，机构政策调整，市场表现等产生的负面结果，可能对金融机构的声誉造成损失的风险。我国作为一个拥有五千年文化的大国，自古以来便重视诚信，认为信用是做人的根本。“人无信不立”的理念贯穿于中华文化的方方面面，成为社会秩序和人际关系中不可或缺的价值观。诚信不仅仅是一种行为准则，更是构筑社会信任和稳定的重要基石，促使人们在经济交往和社会互动中遵循规则、守信用。对此，我国原银保监会于2021年2月8日就印发了《银行保险机构声誉风险管理办法（试行）》，针对声誉风险的发生提前做出了预警。

经世济民 12-3

中国银保监会发布《银行保险机构声誉风险管理办法（试行）》

为提高银行保险机构声誉风险管理水平，有效防范化解声誉风险，维护金融稳定和市场信心，银保监会制定了《银行保险机构声誉风险管理办法（试行）》（以下简称《办法》），自印发之日起施行。

《办法》共六章、三十条，主要内容包括：一是明确了《办法》的法律依据、适用对象、声誉风险和声誉事件定义、声誉风险管理原则，要求银行保险机构承担声誉风险管理的主体责任，银保监会及其派出机构依法对银行保险机构声誉风险管理实施监管。二是明确了银行保险机构应以党的政治建设为统领，强化公司治理在声誉风险管理中的作用，规定了董事会、监事会、高级管理层、声誉风险管理部门、相关职能部门、分支机构和子公司的职责分工，要求构建组织健全、职责清晰的声誉风险治理架构和相互衔接、有效联动的运行机制。三是要求银行保险机构从事前评估、风险监测、分级研判、应对处置、信息报告、考核问责、评估总结等七个环节，建立全流程声誉风险管理体系，形成声誉风险管理完整闭环。四是要求银行保险机构从风险排查、应急演练、联动机制、社会监督、声誉资本积累、内部审计、同业协作等七方面做好声誉风险日常管理工作。五是明确了银行保险监督管理机构的监管责任、责任分工、监管措施、问责处罚、行业协作等，要求监管机构将银行保险机构的声誉风险管理纳入法人监管体系，将机构的声誉风险管理状况作为监管评级及市场准入的考虑因素，并可针对发现的问题依据现行有关法律法规实施行政处罚。

资料来源：佚名.中国银保监会发布《银行保险机构声誉风险管理办法（试行）》［EB/OL］.［2023-08-04］. http://xunxian.gov.cn/zfxxgk/fdzdgknr/qtfdxx/jrfw/zcjd/art/2023/art_32927f567 fc64027873d413d8695f082.html.

启智增慧12-1

守住不发生系统性风险底线

国家风险也称为主权风险、国别风险，是指经济主体在与非本国交易对手进行国际贸易与金融往来时，由于他国经济、政治和社会等方面的变化而遭受损失的风险。

12.1.5 金融风险管理

无论是从宏观经济的整体角度出发，还是从微观金融机构和投资者的个体角度出发，对金融风险进行管理都具有重要的意义。同时，由于新的金融风险不断出现，对金融风险管理的探索也在与时俱进。

1）金融风险管理的概念和意义

金融风险管理是以消除或降低金融风险及其不利影响为目的，通过实施一系列的政策和措施来控制金融风险的行为。对金融风险进行管理通常是一系列完整性的行为，包括对金融风险的预测、识别、度量、策略选择及评估，并在此基础上权衡取舍风险管理的成本和收益，有效地控制或降低金融风险的过程。

对于微观经济主体来说，金融风险管理可以加强对自身金融风险的认识，并使得单个经济主体以较低成本来避免或降低损失。对于宏观经济整体而言，金融风险管理是一国经济发展的需要，这是因为作为现代经济核心的金融正在以越来越快的速度和越来越强的力量渗透到社会经济的每一个角落。金融风险管理不仅有助于规范金融市场秩序，同时也是适应国际竞争的需要。

首先，需要明确金融风险管理决策时所能利用的全部信息，因此，“事后诸葛”式的眼光对于已发生的金融风险事件于事无补，我们需要提高事前的“先见之明”，即提高金融风险管理的理论和技术。

其次，并不存在一种对所有参与主体都最优的风险管理方法。根据管理主体不同，金融风险管理分为内部管理与外部管理。金融风险内部管理指的是经济行为主体针对自身存在的危险因素采取一系列管理措施的行为。比如商业银行通过内部信用评级体系降低信贷风险。金融风险外部管理是指经济行为主体之外的机构或组织对其进行的金融风险管理行为，包括监督机构的风险监管、行业自律组织的管理等，比如《巴塞尔协议》对商业银行金融风险监管的规定。

2）金融风险管理的发展

最早的风险管理制度可以追溯至公元前916年的共同海损制度和公元前400年的船货押贷制度，但在大数法则出现前，人们只能进行被动的、消极的风险规避和风险补偿。随着概率论的发展，人们能由此计算损失分布，风险管理理论也随之产生。

金融风险管理思想的提出与利率期限结构息息相关。1896年，欧文·费雪提出的纯粹预期假设认为，长期债券的预期平均年收益是预期短期利率的平均值。为了纳入风险因素，希克斯和卡尔博特林对纯粹预期理论进行了修正，提出了流动性偏好理论。利率期限结构理论的研究推动了利率风险管理在实践和理论上的发展。1938年，弗雷德里克·麦考利在此基础上提出了利率久期和凸性的概念。

（1）传统金融风险管理理论

传统的风险管理理论在20世纪30年代便开始萌芽，传统的风险管理以防范损失为主要内容。1930年，美国宾夕法尼亚大学所罗门·许布纳博士首次提出了风险管理的概念。最初的风险管理还只是应用在保险行业中，但随着风险管理理论不断实践和发展，整个金融行业乃至许多企业都在内部控制风险。

真正意义上的风险管理起源于20世纪50年代，1952年马科维茨在《证券组合选择》中提出了用资产收益预期度量预期收益、用资产收益标准差异度量风险的概念，并给出了在预期收益水平下最大限度地降低投资风险的最佳组合计算方法。1964年，在原有理论的基础上，美国学者威廉·夏普等提出了资本资产定价模型（CAPM）。直到今天，CAPM在各国的金融风险管理中仍有广泛应用。1973年，布莱克与斯科尔斯提出了一种基于股票标的资产的看涨期权的定价公式。他们的研究为金融衍生品的风险管理提供了理论依据，被称为现代金融管理理论的里程碑。20世纪80年代后，风险管理发展迅猛，人们不仅希望预防风险，更想从中获益，因此产生了以风险为基础的资源配置和绩效考核理论。随着科学技术和经济发展水平的提升，风险管理观念也在全球范围内进一步传播。

（2）全面风险管理理论

20世纪90年代以来，由于金融监管的放松和资产证券化的不断深入，金融市场中面临的风险种类和危害也日益增加，风险管理也从定性分析逐步演变为定量分析。

①风险价值VaR（Value at Risk）模型。

以VaR损失为基础的风险管理方法被提出并逐步兴起。VaR是在既定头寸下可能发生的市场价值的最大损失估计值，是给定置信区间下的某个持有期内的最坏预期损失。Risk Metrics模型和Credit Metrics模型是VaR模型在市场风险和信用风险计量上的典型代表。Risk Metrics模型是通过将资产分为股票、债券、外汇和商品分别求得各类资产的VaR值，从而计算所有资产的VaR值。Credit Metrics模型则是通过利用历史的信用评级迁移矩阵，求得任何组合在资产的信用评级迁移影响下其价值的VaR值。目前，VaR方法已经成为全球主要金融机构广泛研究并采用的金融风险评估和计量模型。

②整体风险管理理论。

虽然VaR模型在对风险的定量计算方面发挥着重要作用，但由于VaR仅基于客观概率计算金融资产风险，只关注风险的统计特征而并不关注全部风险，所以VaR模型也存在一定的局限性。金融风险管理的新进展即整体风险管理（total risk management，TRM）系统在现有风险管理系统的单一变量“概率”的基础上加入了“价格”（price）和“偏好”（preference）因素，以求达到客观计量与主体偏好两方面的均衡，从而实现对风险的全面控制，为完整的金融风险管理开辟了新的道路和视野。

进入21世纪后，随着金融技术和数据科学的发展，金融风险管理出现了新的发展趋势。大数据分析、人工智能和机器学习等技术被广泛应用于风险管理，为金融机构提供更精确和及时的风险评估和监控。新技术的应用在风险管理过程中可以加速处理和分析大量的数据，并能够进行更准确的预测和模拟。

在21世纪初期，金融风险管理逐渐进入了综合风险管理的阶段。这里的“综合”指的是将不同类型的风险进行综合考虑和管理，包括市场风险、信用风险、操作风险和流动性风险等。综合风险管理方法的出现是对传统风险管理方法的补充和完善，使它们具有更全面和综合的视角。

随着金融市场波动性的增加和金融创新的推进，风险管理也需要更加实时和迅速地响应市场变化。持续监控和实时风险管理的发展使金融机构能够及时获得风险信息，并能够及时调整风险管理策略和措施，以应对市场风险的变化。

此外，新技术（如人工智能、机器学习、大数据分析）可以有效地处理和分析大量的复杂数据，为金融机构提供更准确和全面的风险评估和预测数据，从而帮助其更好地管理风险。

在金融风险管理的发展过程中，管理层的风险意识和风险文化逐渐被重视。管理层风险文化指的是金融机构对风险的认知、态度和价值观，以及将风险管理纳入决策和管理体系的意识和行为。良好的管理层风险文化和风险治理能够帮助金融机构更好地识别、评估和管理风险，从而提高企业的风险管理能力。

由于金融风险对整个经济的重要性，金融监管机构在金融风险管理中充当着至关重要的角色。金融监管的加强和改革使监管机构能够更好地监督和评估金融机构的风险管理情况，同时，也为金融机构提供了规范和指导，以保护金融系统的稳定和安全。

总体来说，金融风险管理经历了从初期风险管理到风险度量和评估模型的引入，再到金融衍生品和风险转移的发展，以及金融危机的变革和新技术的应用。随着金融市场和金融创新的不断演进，金融风险管理也会继续发展和演化，以适应新的风险挑战和需求。重要的是，持续强化管理层风险文化和风险治理，以及加强金融监管的力度，将有助于更好地应对金融风险，确保金融系统的稳定和安全。

③金融风险管理的一般程序。

金融风险管理的一般程序可以概括为：金融风险管理战略—金融风险识别—金融风险度量—策略确定及实施——效果评估（如图12-1所示）。

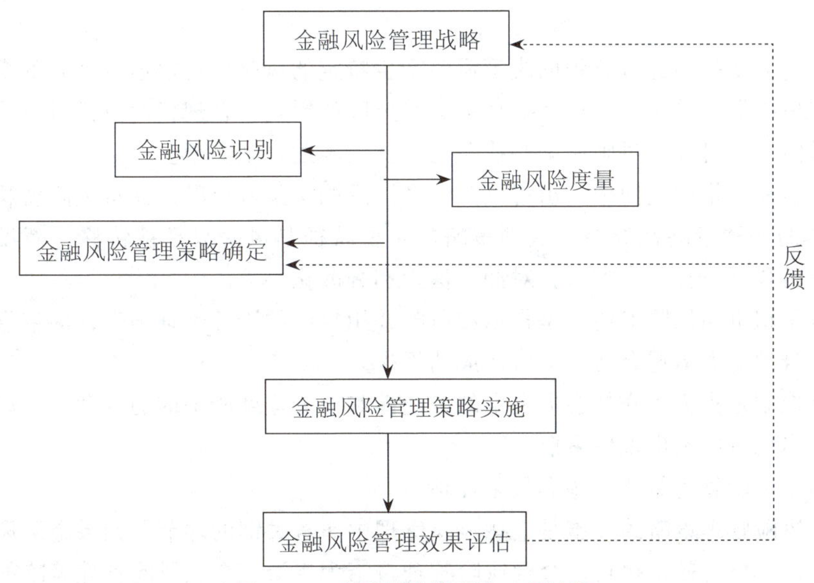

图12-1　金融风险管理的一般过程

A.金融风险识别。

金融风险的识别是指经济主体利用相关的知识、技术和方法，对经济活动中的经济主体所面临的金融风险的类型、受险部位、风险源、严重程度等进行系统的、连续的识别、判断、分析和归类，特别是针对金融风险的诱因进行识别，从而为度量金融风险和选择合理的管理策略提供依据的动态行为或过程。

金融风险呈现多样性，造成金融风险的因素又有不同的特征，因此金融风险识别的根本任务是辨别金融风险的类型和风险来源，即导致金融风险的根源和驱动因素。在识别金融风险时，就要考虑到经济主体的不同战略需求和其他自身条件。金融风险是由经济生活中一些不确定因素引起的，一个金融风险主体可能同时面临多种金融风险，一种金融风险可能有多种不同的诱因。对金融风险的识别是一个系统工程，因为不同风险因素之间存在相互联系、相互制约的关系。而且在对金融风险进行识别时，要求及时和准确，要在金融风险爆发前就能够识别，以免对经济主体造成重大的经济损失。

B.金融风险度量。

如果说风险识别是对金融风险进行定性分析的话，那么金融风险度量是对金融活动中各种损失的可能性、损失的范围和严重程度进行估计和衡量。金融风险的核心内容是风险的计量问题，是对风险认识的深化，为风险管理决策和实施各项风险管理技术奠定基础。只有对风险进行准确的度量，才能采取相应的措施。金融风险的度量是对风险发生的可能性、风险损失的范围与程度进行估计和衡量，其基本内容为运用概率统计等数学方法对风险的发生及其后果进行估计。常用的金融风险测度绝对指标有标准差（波动率）、VaR，相对指标有久期、曲率、Delta、Gamma等。

C.金融风险管理策略确定。

金融风险管理策略是指在金融风险识别和度量的基础上，采取具体的方法和行动，其主要包括风险规避、风险转移、风险承担和风险控制四种管理金融风险的基本技术。

风险规避是指通过有意识的决策避免产生特定的风险，可以通过计划的变更来避开风险或风险发生的条件，以保护目标免受风险的影响。在现代商业银行风险管理实践中，风险规避可以通过限制某些业务的经济资本配置来实现。

风险转移是指通过向他人出售风险资产以及购买某种金融产品将风险转移给其他经济主体的一种策略性选择。这种策略的重要特征是风险只是被转移，而没有被减少。风险转移有三种基本方法：对冲、保险和分散化。

风险承担也叫风险保留，是指承担风险并用自己的资源弥补损失，即依靠金融参与主体本身的能力承担金融风险所造成的损失。

风险控制是指为了降低损失发生的可能性和损失程度所采取的行动，可以在损失出现前、出现时以及出现后采取。

D.金融风险管理策略实施和效果评估。

金融风险管理策略的实施是金融风险管理中非常关键的环节，如果金融风险管理策略没有被严格有效地执行，金融风险管理将沦为空谈。金融风险管理策略的实施效果同时取决于经济主体的执行力。金融风险管理是一个动态的过程，外部条件的变化或分析对象自身的变化，可能都需要重新制订风险管理方案并作出相应调整。而评估金融风险管理的效果是为了令经济主体得到及时的反馈，以便做出调整，更好地进行金融风险的规避。

学海拾贝 12-1

妖“镍”肆起，青山历劫

2022 年 3 月 8 日，低调的温州富豪项光达和与他同样低调的世界 500 强公司——青山控股集团（以下简称“青山控股”），因为金属“镍”价格的不合常理的疯狂上涨，迅速被推上了热搜。北京时间 9 点伦敦商品交易所（以下简称“LME”）亚洲交易开盘之后，6 万美元、7 万美元、8 万美元、9 万美元、10 万美元，不到一小时，镍价连续突破了 5 大整数关口，价格最高一度达到 101 365 美元/吨，镍价的疯狂上涨让很多人目瞪口呆。仅仅两天，伦镍价格暴涨了 248%。毫无疑问，这是 LME 有史以来镍价交易的顶点，而青山控股正持有大量镍的空头头寸。生死存亡之际，LME 按下“暂停键”，看似平静的交易市场内暗流涌动。青山控股作为我国民营企业“走出去”的成功案例，经过近三十年的发展，已经成为我国有色金属的一张名片。2022 年 3 月以来镍价的史诗级暴涨，LME“破天荒”地实施一系列交易限制措施，不仅震惊了一众看官，也提醒了中资企业需注意对全球风险的评估。青山控股面对国际资本的联合绞杀，冷静采取应对措施，虽未受到致命一击，但也付出了较高的代价，这应引起相关企业对自身套期保值策略的重新审视。未来，中资企业如何在积极参与国际金融市场的同时，提高自身抵御风险的能力，避免再一次成为国际资本猎杀的对象，值得我们思考。我们由衷地希望，历劫之后，再无下一个“青山”。

案例：妖“镍”肆起，青山历劫

根据材料，讨论 LME 在此次逼仓事件中的交易制度缺陷和事后补救措施，列举上海期货交易所（SHFE）为应对镍期货价格剧烈波动采取了哪些措施？这对我国期货交易所有何警示？

资料来源：中国金融专业学位案例中心《妖“镍”肆起，青山历劫》。

学海拾贝 12-2

瑞银集团收购瑞士信贷银行

2023 年 3 月 14 日，瑞士信贷银行在其年报中宣布财报程序存在“重大缺陷”，2023 年 3 月 15 日，瑞士信贷银行的 CDS（信用违约互换）价格飙升，表明违约风险增加，市场担忧加深。与此同时，最大股东沙特国家银行董事长表示不追加投资，市场由此预测瑞士信贷银行爆雷的风险提高，导致瑞士信贷银行股价一度下跌超 30%。2023 年 3 月 19 日，瑞士信贷银行被瑞银集团宣布以 30 亿瑞士法郎收购，较其此前的市值打了近四折，约合 172 亿美元的瑞士信贷额外一级资本 AT1 债券也被完全减记清零。

CDS：这项金融创新相当于债务抵押债券的保险，当金融机构觉得其持有的债券具有信用风险时，可以向第三方购买信用违约掉期，成功将风险转移。

瑞士信贷银行破产对金融机构及金融监管有哪些启示？

瑞士信贷银行破产是 2023 年国际金融体系最为重大的风险事件之一。作为全球系统重要性银行，瑞士信贷银行破产折射出金融机构稳健经营、金融监管指标和宏观经济政策仍存在改进之处。从机构稳健经营看，瑞士信贷银行作为系统重要性银行却缺乏有效的风险管理和内部控制举措，承担了过度的风险，在多项投资中面临重大损失。从银行业监管改进来看，瑞士信贷银行满足了巴塞尔新资本协议监管要求，且缓冲资本计提也是到位的，但无法有效应对流动性和偿付风险，这要求银行监管进一步优化。在宏观经济政策上，美欧快速大幅加息对金融机构资产价值的影响是不容忽视的。最后，瑞士政府采取了全额保障存款利益、全额减记AT1债券、以特别程序处置瑞士信贷股权交易等干预举措，这在发达经济体的金融风险应对中较为少见。

资料来源：中国社会科学院金融研究所．2023年国际金融十件大事［J］．中国金融，2024（1）．

12.2 金融危机

关于金融危机，一直是经济学家研究的重要问题。在进入资本主义市场经济后，世界上发生过若干次金融危机，它影响着经济的稳定与发展，甚至造成了经济的衰退。因此对金融危机的预测与防范成为许多国家进行宏观经济管理的重要内容。

12.2.1 金融危机的内涵与外延

在我们讨论金融危机时，首先要对金融危机进行分类，并确定其内涵与外延。

1）金融危机的内涵

金融危机的内涵很丰富，至今还没有一个公认的定义。从形成角度而言，金融危机是金融风险大规模积聚爆发的结果。Kaminsky和Reinhart（1996）认为，它是指由于信用基础破坏而导致的整个金融体系的动荡和混乱。《新帕尔格雷夫经济学大词典》将金融危机定义为，全部或绝大部分金融指标——短期利率、资产（证券、房地产、土地）价格、商业破产数以及金融机构倒闭数的急剧、短暂和超周期的恶化。其特征是人们对未来经济充满悲观的预期，整个区域内货币币值出现幅度较大的贬值，经济总量与经济规模出现较大的损失，经济增长受到影响。金融危机往往伴随着失业率的提高，社会普遍的经济萧条，有时候甚至伴随着社会动荡或国家政治层面动荡。

国内学者刘园和王达学（1999）认为，金融危机是指起始于一国或一个地区乃至整个国际金融市场或金融系统的动荡超出金融监管部门的控制能力，造成金融制度混乱，进而对整个经济造成严重破坏的过程。这个定义从宏观层面出发，对金融危机的爆发进行了定性描述，同时将金融危机的影响延伸到经济部门。

2）金融危机的外延

金融危机的外延分两个层次：第一个层次是在金融领域内，表现为危机国货币大幅贬值、国家信用等级下降、国际收支大量逆差、汇率遭到攻击、原先的固定汇率机制崩溃、国内商业信用锐减、银行资金呆滞、借贷资金短缺、局部或全面银行挤兑现象发生、市场利率上升、资本市场行情低下，特别是股票市场低落、大量资本外流、部分金融机构连锁倒闭等。第二个层次是在非金融领域内，表现为整个经济受到强烈冲击、企业效益下降甚至破产清算、失业率上升、居民消费信心不足、房市下跌、居民生活水平下降、对外贸易量下降并处于混乱状态之中等。

金融危机的外延具有事后性的直观反映，即这种事后的现象或指标对于表征金融危机是否发生具有一定的意义，却不能作为预警指标。

12.2.2 金融危机的分类

按不同标准，金融危机可有不同分类。按危机发生的区域不同，分为地区性金融危机、全国性金融危机、国际性金融危机和全球性金融危机。按危机发生的领域不同，可分为银行危机、货币危机、股市崩溃。国际货币基金组织（IMF）曾经在《世界经济展望1998》中指出，金融危机可以分为货币危机（currency crises）、银行危机（banking crises）、系统性金融危机（systemic financial crises）和外债危机（foreign debt crises）四大类。

结合历史上发生的金融危机实例，按照金融危机发生的起始领域及影响范围，可将金融危机划分为货币危机、银行危机和资本市场危机（其中主要是股市危机）；而货币危机又可细分为国际支付危机、汇率危机和国际债务危机。需要注意的是，此种分类只是便于研究分析，实际上，在现代金融活动中，这几种危机之间的界限已经越来越模糊。基于不同的分类角度，可以将金融危机分为不同的类型，目前金融危机的分类方式有如下几种：

1）按照金融危机波及的范围进行划分

按照金融危机波及的范围进行划分，可以将金融危机划分为国内金融危机、区域性金融危机和国际金融危机。

国内金融危机，指的是金融危机还未发生国家间的溢出和扩散，金融危机主要发生在某个国家金融市场内部，对周边国家的金融系统并未造成显著性影响，通过该国政府及金融监管当局对货币政策或者财政政策的及时调整，即可及时化解金融危机带来的影响。

区域性金融危机指的是金融危机已经发生国家间的溢出和扩散，其作用范围已从一个国家蔓延到周边国家，此时，单纯依靠一个国家的努力很难化解该金融危机，需要区域内各个国家的共同协助及国际经济金融组织的及时援助才能够化解金融危机对区域内各国金融系统带来的影响。

如果区域性金融危机未能得到及时控制，金融危机的影响范围从一个区域蔓延到世界上大多数国家，就会引发国际金融危机的爆发，如近几年爆发的美国次贷危机和欧洲债务危机，此时金融危机就会对全球的金融和经济系统带来持续性的破坏，最终导致全球性经济衰退。从近年来世界各国对金融危机的防范和应对实践上看，各国对国际金融危机救助措施的有效性需要加强。

2）按照金融危机的性质进行划分

按照金融危机的性质进行划分，可以将金融危机分为货币危机、银行危机、债务危机和信用危机。

货币危机又被称为货币汇率危机或货币市场危机。货币危机大多发生于非浮动汇率制的国家。当这些国家出现本币汇率高估时，投资者会在外汇市场上大量抛售本币，买入外币，从而导致外汇市场上本币币值暴跌，迫使该国金融当局在外汇市场动用大量外汇储备进行对冲，以维持本币汇率，这种对货币市场和汇率制度的冲击被称为货币危机。产生货币危机的原因是多方面的，包括汇率政策的选择、国家外汇储备不足、金融市场开放过快、金融系统脆弱、国家外债负担过重和政府财政赤字严重等原因。固定汇率制度虽然在一定程度上可以降低汇率波动的不确定性，但由于当今世界经济联系紧密，金融自由化程度较高，国际资本能够大规模、快速流动，所以近年来，货币危机往往发生在采取固定汇率制度的国家，从而导致越来越多的国家从固定汇率制度转向了浮动汇率制度，如新加坡、泰国、韩国、俄罗斯等国家。货币危机爆发的另一个原因是，一些新兴市场经济体，由于金融市场开放过快，过早取消对资本流动的管制，使得国际资本在金融市场的大规模进出不受监管，将金融系统的脆弱性完全暴露在国际热钱投机者面前。此外，国家外债负担过重和政府财政赤字严重，使得国家应对货币危机的调节能力不足，造成货币危机一旦爆发，会愈演愈烈，波及金融和经济系统的各个方面。

银行危机又被称为金融机构危机。银行危机是指由于银行坏账负担过重，资产负债严重失衡，资金流动性不足，无法及时支付，出现挤兑，迫使政府出面进行援助。如果银行危机得不到有效控制，会波及金融系统内其他金融机构，造成金融系统内的持续动荡。

债务危机是指由于国家债务过重，超过了自身的偿还能力而引发的金融危机。债务危机往往会使债务国的国内投资大幅减少，经济衰退，社会发生动荡，同时也会将债务冲击带给债权国，2010年欧洲债务危机就是债务危机的典型代表。

信用危机是指信用过度扩张所引发的金融危机。信用危机往往会造成通货膨胀和经济下滑，并进一步使信用主体的信誉受到影响，导致信用主体的各个环节出现崩溃。信用危机既包括金融机构（如银行部门）发生的信用危机，也包括国家层面的信用危机。如果国家信用大幅滑坡，政府融资出现困难，国家就不得不采取紧缩的财政政策，降低政府投资，使得利率、通货膨胀率和失业率急剧上升，经济陷入衰退。

值得注意的是，了解金融危机的分类知识有助于研究分析，但实际上现代金融活动中这几种危机之间的界限已经越来越模糊。

12.2.3 金融危机的特点

纵观20世纪以来发生的各次世界性金融危机，主要包括1929—1933年世界金融危机、1994年墨西哥金融危机、1998年东南亚金融危机、2007—2008年美国次贷危机，2010年欧债危机等。可以看出，金融危机具有突发性、传染性、可预测性和综合性。

1）金融危机的突发性

纵观历史上屡屡发生的金融危机，无论是股市崩溃、银行倒闭风潮，还是汇率贬值、债务危机，发生都非常突然，虽然其中也有先知先觉的人士，但人们常常把它当作一种“不切实际”的预测，并没有引起应有的重视。比如，在东南亚金融危机爆发之前，国际上就有经济学家警告人们当心“亚洲奇迹”将要破灭，然而当时并没有多少人相信这一论断，甚至包括许多著名经济学家在内。从本质上讲，金融危机突然爆发往往源于金融风险的突发性。当金融风险在量上积聚时，只要数量上没有突破一个临界点，就不会发生根本性变化，然而当金融风险、金融隐患不断积聚时，就可能“牵一发而动全身”，即使小小的外在压力也会导致金融危机大规模爆发。东南亚金融危机受对冲基金的冲击而突然爆发就充分证实了这一点。

2）金融危机的传染性

金融危机的传染性表现在两个方面：一是货币危机、银行危机与股市危机之间的传染，可以简单称之为金融危机种属传染；二是金融危机在国与国、国与地区或者地区与地区之间传染，可以简单称之为金融危机地理传染。金融危机种属传染与地理传染之间具有交叉性，即一国国内的股市危机可能会导致世界上另一个国家发生银行危机，也可能是相反。

金融危机的种属传染是指货币危机、银行危机与股市危机之间相互传染，既可能是股市危机导致货币危机或银行危机，也可能是货币危机导致银行危机或股市危机。在经济的实际运行过程中，由于直接融资与间接融资、外汇市场与股票市场等之间的联系越来越紧密，因此危机的发生往往并不仅仅限于局部，而是呈现出全局性趋势。

地理传染是指一个国家发生金融危机，可以通过贸易关系或资金融通关系传递给其他国家，导致另一个国家也发生危机。1997年，泰国、马来西亚、印度尼西亚、菲律宾、韩国等发生金融危机，危机通过贸易关系、资金融通关系波及我国的香港和台湾地区，以及新加坡、日本等国家，我国内地也受到了一定程度的影响。东南亚金融危机爆发期间，泰国、马来西亚、印度尼西亚、菲律宾、韩国等国之间在汇率、利率、股票价格等方面具有较高的相关性，一旦一国发生危机，会迅速通过这些渠道将危机传染给其他国家。金融危机具有传染性，表明在预测与防范金融危机时，必须考虑国外因素，特别是贸易伙伴国的经济金融因素，这一点不容忽视。

3）金融危机的可预测性

金融危机从本质上是金融风险积聚爆发的结果，虽然具有突发性，但是它并不是没有规律可循，而是可预测的。要回答金融危机是否可以预测，必须从风险管理角度分析。首先，风险是可以衡量和预测的，因此可以通过量化风险来判断发生金融危机的可能性，从而在一定程度上预测金融危机。当然，金融危机不可能被准确无误地预测，什么时候发生、发生程度有多大，只能是在一定置信度（比如95%）范围内预测。

必须认识到，金融危机的可预测性并非牵强附会，国外理论界已经对此进行了较深入的论证。Mulder等（2016）通过分析了银行和企业资产负债表对货币危机预警系统（EWS）的作用，通过校准实验，评估了替代EWS规范在各种危机概率临界值中的性能。这些模型补充了基于传统宏观经济指标的EWS，大大提高了预测性能。研究结果支持第三代货币危机模型，并有助于政策制定者设计针对不同风险承受能力水平和国家具体情况量身定制的监测战略。Tjeerd M.Boonman等（2019）研究了两种常用的货币危机早期预警系统：信号方法和logit模型。将每个EWS应用于一个由15个新兴经济体组成的面板，分别对1991Q1–2010Q4和2011Q1–2017Q4进行预测。研究发现，与最新可用的信息相比，在预测中使用指标预测会减弱预警系统发出危机信号的能力。金融危机的可预测性是预测与防范金融危机的逻辑基础，因此对金融危机可预测性我们要进行重点认识和研究。

4）金融危机的综合性

20世纪90年代以前，金融危机通常表现为单一形式。例如，20世纪60年代英镑危机为单纯的货币危机；20世纪80年代导致拉美国家进入“失去的十年”的是完全的债务危机。但是进入90年代以后，多数金融危机具有明显的综合性。其较为典型的特征是，危机开始时首先是外汇市场的超常波动，以及由此引发的货币危机，进而发展到货币市场和证券市场的动荡，并最终影响到实体经济的正常运行。例如，1997年的亚洲金融危机，同时表现为货币危机、银行危机与债务危机；2010年的欧元危机，也表现为债务危机和货币危机，同时伴随经济衰退。

12.2.4 金融危机的影响

金融危机一旦爆发，影响巨大，具体说来，可以包括以下几个方面：

1）金融机构陷入经营困境

金融危机每次爆发都伴随着大量金融机构的倒闭，即使没有破产也会陷入重组或经营困难。深陷危机的大型金融机构往往依赖央行行使“最后贷款人”职责得以渡过难关。

2）政府财政负担加重

由于金融业在国民经济中的特殊作用，以及金融业连接着各行各业和绝对数量的存款人，因此各国在发生金融危机时，财政都会出面救助，这也是“大而不倒”引发的道德风险，其结果造成政府财政负担大大加重。

3）信用紧缩效应

金融危机会使经济领域中的不确定性增加，银行会以谨慎的态度面对风险，同时股票、房地产等资产作为抵押品的价值下降，这些都使得银行倾向于严格控制贷款的发放。金融市场的悲观预期会增加信用利差，银行利率也会相应提高，加剧信用紧缩。因此，在金融危机之后的萧条阶段，银行信用必然紧缩，并成为抑制经济复苏的重要因素。

4）经济增长放缓

不论是发展中国家，还是发达国家，金融危机一旦爆发，对经济的冲击都是巨大的，整个社会要为之付出高昂的代价。拉美债务危机引发了“失去的十年”，亚洲金融危机使得“东亚奇迹”黯然失色，欧元危机直接影响了欧元的地位和欧洲经济，美国次贷危机更是影响了全球的经济发展。

红色金融

土地革命时期闽西红色金融的实践与启示

土地革命时期，中国共产党在闽西开辟了红色根据地。当时闽西流通的货币除了南京国民政府中央银行、中国银行、交通银行、农民银行发行的票子外，还有地方军阀、华侨资本家、各商会自办发行的各种纸币，同时还有大量杂洋和劣质银币在民间流通，包括银元、银毫和铜板三种硬币。这些钱币价格极不统一、兑换复杂，农民往往蒙受损失。军阀豪绅“包庇商人贩运劣币，操纵金融”，造成当时龙岩市面上有大量劣质银币和白区纸币流通，这种劣币多来自广东，奸商以廉价偷运入境，购买金银土产出口，获利甚巨，但用这种劣币在白区购买货物却要打几折。这对根据地经济是很不利的。闽西革命根据地物资贸易往来面临巨大困难，造成物资供应的严重不畅。高利贷剥削非常残酷，有货币和实物两种形式，农民往往为生活所迫举债，再用全部身家财产作抵押来还债。1929年，中共闽西第一次代表大会对闽西农村的高利贷剥削进行深入调查，普通利率平均在二分以上，有的到了十分以上，本利相等，更使农民破产日亟。

共产党抓住贫困农民当时面临的痛点，提出包括“抗债”在内的斗争口号，确定“废租、废债及分田办法”。闽西苏维埃政权成立之初，根据地的经济环境尤其严峻，国民党政府持续军事“会剿”和经济封锁，使得由于生产和贸易流通带来的剪刀差非常严重。

因此，鉴于当时的形势，打破旧的金融体系，建立有利于根据地农民，促进根据地经济发展的新金融体系非常有必要。在认清旧金融存在主要问题的基础上，党在闽西根据地进行了卓有成效的红色金融实践，为党的事业壮大发展作出了重要贡献。

资料来源：佚名.土地革命时期闽西红色金融的实践与启示［EB/OL］.［2021-06-22］. https：//www.rmzxb.com.cn/c/2021-06-22/2887238.shtml.

本章小结

金融风险，是指在一定的条件下和一定时期内，由于金融市场中各种经济变量的不确定性，造成经济主体在金融活动过程中遭受损失的大小以及这种损失发生的可能性。金融风险的特征包括：客观性、普遍性、隐蔽性、扩张性、传染性和可度量性。金融风险根据金融风险的形态划分为：价格风险、流动性风险、操作风险、政策风险；根据金融风险的性质划分为：系统性金融风险和非系统性金融风险。金融风险管理的一般程序包括：金融风险的识别、金融风险的度量、金融风险管理策略的确定、金融风险管理策略的实施和评估。

一般认为，金融危机是指起始于一国或一个地区乃至整个国际金融市场或金融系统的动荡超出金融监管部门的控制能力，进而对整个经济造成严重破坏的过程。其外延分为两个层次：第一个层次是金融领域；第二个层次是整个经济领域。根据金融危机波及的范围进行划分，可以将金融危机分为国内金融危机、区域性金融危机和国际金融危机；根据金融危机的性质进行划分，可以将金融危机分为货币危机、银行危机、债务危机和信用危机。金融危机具有突发性、传染性、可预测性和综合性等特征。金融危机会造成金融机构陷入经营困境、政府财政负担加重、信用紧缩效应、经济增长放缓等影响。

关键概念

即测即评12

金融风险　金融危机

综合训练

综合训练参考答案12

1. 如何理解金融风险的含义？
2. 请阐述金融风险的特点。
3. 请简述金融风险的分类。
4. 请思考金融危机的影响。

第13章

金融监管

牢记嘱托

金融监管要“长牙带刺”、有棱有角，关键在于金融监管部门和行业主管部门要明确责任，加强协作配合。在市场准入、审慎监管、行为监管等各个环节，都要严格执法，实现金融监管横向到边、纵向到底。要处理好加强金融监管和金融创新的关系，一时看不准、没有把握监管好的金融创新，可以先局部试点试验。要强化监管科技运用，增强监管穿透力，打造监管千里眼、顺风耳。要强化事前事中监管、早期干预纠正，防止小事拖大、大事拖炸。对监管不担当不作为、推诿扯皮的，要严肃追责问责。

——习近平2024年1月16日在省部级主要领导干部推动金融高质量发展专题研讨班上的讲话

目标引领

☑ 价值塑造

理解“加强和完善现代金融监管”“依法将各类金融活动全部纳入监管”的监管内容，建立诚信价值观和职业操守，提高道德修养和宪法法治意识，感受我国在金融监管问题面前“执法如山”的优良作风，传承正义、廉洁的中华传统美德。

☑ 知识传授

了解国内外金融监管的发展历程，熟知当前我国金融监管体系格局，掌握宏观审慎监管和微观审慎监管的区别，理解并掌握金融监管的定义、分类、目标、原则及内容，熟悉金融监管的三道防线。

☑ 能力培养

深入了解金融监管的核心原则及其实施机制，掌握对金融机构进行风险评估、监测和管理的基本方法，建立起对金融市场稳定运行的全面认识。

思维导图

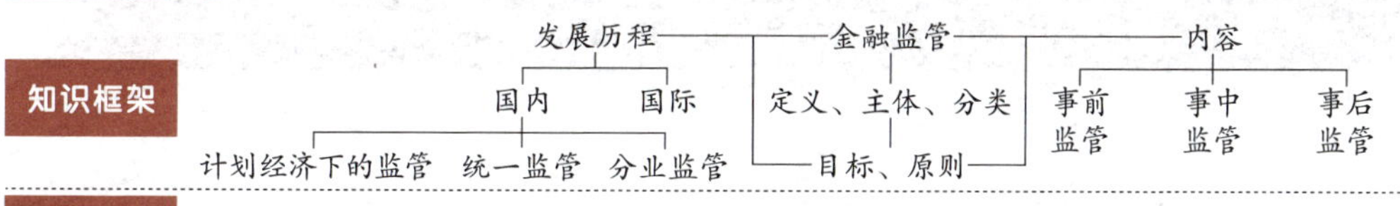

现实问题 相关政策 国家战略

“两委一行一局一会”新格局　　宏观、微观审慎监管　　金融监管“三道防线”

开篇导读

1997年7月2日，泰国中央银行宣布实行浮动汇率制，导致泰铢的贬值一泻千里，不可收拾。与此同时，泰国的股市、债市也发生暴跌，由此引发了一场席卷东南亚各国的金融危机，结果马来西亚林吉特、新加坡元、菲律宾比索都发生了7%～30%的贬值。在国际货币基金组织及其他国家共160多亿美元的经济援助下，以及东南亚各国政府的共同干预下，这场金融危机才得到缓解。

1994年12月，墨西哥政府突然宣布本国货币比索的汇率贬值15%，从而引发了墨西哥金融市场的极大动荡。在之后的48小时内，比索汇率再度贬值15.3%。由于公众对墨西哥的政治和经济形势缺乏信心，比索连续贬值。最终美元对比索汇率由1∶3.74跌至1∶5.9，贬值达60%。比索的暴跌严重挫伤了投资者的信心，各种资本从股票和证券交易市场中撤走，引发了金融股市暴跌。

2008年，由美国两大房贷巨头——房利美和房地美的破产为代表的次贷危机爆发，随着美国货币政策的推波助澜和金融衍生品的滥用，导致美国许多金融机构在这次危机中都难以幸免，引起的华尔街风暴，后演变为全球性的金融危机，成为自第二次世界大战以来将全球经济拖入全面持续衰退的最严重的一次国际金融危机。

金融危机是金融监管制度变迁的重要推动力，让二十国集团（G20）峰会确定了改革方向，全球主要经济体联手重构国际金融监管框架，金融稳定理事会（FSB）、巴塞尔银行监管委员会（BCBS）和国际证监会组织（IOSCO）等标准制定机构发布了一系列国际金融监管新规则，以期修复金融体系的断层线，降低金融危机发生的可能性，并缓解金融危机的负面影响。以《巴塞尔协议Ⅲ》为代表的新一代监管框架在世界各国推行。金融监管无疑在这个规则体系中扮演着至关重要的角色。

资料来源：张岗．东南亚、墨西哥金融危机的比较分析及启示［J］．经济纵横，1998（2）：4-6；王胜邦．后危机时期国际金融监管改革［J］．中国金融，2018（9）：51-55.

经验观察表明，缺乏完善的金融监管体系和对意外事件的快速反应能力，是历次金融危机爆发的重要原因。无论是墨西哥金融危机、东南亚金融危机，还是美国次贷危机，究其根本原因，都在于金融行业的高风险经营。当金融风险、金融隐患不断积聚时，就可能“牵一发而动全身”，导致金融危机大规模爆发。但是，如果拥有完善的金融监管体系，进行严格的金融监管，就会促进金融机构和金融市场的良性发展，从而降低金融风险，防患于未然。因此，为了维持金融行业营运的正常“秩序”，金融监管显得尤为重要。

13.1 金融监管的发展历程

13.1.1 国际金融监管的发展历程

19世纪中叶，以英格兰银行为代表的中央银行制度在欧洲建立，当时的中央银行主要作为发钞行和最后贷款人，没有行使严格意义上的金融监管职能。全球公认的金融监管是从1914年美联储正式成立开始的，至今大致可以分为四个阶段，具体如图13-1所示。

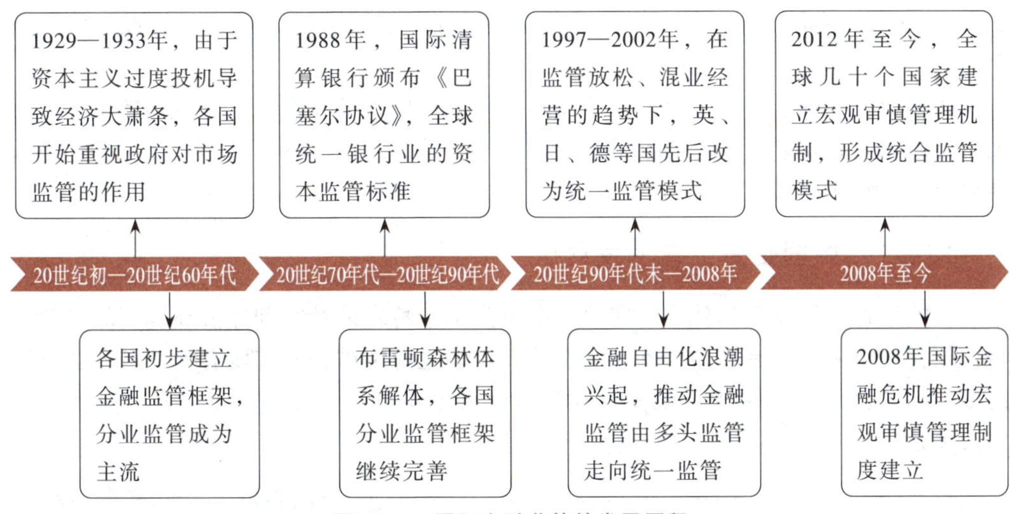

图13-1 国际金融监管的发展历程

第一阶段：20世纪初到20世纪60年代，各国初步建立金融监管框架。20世纪以前，美国建立货币监理署，充当类似央行的角色。1929—1933年的大萧条使各界认识到金融风险的巨大外部性，美国1933年通过《格拉斯—斯蒂格尔法案》等，“分业经营、分业监管”的机构监管模式初步形成。1928年，日本第一部银行法颁布，规定由大藏省（财务省）对银行设立和经营进行监管。1934年，德国通过第一部银行法，对前期银行业危机进行金融监管。

第二阶段：20世纪70年代至90年代，全球金融监管协调性加强，相关国家分业监管框架继续完善。1971年，布雷顿森林体系解体后，国际金融市场风险骤然上升，各种避险的金融创新不断产生，同时金融管制的放松导致各经济体意识到金融监管能力和国际协调的迫切性。1975年，国际清算银行在巴塞尔设立了银行监管委员会；1988年7月颁布的第一个准则文件《巴塞尔协议》和1997年颁布的《有效银行监管的核心原则》，使各国金融监管得到了空前的加强。

第三阶段：20世纪90年代末至2008年，金融监管由多头监管走向统一监管。在全球金融管制放松的背景下，出现了金融机构兼并重组浪潮和混业经营，主要国家金融监管框架相应变化。英国签订的《2000年金融服务与市场法》正式生效以后，金融服务局成为英国单一的金融监管机构。日本于2000年统一本国金融监管机构为金融厅，是日本单一的金融监管机构。1999年，美国颁布了《金融服务现代化法案》，取消了金融业分业经营限制，完全实行混业经营。多数发达国家都建立了单一的金融监管机构，但由于中央银行监管权力的缩小，监管机构和央行之间协调不充分，过于专注个体而非整个金融体系的稳定，最终导致开放型经济体普遍受到金融危机冲击。

第四阶段：2008年国际金融危机以后，为了顺应金融业综合经营的发展方向，规避分业监管体制下可能造成的监管空白与监管重叠等问题，统合监管模式正逐渐登上历史舞台。其中，“双峰”监管获得普遍重视，中央银行监管权限扩大，宏观审慎管理制度逐步建立。2008年国际金融危机以后，各国开始重构金融监管制度。2012年，英国通过《金融服务法案》，将金融服务局拆分为审慎监管局和行为监管局，建立“双峰”监管框架。同时，全球几十个国家修改中央银行法，将金融稳定纳入央行职责，建立宏观审慎管理机制，如美国金融稳定监督委员会、欧洲系统性风险委员会等。

回顾历史发现，国际上金融监管变革都是危机驱动的。金融监管应该随市场的发展而与时俱进，但监管不会跟随市场自动变化。各国要根据本国金融业的发展实践，推动金融监管作出适应性变化。

13.1.2 中国金融监管的发展历程

中国金融监管体系的建立、完善与改革是基于特定的社会和经济环境下的自然产物，既有主动因素也有被动因素，既有路径依赖也有突破创新，既有海外借鉴也有国内特色。总体而言，中国金融监管改革与发展主要可分为以下三个阶段，具体如图13-2所示。

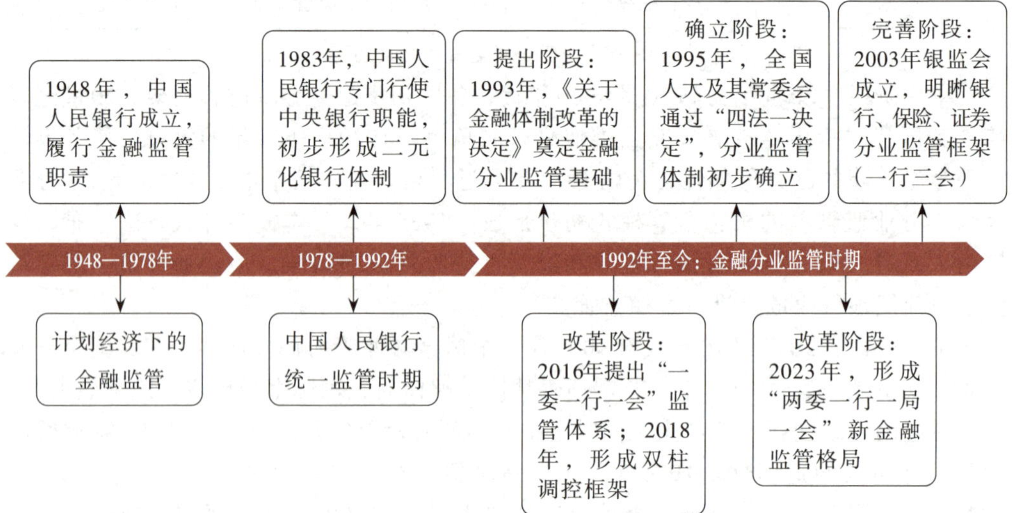

图13-2 中国金融监管的发展历程

第一阶段：计划经济下的金融监管（1948—1978年）。中国人民银行成立于1948年12月1日，主要职责是履行金融监管的职责。在计划经济背景下，金融监管的职能是通过会计部门设置稽核机构来实现的，并非现代意义上的金融监管。

第二阶段：中国人民银行统一监管时期（1978—1992年）。1982年，中国人民银行设立了金融机构管理司，后改称银行司，并分设出条法司、非银行金融机构管理司、保险司和外资金融机构管理司。1983年9月，国务院决定中国人民银行专门行使中央银行职能，初步在中国形成了二元化银行体制。这一期间金融监管主要采取报告制度、年检制度、评级制度等措施，并建立现场检查和非现场检查相结合的制度。

第三阶段：金融分业监管时期（1992年至今）。中国金融分业监管体制主要经历了提出阶段（1992—1995年）、确立阶段（1995—1998年）、完善阶段（1998—2003年）、改革阶段（2003年至今）。2023年，党中央组建中央金融委员会和中央金融工作委员会，在银保监会基础上组建国家金融监督管理总局，将中国人民银行的日常监管职责、有关金融消费者保护职责、证监会的投资者保护职责划入到金融监管总局。至此，中国金融监管体系将形成新的“两委一行一局一会”格局，中国人民银行专注货币政策和宏观审慎监管，金融监管总局集机构监管与行为监管于一身，证监会则专司资本市场监管。

红色金融

井冈山和中央苏区红色金融实践：废除旧债

在20世纪20至30年代，江西是中国共产党领导土地革命的大本营和中国革命的中心地区，先后创建了井冈山革命根据地、中央革命根据地。以毛泽东同志为代表的中国共产党人在这里进行了艰苦卓绝的革命斗争，为打破敌人的军事进攻和经济封锁，大力开展为革命和生产服务的红色金融建设。

在中央苏区，1931年11月，中华苏维埃共和国临时中央政府下发的《关于借贷暂行条例的决议》明确规定：“取消和废止一切高利贷形式的借贷，过去高利贷的契约完全宣布无效并焚毁之。”同时，今后借贷的利率，短期的不得超过月息一分二厘，长期的周年不得超过月息一分。此后，苏区各式当铺、钱庄歇业关闭，高利贷活动停止，这大大动摇了反动金融体系的基础。

资料来源：文尚卿.井冈山和中央苏区红色金融实践及其当代启示［EB/OL］.［2023-12-25］.https：//www.financialnews.com.cn/cj/202312/t20231225_284804.html.

13.2 金融监管概述

13.2.1 金融监管的定义

所谓金融监管，指的是国家政府根据经济金融体系稳定、有效运行的客观需要以及经济主体的共同利益要求，通过一定的金融主管机关，依据法律准则和法规程序，对金融体系中各金融主体和金融市场进行的检查、稽核、组织和协调。一般来说，中央银行（或其他金融监管当局）是监管的主体，金融监管主体是作为社会公众利益的代表，运用国家法律赋予的权力去监管整个金融体系的特殊机构。金融监管既包括国家专门机关对金融机构实施的监管（法定监管），也包括金融机构的自我监管。

13.2.2 金融监管的主体

金融监管主体是指依法具体实施金融监管的机构。在世界各国金融监管的演变过程中，这个主体大致有两种类型：一是单一主体监管模式，由财政部或者中央银行独立负责所有的金融监管工作；二是多头监管模式，由财政部、中央银行和其他金融监管机构在不同的权限范围内负责对不同对象进行监管。各国的不同国情造就了不同的金融监管体制或模式，但在世界政治经济发生巨大变化和金融活动日益国际化的背景之下，改革和重构金融监管体制已成为各国金融改革的重要内容之一。

中央银行在所有金融监管机构中，拥有最广泛的金融信息、最多的金融调控手段、最广泛的分支机构网络和金融服务系统，以及最独立的经费来源，因此它对金融机构具有最强烈的影响力。1995年3月18日颁布的《中华人民共和国中国人民银行法》确立了中国人民银行作为中国的法定中央银行地位，并且赋予中央银行对金融业实施监督管理的广泛职权。从监管对象来看，中国人民银行对银行业和非银行金融机构进行监管；从监管范围来看，中国人民银行有权依法对金融机构及其业务实施全面的监督管理，有权要求金融机构按照规定报送资产负债表、利润表及其他财务会计报表和资料。为顺应中国共产党第二十次全国代表大会报告中"加强和完善现代金融监管"要求，不断提升金融监管的能力和水平，2023年3月，《党和国家机构改革方案》对金融监管框架进行了调整，形成了"两委一行一局一会"的新格局，具体如图13-3所示。中国人民银行始终在金融监管体系中占据着举足轻重的地位，其影响力与核心地位无法替代。

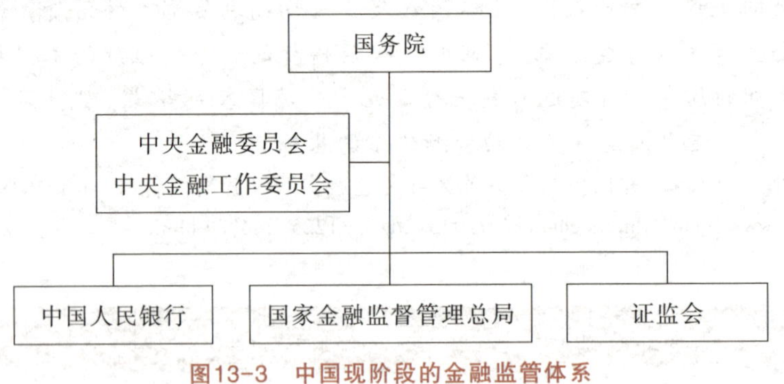

图13-3　中国现阶段的金融监管体系

经世济民 13-1

新金融监管体系——"两委一行一局一会"的新金融监管格局

"两委"是指中央金融委员会和中央金融工作委员会。2023年3月，经党中央、国务院批准，设立中央金融委员会办公室，作为中央金融委员会的办事机构，列入党中央机构序列。将国务院金融稳定发展委员会办公室职责划入中央金融委员会办公室。加强党中央对金融工作的集中统一领导，负责金融稳定和发展的顶层设计、统筹协调、整体推进、督促落实，研究审议金融领域重大政策、重大问题等，作为党中央决策议事协调机构。组建中央金融工作委员会，将中央和国家机关工作委员会的金融系统党的建设职责划入中央金融工作委员会，统一领导金融系统党的工作，指导金融系统党的政治建设、思想建设、组织建设、作风建设、纪律建设等，作为党中央派出机关，同中央金融委员会办公室合署办公。

"一行"是指中国人民银行。根据国务院关于提请审议国务院机构改革方案的议案，统筹推进中国人民银行分支机构改革。撤销中国人民银行大区分行及分行营业管理部、总行直属营业管理部和省会城市中心支行，在31个省（自治区、直辖市）设立省级分行，在深圳、大连、宁波、青岛、厦门设立计划单列市分行。中国人民银行北京分行保留中国人民银行营业管理部牌子，中国人民银行上海分行与中国人民银行上海总部合署办公。不再保留中国人民银行县（市）支行，相关职能上收至中国人民银行地（市）中心支行。对边境或外贸结售汇业务量大的地区，可根据工作需要，采取中国人民银行地（市）中心支行派出机构方式履行相关管理服务职能。

“一局”是指国家金融监督管理总局。国家金融监督管理总局在中国银行保险监督管理委员会基础上组建，将中国人民银行对金融控股公司等金融集团的日常监管职责、有关金融消费者保护职责，中国证券监督管理委员会的投资者保护职责划入国家金融监督管理总局。统一负责除证券业之外的金融业监管，强化机构监管、行为监管、功能监管、穿透式监管、持续监管，统筹负责金融消费者权益保护，加强风险管理和防范处置，依法查处违法违规行为，作为国务院直属机构。

“一会”是指中国证券监督管理委员会。中国证券监督管理委员会由国务院直属事业单位调整为国务院直属机构，强化资本市场监管职责，划入国家发展和改革委员会的企业债券发行审核职责，由中国证券监督管理委员会统一负责公司（企业）债券发行审核工作。

经世济民 13-2

新金融监管要求——强化机构监管、行为监管、功能监管、穿透式监管、持续监管

“五大监管”包括机构监管、行为监管、功能监管、穿透式监管和持续监管。

具体而言，机构监管强调整体性，主要是画好“一张像”，突出三个“抓”，抓机构法人、抓公司治理、抓市场准入。重点关注总行、总公司的资本约束、顶层设计、考核机制、合规文化、三道防线、管控能力、科技支撑等方面，同时做好分类分层监管。重点关注党的建设、股东行为，防止一股独大、内部人控制和外部人操纵；抓市场准入的重点是三个防止：防止产业资本在金融领域无序扩张；防止高管与从业人员“带病流动”；防止各类“伪创新”由监管背书。

行为监管强调人民性，织好“一张网”，突出三个“管”。其中，管合法更要管非法，既要严防“有照违章”，也要严禁“无照驾驶”；管行业必须管风险，严密防范一般商事行为异化为非法金融活动；管事后也要管事前，做到监管“长牙带刺”，教育与惩戒并重。

功能监管强调一致性，用好“一把尺”，突出三个“一”，即坚持同一业务、同一标准、统一监管，用科学的监管标尺有效实现监管贯通，防止以金融创新之名行监管套利之实。其中，重点是建立跨机构监管和跨市场协同的标准与机制，尤其要关注交叉金融领域、资管类业务以及普惠金融考评等方面。

穿透式监管强调精准性，主要是扎好“一根针”，突出三个“重点”，即加强股东行为穿透、资金流向穿透、业务实质穿透。在市场准入、非现场监管、现场检查等各监管手段中，既看人又看事，既看表又看账，还要透过人、事、表、账看风险。打通数据源，精准打击各类隐秘性、交叉性、关联性风险，运用大数据工具，打破机构地区壁垒，百步穿杨，努力做到监管一贯到底。

持续监管强调动态性，走好“一生路”，突出三个“全”，即覆盖金融机构全周

期、金融风险全过程、金融业务全链条。通过分类、分级监管评级，以点的监测实现线的监管，再到面的监控，真正使“五大监管”形成五维一体的监管架构，呵护、保障金融更好地服务实体经济。

资料来源：李云泽. 切实提高金融监管有效性 妥善应对各类金融风险挑战［EB/OL］.［2023-12-03］. https：//www.gov.cn/lianbo/bumen/202312/content_6918285.htm；王俊寿. 金融全面强化“五大监管”［EB/OL］.［2024-01-16］. https：//economy.gmw.cn/2024-01/16/content_37090881.htm.

13.2.3 金融监管的分类

金融监管的分类标准有很多，本书按监管对象、监管时间和监管理念三个维度进行划分。

1）按监管对象划分

（1）银行业监管

银行业监管包括市场准入监管，如最低注册资本限额等；日常经营监管，如资本充足率监管、资产质量监管、流动性监管等；市场退出监管，如问题性银行的处理等。在中国，对银行业的监管主要由国家金融监督管理总局负责。

（2）证券业监管

证券业监管主要包括证券机构监管、证券市场监管和上市公司监管。证券机构监管包括对证券经营机构设立、变更和终止的监管等；证券市场监管包括对内幕交易、操纵市场等的监管；上市公司监管包括信息披露制度、公司治理结构等。在中国，对证券业的监管主要由证监会负责。

（3）保险业监管

保险业监管包括保险市场的监管、保险人的监管。保险市场的监管包括维护保险市场公平竞争的秩序和保护被保险人及受益人的合法利益。保险人的监管包括对保险机构的设立、营业范围等的监管，以及对业务和财务偿付能力的监管等。在中国，对保险业的监管主要由国家金融监督管理总局负责。

（4）金融市场监管

对金融市场的监管主要包括对货币市场、外汇市场、资本市场和金融衍生产品市场的监管。在中国，金融市场的监管主要由中国人民银行负责。例如，中央银行负责对银行间外汇市场、同业拆借市场、票据市场等的监管。

2）按监管时间划分

从时间上划分，金融监管可以分为以下三种类型：一是预防性措施，即事前监管，主要包括开业登记，资本充足性、清偿能力、业务活动、贷款集中程度、管理层、稽核检查等方面的监管。预防性措施一般以明文发布的法律制度为依据，因而是一种制度化的监管手段。二是援救性措施，即事中监管，目前许多国家的中央银行承担起最后贷款人的重要角色，对遇到临时清偿困难的商业银行提供紧急资金援助，帮助它们度过暂时的流动性困难，避免倒闭事件的发生。三是事后补救措施，即事后监管。事后补救措施的主要形式是存款保险制度和央行最后贷款人角色，它是保护存款人利益、稳定金融体系的最后一道防线。

3）按监管理念划分

按监管理念划分，金融监管可以分为微观审慎监管和宏观审慎监管，主要差别在于实现目标的不同。微观审慎监管的目标为降低单个银行倒闭的风险，以保护存款者和投资者的利益。而宏观审慎监管的目标为降低系统性风险，关注金融系统整体的稳健。

实施微观审慎监管隐含着一个重要的理念假设，即只要微观金融机构个体是稳健的，那么整个金融系统也就是稳健的。而宏观审慎监管否定了这个前提假设，认为单个金融主体的安全并不能充分保证整个金融系统的稳定。金融机构金融系统和经济系统之间复杂的非线性关系，使得对金融系统性风险的预测十分困难，因此有必要加深宏观审慎和微观审慎的联系，相互促进以增强金融系统的稳定性。

宏观审慎监管与微观审慎监管的具体区别可以概括为三个方面：一是监管目标不同。宏观审慎监管的主要目标是降低系统性风险爆发的概率，防止金融危机的产生。微观审慎监管的主要目标是降低单个金融机构倒闭的可能性，保护投资人和存款人的利益。二是对风险性质的认识不同。宏观审慎监管认为金融机构的风险具有内生性，银行的集体行为能够影响整个金融体系的系统性风险，反过来又对银行自身的稳健造成影响。而微观审慎监管假定风险是外生变量，只考虑自身风险的规避。三是在研究方法和角度上，宏观审慎监管是自上而下的，先设置整个金融体系可接受的极端损失额度，在此基础上再确定每个金融机构对系统性风险的边际贡献。而微观审慎监管是自下而上的，认为确保单个金融系统的稳定，就能保证整个金融系统的稳定。表13-1是对上述区别的总结。

表13-1 宏观审慎监管与微观审慎监管的区别

区别	宏观审慎监管	微观审慎监管
直接目标	抑制金融体系的系统性风险	限制个体金融机构的风险
终极目标	避免金融危机	保护投资者与存款人
风险认识	风险内生，源于金融机构的集体行为和相互作用	风险外生，源于个体金融机构
金融机构间的相关性与共同敞口	重要	不考虑
审慎控制的衡量	系统性风险：自上而下	个体机构风险：自下而上
政策重点	逆周期调控	保护个体金融机构

13.2.4 金融监管的意义

西方经济学认为市场存在着失灵，因此政府有必要对经济进行干预。就金融系统而言，同样由于市场失灵和金融业存在特有的脆弱性，因此金融监管具有重要的意义。

1）金融监管和金融外部性

金融机构的经营存在着很强的外部性。由于金融机构有广泛的债务债权关系，包括金融同业之间和社会其他行业的债务债权关系。一家金融机构即使经营正常，也会因与之有着较强的债务债权关系的金融机构的倒闭而承受损失。特别对银行业而言，由于银行保持部分储备，严重依赖外部资金来源，从事借短贷长的期限转换，具有很高的负债比率，因而银行业具有内在的不稳定性，任何对存款者信任产生不利影响的事件都可能会发生银行挤兑。一家银行挤兑不仅会对公众心理预期产生强烈震撼，而且可能会引起金融恐慌，对整个社会经济的运行造成不良影响。

所以，金融活动与一般经济活动有着不同的特殊规律，一般工商业经营活动失败，只会导致部分商品供需失衡，而金融经营活动的失败会导致信用链条断裂，产生连锁效应。金融领域存在比其他经济领域更为严重的负外部性，为政府介入，实行必要的金融监管提供了重要的理论支持。负外部性的存在，客观上要求监管当局对金融机构实施有效的日常监管，最大限度地减轻负外部性的影响。

2）金融监管和信息不对称

信息不对称对金融机构而言是双重存在的：一方面，金融机构无法精确判断借款人违约概率的高低，容易形成信用风险；另一方面，金融机构的存款人也无法知道金融机构的真实经营情况和风险状态。如果存款人无法识别金融机构风险，会造成存款人选择经营不善的金融机构，导致其利益受损，并且由于外部性导致整个行业受到影响。因此，金融监管当局有责任采取必要的措施减少金融体系的信息不对称。

3）金融监管和金融脆弱性

金融机构的脆弱性在于：一是借短贷长和部分准备金制度导致了金融机构内在的非流动性；二是在资产负债表中，金融资产不同于实物资产，造成金融机构之间存在相互依赖的网络；三是在面临损失时，高杠杆率和低现金比例的金融机构风险缓冲空间相对有限。

金融市场的脆弱性具体可以体现在投资者羊群效应等非理性行为，以及交易金融资产的风险传染性。这是因为：一是金融机构之间的交易存在链条性；二是银行同业支付清算系统将银行业组成了债权债务网络；三是金融创新和金融国际化增加了金融风险传染的复杂性。因此金融业作为国民经济中的重要组成部分，必须对金融业实行特殊的监督和管理。

13.3 金融监管的目标及原则

13.3.1 金融监管的目标

金融监管的总体目标是，通过对金融业的监管维持一个稳定、健全、高效的金融制度。具体来讲，金融监管的目标可以分为以下几个层次：

1）维护金融体系的安全与稳定

金融风险源于金融交易存在不确定性和信息不对称。金融业的特点决定了金融风险是客观存在的，金融风险又是可以防范的，金融监管是防范金融风险的重要手段。例如，信息不对称可以导致逆向选择和道德风险，而金融监管可以减少信息不对称，强制上市公司信息披露可以降低逆向选择，资本充足率等监管指标可以降低道德风险。随着世界金融一体化和自由化的发展，资本流动的范围越来越广，流动速度越来越快，一国金融市场遭受内外冲击出现危机的可能性也越来越大。同时，金融机构之间的竞争也越来越激烈，经营风险不断提高。因此，维护本国金融体系的安全稳定是金融监管当局进行金融监管的首要目标。

2）维护信用活动良性运转和存款人的利益

银行信用是商品经济社会中最主要的信用方式，其基本作用是促进资源的合理配置，但也可能造成企业的盲目扩张，以至于经济总体结构失衡。而金融监管可以通过一定的方式和手段，促进银行信用的良好发挥，抑制银行信用过度扩张。金融机构作为信用中介，其资金主要来自于广大社会公众，保护金融体系的安全与稳定不仅是维护国家利益，也是维护广大存款人和公众的利益。

3）保证金融机构竞争的有效与公平

竞争是市场经济的基本特征之一，它可以形成一种优胜劣汰的有效机制，但盲目竞争、不公平竞争或者非法竞争都会导致金融机构的破产倒闭，并形成金融业的垄断，从而危害、阻碍经济的平稳发展。因此，金融监管当局有必要通过监管为金融机构创造一个合法、公平、高效、有序的竞争环境。

4）保证中央银行货币政策的顺利实施

央行货币政策的有效实施，除了依靠货币政策工具和中介目标等有效选择之外，还必须借助金融监管。首先，真实、及时、准确的信息数据是制定货币政策的前提条件，但是如果监管不力，就无法保证这一前提条件。其次，良好的金融微观运行机制是有效实施货币政策的基础，而如果金融机构的经营行为缺乏必要的约束，可能就会造成金融秩序的混乱，中央银行的货币政策就难以有效实施。中央银行在实现货币政策目标时，是以金融市场上的金融机构，特别是商业银行作为传导中介的。而商业银行又以营利为目的，因此金融监管当局有必要通过一定的监管措施，限制商业银行与中央银行政策目标不一致的经营活动，促使它们配合中央银行贯彻实施货币政策。最后，货币政策与宏观审慎政策应协调配合、相互补充、相互强化。

13.3.2 金融监管的原则

由于政治、经济、法律、历史、文化传统乃至特定时期社会体制的不同，各国在金融监管的诸多具体方面均存在着差异。但是，许多一般性原则始终贯穿于各国金融监管的整个过程。

1）监管主体的独立性原则

巴塞尔委员会于1997年9月公布的《有效银行监管的核心原则》（以下简称《核心原则》）提出：“在一个有效的银行监管体系下，参与银行监管的每个机构要有明确的责任和目标，并应享有操作上的自主权和充分的资源。同时，促进有效银行监管需创造先决条件，这些条件主要有：稳健且可持续的宏观经济政策；完善的公共金融基础设施；有效的市场约束；高效率解决银行问题的程序；提供适当系统性保护（或公共安全网）的机制。”

2）依法监管原则

虽然各国金融管理体制和监管风格各有不同，但都需要依法监管。依法监管原则包括两层含义：一是所有金融机构都必须接受国家金融监管当局的监督与管理；二是金融监管当局必须依法行政，以此来保持监管的权威性、严肃性、强制性和一贯性，从而达到监管的有效性。

3）自我约束与外部强制相结合的原则

不同国家有不同的金融监管风格，有的以法规管理为主，有的以道义劝告式的管理和金融机构自律为主，但要保证监管的及时和有效，客观上需要坚持自我约束与外部强制相结合的原则。外部强制管理无论多么缜密严格，也只能是相对的，如果监管对象不配合、不协作、不愿意自我约束，而是设法逃避应付，那么外部监督管理也难以收到预期效果；反之，如果将全部希望放在金融机构自身的“内控”上，则一系列不负责任的冒险经营行为和风险将难以有效避免。因此，最佳的选择是遵循自我约束与外部强制相结合的原则。

4）合理、适度竞争原则

竞争是市场经济条件下的一条基本规律。金融监管当局的监管重心应放在保护、维持、培育、创造一个公平、高效、适度、有序的竞争环境上：既要避免造成金融高度垄断、排斥竞争，从而丧失效率与活力，又要防止出现过度、破坏性竞争，从而波及金融业的安全和稳定。

5）安全稳健与经济效益相结合的原则

安全稳健是一切金融监管工作的基本目标，为此而设计的金融法规和一系列指标体系都着眼于金融业的安全稳健与风险防范。例如，《核心原则》指出：“银行监管者必须掌握完善的监管手段，以便在银行未能满足审慎要求（如最低资本充足率）或当存款人的安全受到威胁时采取纠正措施。”但是，从某种意义上说，金融业存在和发展的终极目标是满足社会经济发展的需要，促进社会经济的稳定发展。所以，金融监管必须以保证社会经济效益作为终极目标，并将防范风险和提高金融机构经济效益结合起来。

13.4 金融监管的内容

金融监管随着金融业出现的问题而产生，并随着金融业的发展而不断丰富。金融监管的内容可以归纳为：事前监管、事中监管和事后监管。上述三方面的内容也统称为金融监管的“三道防线”，构成了金融监管的基本制度。

13.4.1 事前监管

事前监管主要是指市场准入监管，是监管机构依据法定标准，批准金融机构法人或其分支机构设立的过程。市场准入是各国实施金融监管的首要环节，是为了防止不合格的金融机构进入金融市场。市场准入可以保证金融机构的数量、质量、结构、规模和分布符合国家经济、金融的发展规划和市场需要，并与当局的监管能力相适应。

通常，申请设立的金融机构必须有符合法律规定的章程，有符合规定的注册资本最低限额，有具备认知专业知识和业务经验的高级管理人员，有健全的组织机构和管理制度等。其中，注册资本最低限额、高级管理人员任职资格是核心内容。例如，《中华人民共和国商业银行法》（2020年修正）规定，设立全国性商业银行的注册资本最低限额为一百亿元人民币。设立城市商业银行的注册资本最低限额为十亿元人民币，设立农村商业银行的注册资本最低限额为一亿元人民币。

市场准入监管的作用：一是限制恶性竞争，保持公平竞争，保证市场进入者具备相似的经营条件；二是严格的审批程序增加了申请人的沉淀成本，促使其在进入以后认真经营，减少金融机构短期行为发生的可能性。

经世济民 13-3

着力推进金融高水平开放

金融开放是中国金融业改革发展的重要动力。近年来，国家金融监督管理总局进一步推出50多项开放举措，全面取消银行保险领域外资持股比例限制，大幅减少外资准入数量型门槛，持续拓展金融开放的广度和深度。目前，30家全球系统重要性银行均在华设有分支机构，全球最大的40家保险公司近半数进入中国市场。即使三年疫情期间，在华主要外资银行保险机构资产和利润增速也远高于其母行或母公司。经济合作与发展组织（OECD）2022年的报告显示，中国银行业保险业开放水平在其评估的50个国家中提升最快。事实证明，中国金融业开放是积极主动的开放，是稳健有序的开放，是互利共赢的开放。

资料来源：国家金融监督管理总局党委书记、局长李云泽在2023金融街论坛年会上的发言。

13.4.2 事中监管

金融机构经批准开业后，监管当局还要对金融机构的运作过程进行有效监管，以便更好地达到监管目标的要求。事中监管主要是指对金融机构进行日常监管，措施主要包括以下内容：

1）资本充足性监管

资本在金融机构经营中起着重要作用：一是保证机构的正常经营，以充足的资本维护机构在公众中的信誉；二是在金融机构发生意外损失时可以用资本金弥补流动性不足。所以，除注册时要求的最低标准以外，商业银行还须保持自有资本与资产总额、存款总额，负债总额以及风险投资之间的适当比例。银行在开展业务时要受自有资本的制约，不能脱离自有资本任意扩大业务。《巴塞尔协议Ⅲ》规定，全球各商业银行的资本充足率应达到10.5%，其已经被世界各国普遍接受，成为对银行监管中最基本、最重要的标准。

2）流动性监管

作为银行生存的前提条件，流动性成为银行监管的一项主要内容。随着金融业竞争的加剧，银行的流动性风险也日益受到重视。流动性比例定得过低可能会引发银行危机，过高则又会影响银行的盈利能力。因此，应以考核银行资产负债和利率结构搭配是否合理为基础，同时要特别注意每个银行的实际情况和具体特点，提高流动性监管的针对性和灵活性。

3）业务范围限制

这是指银行等金融机构被获准经营哪些业务、禁止经营哪些业务。为了维护金融市场的稳定与健康发展，各类金融机构被明确规定了不同的业务范围，并实施了分业经营和分业监管的制度，如中国的银行业、证券业、信托业、保险业就实行分业经营、分业监管。

有的国家对金融机构的业务限制很少，如德国对银行不设业务限制，德国的商业银行属于全能银行。美国曾在20世纪30年代大危机之后对其银行和证券进行了业务分离，但随着国际竞争的加剧，美国已于1998年11月出台了《金融服务现代化法案》，取消了对银行和证券分业经营的限制。

4）资产分散化管理

银行资产分散化管理可降低集中度风险。高风险、高收益的贷款对银行总是具有吸引力的，因此，有必要对银行的贷款风险进行控制。例如，2018年4月原银保监会发布的《商业银行大额风险暴露管理办法》中规定：商业银行对非同业单一客户的贷款余额不得超过资本净额的10%，对非同业单一客户的风险暴露不得超过一级资本净额的15%。要做好对风险的控制，不仅要对银行的整体业务情况有充分了解，对风险集中度作出准确的评价，还要形成一套科学的考核参数和分析方法。

5）外汇风险管理

外汇管理的目的是保持国际收支平衡，保证本国货币币值的稳定，从而维护本国经济发展的正常金融环境。外汇管理是一国为使其国际收支和汇率在符合本国利益的水平上保持平衡与稳定，指定和授权中央银行运用各种手段，对其境内和管辖范围之内的外汇收支等进行管理。其主要包括贸易项目管理、非贸易项目管理、资本项目管理、汇率管理以及对黄金和本币出入境管理等。由于国际短期投机性资本流动对诸多国家的正常金融秩序造成了极大破坏，各国都把对资本项目的外汇管理放在了首要位置。

6）外债管理

随着一个国家经济开放程度的增强，外债对国际收支和整个国民经济的影响日益扩大，外债管理受到各国金融监管当局的普遍重视。中国已将外债管理当作整个国民经济管理的重要组成部分。外债管理主要包括借入外债管理和使用外债管理两个方面。借入外债管理的关键是将外债规模控制在本国经济的承受能力范围之内，保持合理的外债期限结构；使用外债管理的关键是保证借入外债的投向合理，从而避免外债使用过程中的风险。因此，外债管理的内容可具体到规模、结构、投向和风险四个方面。

7）对信息披露的监管

在不完全竞争的市场中，价格不能体现所有信息，信息不对称的情况大量存在。金融业由于进入壁垒和沉淀成本较大，容易形成垄断竞争的市场格局，因此信息不对称在金融业中表现得尤为突出。金融机构具有信息优势，比客户更了解自身的业务经营状况，因而可能会滥用自己的信息优势，用欺诈手段争取客户；对于从事零售型业务的金融机构，如银行、证券公司、保险公司等，其客户多是非专业人士，而且又是分散的个体，缺乏维权手段，也缺乏搜集信息的动力和能力，处于信息劣势的状态尤其明显。为了保护广大消费者的权利，监管机构应要求金融机构进行信息披露，提升信息披露的及时性、准确性和透明性，缓解信息不对称问题，使消费者能够在充分了解的基础上做出更为理性的金融决策。

13.4.3 事后监管

除了日常监管，对各种危机的应变与处理能力也是金融监管的一个重要方面。针对不同的危机，金融监管体系也应有不同的制度安排，但最为关键的是金融监管体系应该在公众当中树立监管有力、应变及时的良好形象，从而维护公众对金融机构或金融市场的信心。由于银行等金融机构的杠杆经营特点，因此从某种程度上来说金融机构是依靠信心在维持经营。很多金融危机都是源于公众信心崩溃而引发的羊群效应，因此一国金融监管机构的声誉及公众形象对维持市场信心非常重要。这一点适用于任何金融市场的危机，包括银行危机、股市危机、债市危机和汇市危机等。

事后监管需要特别重视对陷入危机的金融机构的拯救。因为金融机构出现问题会影响公众对整个金融业的信心，引起进一步的金融恐慌。对危机金融机构的处理一般有以下几种做法：

（1）最后贷款人或重新注资，由中央银行直接贷款挽救或在中央银行授意下，协调主要金融机构共同采取行动，支持陷入困境的银行。具体而言，首先，中央银行接受良好抵押品，采取高利率，自由贷款给具有清偿能力但面临流动性缺失的机构。其次，当银行等金融机构面临流动性风险，而其他金融机构又无力或不愿意对其进行援助时，中央银行出于防范金融风险的考虑，适时履行最后贷款人职能。

（2）担保。由中央银行或政府出面帮助有问题银行渡过挤兑或清偿难关。

（3）并购。由中央银行组织健全银行兼并或收购问题银行。

（4）设立过渡银行。危机银行可以在持续经营的过程中逐渐出售其不良债权，转让股权或经营权，过渡期以后如仍无法找到买家则宣布其破产清算。

（5）设立专门的危机银行处理机构。由危机银行处理机构接管问题银行的资产，并将其资产剥离重组后出售。

（6）金融机构的退出机制。在市场经济条件下，少数金融机构的倒闭不仅符合优胜劣汰的市场经济原则，也对提高社会资源配置效率具有重要意义。一般而言，金融机构退出市场的方式主要有金融机构的解散、破产清算等。

经世济民 13-4

将差别准备金动态调整机制“升级”为宏观审慎评估体系（MPA）

根据中央有关部署并结合 G20、金融稳定理事会（FSB）对国际金融危机教训的总结，中国人民银行于 2011 年正式引入差别准备金动态调整机制，其核心内容是金融机构适当的信贷增速取决于经济增长的合理需要及自身的资本水平。该机制在加强宏观审慎管理、促进货币信贷平稳增长、维护金融体系稳健方面发挥了重要作用。

随着金融创新的快速发展，资产负债类型更为多样，继续推进利率市场化改革、人民币汇率形成机制改革等也对宏观审慎管理能力提出了更高要求。需要进一步完善宏观审慎政策框架，使之更有弹性、更加全面、更有效地发挥逆周期调节作用和防范系统性风险。鉴于此，中国人民银行研究构建了金融机构宏观审慎评估体系（macro-prudential assessment，MPA），并从2016年开始实施。

MPA并不是一个全新的工具，而是对原有差别准备金动态调整机制的进一步完善，是其“升级版”。MPA继承了对宏观审慎资本充足率的核心关注，保持了逆周期调控的宏观审慎政策理念，在此基础上适应经济金融形势变化，借鉴国际经验，将单一指标拓展为七个方面的十多项指标，将对狭义贷款的关注拓展为对广义信贷的关注，兼顾量和价、兼顾间接融资和直接融资，由事前引导转为事中监测和事后评估，建立了更为全面、更有弹性的宏观审慎政策框架，引导金融机构加强自我约束和自律管理。

MPA从七大方面对金融机构的行为进行多维度的引导。一是资本和杠杆情况，主要通过资本约束金融机构的资产扩张行为，加强风险防范。重点关注宏观审慎资本充足率与杠杆率，其中宏观审慎资本充足率指标主要取决于广义信贷增速和目标GDP、CPI增幅，体现了《巴塞尔协议Ⅲ》资本框架中逆周期资本缓冲、系统重要性机构附加资本等宏观审慎要素，杠杆率指标参照监管要求不得低于4%。未来待相关管理标准明确后，还将考虑纳入总损失吸收能力（TLAC）等指标。二是资产负债情况，适应金融发展和资产多元化的趋势，从以往盯住狭义贷款转为考察广义信贷（包括贷款、证券及投资、回购等），既关注表内外资产的变化，也纳入了对金融机构负债结构的稳健性要求。三是流动性情况，鼓励金融机构加强流动性管理，使用稳定的资金来源发展资产业务，提高准备金管理水平，并参照监管标准提出了流动性覆盖率的要求。四是定价行为，评估机构利率定价行为是否符合市场竞争秩序等要求，特别是对非理性利率定价行为作出甄别，体现了放开存款利率上限初期对利率市场竞争秩序和商业银行定价行为的高度重视。五是资产质量情况，鼓励金融机构提升资产质量，加强风险防范。其中包括对同地区、同类型机构不良贷款率的考察。六是跨境融资风险情况，从跨境融资风险加权余额、跨境融资的币种结构和期限结构等方面综合评估，以适应资金跨境流动频繁和跨境借贷增长的趋势，未雨绸缪加强风险监测和防范。七是信贷政策执行情况，坚持有扶有控的原则，鼓励金融机构支持国民经济的重点领域和薄弱环节，不断优化信贷结构。根据宏观调控需要和评估实施情况，中国人民银行将对评估方法、指标体系等适时进行改进和完善，以更好地对金融机构的经营行为进行评估，引导金融机构加强审慎经营，加强系统性金融风险防范，提高金融服务实体经济效率。

启智增慧13-1

习语品读|“金融监管要‘长牙带刺’、有棱有角”

启智增慧13-2

李云泽：金融监管总局将牵头建立监管责任归属认领和兜底监管机制”

资料来源：赵钰，李昂．货币双柱：宏观审慎评估体系框架简介［EB/OL］．［2022-07-23］．https://finance.sina.com.cn/money/future/wemedia/2022-07-13/doc-imizmscv1290778.shtml.

本章小结

金融监管，指的是国家政府根据经济金融体系稳定、有效运行的客观需要以及经济主体的共同利益要求，通过一定的金融主管机关，依据法律准则和法规程序，对金融体系中各金融主体和金融市场进行的检查、稽核、组织和协调。广义的金融监管，既包括国家专门机构对金融机构实施的监管（法定监管），也包括金融机构的自我监管。

金融监管的总体目标是，通过对金融业的监管，维持一个稳定、健全、高效的金融制度。具体来讲，金融监管的目标包括以下几个层次：保护金融体系的安全与稳定、维护信用活动良性运转和存款人的利益、保证金融机构竞争的有效与公平以及保证中央银行货币政策的顺利实施等。

金融监管主要遵循的原则有：监管主体的独立性原则，依法监管原则，自我约束与外部强制相结合的原则，合理、适度竞争原则以及安全稳健与经济效益相结合的原则等。

金融监管的分类包括：按监管对象划分，可以分为银行业监管、证券业监管、保险业监管和金融市场监管；按监管理念划分，可以分为微观审慎监管和宏观审慎监管。

金融监管的内容包括事前监管、事中监管和事后监管，具体包括：市场准入监管、资本充足性监管、流动性监管、业务范围限制、资产分散化管理、外汇风险管理、外债管理、对信息披露的监管等。

关键概念

金融监管　宏观审慎监管

即测即评 13

综合训练

1. 从金融风险的定义、主体、法律基础等方面，探讨金融监管的内涵。
2. 简述金融监管的目标与原则。
3. 列举金融监管的主要内容。
4. 分析宏观审慎监管与微观审慎监管的区别。
5. 简述金融监管的分类。

综合训练参考答案 13

第14章

开放条件下的货币与价格

牢记嘱托

深化人民币汇率形成机制改革，稳步推进人民币国际化，稳步实现资本项目可兑换。人民币汇率问题是牵涉内外的一个大问题，关系保障广大人民群众的财富。处理好我国汇率问题，要正确把握灵活性和稳定性的关系，形成以市场供求为基础、双向浮动、有弹性的汇率形成机制，让汇率政策承担起提高货币政策自主性、发挥国际收支自动调节机制的作用。

——习近平2017年7月14日在全国金融工作会议上的讲话

目标引领

价值塑造

通过人民币加入SDR，了解人民币国际化的进展。在国际货币格局的视角下，了解人民币的崛起对促进全球经济与金融的健康稳定发展具有的深远影响。

知识传授

通过本章的学习，能够理解外汇的含义，进而掌握汇率的概念及汇率种类；熟知汇率变动的经济影响；了解主要的外汇交易工具。

能力培养

了解人民币汇率走势，能够分析人民币汇率变化的宏观、微观效应。

思维导图

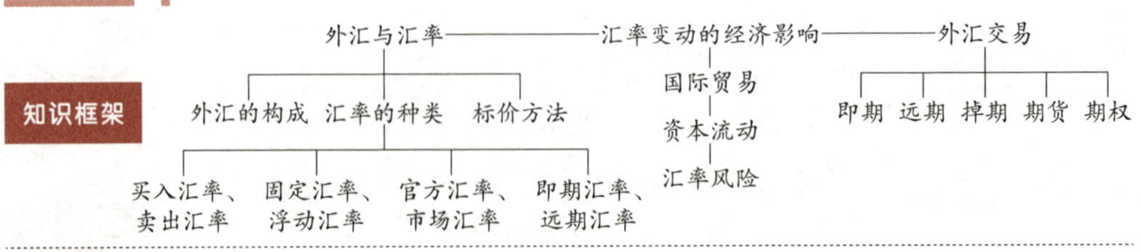

现实问题
相关政策
国家战略

人民币纳入SDR　　人民币汇率“稳”的基础　　高水平金融开放

开篇导读

2024年人民币汇率“稳”的基础牢固

2023年以来，美元利率水平高企，全球避险情绪上升，推动美元指数升高，带动非美元货币对美元集体贬值。得益于我国经济持续回升向好，人民币对一篮子货币基本稳定，对非美元货币有所升值。整体来看，2023年人民币汇率双向波动，11月以来企稳回升，在合理均衡水平上保持基本稳定，汇率预期总体平稳。

展望2024年的人民币汇率表现，中国人民银行行长潘功胜在国新办举行的新闻发布会上表示，汇率短期的影响因素是多元的，比如经济增长、货币政策、金融市场、地缘政治、风险事件等，中长期走势在根本上取决于经济基本面。2024年，人民币汇率将继续在合理均衡水平上保持基本稳定。

随着我国各项政策举措不断发挥效应，经济运行持续回升向好，人民币资产将持续具有吸引力，叠加美元指数走势趋弱，2024年，人民币汇率将平稳运行并有所回升。

资料来源：马玲．2024年人民币汇率“稳”的基础牢固［N］．金融时报，2024-02-08（1）．

世界上绝大多数国家都有自己的货币，这些货币一旦跨越国界便失去了自由流通的特性。由于每个国家使用的货币不同，从事国际经济交易活动就会涉及本国货币与外国货币的兑换，因此便产生了汇率这一概念。在开放经济条件下，汇率已经成为经济运行中的重要变量，现实经济中宏观环境和微观基础都会影响到汇率，同时汇率也会影响到一国经济运行中的许多方面。本章将介绍有关外汇和汇率的基础知识。

14.1　外汇

14.1.1　外汇的概念

在国际金融领域，外汇是一个最基本的概念，因为它已成为各国从事国际经济活动及其他事务不可缺少的媒介和工具。“外汇”是在“外国货币”一词的基础上演变而来的。

外汇是指外币和以外币表示的可以用于对国际上债权与债务进行结算与清算的手段与资产。

各国对外汇应该包括哪些内容有不同的理解与规定。例如，我国2008年8月修订颁布的《中华人民共和国外汇管理条例》第三条规定，外汇是指下列以外币表示的可以用作国际清偿的支付手段和资产：

① 外币现钞，包括纸币、铸币；

② 外币支付凭证或者支付工具，包括票据、银行存款凭证、银行卡等；

③ 外币有价证券，包括债券、股票等；

④ 特别提款权；

⑤ 其他外汇资产。

14.1.2 外汇的作用

由于各种外汇国际化的程度不尽相同，所以外汇在国际经济交往中所具有的功能也是不尽相同的。但一般来讲，外汇具有国际流通手段、国际支付手段、国际信用手段、国际储备手段等功能。

（1）外汇具有国际流通手段与支付手段功能，可以促进国际经济、贸易发展。

从经济活动发展的历史逻辑来看，在世界经济发展的进程中，首先出现了国际贸易活动，商品是没有国界的，但是货币却是有国界的。这就是所谓的“商品的国际主义与货币的国家主义的矛盾”。如果没有外汇，国际上的商品与服务贸易只能通过以物易物的方式进行，交易成本巨大，效率极端低下。外汇的出现，不仅减少了交易成本，降低了交易风险，同时也使上述矛盾得以解决。所以外汇与外汇市场的出现对世界经济与贸易的发展起到了积极的促进作用。

经世济民 14-1

数字人民币试点再进一步

2024年5月，中国香港金融管理局宣布，进一步扩大数字人民币在中国香港的试点范围，便利中国香港居民开立和使用数字人民币钱包，并通过电子快速支付系统“转数快”为数字人民币钱包充值。

与此同时，“转数快”与中国人民银行数字货币研究所营运的数字人民币央行端系统的互通，也是世界上首个快速支付系统与央行数字货币系统的连接。

业内人士表示，数字人民币的使用将会为中国香港及内地居民提供一个安全、便捷及崭新的跨境支付选择，提升跨境支付服务效率和用户体验，并促进粤港澳大湾区的互联互通。

2024年1月份，中国人民银行和中国香港金融管理局推出了6项金融举措，旨在进一步推动内地金融业的高水平开放，深化内地和中国香港的金融合作，巩固和提升中国香港国际金融中心地位。这些举措涉及金融市场互联互通、跨境资金便利化以及深化金融合作等多个方面，可以概括为“三联通、三便利”。值得注意的是，深化数字人民币跨境试点，为中国香港和内地居民企业带来更多便利，正是举措之一。

本次试点范围扩大后，用户现在只需拥有中国香港手机号码，便可以在中国香港开立并使用个人数字人民币钱包。数币钱包可用于跨境支付，但不可用作个人之间的转账。中国香港用户可通过本地17家零售银行经“转数快”为钱包充值，并在大湾区和内地其他试点地区使用数字人民币。中国香港银行同业结算公司统计的数据显示，截至2024年4月底，“转数快”系统累计有1 437.52万个账户登记。

与此同时，数字人民币与内地传统电子支付正在开展条码互通工作，中国香港居民将来也可以有更多消费选择。中国香港金融管理局也会与中国人民银行数字货币研究所共同探讨通过实名认证让中国香港居民升级数币钱包，以及推进更多支付上的互联互通，为用户（包括个人及商户）提供更便利的支付体验。同时，也会共同探索企业的应用场景，以便利跨境贸易结算。

资料来源：勾明扬．数字人民币试点再进一步［N］．经济日报，2024-05-31（7）．

（2）外汇具有国际信用手段功能，可以提高资源配置的效率。

世界经济发展不平衡导致了各个国家经济发展的不平衡和资金供给与需求的不平衡。在不同的发展阶段和不同的时期，各国所需要的投资与储蓄资金的供给量与需求量是不同的。在某些阶段，一些国家的资金相对过剩，另外一些国家资金则相对短缺；在其他阶段，情况可能相反。在没有外汇兑换与国际借贷的情况下，一国的投资等于该国的储蓄，资源配置受到一定的限制。而外汇充当国际支付手段，通过国际信贷和投资途径，可以调剂资金余缺，促进各国经济的均衡发展。外汇兑换的制度化使一个国家可以兑换到其所需要的货币，并用其购买该国所需要的商品、服务、资源、技术，实现购买力的国际转移，提高资源配置的效率。

（3）外汇具有国际储备手段的功能，是实现宏观经济目标的重要手段。

国际储备是指各国中央政府为了弥补国际收支逆差和保持汇率稳定而持有的国际上可以接受的一切资产。外汇可以充当国际储备手段，是货币贮藏手段职能的扩展。

在开放经济条件下，任何国家都需要一定的国际储备，以应对各种国际支付的需要。在黄金充当国际支付手段时期，各国的国际储备主要是黄金。而在当代外汇已经成为主要的国际支付手段和储备手段的情况下，外汇成为世界各国一项十分重要的储备资产，成为各国政府弥补国际收支逆差、维护汇率稳定的重要手段。

（4）外汇是资产存在的一种形式，是一项非常重要的经济资源。

外汇是主要的资产与经济资源，它不仅可以作为储备资产用来弥补国际收支逆差，同时也可以帮助外汇拥有国获取它所需要的设备、技术、能源等各种经济资源，为该国经济增长提供支持。在开放经济条件下，一个国家的经济增长不仅依赖国内市场，同时也依赖国际市场，在这种情况下，外汇与外汇储备的作用也在发生变化。一国所拥有的外汇从形式上看虽然是外汇储备资产，但它却不仅仅承担外汇储备资产的功能（即仅仅服务于弥补国际收支逆差和稳定本国汇率），它已经变成资产存在的一种形式，具有了资本所拥有的全部性质。外汇服务于各国的经济增长，并根据各国经济增长的需要而变化。

红色金融

陕甘宁边区货币交易所

1941 年 12 月，为了应对国民党和日伪的军事经济封锁，同时打击货币投机、熨平汇率波动，陕甘宁边区政府“授权各地贸易局联合当地商民组织货币交换所”。通过交换所的挂牌交易，边区银行得以对边法币的黑市交易进行引导和控制。然而

启智增慧14-1

货币国际化含义的西方理论

由于边币与法币挂钩，所以法币的泛滥导致边区政府面临“保物价”还是“保汇价”的两难抉择：如果维持以边币计价的物价稳定，则可能承担法币“以邻为壑”政策的代价转移；如果维持边币与法币的比价稳定，则边币将会被迫进行对冲增发，从而使得边区物价上涨。

资料来源：杨昌儒，王俊．中共革命时期创立红色金融的实践与历史经验［J］．时代金融，2022（11）：18-21.

经世济民14-2

纳入SDR后的人民币

2015年11月30日，国际货币基金组织执董会决定将人民币纳入SDR货币篮子，这是国际社会对中国经济发展和改革开放成果的肯定。人民币是后布雷顿森林时代第一个真正新增的、第一个按可自由使用标准纳入的、第一个来自发展中国家的SDR篮子货币，这极大地增强了人民币的国际储备地位，是2009年正式启动的人民币国际化的重要里程碑，对塑造更加稳定多元化的国际货币体系、促进全球经济金融健康稳定发展具有深远的影响。

长期以来，以美元为主导的国际货币体系始终存在着不稳定的弊端。美国充分利用经济优势和美元世界货币地位为其贸易逆差融资。第二次世界大战以后各国黄金储备不足和美国贸易逆差导致美元荒，尽管随着美国的贸易逆差和资本流出一定程度上缓解了这一问题，但“美元-黄金”本位制的布雷顿森林体系不可避免受到特里芬两难的困扰并最终崩溃。SDR就是在布雷顿森林体系即将瓦解之时，为稳定国际货币体系并补充各国官方储备不足而创设的国际储备资产。不过，后布雷顿森林体系时期，美元的“过度特权”并未受到严重冲击，甚至美元加息与发展中国家货币危机存在很强的相关性。特别是全球金融危机后，美元在国际储备中的地位进一步得到巩固，作为美元竞争者的欧元和日元反而风雨飘摇。纳入SDR后，人民币如何更好地在国际贸易和投资中发挥作用，进一步提升人民币国际化水平和国际储备货币地位，更好地促进国际货币体系改革和全球经济治理体系完善，将是今后中国面临的重大课题。

资料来源：陆磊，李宏瑾．纳入SDR后的人民币国际化与国际货币体系改革：基于货币功能和储备货币供求的视角［J］．国际经济评论，2016（3）．

14.2 外汇汇率及分类

国际经济活动引起各国间的支付问题与不同种类货币的兑换关系。在国际经济交往中，需要对外国进行支付和对外负有债务关系的企业、个人和政府往往需要购买外汇进行支付，而在国际经济交往中取得外汇收入的企业、个人和政府往往也需要出售外币，换取本币，这样就产生了各种货币之间兑换的供给与需求。而这种货币之间的交换同其他商品交换一样，会形成一定的价格，即汇率。

14.2.1　汇率的概念

目前，大家普遍接受的汇率概念是以市场交换为基础的，即把汇率看成是货币在金融市场上买卖的价格。因此，汇率可以定义为：两种货币兑换的比率，或者用一种货币表示的另外一种货币的价格。

汇率是两种货币交换的比价，因此汇率在国际经济活动中具有重要的作用。汇率的第一个作用是充当价格尺度，即衡量不同种类货币的价格，并使不同种类的货币兑换可以进行，从而完成国际上债权与债务的支付。汇率可以用来进行国际比较。由于汇率的存在，一国货币表示的各种商品及服务的价格就可以转换成其他外币的价格，这样，消费者可以通过汇率来判断如何购买不同国家生产的产品与服务，企业可以通过汇率来计算同国外竞争者相比较的成本与收益，以及考虑如何在全球进行资源配置。在当代，汇率的另外一个十分重要的作用就是充当各国政府的宏观政策调控工具，为各国政府实现内外均衡服务。

14.2.2　汇率的标价方法

汇率是用一种货币购买另外一种货币的价格，在外汇交易中买卖的对象都是货币。由于货币本身就有价值尺度的作用，因此汇率的标价方法同一般商品交易的方法有所不同。在一般的商品交易中，商品的价值是由货币来度量的，而在外汇交易中任何一种货币都可以充当价值尺度，来衡量另外一种作为商品的货币的价值。因此，汇率至少有两种标价法：直接标价法和间接标价法。

（1）直接标价法。在直接标价法中，外币是基准货币，被作为商品来看待；而本币则被当作计价货币，充当价值尺度来反映外币的价值。直接标价法的特点是，外币的数量是固定的（一般是以 1 或者 100 为单位，个别的以 10 000 或者 100 000 为单位），而本国货币兑换外币的数量随着本国货币或者（和）外国货币币值的变化而变化。

（2）间接标价法。同直接标价法相反，在间接标价法下，本币是基准货币，被作为商品来看待，而外币则被当作计价货币，充当价值尺度。在间接标价法下，本币的数量是固定不变的（同样，一般是以 1 或者 100 为单位，个别的以 10 000 或者 100 000 为单位），而外国货币兑换外币的数量随着外国货币或者（和）本国货币币值的变化而变化。

14.2.3　汇率的种类

外汇汇率的种类极其繁多，按照不同的标准，汇率可以区分为不同的类型。可以根据外汇交易对象、交割期、交易时间、汇兑方式、外汇管制宽严、计算方法和外汇资金性质不同等进行划分。

1）买入汇率和卖出汇率

按照银行交易报价的性质来划分，可以分为买入汇率和卖出汇率。

买入汇率也称银行的外汇买入价，是指报价银行从客户手中买入外汇时所使用的汇率。卖出汇率也称银行的外汇卖出价，是报价银行向客户卖出外汇所使用的汇率。

买入价和卖出价都是从银行的角度出发的，所以客户到银行用本币兑换外汇时，适用的是银行的卖出价；而用外币兑换本币时，适用的是买入价。外汇银行等金融机构买卖外汇的目的是盈利，其卖出价与买入价的差价构成其经营外汇的成本和收益，因此银行的外汇卖出价必然高于其买入价。

2）固定汇率与浮动汇率

按照国际货币体系或者各国政府对汇率管制的程度划分，汇率可以分为固定汇率和浮动汇率。它可以指不同的国际货币体系，也可以指一个国家所采取的汇率制度。

固定汇率是指一国货币同他国货币的兑换比率基本固定不变或者仅仅在规定的幅度内波动的汇率。

如果泛指国际货币体系，它表现为，在这种制度下，世界各国之间的汇率均保持固定不变，或者仅仅允许在很小的范围内上下波动。例如，在从第二次世界大战结束以后到20世纪70年代初的布雷顿森林体系时期，国际货币体系就是固定汇率制，当时的世界各国都普遍实行固定汇率制。如果是指一个国家所采取的汇率制度，则表现为，采取这种制度的国家公开宣布该国货币与某一外国参照货币或一揽子货币保持一个固定的比率，并由该国货币当局运用经济、行政或者法律手段来进行维持。

浮动汇率是指一国货币同他国货币的兑换比率没有上下限波动幅度限制，政府货币当局也不对其运行进行干预，而由外汇市场的供求关系自行决定的汇率。它同样可以泛指国际货币体系和单指一个国家所采取的汇率制度。

目前，国际货币体系处于浮动汇率制下。在这种大背景下，世界大多数国家实行浮动汇率制度。但是，在现实中完全的自由浮动和完全的固定汇率制几乎是不存在的。在固定汇率和浮动汇率这两种汇率制度之间还存在着一些其他性质的汇率制度。

3）市场汇率与官方汇率

按照各国对外汇管理的程度来划分，可以分为市场汇率与官方汇率。

官方汇率又称法定汇率，它是指由一国货币当局（如中央银行、财政部或国家外汇管理部门）所规定和公布的汇率。在外汇管制比较严格的国家，禁止外汇的自由交易和存在外汇市场，因此不存在市场汇率，官方汇率就是该国的现实汇率。

市场汇率是指在自由外汇市场上买卖外汇而自发形成的汇率。这种汇率基本上是由各种货币所具有的购买力和供求关系来决定的。在外汇管制较松的国家，市场汇率往往就是外汇交易的现实汇率。

4）即期汇率与远期汇率

按照外汇交易的交割期限标准来划分，可以分为即期汇率与远期汇率。

即期汇率是指外汇买卖在成交后，买卖双方在两个营业日以内办理交割的外汇交易所使用的汇率。在外汇市场上挂牌的汇率，除特别标明远期汇率以外，一般指即期汇率。

所谓交割，是指交易双方履行交易契约，进行钱货两清的授受行为。外汇买卖的交割是指交易双方支付给对方交易合约约定的币种与数量并收受对方付给的另外一种货币的行为。

远期汇率是以即期汇率为基础的，即用即期汇率的“升水”“贴水”“平价”来表示。

所谓远期外汇交易，是指外汇买卖双方在成交后并不立即交割，而是约定在未来某一特定日期再进行交割的外汇交易。这种交易在交割时，双方按原来合同约定的汇率、币种和数量进行交割，不受市场现汇汇率的影响。

所谓远期外汇买卖，是指外汇买卖双方成交后并不立即交割，而是到约定的日期再进行交割的外汇交易。这种交易双方按原来约定的汇率进行交割，不受市场现汇汇率的影响。

一般情况下，远期汇率的标价方法是仅标出远期的升水数或贴水数。在直接标价法的情况下，远期汇率如果是升水，就在即期汇率的基础上加上升水数，即为远期汇率；如果是远期贴水，就在即期汇率的基础上减去贴水数，即为远期汇率。在间接标价法的情况下，正好相反，远期汇率如果是升水，就要在即期汇率的基础上减去升水数，即为远期汇率；如果是远期贴水，就要在即期汇率的基础上加上贴水数，即为远期汇率。

14.3 汇率变动的经济影响

在开放经济条件下，汇率是最重要的宏观经济变量之一，它和其他宏观经济变量之间存在着非常紧密的联系。汇率的变动会对宏观经济的方方面面造成不同程度的影响，其影响程度取决于该国的开放程度。

14.3.1 汇率变动影响国际贸易

汇率变动通过影响本国商品和外国商品的相对价格，对国际贸易产生影响。如果其他条件不变，当一国货币贬值时，该国出口商品的外币价格相对较低、进口商品的本币价格相对较高，因此有利于扩大出口抑制进口，从而改善该国的经常账户收支状况。而当该国货币升值时，情况正好相反。

14.3.2 汇率变动影响资本流动

汇率变动对资本流动的影响取决于资本账户开放的程度以及汇率变动本身如何影响人们对该国货币今后变动趋势的预期。如果一国实行严格的资本账户管制，汇率变动对其不会造成影响。如果是浮动汇率制且其他条件不变，一国货币贬值，而投资者普遍预期该国货币还将进一步贬值，会引起资本外流。

而当投资者普遍预期该国货币已经贬值到位，即将开始反弹时，资本不仅不会外流，反而可能会进一步内流。

14.3.3 汇率变动使涉外企业面临汇率风险

汇率变动将使涉外企业外币资产和外币债务的本币价值面临不确定性，从而带来风险。具体来说，本币升值时，外币资产的本币价值将下降，对企业不利；外币债务的本币价值将下降，对企业有利。同时，汇率的变化也可能通过影响企业商品的国际竞争力对企业的运营产生影响。

14.4 外汇交易

14.4.1 即期外汇交易

即期外汇交易又称现汇交易，是外汇买卖成交后，在两个营业日内办理交割的外汇业务。即期外汇交易主要用于进出口结算、银行间头寸平衡、套汇、个人用汇等。即期外汇交易采用的汇率被称为即期汇率。

14.4.2 远期外汇交易

远期外汇合约是交易双方签订的固定价格合约，约定在未来某一特定日期按固定价格交割一定数量的外汇，这一固定价格就是远期汇率。远期外汇交易的主要目的不在于满足国际结算的需要，而是为了保值或投机，它使得交易者能够获得一种货币的确定的未来汇率，从而避免外汇风险，也可使投机者在汇率变动中赚取好处。

远期外汇交易的交割期限通常多于两个营业日但不超过1年，实际期限从远期外汇合约达成日加两个营业日起算。

14.4.3 外汇掉期交易

外汇掉期交易是指同时包含一笔即期外汇交易和一笔币种、数额相同但方向相反的远期交易的一种合约。一笔掉期外汇买卖可以看成由两笔交易金额相同、起息日不同、交易方向相反的外汇买卖组成的，因此一笔掉期外汇买卖具有前、后两个起息日和两项约定的汇率水平。在掉期外汇买卖中，客户和银行按约定的汇率水平将一种货币转换为另一种货币，在第一个起息日进行资金的交割，并按另一项约定的汇率将上述两种货币进行方向相反的转换，在第二个起息日进行资金的交割。

14.4.4 外汇期货交易

外汇期货交易是在有组织的市场内，根据成交单位、交割时间标准化的原则，按照约定价格购买或出售远期外汇，且通过清算所进行结算的一种业务。

外汇期货交易和远期外汇交易都是在未来日期按约定价格交割一定数量的标的物，但二者之间也存在明显的区别，这主要是由期货市场运行规则决定的。外汇期货合约被视为标准化了的远期外汇合约，同时还有效地规避了远期外汇合约交割日期不灵活和违约风险较高等缺点。

远期外汇交易的合约金额和交割日期是交易双方协商确定的。而外汇期货合约的金额、期限、交割日等要素都是标准化的，由各期货交易所统一制定，所有交易者在此基础上选择交易。

外汇期货合约集中交易和结算。远期外汇市场是无形的分散市场，客户通过电信工具私下联络达成交易。期货交易则是在有形的交易所进行，所有交易者通过会员公司在交易所场内集中、公开地进行交易。外汇远期交易的结算，由交易双方通过银行转账完成。外汇期货交易则由期货交易所专门设立的独立的清算机构为买卖双方分别结算。

外汇期货市场流动性高。远期外汇合约一般不能转让或直接对冲平仓，远期外汇合约到期交割的比率在 90% 以上。外汇期货合约的市场流动性很高，交易人可以随时通过交易公司买进或卖出特定的期货合约品种。绝大多数期货合约都在到期日之前通过对冲交易的方式平仓。

外汇期货的履约有保证。相对而言，远期外汇交易的违约风险较高，所以银行对客户信用等级的要求比较严格，以此作为履约保证。外汇期货交易所的清算机构要求经纪公司按照交易规则开立保证金账户，缴纳保证金。经纪公司要求委托交易人分别开立保证金账户，作为履约的保证。外汇期货交易所一般有初始保证金和维持保证金的规定。

14.4.5 外汇期权交易

外汇期权又称货币期权，是指购买者在向出售者支付期权费后，在合同规定的日期或一定时间内，按照事先约定的汇率买入或卖出一定数量货币的权利。

外汇期权交易的期权费不能收回。期权购买者，也就是持有者，无论是执行还是放弃合约，其向外汇期权出售者所交付的期权费均不能收回。外汇期权的期权费的费率不固定，受期权供求关系、期权的执行汇率、期权的时间价值以及期权货币的汇率波动性等因素影响。

按期权持有者的交易目的，期权可分为买入期权（也称看涨期权）和卖出期权（也称看跌期权）。

启智增慧 14-2

“一带一路”倡议为共建国家经济发展提供新动能

按期权持有者可行使交割权利的时间，期权可分为欧式期权和美式期权。欧式期权交易，指期权持有者只能在期权的到期日当天纽约时间上午 9 时 30 分以前，决定执行或不执行期权合约。而美式期权交易，指期权持有者可以在期权到期日以前的任何一个工作日纽约时间上午 9 时 30 分以前，选择执行或不执行期权合约。美式期权较欧式期权更为灵活，故其期权费较高。

本章小结

外汇是商品国际化阶段之后的产物，人们对外汇有不同的表述方式与理解，但是普遍使用的汇率概念是它的狭义概念，即指外币和以外币表示的可以用于对国际上债权与债务进行结算与清算的手段与资产。

汇率是外汇汇率的简称，也可以称为外汇汇价或者外汇交换比率。目前，大家普遍接受的汇率概念是以市场交换为基础的，即把汇率看成是某一种货币的价格。汇率至少有两种标价法：直接标价法和间接标价法。外汇汇率的种类极其繁多，按照不同的标准，汇率可以区分为不同的类型。

汇率的变动会对宏观经济的方方面面造成不同程度的影响，其影响程度取决于该国的开放程度。

汇率变动会通过改变相对价格影响对外贸易。汇率变动会与人们的预期相交织影响资本流动。汇率变化也会产生汇率风险，从而影响到涉外企业的运营。

外汇市场上的交易方式可以分为即期外汇交易、远期外汇交易、外汇掉期交易、外汇期货交易和外汇期权交易。

关键概念

外汇汇率　直接标价法　间接标价法　即期汇率　远期汇率　即期外汇交易　远期外汇交易　外汇期货　外汇期权

即测即评14

综合训练

综合训练参考答案14

1. 什么是外汇？外汇的功能有哪些？
2. 什么是直接标价法？什么是间接标价法？二者的区别是什么？
3. 以本币贬值为例，说明汇率变化对国际贸易的影响。
4. 外汇期货交易与外汇远期交易的联系与区别是什么？
5. 远期交易如何帮助企业降低汇率风险？

第15章

开放条件下的经济运行与货币政策

牢记嘱托

纵观历史上和当今的金融强国，都具有高度开放的特征。我们要通过扩大对外开放，提高金融资源配置效率和能力，增强国际竞争力和规则影响力，但必须以我为主，稳慎把握好节奏和力度。金融是大国博弈的必争之地。

——习近平2024年1月16日在省部级主要领导干部推动金融高质量发展专题研讨班上的讲话

目标引领

价值塑造

了解中国正在实施的一系列全面深化改革的重大举措，了解中国始终将自身发展置于人类发展的坐标系，以自身发展为世界发展创造新机遇的基本立场。

知识传授

理解国际收支的概念、国际收支平衡表的账户设置和记账规则；理解国际储备的构成和作用；了解开放经济条件下对货币政策效果所形成的挑战。

能力培养

能够分析中国国际收支结构的基本特征，了解全球国际储备变化的新发展。

思维导图

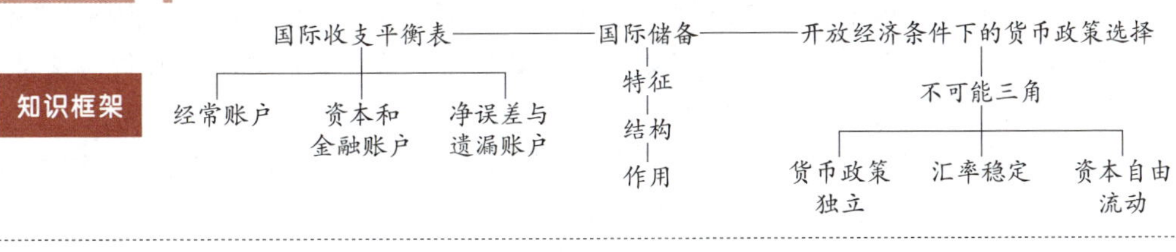

我国经常账户稳健性在全球表现突出

中国外汇储备规模全球央行持续购金

中国深化改革开放、推动合作共赢，外商投资持续升温

开篇导读

中国的国际收支

2023年，我国国际收支保持基本平衡。其中，经常账户顺差2 642亿美元，顺差

规模与同期国内生产总值（GDP）之比为1.5%，继续处于合理均衡区间；跨境资本流动趋稳向好，来华投资总体保持净流入格局。

2023年，我国国际收支口径的货物贸易顺差6 080亿美元，仅次于2022年顺差规模，为历年次高。2023年，我国服务贸易逆差2 294亿美元，呈现有序向疫情前水平恢复态势，运行更加均衡。来华投资总体呈现净流入态势，更多外资来华投资兴业和配置人民币资产。

展望2024年，我国发展面临的有利条件强于不利因素，经济回升向好、长期向好的基本趋势没有改变；市场普遍预计主要发达经济体央行将开启降息周期，外部金融条件更趋缓和。随着内外部环境总体改善，我国国际收支更有基础和条件保持基本平衡。

随着社会生产的发展，世界各国对外经济交往日益扩大，国内外商品市场、要素市场、金融市场相互融合相互影响。在开放经济条件下，需要研究国际收支问题对一国宏观经济运行以及政策的制定产生的影响。在实践中，一国的国际收支失衡是常态，如果有顺差，就会增加其国际储备；如果是逆差，就会需要用国际储备来弥补。对一国而言，国际储备可以提供短期缓冲，是实现外部均衡的重要政策工具。本章将首先就国际收支和国际储备进行阐述。开放经济条件下，一国宏观经济政策的目标、工具、运行机制等都发生了深刻的变化。本章最后一节将就开放经济下一国货币政策的选择进行论述，集中探讨不可能三角理论的内涵。

15.1 国际收支

15.1.1 国际收支的概念

国际收支是指一定时期内一个国家或地区的居民与非居民的所有经济交易货币价值的系统记录。

对于国际收支这一概念，应从以下几个方面来理解：

（1）国际收支反映的内容是以货币记录的交易，即以交易为基础。与字面含义不同，国际收支同支付没有关系，而是以交易为基础。有些交易可能不涉及货币支付，但这些未涉及货币收支的交易须折算成货币加以记录。

（2）国际收支记录的必须是一国居民与非居民之间的交易。居民是指一个国家的经济领土内具有一定经济利益中心的经济单位。所谓在一国经济领土内具有一定经济利益中心，是指该单位在某国的经济领土内在一年或一年以上的时间中已经大规模地从事经济活动或交易，或计划如此行事。居民与非居民之间的交易构成国际收支统计体系的基础。因此，判断一项交易是否应包括在国际收支的范围内，所依据的不是交易双方的国籍。

（3）国际收支是一个流量概念。国际收支是对一定时期内（一般是一年）的交易的总计。国际收支不同于作为存量概念的国际投资头寸。国际投资头寸反映了一定时点上的经济体对世界其他地方的资产与负债的价值和构成，这一存量的变化主要是由国际收支中的各种交易引起的，有时也可能是因为汇率、价格变化或其他调整引起的计价变化所造成的，而后一点通常是不在国际收支中反映出来的。流量的变化可导致存量的变化，而存量的变化则可归结为流量的变化。

15.1.2　国际收支平衡表

国际收支平衡表是系统记录与反映一国国际交易的报告文件，是以货币为计量单位，运用复式借贷记账原则及国际收支特定账户分类方法编制的。在作为国际收支基础的复式记账会计制度下，每笔交易的记录由两个分录组成，贷方分录合计金额与借方分录合计金额相等。

国际货币基金组织出版的《国际收支手册》对国际收支平衡表的编制所采用的概念、准则、分类方法以及标准构成都做了统一的说明。根据《国际收支手册》(第六版)，国际收支平衡表的组成部分包括经常账户、资本和金融账户、净误差与遗漏账户。

1）经常账户

经常账户显示的是居民与非居民之间货物、服务、初次收入和二次收入的流量。

货物包括一般商品、用于加工的货物、货物修理、各种运输工具在港口购买的货物和非货币黄金。服务是经常账户的第二个大项目，它包括运输、旅游以及在国际贸易中的地位越来越重要的其他项目（如电信、金融和计算机服务、专有权征用和特许以及其他商业服务）。

《国际收支手册》(第六版）将经常项目下的收益名称改为初次收入，将经常转移名称改为二次收入。初次收入包括居民与非居民之间进行的两大类交易：一类为职工报酬；一类为投资收入。职工报酬是指以现金或实物形式支付给非居民工人（如季节性的短期工人、边境工人，在外国使领馆、国际组织驻本国机构工作的工人等）的工资、薪金和其他福利；投资收入是指居民与非居民之间投资收入项下有关对外金融资产和负债的收入和支出。二次收入即经常转移，包括各级政府的转移（如战争赔款，政府间的经济援助、军事援助和捐赠，政府与国际组织间定期交纳的费用以及国际组织作为一项政策向各国政府定期提供的转移等）和其他私人转移（如侨汇、捐赠、继承、赡养费、资助性汇款、退休金等)。

经世济民 15-1

我国经常账户稳健性在全球表现突出

多年来，我国经常账户顺差长期保持在合理均衡区间，2020 年新冠肺炎疫情暴发以来表现出较强的稳健性，经常账户顺差规模持续稳步增长，发挥了稳定国际收支和外汇市场的基础作用。

2020 年以来，多个经常账户顺差国出现顺差规模较大波动，我国经常账户顺差保持稳健增长。2020 年全球疫情初始阶段，德国和日本经常账户顺差分别收窄 7% 和 16%；2021 年在低基数效应下，两国经常账户顺差恢复增长。2022 年乌克兰危机以来，俄罗斯、挪威等少数能源供应国经常账户顺差增长，多数传统贸易顺差国经常账户顺差显著下降。2022 年前三季度，德国、日本、韩国经常账户顺差分别为 1 022

亿、778亿和257亿美元，较2021年同期分别下降57%、53%和60%。2020年以来，我国经常账户顺差持续呈现增长态势，顺差规模由2019年的1 029亿美元增加至2022年的4 019亿美元，年均增幅为66%，与国内生产总值（GDP）之比保持在2%左右，持续处于合理均衡区间。

货物贸易是经常账户的主要顺差来源，近年来很多顺差国受到多重因素冲击，但我国货物贸易韧性凸显、顺差增加。全球货物贸易顺差国大致可以分为工业产品出口国和能源资源出口国两大类，其中，德国、日本、韩国以及我国主要通过制造业生产带动工业产品出口，同时也是重要的能源需求国。近年来，全球疫情叠加乌克兰危机，使得很多以工业产品出口为主的货物贸易顺差国面临多重冲击，尤其是2022年，德国、日本、韩国货物贸易顺差明显收窄甚至转为逆差。根据国际货币基金组织的数据，2022年前三季度，德国和韩国的货物贸易顺差分别为867亿美元和175亿美元，同比下降53%和71%；日本的货物贸易为逆差850亿美元，2021年同期为顺差211亿美元。2022年，我国货物贸易顺差为6 686亿美元，较2021年增长19%，延续近三年持续增长态势。

我国产业链供应链稳固、贸易结构优化是货物贸易保持顺差的重要支撑。从出口来看，我国产业门类齐全，制造业持续转型升级，出口商品中不但包括德国、日本、韩国出口中占比较高的汽车、机械等中高端制造业产品，也涵盖了纺织服装等生活必需品，以及手机、电脑等日用电子产品，较好地拟合了疫情背景下的全球消费需求。同时，我国出口市场多元化，近年来对东盟和非洲出口占比逐年提升，有效弥补了欧美需求波动对出口的影响；德国出口中欧美占据七成多份额，日韩出口中非洲和拉丁美洲占比较低。从进口来看，乌克兰危机抬升全球粮食和能源价格背景下，我国进口中食品占比较低，粮食自给自足能力强；同时，我国石油、天然气进口占比也低于日韩，并且我国能源进口来源稳定多元，2022年我国能源类商品进口金额增速为德国、日本、韩国的一半。

近年来我国服务贸易逆差总体收窄，除受全球疫情影响外也体现了新兴服务贸易的蓬勃发展，是经常账户顺差增加的另一影响因素。2022年前三季度，德国服务贸易逆差321亿美元，2021年同期为顺差21亿美元，日本服务贸易逆差338亿美元，较2021年同期增长18%。德国、日本服务贸易逆差扩大主要源于信息计算机服务、商业服务、知识产权使用费等逆差增加，同时德国边境较早开放拉动旅行支出逐步恢复。近三年，全球疫情蔓延背景下我国旅行逆差维持低位，但2022年在旅行逆差有所增长的情况下服务贸易逆差进一步收窄9%，主要是其他商业服务和电信计算机信息服务顺差分别增长24%和66%，表明我国知识密集型服务业国际竞争力有所增强，体现了近年来制造业和服务业深度融合的发展成效。

未来，我国将加快构建新发展格局，增强国内大循环内生动力和可靠性，提升国际循环质量和水平，有助于推动货物贸易提质增效和服务贸易高质量发展，进一步夯实我国经常账户稳健运行的基础。

资料来源：国家外汇管理局国际收支分析小组．2022年中国国际收支报告［EB/OL］．［2023-03-31］．http：//www.gov.cn/lianbo/2023-04/01/5749629/files/465d00036e63473cb10600a964c6d772.pdf.

2）资本和金融账户

资本和金融账户是指对资产所有权在国际上流动的行为进行记录的账户，它包括资本账户和金融账户两大部分。

资本账户包括资本转移和非生产、非金融资产的收买或放弃。金融账户记录的是某一经济体对外资产和负债所有权变更的交易。金融账户包括非储备性质的金融账户和储备资产。

根据投资类型或功能，非储备性质的金融账户可以分为直接投资、证券投资、金融衍生工具和其他投资四类。

直接投资是跨境投资的一种，反映了一经济体居民单位在另一经济体居民企业中实施了管理上的控制或重要影响。

证券投资是指为取得一笔预期的固定货币收入而进行的投资，它对企业的经营没有发言权。证券投资的主要对象是股本证券和债务证券。

金融衍生工具是《国际收支手册》〔第六版〕新增的项目，衍生产品按照类型可将细目分为期权、远期型合约、外汇、单一货币利率、股权、商品、信用及其他。

其他投资是一个剩余项目，包括所有直接投资、证券投资、金融衍生工具或储备资产未包括的金融交易，以及长短期的贸易信贷、贷款、货币、存款、应收款项和应付款项。

储备资产包括货币当局随时可利用并控制以达到一定目的的外部资产。储备资产包括货币黄金、特别提款权、在国际货币基金组织的储备头寸、国际货币基金组织信贷的使用、外汇（包括货币、存款和有价证券）和其他债权。

3）净误差与遗漏账户

净误差与遗漏账户是一个人为设置的抵消账户。国际收支账户运用的是复式记账法，因此所有账户的借方总额和贷方总额应相等。但是，由于不同账户的统计资料来源不一、资料不全与错漏、记录时间不同以及一些人为因素（如虚报出口）等原因，会造成结账时出现净的借方或贷方余额，这时就需要人为设立一个抵消账户，数目与上述余额相等而方向相反。

15.2　国际储备

15.2.1　国际储备的概念及构成

1）国际储备的特征

国际储备是各国政府为了弥补国际收支逆差和保持汇率稳定以及紧急支付的需要而实际拥有的国际上可以接受的资产。

作为国际储备资产必须具有如下四个特征：

（1）公认性

国际储备资产应该是各国事实上普遍能够承认和接受的资产，仅在个别国家或者某一地区被承认和接受的资产，不能作为国际储备资产。因此充当国际储备的货币都是可完全自由兑换的货币或国际货币。

（2）流动性

国际储备资产应该具有充分的流动性，即储备资产不仅能够在各种形式的金融资产之间进行自由的兑换，而且货币当局能够在任何需要的时候无条件地获得并利用这些资产。

（3）稳定性

国际储备资产的货币价值必须相对稳定，不能因汇率、利率的变化而发生大幅度的价值下跌或损失。

（4）适应性

国际储备资产的性质与数量必须适应国际经济活动和国际贸易的发展要求。

2）国际储备的结构

关于一个国家的国际储备，国际货币基金组织亦曾有如下定义：一国政府和中央银行所持有的黄金、外汇储备和特别提款权总额再加上该国在货币基金组织中的储备头寸。这种表述也说明了一国国际储备的构成要素。

（1）黄金储备

这是一国政府持有的货币性黄金。在金本位制下，黄金是最重要的国际储备形式。在第二次世界大战后的布雷顿森林货币体系下，黄金仍是货币汇率的基础，起着一般支付手段的职能，是最重要的国际储备形式。1978年4月1日生效的《国际货币基金协定》中虽已明确提出“黄金非货币化”，但由于黄金具有价值实体，黄金在20世纪一直被人们认为是一种最后的支付手段。从黄金在整个储备资产中的地位来看，它却不是最主要的，因为一国若持有太多的黄金储备，还会产生大量的管理成本，而且其价格也不稳定。

（2）外汇储备

这是会员国政府持有的或能控制的国外可兑换货币的存款和其他流动金融资产。外汇储备是当今国际储备的主体，其占国际储备的比例一般在90%左右，从这个意义上说外汇储备就是国际储备。

（3）会员国在国际货币基金组织的储备头寸

会员国在国际货币基金组织的储备头寸是指在国际货币基金组织普通项目中，会员国可以自由提取使用的资产，包括向基金组织认缴份额中的外汇部分、基金组织为支付其他会员国的借款而使用的会员国货币的净额、基金组织从会员国的借款。

（4）基金组织分配给会员国尚未动用的特别提款权

特别提款权是由国际货币基金组织分配给会员国的一种资产使用权利，可以用于会员国之间和会员国同基金组织之间的支付，所以其也是国际储备的一个组成部分。

启智增慧15-1

中国外汇储备规模（1950—2023年）

红色金融

边区的外汇管理

抗日战争时期的边区，区内外贸易往来的结算货币主要是银元、法币。当时晋绥边区生产力水平低，很多重要物资依赖进口，使得进出口贸易极不平衡，出入超差额很大，严重失衡。为稳定金融，巩固本币，制止外汇储备外流，政府加强区外贸易以管控外汇。

从1941年11月1日开始，边区施行《管理对外汇兑办法》，规定到境外购买货物要按对外贸易管理办法，获得贸易局批准后到西北农民银行兑换外汇；因转移财产或其他关系携带自行保存的法币，或其他非本位货币出境，必须向银行申请核发非本位币出境证明文件，如未持有银行发给的非本位币出境证明文件，一律以私用非本位货币出境论处。

15.2.2 国际储备的作用

国际储备是一国的国际金融实力的标志，它在国际经济活动中发挥着重要作用，主要表现在：

1）调节国际收支

国际储备的首要功能，在于它在一国国际收支发生困难时发挥着缓冲器的作用。具体地讲，当该国发生国际收支顺差时，就将这些顺差额充作本国的储备资产。而当该国出现国际收支逆差时，就可以动用国际储备来弥补这个缺口。这样，凡临时性的国际收支逆差就不必进行易于引发经济不稳定的调整行动。由于国际储备具有缓冲器的作用，即使是根本性的国际收支不平衡，也可以通过国际储备来减轻经济动荡的影响程度。

2）维持本国货币汇率的稳定

国际储备的盈余或逆差，反映着一国的国际支付能力，直接决定着该国货币的信誉，即其币值的坚挺或疲软，从而影响到本币的汇率。外汇储备可以代表一国政府干预外汇市场和维持汇率的能力，如一国货币发生贬值或贬值过快时，该国货币当局可以通过出售外汇储备买入本币来维持货币的稳定；另外，还可以通过调节储备资产的构成，来避免和防止国际游资对本国货币的冲击。因此，国际储备是维持货币汇率的“干预资产”。充足的国际储备对一国树立本币的信誉和维持其汇率的稳定起着重要的作用。

3）一国对外借款的信用保证

国际储备是一国对外借贷和进行国际融资的信誉保证。储备资产雄厚是吸引外资流入的一个重要条件，一国拥有的国际储备资产状况是国际金融机构和国际银团提供贷款时评估其国家风险的指标之一。当一国对外贸易状况恶化、外汇储备不充足时，其外部筹资能力注定要受到不良影响。另外，外汇储备实际上也代表着一国的还本付息能力，是债务国到期还本付息最可靠的物质与信用保证。一国外汇储备的充足程度，是该国争取外国政府贷款、国际金融机构信贷或在国际资本市场上进行融资十分重要的前提条件之一。

4）提高一国国际竞争能力的保证

一般来讲，一国货币的高估或低估都能为该国取得国际竞争的某种优势或利益。本币高估时能够用同一数量本币购买更多的外国商品或劳务，而本币低估时则可以增强本国的出口竞争能力。而要通过货币的高估或低估获取国际竞争的利益，就必须要求一国政府持有充足的国际储备。而对于国际储备货币的发行国而言，充足的国际储备是维持其关键货币地位所必需的。

启智增慧15-2

全球央行购金"主力军"显现

5）应对突发事件引起的紧急国际支付

一国可能出现地震、洪水、干旱等自然灾害，生产力遭到较大破坏，需要大量进口；也可能出现政治动荡，引起资本大量外流；在国际金融市场竞争加剧、风险增加的时候，其他国家出现的经济、金融危机很容易传导到本国，也需要外汇储备来冲销外来冲击的不利影响。

15.3 开放条件下的货币政策选择——不可能三角

在20世纪60年代，蒙代尔和弗莱明创立了蒙代尔-弗莱明模型，系统地分析了在不同汇率制度下，货币政策和财政政策对宏观经济变量的影响。根据该模型，蒙代尔得出了和汇率制度相关的一个重要结论——不可能三角理论。在不可能三角理论中，蒙代尔提出，在一个实行固定汇率制且资本完全自由流动的世界里，对冲操作的货币政策毫无意义，只会导致固定汇率体系的崩溃。

值得强调的是，蒙代尔的分析在当时是非常有预见性的。因为20世纪60年代早期，几乎所有国家都处在与固定汇率制度连接在一起的布雷顿森林体系框架内，国际资本流动受到高度限制，尤其是资本和汇率管制普遍存在。进入70年代，随着国际资本市场的开放和布雷顿森林体系的崩溃，蒙代尔超越前人、极富远见的理论分析越来越与现实世界紧密相连，所以说蒙代尔不可能三角理论是国际经济学中相关理论的基石。

蒙代尔不可能三角理论的前提条件是，在资本完全流动情况下，本国利率不可能与国际利率有任何差异。

蒙代尔不可能三角理论的核心思想有两点：第一，在固定汇率制度下货币政策对就业不产生影响，在浮动汇率制度下对就业有明显影响，这意味着固定汇率制度下货币政策只是改变国际储备的工具，即通过公开市场操作买卖债券，调节黄金或外汇储备。第二，在一个实行固定汇率且资本完全自由流动的世界里，对冲操作毫无意义，最终只会导致固定汇率体系的崩溃。

具体地说，不可能三角理论涵盖了以下两个方面的内容：

1）货币政策对冲操作

由货币当局的资产负债表可以得出基础货币与储备货币变动的关系式，即：

$$\Delta 外汇储备+\Delta 国内信贷=\Delta 基础货币 \quad (13-1)$$

在式（13-1）中，假定中央银行的国内信贷不变，外汇储备的变化将引起基础货币的同方向变动，外汇储备的急剧下降将导致基础货币的明显收缩，可能引发通货膨胀。反之，外汇储备的急剧增加将导致基础货币的大投放，可能会引发通货膨胀。

对于前者，在国际收支逆差的情况下，如果中央银行不希望货币供应量大幅下降，则对储备的外流进行对冲操作。根据储备外流导致货币供应量的紧缩速度，以同样的速度扩张国内信贷抵补减少的货币供应量。当国内信贷的变化和外汇储备的变化速度相同、方向相反时，基础货币总量保持不变。

对于后者，在国际收支顺差的情况下，国际储备量相应增加，中央银行在外汇市场中卖出本国货币。为了阻止储备增加导致的国内货币供应量扩张，则它需要对冲储备的内流。中央银行需要收缩国内信贷，减少净资产，从而对基础货币总量不产生影响。

2）固定与浮动汇率制下的货币政策

固定汇率制下，为保证汇率的波动幅度为零，中央银行需要以既定的汇率买卖外汇干预外汇市场。

假设中央银行采取扩张型的货币政策，如在公开市场上卖出有价证券，使货币供应量增加，利率下降。由于资本完全自由流动，于是资本外流，国际收支逆差，本币产生了贬值的压力。为了维持固定汇率制度，货币当局必须对外汇市场进行干预，卖出外币、购回本币，货币供应随之上升到最初的水平。因此，货币当局先是通过公开市场操作，然后又用外汇储备换回本币，这样，通过公开市场操作所增加的货币供应，又通过货币当局在外汇市场的对冲操作回到了货币当局的账户上，最终的结果只是外汇储备的下降，中央银行只是简单地用外汇资产购买了国内资产。由此过程可以发现，为了维持汇率的稳定，货币当局被迫放弃了其增加货币供应量的目标，其最初的货币政策无效。

此外，在这个过程中产出也没有实现持续性的增长。在货币扩张的初期，国民收入增加，货币需求随之增加，但因为货币当局的对冲操作阻碍了货币供给的扩张，因此产出水平并未获得持续性的增加。

在浮动汇率制下，中央银行通过本币公开市场操作购买国内债券，银行体系流动性增加，利率下降，于是资本外流。资本外流一方面阻止了利率的下降，另一方面导致国际收支出现逆差，本币开始贬值。本币贬值刺激了本国商品的出口，经常账户出现盈余，而这又刺激了国内收入和就业的增长。当收入的增加等于新增货币供应量时，经济重新恢复平衡，此时利率不变，国民收入和产出增加，资本的流出额刚好与经常账户的贸易余额相等。可见，货币政策对经济增长具有很强的刺激作用。

不可能三角理论初步提出了资本完全流动、独立的货币政策和固定汇率之间的矛盾，为三元悖论的提出提供了理论基础。蒙代尔不可能三角理论和三元悖论是两个不同的概念，前者是后者的基础或雏形，后者是对前者的扩展。

对于二者的关系，需要说明两点：一是蒙代尔本人没有将资本流动、汇率制度和货币政策独立性三者之间的关系命名为“蒙代尔不可能三角理论”。二是三元悖论在宏观经济学中的含义是很广泛的，并不局限于资本流动、汇率制度和货币政策独立性之间的关系。

对三元悖论最有影响力的人物是保罗·克鲁格曼（1998）。他在亚洲金融危机后强调资本流动情况下，固定汇率制度是危机爆发的主要原因，并将三者之间的关系高度概括为：资本自由流动情况下，货币政策的独立性和固定汇率制度不能同时存在。如果将名义汇率固定在某一水平上，则必须任由货币供应量和利率自动调整，如果将货币供应量固定在某一水平，或者按照一个固定的比率增长，则必须任由利率和汇率自由浮动，如果将利率固定在某一水平上，则必须放弃对货币供应量和汇率的控制。如果货币政策独立性和固定汇率制度同时实行，则必须实行资本管制。也就是说，中央银行和外汇管理当局只能在三者之间控制两个，不能全部兼顾。

保罗·克鲁格曼特别比较了资本流动情况下三种基本汇率制度：一是浮动汇率制度，具有完全自由的国际交易，政府可以运用货币政策应对经济衰退，缺点是汇率过度波动；二是固定汇率制度，以牺牲货币政策独立性保持汇率稳定；三是实行资本管制，保持货币政策部分独立性，同时有比较稳定的汇率水平，但是会有较大的成本。

三元悖论如图15-1所示，其中三角形的三个顶点各表示一个目标，三角形每一边各表示上述组合中的一种。三角形的左边表示放弃资本流动和实行资本管制，三角形的右边表示放弃固定汇率制，实行浮动汇率制度，三角形的下边表示放弃货币政策独立性，采取严格的货币局制度。货币局制度是指，货币发行当局规定本币对某一外汇的汇率，并以该汇率与公众兑换任何数量的外币，货币发行当局不持有任何国内资产，其货币发行完全依靠外汇储备作为支撑。

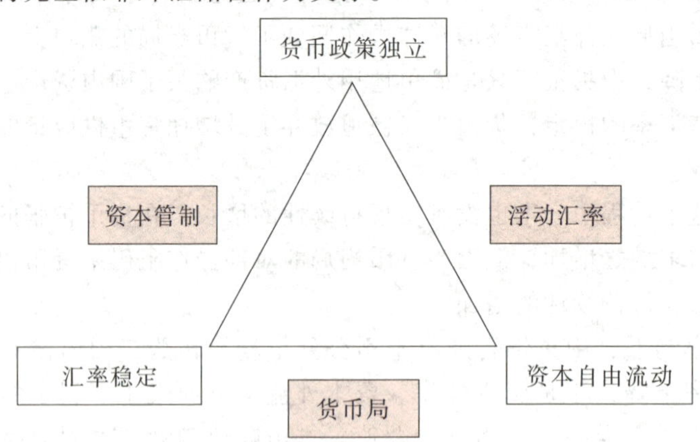

图15-1　开放经济下的三元悖论

易纲（2001）在三元悖论的基础上提出了扩展三角理论框架，并提出了简明公式：X+Y+M=2。其中，X为汇率制度，Y为货币政策，M为资本流动状态。三个变量的变动范围均在0到1之间。X=0表示完全自由浮动的汇率制度；X=1表示完全的固定汇率制度；Y=0表示货币局制度，Y=1表示完全独立的货币政策；M=0表示严格的资本管制，M=1表示资本完全自由流动。其余中间值表示各种制度的中间状态。根据克鲁格曼的论述，只有这三种固定的角点政策可供选择，但易纲的扩展三角理论放松了这种选择。扩展三角理论认为，对于三大目标的选择并不一定是三种绝对的组合，也就是说不一定是三选二的结果，这样我们就不一定对三种变量取整数解，每个变量在0～1之间还有大量的解存在，这些政策组合称为中间制度。

启智增慧15-3

中国仍是外商投资兴业沃土

这些中间制度不仅在理论上存在，在现实中也是成立的，如爬行盯住制、汇率目标区等。只要满足X+Y+M=2，三大目标就处于稳定状态。然而，需要指出的是，这些中间地带的安排并不是三元的理想解。随着20世纪七八十年代投机资本的出现和货币危机的频繁发生，中间制度并不能有效地防范货币危机的发生。甚至可以说，货币危机的发生国多为采用中间制度的国家，特别是采用中间汇率制的国家。

本章小结

国际收支是一国居民与非居民在一定时期内因各种往来而引起的全部货币收付活动或国际交易。

对于国际收支这一概念，应从以下几个方面来理解：第一，国际收支反映的内容是以货币记录的交易，即以交易为基础。第二，国际收支记录的必须是一国居民与非居民之间的交易。第三，国际收支是一个流量概念。

国际收支平衡表是系统记录与反映一国国际交易的报告文件，是以货币为计量单位，运用复式借贷记账原理及国际收支特定账户分类方法编制的。

国际收支账户可分为三大类：经常账户、资本与金融账户、错误与遗漏账户。

所谓国际储备是指各国政府为了弥补国际收支逆差和保持汇率稳定以及紧急支付的需要而实际拥有的国家间可以接受的资产。

一国国际储备主要构成为黄金储备、外汇储备、会员国在国际货币基金组织的储备头寸、基金组织分配给会员国尚未动用的特别提款权。

在固定汇率制度下货币政策对就业不产生影响，在浮动汇率制度下对就业有明显影响，这意味着固定汇率制度下货币政策只是改变国际储备的工具，即通过公开市场操作买卖债券，调节黄金或外汇储备。

在一个实行固定汇率且资本完全自由流动的世界里，对冲操作毫无意义，最终只会导致固定汇率体系的崩溃。

不可能三角理论初步提出了资本完全流动、独立的货币政策和固定汇率之间的矛盾，为三元悖论的提出提供了理论基础。

关键概念

国际收支　国际收支平衡表　资本和金融账户　国际储备　外汇储备

综合训练

即测即评15

1. 如何理解国际收支的含义？
2. 错误与遗漏账户的经济实质是什么？
3. 如何分析一国的国际收支平衡表？
4. 蒙代尔不可能三角理论的核心思想是什么？
5. 扩展三角理论框架X+Y+M=2的含义是什么？

综合训练参考答案15

主要参考文献

［1］艾洪德，张贵乐．货币银行学教程［M］．3版．大连：东北财经大学出版社，2006.

［2］白钦先．政策性金融概论［M］．北京：中国金融出版社，2013.

［3］白广申．货币银行学［M］．大连：东北财经大学出版社，2011.

［4］曹凤岐．金融市场全球化下的中国金融监管体系改革［M］．北京：经济科学出版社，2012.

［5］陈学彬．金融学［M］．4版．北京：高等教育出版社，2017.

［6］厉以宁．西方福利经济学评述［M］．北京：商务印书馆，2012.

［7］曾康霖．百年中国金融思想学说史［M］．北京：中国金融出版社，2010.

［8］陈敏，郭建国，刘翔斌，等．货币银行学［M］．北京：科学出版社，2018.

［9］戴国强．金融学［M］．上海：上海财经大学出版社，2023.

［10］杜金富．金融市场学［M］．大连：东北财经大学出版社，2014.

［11］郭田勇．金融监管学［M］．北京：中国金融出版社，2020.

［12］黄达．金融学［M］．北京：中国人民大学出版社，2020.

［13］格利，肖．金融理论中的货币［M］．贝多广，译．上海：格致出版社，2019.

［14］哈里斯．货币理论［M］．梁小民，译．北京：商务印书馆，2017.

［15］胡庆康．现代货币银行学教程［M］．上海：复旦大学出版社，2014.

［16］胡昌生，熊和平，蔡基栋．证券投资学［M］．武汉：武汉大学出版社，2018.

［17］孔祥毅，祁敬宇．世界金融史论纲［M］．北京：中国金融出版社，2017.

［18］凯恩斯．就业、利息和货币通论［M］．徐毓楠，译．北京：北京时代华文书局，2017.

［19］王国刚．资本市场导论［M］．北京：社会科学文献出版社，2014.

［20］马文涛，冯根福，李成，等．宏观政策转型、行政性干预调整与通胀预期管理［J］．经济研究，2016，51（4）：30-46.

［21］林继肯．货币心理学［M］．北京：中国金融出版社，2023.

［22］林继肯．行为货币学［M］．北京：中国金融出版社，2022.

[23] 刘锡良. 中国金融国际化中的风险防范与金融安全研究 [M]. 北京：经济科学出版社，2012.

[24] 马克思. 资本论 [M]. 中共中央马克思恩格斯列宁斯大林著作编译局，译. 北京：人民出版社，1975.

[25] 米什金. 货币金融学 [M]. 郑艳文，译. 11版. 北京：中国人民大学出版社，2016.

[26] 彭兴韵. 金融学原理 [M]. 7版. 上海：格致出版社，2023.

[27] 钱明辉. 金融危机空间传导及预警研究 [D]. 泉州：华侨大学，2015.

[28] 盛松成，翟春. 中央银行与货币供给 [M]. 2版. 北京：中国金融出版社，2016.

[29] 托马斯. 货币银行学：货币、银行业和金融市场 [M]. 杜朝运，译. 北京：机械工业出版社，2008.

[30] 王广谦. 中央银行学 [M]. 4版. 北京：高等教育出版社，2017.

[31] 王松奇. 金融学 [M]. 北京：中国金融出版社，2000.

[32] 王振山，王立元. 金融市场学 [M]. 北京：清华大学出版社，2011.

[33] 肖. 经济发展中的金融深化 [M]. 邵伏军，许晓明，宋先平，译. 上海：格致出版社，上海三联书店，上海人民出版社，2015.

[34] 谢平. 中国金融制度的选择 [M]. 北京：商务印书馆，2023.

[35] 薛昊旸. 金融创新与监管及其宏观效应研究 [M]. 北京：经济管理出版社，2014.

[36] 姚长辉. 货币银行学 [M]. 5版. 北京：北京大学出版社，2018.

[37] 叶永刚，郑康彬. 金融工程概论 [M]. 3版. 武汉：武汉大学出版社，2017.

[38] 易纲，吴有昌. 货币银行学 [M]. 上海：格致出版社，2014.

[39] 殷孟波. 货币金融学 [M]. 4版. 成都：西南财经大学出版社，2020.

[40] 张晨. 货币金融学：理论·实务·政策 [M]. 北京：中国金融出版社，2013.

[41] 张光平. 人民币国际化和产品创新 [M]. 10版. 北京：中国金融出版社，2021.

[42] 张亦春. 金融市场学 [M]. 6版. 北京：高等教育出版社，2020.

[43] 郑道平，张贵乐. 货币银行学原理 [M]. 6版. 北京：中国金融出版社，2009.

[44] 朱淑珍. 金融风险管理 [M]. 4版. 北京：北京大学出版社，2020.

[45] 朱新蓉. 货币金融学 [M]. 5版. 北京：中国金融出版社，2021.

[46] 马玲. 2024年人民币汇率“稳”的基础牢固 [N]. 金融时报，2024-02-08 (1).

[47] 杨昌儒，王俊. 中共革命时期创立红色金融的实践与历史经验 [J]. 时代金融，2022 (11)：18-21.

[48] 陆磊，李宏瑾. 纳入SDR后的人民币国际化与国际货币体系改革：基于货

币功能和储备货币供求的视角［J］. 国际经济评论，2016（3）：41-53；5.

［49］姜波克. 国际金融新编［M］. 6版，上海：复旦大学出版社，2018.

［50］陈雨露. 国际金融学［M］. 6版. 北京：中国人民大学出版社，2018.

［51］中共中央党史和文献研究院. 习近平关于金融工作论述摘编［M］. 北京：中央文献出版社，2024.

［52］AGENOR P R，MONTIEL P J. Development macroeconomics［M］. 4th ed. Princeton：Princeton University Press，2015.

［53］MARCO E，RUSSELL S. The Mexican economic crisis：alternative view［J］. Economic Review，1996，81（1）.

［54］HOSSAIN A，CHOWDHURY A. Monetary and financial policies in developing countries：growth and stabilization［M］. London：Routledge，1996.

［55］RAJAN R G. Fault Lines：how hidden fractures still threaten the world economy［M］. Princeton：Princeton University Press，2010.